JN436449

東洋古典譯註叢書 50

譯註 唐宋八大家文抄

王安石 1

申用浩 許鎬九 共譯

傳統文化硏究會

東洋古典譯註叢書를 발간하면서

우리의 古典國譯事業은 민족문화 진흥의 기초사업으로 1960년대부터 政府 支援으로 古文獻 現代化 작업을 추진하여 많은 成果를 거두었다. 당시 이 사업 추진의 先行課題로 東洋古典이라 일컬어지는 중국의 基本古典을 먼저 飜譯하여야 한다는 學界의 주장이 있었음에도 불구하고 우리 고전이 아니라는 일부의 偏狹한 視覺과 財政 事情 등으로 인하여 배제되어 왔다.

전통적으로 중국의 기본고전은 우리 歷史와 함께 숨쉬며 각종 교육기관의 教科書로 활용됨은 물론이고 지식인들의 必讀書가 되어 왔으며, 우리 文化의 基底에 자리잡고 거의 모든 방면의 體系와 根幹을 형성하여 왔다. 그래서 학문연구의 기본서 역할을 해 왔을 뿐만 아니라 오늘날에도 우리의 國學徒 및 東洋學 研究者들에게 같은 역할을 하고 있음은 주지의 사실이다. 그럼에도 불구하고 中國古典은 우리 것이 아니라 하여 專門機關의 飜譯對象에 포함하지 않음으로써, 대부분 原典에서의 직접 번역이 아닌 重譯이나 拔萃譯의 방식이 주를 이루면서 教養水準으로 出版되어 왔다.

오늘날 東洋 三國 중에서 우리의 東洋學 연구가 가장 부진한 이유는, 東洋基本古典에 대한 폭넓은 이해의 부족과 漢文古典 讀解力의 저하에 기인함을 우리는 솔직히 인정하여야 한다. 따라서 이들 중국고전에 대한 신뢰할 만한 國譯이 이루어지는 것이 한국학 연구를 촉진시키는 시급한 先行課題라 할 수 있다.

이에 韓國學 및 東洋學의 연구와 古典現代化의 基盤構築을 위해서는, 전문기관으로 하여금 동양고전을 단기간에 각 분야의 專門 研究者와 漢學者가 상호 협동하여 연구번역하여 飜譯의 傳統性과 效率性, 研究의 專門性을 높일 수 있도록 政策的 配慮가 있어야 한다.

이에 本會에서는 元老 및 中堅 漢學者와 斯界의 專攻者로 하여금 協同研究飜譯하여 공부하는 사람들이 믿고 引用하거나 깊이 있는 註釋 등을 활용할 수 있게 하고, 知識人들의 教養을 증진시켜 줄 수 있는 東洋古典의 國譯書 간행을 지속적으로 추진해 왔다. 근래에 다행히 이 사업에 대하여 각계 지도층의 폭넓은 이해와 지원에 힘입어 2001년도부터 國庫補助를 받아 東洋古典譯註叢書를 간행하게 되었다. 이를 계기로 우리 先學의 註釋과 見解를 반영하는 등 국역사업의 內實을 기하게 되었음을 이 자리를 빌어 衷心으로 감사드리며, 아울러 國譯에 參與하신 관계자 여러분의 勞苦에 깊은 謝意를 표한다.

끝으로 우리의 이러한 작업은 오랜 역사 위에 축적된 先賢들의 業績과 現代學問을 이어주는 튼튼한 架橋와 礎石이 되어 진정한 韓國學과 東洋學 발전에 기여할 것을 굳게 믿으며, 21세기를 우리 文化의 世紀로 열어 가는 밑거름이 되도록 우리의 力量을 本 事業에 경주하고자 한다. 江湖諸賢의 부단한 관심과 지원을 기대해 마지않는다.

社團法人 傳統文化硏究會 會長 李啓晃

譯者 序文

이 譯書는 唐과 宋의 대표적 古文家 8人의 文集에 수록된 古文 가운데 名文을 精選하여 茅坤이 撰한 ≪唐宋八大家文抄≫ 중 王安石의 文 全編을 最初로 完譯하고 原文에 懸吐한 것이다.

王安石은 11세기 宋나라의 改革을 主導하였고 後代에도 큰 영향을 끼쳤던 위대한 政治家 겸 思想家로서, 그가 남긴 文章은 文學으로서의 가치뿐만 아니라 한 時代의 歷史와 思想을 연구하는데도 빼놓을 수 없는 귀중한 자료들이다.

王安石은 文章을 아름답게 지어 後世에 남기려는 뜻이 없었고, 오직 治世에 適用할 수 있는 實用的인 文章을 지을 생각뿐이었으므로, 글을 지을 때에 文學的 藝術性은 고려하지 않았다. 그러나 그가 지은 文章은 構成이 嚴密하고 論理가 整然하며 比喩가 빼어나고 措辭가 大膽直切하여 강한 說得力을 지닌 名文들이다. 특히 일부 작품은 當時까지 모든 이들이 인정하고 있던 傳統的인 見解를 완전히 뒤엎는 새로운 見解를, 反駁의 여지가 없을 정도로 完璧한 論理로 闡明하여, 奇美特絶하다는 評을 받고 있다.

王安石의 文章은 매우 廣範한 範圍를 포괄하고 있고 種類가 多樣하며, 論理的인 文章, 慷慨心을 드러낸 文章, 雄渾 豁達한 文章, 輕快 美麗한 文章, 重厚 蘊藉한 文章 등을 狀況에 따라서 능란하게 創作하여, 독자로 하여금 每篇마다 새로운 느낌을 가지고 興味津津하게 읽을 수 있게 하는 것이 그 長點中의 하나이다.

우리나라에서는 高麗 後期 이후로부터 朝鮮朝 末에 이르기까지 思想界를 主導한 理念이 性理學이었고, 王安石의 思想과 處身이 性理學的 理念과는 背馳되는 면이 있었으므로, 王安石을 小人, 凶人, 奸人으로 指目하고 排擊하였으며, 일부 文人을 除外하고는 그의 文章에 대하여도 好評을 하지 않았으나, ≪唐宋八大家文抄≫가 우리나라에서도 몇 차례 印行되었고, 이것이 문인들에게 널리 읽혀졌던 것으로 보아, 그의 저술이 우리나라 문인들의 文章 創作에 어느 정도 영향을 끼쳤으리라고 본다.

특히 中國에서는 淸末 이후로부터 王安石의 政治思想과 文學을 肯定的으로 再照明하려는 운동이 전개되고 있고, 文章이 워낙 名文인데다가 그의 改革思想이 우리나라가 현재 당면하고 있는 難題를 打開하는데도 一助할 수 있으리라고 기대되어, 우리나라에서도 王安石에 대한 연구가 점차 활기를 띠어가고 있다. 이런 시기에 本 譯書가 간행되는 것은 時宜適切한 일이라고 보며, 우리나라의 古典 研究水準을 한 次元 向上시키고 國家的 難題를 해결할 智慧를 찾는 데에도 도움이 되리라고 본다.

本書를 國譯하면서, 王安石이 儒家의 書인 六經에 思想的 바탕을 두고 있으면서도, 특정 思想에 얽매이지 않고 數千年間 전해 내려온 中國의 諸思想을 包括하는 雄大한 識見을 지니고, 뛰어난 洞察力으로 歷代 어느 누구도 밝히지 못했던 참신한 견해를 드러내었으며, 自身이 지닌 經綸과 抱負를 실현하고자 열정적으로 노력하는 모습이 독자를 감동하게 하고, 그 雄放한 氣象이 讀者를 壓倒하여, 그의 文章을 읽으면 읽을수록 畏敬의 念을 금할 수가 없게 한다.

本書의 飜譯은 許鎬九선생과 淺學菲才한 本人이 함께 담당하였고, 韓淵錫 선생의 潤文을 거쳤으며, 中國 高海夫가 主編한 ≪唐宋八大家文鈔 校注集評 臨川文鈔≫의 註釋을 飜譯에 深度있게 참고하였다. 本 譯書가 王安石文의 最初의 完譯이고 譯者의 能力에 한계가 있으므로, 譯文에 不適切한 表現이나 誤譯도 많으리라고 思料된다. 斯界 諸賢의 叱正이 있기를 간절히 기대하는 바이다.

2009년 12월

申用浩 識

解 題

申用浩(공주대 名譽教授)

1. 序 言

本書는 明代에 茅坤이 唐宋代의 代表的 古文家 8人을 選定하여 그들이 남긴 古文 가운데 精髓에 해당하는 文章만을 가려 뽑아 編纂한 ≪唐宋八大家文抄≫ 가운데, 宋 王安石의 文章을 原文에 우리나라의 傳統的인 방식대로 吐를 달고 國語로 飜譯한 것이다. 唐宋八家 개개인의 文集은 分量이 방대하여 閱讀하기가 쉽지 않으므로, 그 가운데 특히 模範이 될 만한 文章을 精選하고 批評까지 붙인 茅坤의 ≪唐宋八大家文抄≫가 明代 이후 중국이나 우리나라 등 漢字文化圈 學者들의 文章 學習과 東洋의 傳統思想 理解를 위한 基本書의 하나가 되었다. 本書 國譯의 底本은 우리나라에서 英祖年間에 刊行한 戊申字本 ≪八大家文抄≫ 中의 ≪宋大家王文公文抄≫이고, 그 外에 우리나라와 중국에서 간행된 諸本을 參考하였다.

2. 王安石의 生平

王安石(1021~1086)은 字가 介甫이고, 撫州 臨川人이며, 晩年에는 自號를 半山老人이라 하였고, 諡號는 文公이다. 王安石은 宋 眞宗 天禧 5년에 父親 王益과 母親 吳氏의 三男으로 태어나,[1)] 어렸을 때에는 地方官으로 근무하던 父親 王益의 任地인 廬陵, 新繁,

1) 王安石의 世系를 表로 표시하면 다음과 같다.

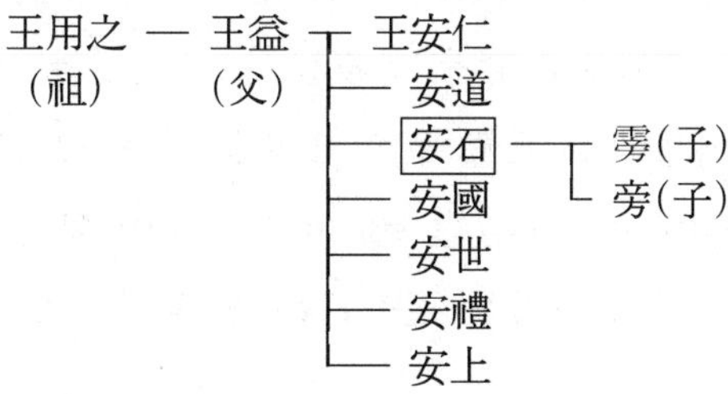

韶州 등지로 옮겨 다니며 살았고, 17歲 때에 父親이 江寧通判으로 부임하고부터 江寧에 定着하였다. 그는 어려서부터 독서에 열중하였고, 한 번 읽은 글은 잊는 일이 없었다.

22歲時인 宋 仁宗 慶曆 2년(1042)에 進士試에 第四人으로 及第하여 簽書淮南判官이 되었고, 27歲時에 鄞縣의 知事가 되어 水利施設을 개수하고 絶糧農民에게 官穀을 대여해 주어 邑人들의 칭송을 받았다. 그 후 舒州通判, 群牧判官, 知常州, 提點江東刑獄, 直集賢院, 三司度支判官, 知制誥 등을 역임하였다.

40세 때에는 一萬言으로 된 長篇의 〈上仁宗皇帝言事書〉를 올려서, 당시 大商人과 大地主 등 旣得權 세력이 각종 特權을 享有하면서 納稅와 賦役을 면제받고, 農民과 小市民 및 中小商人이 과중한 賦稅와 徭役에 시달리고, 國家는 財政이 窮乏하게 되었으며, 遼와 西夏의 侵入으로 國家의 存立 自體가 위태롭게 된 심각한 危機를 지적하고, 이를 해결할 방안으로 人才를 발굴 등용하고 新法을 시행할 것을 건의하였다. 후에 그가 國權을 담당하게 되었을 때에 施行한 각종 措置들이 대체로 이 글에 제시되었던 내용을 기본으로 하였다.

神宗이 卽位하자 〈本朝百年無事箚子〉를 올리고, 皇帝를 獨對한 자리에서 황제에게 堯舜과 같은 聖君이 되도록 진력할 것을 독려하면서, 자신이 皐, 夔, 稷, 契 같은 宰相이 되겠다는 포부를 피력하였다. 이에 皇帝와 뜻이 맞아서 49세 때인 熙寧 2年(1069)에 參知政事가 되어 新法의 시행을 담당할 制置三司條例司를 설치하고 均輸法, 青苗法, 保甲法, 保馬法, 免役法, 市易法과 農田水利 등 革新的인 조치를 강력하게 施行하였다.

熙寧 3년에 同中書門下平章事에 敍任되자, 新法 시행에 대한 舊法黨의 반발이 격렬해져서 그에 대한 비난이 빗발치듯 일어나니, 54세인 熙寧 7년(1074)에 同中書門下平章事에서 물러났다. 55歲에 다시 同中書門下平章事에 復官되었고, 그 해에 詩, 書, 周禮 등 三經을 實用主義의 관점으로 새롭게 해석한 ≪三經新義≫를 올려 學官에 頒布하고 이를 기준으로 科試를 시행하도록 하였다. 이에 政爭이 더욱 격화되어 온 나라가 內訌과 外侵으로 혼란에 빠졌고 皇帝의 信任도 점차 엷어져 갔으며 아들 雱마저 卒하자, 56歲時에 政治에 뜻을 잃고 宰相職을 辭任한 후 鄕里인 江寧으로 돌아갔다.

58歲 때인 元豊 元年(1078)에 舒國公에 冊封되었다가 60歲 때인 元豊 3년에 荊國公으로 改封되었고, 元豊 8년(1085) 3월 神宗이 崩御하고 哲宗이 卽位하자 免行錢, 保甲法, 方田法, 市易法, 保馬法이 폐기되었으며, 이듬해인 元祐 元年(1086)에는 青苗法과 免役法도 폐기되어 王安石이 그토록 心血을 기울여 추진하였던 國政改革事業이 副作用만 남긴 채 완전히 中斷되고 舊法을 다시 시행하니, 이에 절망한 王安石은 悲嘆에 잠겨 있다

가 그해 4월 66세를 一期로 逝去하였다. 이에 太傅로 追贈하고, 紹聖年間에 神宗廟廷에 配享하였으며, 崇寧3년(1104)에 新法을 다시 施行하면서 孔子의 祠堂인 文廟에 顔子와 孟子의 다음 자리에 配享하고 舒王으로 追封하였다. 그 후 欽宗 때에 孔子廟廷 配享을 停止하였고, 高宗 때에는 神宗廟廷의 配享도 停止하였으며 舒王이라는 封號도 削除하였다.

王安石은 당시 사회의 積弊를 개혁하여 小農民 小商人등 下層民들이 搾取와 收奪에서 벗어나고 國家 財政도 풍부해지게 하는 新法의 시행에 진력하였으나, 그의 理想이 실현되려면 모든 官僚가 淸廉하고 私心이 없이 新法의 趣旨를 숙지하고 使命感을 가지고 熱誠的으로 임해야 가능한 일인데도, 이를 위한 事前 準備가 없이 조급하게 개혁에 착수하였고, 新法에 대한 확신이 지나치고 性情이 剛愎하여 그의 주장에 조금이라도 異義를 제기하는 사람은 철저히 敵對視하고 排斥하였으므로, 젊었을 때에 그의 名聲이 드날릴 수 있도록 뒷받침해 주었던 呂公著와 韓維, 그를 요직에 천거해 주었던 歐陽脩와 文彦博, 그를 추종하였던 富弼과 韓琦, 그와 친밀하게 교유하였던 司馬光과 范鎭 등이 종국에는 모두 그의 敵이 되어버렸다. 이렇게 되자 그의 주변에는 奸凶한 小人輩들만이 남게 되었으며, 百姓의 怨聲이 높아지고 新法의 施行도 좌절되어 悲嘆 속에서 生을 마치게 되었던 것이다.

이에 ≪宋史≫ 〈王安石傳〉에서 다음과 같이 評하였다.

"朱熹가 일찍이 安石에 대하여 말하기를, '文章과 節行이 한 시대에 뛰어났고, 더욱이 道德과 經濟를 자신의 사명으로 삼았다. 神宗의 인정을 받아 宰相의 지위에 오르자 세상 사람들이 큰 업적을 남기리라고 우러러보며, 행여 二帝 三王의 太平盛世를 다시 볼 수 있으리라고 기대하였다. 그러나 安石은 財利와 兵革을 먼저 힘써야 할 일이라고 여겨, 이의 시행을 위해 조급하게 서둘렀고, 凶邪한 인물들을 끌어다가 임용하고 忠直한 인물들을 배척하였으며, 조급하고 억세고 사나워서 天下 사람들로 하여금 怨望하고 근심하며 樂生之心을 잃게 하였다. 끝내는 뭇 奸邪한 무리들을 임용해서 虐政을 恣行하게 하고 그 弊害가 天下에 퍼져서 崇寧, 宣和年間에 이르러 禍亂이 極에 달하게 되었다.' 하였으니, 이는 天下 사람들의 公論이다. 前에 神宗이 王安石을 宰相에 임명하고자 하여 韓琦에게 묻기를, '安石이 어떨까?' 하자 대답하기를, '安石을 翰林學士로 삼으면 임무를 넉넉히 처리할 수 있겠지만 皇上을 輔弼하는 宰相의 자리에 두는 것은 不可합니다.' 하였는데, 神宗은 이 말을 듣지 않고 安石을 宰相으로 삼았던 것이다. 아아! 이것이 宋나라의 不幸을 惹起

하였지만, 이것이 또한 安石의 不幸을 惹起하기도 한 것이다."

이런 ≪宋史≫의 王安石에 대한 評이 後世에도 그를 評價하는 기준이 되어 오다가, 西歐 勢力과 西洋 思潮가 밀려오면서 西歐 列强의 지배에 對抗하기 위하여 舊體制를 改革해야할 必要性을 절감하게 된 淸末 이후부터는, 王安石의 新法에 대하여 긍정적으로 인식하고 이를 再照明하려는 풍조가 일어나서, 그를 旣得權 勢力을 타도하고 民衆의 生活을 향상시키며 中央集中的 富國强兵國家를 실현하고자 과감하게 노력한 시대의 先導者이고 志士的 改革者로 인식하게 되었다.

3. 王安石의 文學

王安石은 北宋代 정치가의 문학이론을 대표하는 人物의 한 사람으로서, 自身을 稷과 契에 비유하면서 三代之治를 回復하려는 원대한 抱負를 가지고 있었던 인물이다. 그가 理想으로 하는 三代之治는 高度의 君主專制 體制였으며, 後代에 사회가 混亂해진 근원이 大地主 大商人 등 兼幷勢力이 君主專制를 弱化시키고 파괴한 데 있다고 보아, 이러한 兼幷勢力을 打倒하고 政治, 經濟, 思想上으로 君主專制와 中央集權을 강화하려 하였으니, 이것이 바로 王安石 新法의 中心이고 그의 政治思想의 核心이었다.

그는 이러한 理想과 抱負를 지닌 政治家로서 정치상 큰 業績을 이루기를 바랐을 뿐이요, 文學으로 名聲을 떨치는 일에는 관심이 없었다. 歐陽脩가 〈贈王介甫〉詩에서 文章이 李白과 韓愈에 비견할 만하다고 讚揚하자, 自身은 孟子의 境地를 엿볼지언정 韓愈처럼 되기를 원하지 않는다고 회답하였으니, 이는 文章은 實用에 重點을 두어야 한다는 그의 思想을 드러낸 것이다. 詩文學에 대한 見解도 修飾과 形式을 崇尙하는 西崑派의 詩風을 배격하고 現實에 적합하게 쓰일 수 있는 詩, 즉 '適用'을 강조하였다.

그는 文章이 禮敎와 政治에 도움이 되어야 한다고 보아, "近世의 文章은 理의 內含이 없고, 理 속에 政事가 內含되지 않았다. …… 文章 속에서 經世致用을 찾을래야 찾을 수가 없다."(〈上邵學士書〉)라고 당시의 文章을 批判하였으며, 文辭를 修飾하는 일을 하지 않을 수는 없지만 이것이 聖人이 작문한 本意는 아니라고 하면서, 韓愈와 柳宗元이 文辭의 修飾에 각별히 用心했던 점을 비판하였다.

그는 文章은 세상에 도움이 될 수 있도록 지어야 함을 강조하여, '補於世' 즉 세상에 도움이 되도록 '適用', 다시 말해서 實用에 適合하게 지어야 한다고 하면서, 文辭를 修飾하는 것은 이 目標의 實現에 도움이 되는 限度 내에서 許容되어야 할 手段에 불과하다고 보았다. 이처럼 文學의 藝術性을 副次的인 것으로 본 觀點은, 程朱를 중심으로 한 性理學者들이 宇宙 萬物의 根本과 人性을 推究하는 '道'를 文章의 근본으로 보고 文學的 藝術性을 부차적인 것으로 본 견해와 類似한 점이 있으나, 王安石과 曾鞏이 '道'보다는 利用厚生 즉 '實用'을 더욱 重視하였다는 면에서 差異點을 발견할 수 있고, 文章의 文學的 '藝術性'을 중시한 歐陽脩나 三蘇의 견해와도 차이가 있다.

즉 宋代의 저명한 古文家들 가운데 일부가 '道'를 강조하고, 일부가 '文'쪽에 기울어진데 반하여 王安石과 曾鞏은 實用을 강조하면서 文章의 藝術的 修飾도 本質을 적절하게 발현하는 수단으로 쓰이는 한도 내에서 容認하였으니, 王安石의 文學觀은 宋代에 道를 강조한 사람들과 文을 강조한 사람들의 中間에 位置하고 있다 하겠다.

王安石의 이러한 '適用爲本'的 功利主義的 文學觀은 文學의 現實政治에 대한 作用을 중시하고 現實政治에서 人民의 利와 慾도 무시할 수 없음을 인정하였으니, 예를 들면 漢代에 王昭君이 美貌와 學識과 性情이 모두 뛰어난 人物이면서도 不義와 非理가 蔓延한 宮中에서 受侮를 겪고 있다가 北方 匈奴를 鎭撫하기 위한 政略婚姻의 犧牲羊이 되어 오랑캐의 王后가 된 것을 노래한 〈明妃曲〉에, "漢나라는 은혜 베풂이 얕았는데 오랑캐는 은혜 베풂이 깊었으니, 人生의 즐거움은 서로 알아주는 마음에 있는 것이라네.〔漢恩自淺胡自深 人生樂在相知心〕"라고 읊어서 지금까지 모든 시인들이 王昭君을 同情하면서 그의 漢나라에 대한 변함없는 忠義를 강조하고 찬양한 데 대하여, 王安石은 오랑캐 땅에서 禮遇를 받고 豪奢를 누리면서 오히려 漢나라에서 맛볼 수 없었던 즐거움을 느꼈을 것이라는 見解를 피력하여, 反對派가 忠君愛國의 法度를 貶下하고 利와 慾을 肯定하여 道를 그르치는 주장을 하고 있다고 공격하는 빌미를 제공하기도 하였다.

그가 지은 詩文에는 이런 그의 文學觀이 그대로 溶解되어 있다. 그의 文章은 대부분 政治를 論한 것들로서 時政을 비판하고 時弊를 지적하면서 자신의 주장을 분명하게 論辨하고 있다. 그는 사람됨이 峻整하고 일체의 聲色과 奢侈를 排除하고 素朴 純實하게 살았으며, 그의 文章에도 이런 文學觀과 生活態度가 그대로 반영되어 簡明, 素朴, 純實하면서도 洗鍊되고, 枝葉的인 것을 排除하고 氣力이 넘치고 雄渾함이 그 特徵인데, 이는 漢代의 文體를 깊이 攄得하여 自己化한 것이라 할 수 있다.

詩 또한 政治的 色彩가 濃厚하여, 人民의 疾苦에 대한 同情과 社會의 앞날에 대한 憂慮와 이를 改革하려는 希願이 담긴 시를, 含蓄的으로 표현하기보다는 論理的 說明的으로 진솔하게 表現하여, 말은 간략하나 뜻을 적절하게 드러내지 않은 것이 없고〔辭簡而無意

不到], 俊傑하고 洋洋한 大篇이 意趣가 높고 뛰어나면서도 平正한 점이 그 長處이고, 說理와 敍事가 그대로 露呈되어 散文化한 境遇가 많고 含蓄性이 不足한 점이 그 短處라 할 수 있는데, 이는 그의 文學에 대한 意識이 그대로 반영된 결과로 보아야 할 것이다.

이러한 文學觀을 가지고 있었으므로 唐代의 詩人 가운데는 政治事件과 社會問題를 시로 표현하면서 忠君愛民思想을 드러낸 杜甫를 찬양하고, 李白의 시에 對하여는 '열 句 가운데 아홉 句는 女人과 술에 대하여 言及'한 것이라고 극단적으로 貶下하고 輕蔑하기도 하였다.

4. 〈王文公文抄〉의 內容

本書는 ≪臨川集≫ 100卷에 收錄된 詩文 중 第39~100卷에 수록되어 있는 총 985篇의 文 가운데 代表的인 古文 211篇을 抄錄하여 16卷으로 撰하면서 冒頭에 〈臨川文抄引〉과 〈臨川本傳〉을 添加한 ≪王文公文抄≫의 原文에 懸吐하고 國譯한 것이다.

≪王文公文抄≫의 冒頭에는 茅坤이 지은 序文인 〈臨川文抄引〉과 臨川의 生涯를 略述한 〈臨川本傳〉이 收錄되어 있는데, 이는 ≪宋史≫ 〈王安石傳〉의 중요 내용을 要約 記述한 것이다. 이 〈引〉과 〈傳〉은 本書를 이해하는데 指南이 되는 것으로, 〈引〉에서는 王安石의 思想이 六經에 근거를 두고, 여러 學說을 包括하여 獨自的인 論理를 형성하였으며, 그의 文章은 奧妙한 精神世界를 創意的으로 含蓄하여 文學性이 뛰어나다고 評하였다. 한편 〈傳〉에서는 王安石의 世欲에 超然한 高潔한 人品과 所信을 堅持하는 毅然함, 그릇된 세상을 바로잡으려는 使命感과 該博한 識見 등을 그의 生涯에 맞추어 간략히 서술하였다.

卷1에는 〈上仁宗皇帝言事書〉가 수록되어 있다. 이 글은 王安石의 政治思想과 抱負를 知悉할 수 있는 내용이 들어 있으며, 一萬言의 長篇에 文辭가 雄渾 豁達하여 王安石의 古文 가운데 代表的인 名文으로 꼽히고 있다.

全篇의 大義는 先王의 政敎를 따라야 함을 강조한 것으로, 先王의 政敎의 核心이 오로지 人才를 陶冶함에 있음을 강조하고, 人才를 陶冶하는 방안이 오로지 中央政府로부터 鄕黨에 이르기까지 學校를 세우고 쓸 만한 인물을 선발하여 禮樂 刑政을 가르치고[敎之], 經濟的으로 충분한 뒷받침을 해주고 禮로써 私慾을 억제하게 하며 이에 합당하지 않은 행동을 할 때에는 法으로 制裁를 加하고[養之], 鄕黨이나 庠序로부터 宰相에 이르기까지 어질고 유능한 인재를 選拔 推薦하게 하여 오랜 기간 동안 시험해보고 그 능력에 적합한 官爵과 俸祿을 수여하며[取之], 오랜 기간 동안 그에게 알맞은 職務에 근무하도록 하면서 全權

을 부여하고 干涉하지 말아야 한다고〔任之〕 건의하면서, 이런 일이 제대로 시행되지 못하는 현실을 구체적인 사례를 들어 지적하고, 그 개선 방안을 건의한 것이다.

本篇은 文章의 論旨가 정연하게 一貫되어 王安石의 王佐之學과 王佐之才가 잘 드러나 있으며, 그가 일생동안 注力한 政治의 根本哲學이 고스란히 溶解되어 있다.

卷2와 卷3은 奏議類에 해당하는 文章을 抄錄한 것으로, 卷2에는 箚子, 疏, 狀에 속하는 文章 7편이 수록되어 있고, 그 가운데 〈本朝百年無事箚子〉는 神宗이 卽位한 후 政治의 急先務를 묻자 이에 답변한 箚子로, 姑息的 無事安逸에 빠져있는 정치현실을 비판하면서 富國强兵의 방안을 제시하였으며, 이 箚子가 神宗을 깨우쳐주고 감동시켜서 王安石이 皇帝의 信任을 받는 계기가 되었다.

〈上五事箚子〉는 靑苗法, 免役法, 保甲法, 市易法 등 新法의 시행과 羌族과의 화해 등 국가에서 시행할 다섯 가지 急先務에 대하여 건의한 것으로, 王安石이 官職을 맡고 있는 동안 實現하려 하였던 變法의 內容이 이 글에 고스란히 담겨져 있다. 그 외의 文章에서도 皇帝가 堯舜을 본받아 聲色을 멀리하고 仁政에 주력할 것을 건의하고 있다.

卷3에는 官職에 任命되었거나 皇帝가 禮物 및 藥物을 내려 준 데 感謝하는 表, 官職의 辭任을 청하는 表, 國家의 慶事를 祝賀하는 表 등 34편의 表와 韓琦와 范仲淹에게 올린 2편의 啓를 收錄하였다. 이 表와 啓를 通하여 法度와 套式을 완비한 奏議類 文章의 典型을 엿볼 수 있고, 王安石이 官職에 임할 때의 意志와 抱負를 간파할 수 있다.

卷4와 卷5에는 書信 35편을 收錄하였다. 卷4에 수록된 15편의 書는 대부분이 執政者에게 올린 것으로, 儒家思想에 基盤을 둔 王安石의 深思遠識이 잘 드러나 있으며, 文章은 굳세면서도 아름답고 銳利하면서도 아로새길 만하고 簡潔하면서도 할 말을 다한 名文들이다.

卷5에는 自身이 먼저 보낸 書信과 他人이 보낸 서신을 받고 답한 答書 등 20편을 수록하였다. 그 가운데는 學問討論을 통하여 자신의 識見을 드러내기도 하고, 學者가 어떤 자세로 後進을 교육해야 하는가를 밝히기도 하고, 자신이 시행한 新法을 批判한데 대하여 反駁하면서 新法이 바로 儒家 經典과 聖人인 周公이 百姓을 다스렸던 뜻에 부합하는 것이라고 주장하기도 하였다.

특히 當時 舊法黨의 代表的 人物 中 한 사람이었던 司馬光이 보낸 新法을 批判하는 書信을 받고 이를 反駁한 〈答司馬諫議書〉는, 王安石이 新法을 强行하면서 다른 官署의 固有業務를 侵犯하고 있다〔侵官〕, 生民들에게 예부터 내려오는 常法을 따르지 않게 하여 끊임없는 紛亂을 造成하고 있다〔生事〕, 財政을 三司에 맡기지 않고 별도로 制置三司條例

司를 세워 두 기관이 각기 奸巧한 지혜로 私利를 다투면서 祖宗의 舊法을 紊亂하게 하였다〔征利〕, 批判하는 사람들을 包容하지 못하고 성내어 꾸짖고 逐出하였다〔拒諫〕라고 비판한데 대하여 일일이 論駁한 것으로, 王安石의 新法에 대한 確信과 整然한 論理가 돋보이기도 하나, 그의 强悍한 性情이 드러나기도 하였으니, 이런 文章은 王安石의 政治觀과 人間性을 이해하는데 중요한 자료가 된다.

卷6에는 自身의 著述에 대한 序와 他人의 著述에 대한 序 및 멀리 떠나는 이들에게 勉勵의 뜻으로 지어준 送序 등 12편이 收錄되었다. 그 가운데 〈周禮義序〉, 〈書義序〉, 〈詩義序〉 등 3篇은 ≪周禮≫, ≪書經≫, ≪詩經≫을 새롭게 實用主義的 觀點으로 해석하여 ≪周禮義≫, ≪書義≫, ≪詩義≫(이를 '三經新義'라 稱하였음)를 간행하고, 이를 황제께 바치면서 지은 序文들이다. 이에 王安石이 宰相으로 재직하는 동안에는 '三經新義'를 學官에서 교재로 사용하고 科擧 시험도 이를 기준으로 출제하도록 하였다가, 王安石이 사망하고 神宗이 崩御하자 이를 폐기하여, 현재는 '三經新義'가 傳해오지 않고, 本編에 收錄된 이 序文들만 傳해올 뿐이다.

이 '三經新義'는 孔子・孟子 以後 儒道의 繼承者는 三經을 새롭게 再解釋한 바로 自己自身임을 드러낸 것으로, 그의 死後 한 때나마 이런 그의 抱負와 主張이 인정되어 孔子의 祠堂인 文廟에 孟子 다음 자리에 配享되기도 하였던 것이다. 〈熙寧字說序〉는 卷3에 수록된 〈進字說表〉와 함께 지은 것으로, ≪周易≫과 陰陽思想에 입각하여 編纂한 文字學書인 〈字說〉의 序文으로, 이를 통하여 王安石의 識見과 抱負가 얼마나 雄大하였는가를 窺知할 수 있다.

그 외에 冠禮後에 지어준 字說인 〈石仲卿字序〉는 文章이 簡潔하면서도 깊은 뜻을 잘 드러내었고, 5篇의 送序에는 知己之情과 激勵하는 뜻이 婉曲하게 드러나 있어서 誦讀할 만한 文章들이다.

卷7과 卷8에는 學校의 建立, 城郭의 築造, 寺院과 道觀과 樓閣의 建立 및 重建, 遊覽 등에 대하여 기술한 記 22편을 수록하였다. 記文의 記述 方式에 유사함이 거의 없을 정도로 매우 多樣하고, 왕왕 深遠한 思想과 識見을 적절하게 드러내기도 하고, 굳센 氣力과 美麗한 風格이 調和를 이루고 있으며, 遊記에는 웅장한 景觀을 讀者가 눈으로 직접 보는 듯하게 그 景態를 절묘하게 描寫하였고, 記文의 대부분이 儒家思想을 문장의 바탕으로 삼고 있으나, 一部에서는 道家와 佛家에 대한 深奧한 識見을 드러내기도 하였다.

卷9와 卷10에는 論辨類에 속하는 論 12편, 原 2편, 說 2편, 解 1편과 雜類 8편 等 총

25편을 수록하였다. 이들 論辨類 속에 王安石의 人生觀 및 世界觀이 명료하게 드러나 있으며, 座右銘으로 삼을 만한 名言 名句가 많이 수록되어 있다.

그 가운데 〈伯夷論〉에서는 司馬遷이 찬한 ≪史記≫ 〈伯夷傳〉과 韓愈가 지은 〈伯夷頌〉에 記述된 내용 중 周 武王이 殷의 紂王을 칠 때에 伯夷 叔齊가 武王이 탄 말의 고삐를 잡아당기며 말렸다는 부분과 周가 殷을 멸한 후 節義를 지키고자 周의 곡식을 먹지 않고 고사리를 캐 먹다가 餓死했다는 부분은 진실이 아니라고 주장하면서, 周 武王이 義를 위해 不義를 恣行하는 殷의 紂王을 치는데, 禮와 義를 숭상하는 伯夷·叔齊가 만약 그때까지 살아있었다면 이를 말렸을 리가 없으며, 殷이 망할 때에는 伯夷·叔齊는 그들의 나이로 보아 이미 사망했을 것이 틀림없으므로, 수양산에서 餓死했다는 것은 後世에 捏造한 것이라고 주장하였다.

즉 伯夷 叔齊에 관한 기록은 ≪論語≫나 ≪孟子≫에 기술된 부분까지만 신뢰할 수 있고, 그 이후 司馬遷이나 韓愈가 덧붙인 부분은 신뢰할 수 없다고 주장한 것이다. 이런 견해는 數千年 동안 어느 누구도 主唱한 일이 없는 특이한 견해로, 이런 주장을 편 동기 가운데는 孟子 이후 儒學 學統의 繼承者는 司馬遷이나 韓愈가 아니고 바로 自己 自身이라는 의식이 일부 작용한 것으로 보인다.

〈三聖人論〉에서는 伯夷, 伊尹, 柳下惠 등 세 사람은 모두 聖人이지만 處身이 각기 달랐던 것은, 그들이 처한 時代的 環境이 달라서였다고 주장하여, 儒教 理念에 입각하여 國家를 통치한다 해도 그 理念을 時代 狀況에 맞게 適用해야 한다는 그의 實用主義的 觀點을 드러내었다.

〈莊周論〉에서는 莊子 또한 聖人의 學統을 계승한 사람으로 보고, 그의 학설 일부를 받아들여서, 儒家의 理論만을 고수하지 않고 諸子百家의 長點도 수용하려 하였던 폭넓은 식견의 소유자였음을 드러내었다.

〈禮論〉에서는, 荀卿이 禮는 人慾을 制御하기 위하여 제정한 것이라고 한 것은 그릇된 識見이라고 비판하면서, 禮의 根本 意義는 天理에 屬하는 것이고, 이를 現實에 適用하는 具體的인 法度와 節次는 人間이 이루어 놓은 것으로, 天理와 具體的인 節次를 두루 꿰뚫어 알아야 禮를 제대로 이해하고 실천할 수 있다고 주장하였다.

卷10의 〈人材論〉에서는 天下의 근심거리는 人材가 많지 않음에 있지 않고 윗자리에 있는 사람이 人材가 많아지도록 育成하지 않음에 있으며, 선비들이 그렇게 되고자 하지 않는 것이 근심거리가 아니고 윗자리에 있는 사람이 그들을 그렇게 되게 하고자 하지 않는 것이 근심거리라 하여, 統治者가 진실로 人材를 길러서 登用하려는 뜻이 있으면 이에 합당한 人材가 찾아오게 된다고 주장하면서, 統治者의 覺醒을 促求하였다.

〈性說〉에서는, 韓愈가 〈原性〉에서 人性을 上, 中, 下 三品으로 나누고, 이는 先天的으로 生得한 것이므로 바꿀 수가 없다고 한 점을 反駁하며, 人性이 善하게 되거나 惡하게 되는 것은 後天的인 努力과 習慣에 달려있는 것이요 天性에 달려있는 것이 아니라고 주장하였다.

그 外에 5篇의 讀後感 가운데 〈讀孟嘗君傳〉은, ≪史記≫ 〈孟嘗君傳〉에서 孟嘗君이 身分의 貴賤을 가리지 않고 門客들을 광범하게 받아들였으므로 그들의 도움으로 危機에서 벗어날 수 있었다고 찬양한데 대하여, 孟嘗君이 門客을 함부로 받아들이지 않고 眞正한 人材를 嚴選하여 받아들였다면 齊나라를 威脅하는 秦을 制壓하고 齊나라의 王位에 오를 수도 있었을 것이므로, 孟嘗君은 작은 것을 얻었을 뿐이요 큰 것을 잃은 어리석은 사람이라고 斷定하여, 孟嘗君이 '能得士'하였다는 世評은 잘못된 것이라고, 그때까지의 定論을 뒤집는 獨特한 見解를 밝히기도 하였다.

卷11에는 碑文과 行狀 8편이, 卷12부터 卷15까지에는 墓誌銘 49편이, 卷16에는 墓表와 祭文 16편이 수록되어 있어서, 모두 碑誌類와 哀祭類에 속하는 文章만을 모아 놓아, 故人을 追慕하고 그들의 業績을 기리는 글로 채워져 있다. 그 가운데는 生前에 뛰어난 學識과 經綸과 德望을 두루 갖추고 있었으면서도 小人輩들의 牽制와 謀陷으로 때를 만나지 못하여 그 능력을 발휘하지 못했던 인물들에 대한 안타까움을 드러낸 것이 많다.

그가 지은 碑文과 墓誌에 대하여 茅坤은, "歐陽公(歐陽脩)이 墓誌와 墓表를 가장 잘 지었고, 事實을 記述한 곳에 왕왕 太史公(司馬遷)의 빼어난 格調에 比肩할 만한 것이 많아서, 唐代 이후의 學士 大夫들 가운데 이에 미칠 수 있는 사람이 없는데, 王荊公(王安石)만은 獨自的인 機軸을 發顯하여 우뚝하게 드높고 깊은 曲折을 드러낸 말이 많으며, 더욱 훌륭한 점은 事實을 敍述하는 가운데 어느 한 面이 돋보이도록 修飾을 加하여 아름다우면서도 深奧함이 遠大하게 빼어나서, 讀者로 하여금 駿馬를 타고 千山萬壑 사이를 달리며 겹겹 층층으로 이루어진 산과 바위를 미처 玩賞할 겨를이 없게 하는 것과 같으니, 事實을 敍述한 文章이면서도 그 날카롭고 빼어나기가 劍戟과 같다."라고 極讚하였다.

특히 歐陽脩가 死亡하자 당시의 著名한 文人들이 다투어 祭文을 지었는데, 學士 大夫들이 모두 王安石이 지은 〈祭歐陽文忠公文〉으로 으뜸을 삼아야 한다고 하였으니, 이 祭文은 歐陽脩의 文學的 成就와 道德的 情操를 極讚하면서 詞語가 맑고 그윽함이 돋보이는

名文이다. 〈給事中孔公墓誌銘〉에서는 孔道甫가 鬼神에게 福을 비는 행위를 미워하여 요사스러운 뱀을 擊殺한 사실을 浮刻시켜서 迷信을 排擊하는 無神論者로서의 의식을 드러내기도 하였다. 本書에 수록된 80餘 篇의 碑誌類와 哀祭類의 文章 가운데 같은 套式으로 지은 것이 거의 없고, 死者의 人品과 業績에 따라 각기 그에 맞는 獨特한 文章 形式을 취하여, 어느 글은 美麗하게, 어느 글은 雄渾하게, 어느 글은 悲感하게, 어느 글은 豁達하게, 어느 글은 輕快하게, 어느 글은 重厚하게 지어서, 王安石의 能手能爛한 文章力의 範疇가 어디까지 미치는 것인지 그 限界를 가늠할 수가 없어서, 讀者로 하여금 그의 學識의 廣範함과 雄大한 스케일에 壓倒당하지 않을 수 없게 한다.

本書에 수록된 王安石 文章의 特徵을 요약해보면, 첫째, 皇帝에게 직접 자신의 정치적 견해를 밝힌 奏議類에는 當代 官僚政治制度의 腐敗狀과 因循末俗之弊를 비판하고 先王의 뜻을 본받아서 改易更革할 것을 주장한 것이 많은데, 이런 類의 文章은 構成이 嚴密하고 論理가 整然하며 措辭가 大膽直切하여 강한 說得力을 지니고 있다. 특히 〈上仁宗皇帝言事書〉는 長長 萬言의 大作으로 雄壯한 스케일에 內含된 思想과 論理가 整然하여, 근대의 人物 梁啓超는, "秦漢 以後에 지어진 글 가운데 으뜸가는 偉大한 文章이다."라고 極讚하였다.

둘째, 현실을 날카롭게 비판한 雜文을 들 수 있으니, 이들 문장은 短篇이면서도 精悍하고 巧妙한 比喩가 빼어나며, 正反 兩面으로 論證을 反復하면서 전개한 論理性이 뛰어나고, 世人들이 舊習에 젖어있고 君主가 賢人을 알아보지 못함을 銳利한 筆鋒으로 비판한 慷慨가 돋보인다.

셋째, 人物論과 史評을 들 수 있으니, 이런 類의 문장 가운데는 당시까지의 傳統的인 見解를 완전히 뒤엎고 前人들이 밝혀내지 못한 부분을 밝혀내서, 그의 史評이 奇美特絶하다는 칭양을 받았고, 특히 〈讀孟嘗君傳〉은 100字 미만의 短文이면서도 드러낸 勝意가 빼어나서 短文의 最高傑作이라는 評을 받고 있다.

넷째, 書序와 信札 및 기타 文章을 들 수 있으니, 이들 문장 가운데는 學術的인 見解를 밝히면서 傳統的으로 이어온 定論을 뛰어넘는 견해와 식견을 드러내기도 하고, 墓誌, 碑文, 祭文 등에서는 通常的인 방법대로 墓主의 生平, 歷官, 品格 등을 槪括的으로 記述하면서도 文章이 簡潔, 巧妙, 老鍊하고 더러는 生動的인 故事를 揷入하고 이를 突出하게 드러내어 독자를 감동시키기도 한다.

王安石은 景致나 事物의 形象을 描寫하는 것과 文章을 아름답게 修飾하는 일에는 用心하지 않았고, 自身의 論理를 설명하는데 주력하였으므로, 일부 작품에는 形象性이 不足

하다고 그 缺陷을 지적받는 경우도 있게 되었다.

5. 王安石과 그의 文章이 우리나라에 끼친 影響

王安石의 思想 및 文學과, 그가 北宋에서 시행하였던 改革政策이 우리나라에는 어떤 영향을 끼쳤을까. 高麗後期 이후 朝鮮時代까지의 古文家들 가운데 唐宋八家文을 익히지 않은 사람이 없고 唐宋八家文이 朝鮮時代에 우리나라에서도 수차 印行되었던 사실로 보아 王安石의 문장이 우리나라 古文家들에게 어느 정도 영향을 끼쳤으리라고 思料되기는 하나, 그 樣相을 的確하게 밝히기는 어려운 실정이다.

다만 朝鮮時代에 一貫되게 우리나라 學界를 지배한 이데올로기가 性理學이었고, 天災地變은 統治者의 善政·惡政과는 無關하다고 보는 王安石의 價値中立的 宇宙觀이나 人間의 利와 慾에 대한 욕망도 고려하여 이를 政事에 '適用'해야 한다는 實用主義的 政治哲學이, 性理學的 宇宙觀 및 大義名分을 중시하는 思想에 違背되어, 中國에서나 우리나라에서나 近世에 이르기까지 王安石을 先王의 道를 歪曲하고 民衆을 誤導한 奸凶한 人物로 보아 왔고, 그의 文章은 六經에 근거를 두고 있고 文體는 簡勁精潔하여 스스로 一家를 이루고 있음에도 불구하고, 儒家들에게조차도 應分의 認定을 받지 못해온 것이 사실이다.

우리나라 歷代 人物들은 거의 대부분이 王安石을 否定的으로 評하였다. 高麗 林椿의 〈孔方傳〉에는 王安石이 靑苗法을 시행하면서 天下가 시끄러워졌고 크게 困窮해졌다 하였고, 鄭道傳의 〈經濟文鑑〉에서는 王安石이 新法을 시행하자 天下가 이를 怨望하였고 王安石이 言路를 막았으며 問題를 提起하는 賢臣들을 逐出하여, 그 弊害가 國運의 衰落으로 이어져서 徽宗 欽宗이 金의 侵略軍에게 사로잡히는 禍를 입기에 이르렀다고 하였다. 河崙은 〈議政府相規說〉에서, 王安石이 道의 실현에 힘쓰지 않고 財用에 힘쓰고, 新法을 行하고 小人들을 任用한 것이 宋에 禍를 끼쳤다 하였다.

≪世宗實錄≫에는 戊戌年 11月 癸丑日에 世宗께서 經筵에 납시어 宋나라 名臣들의 事跡에 대하여 물으시니, 卞季良이, "溫仁謹厚함은 司馬溫公이 最高이고, 王安石을 先儒들이 小人이라 하였는데 그의 文章과 政事 및 用心한 바를 살펴보면 오로지 小人으로만 指目하는 것은 옳지 않을 듯합니다."라고 대답하였다. 이에 世宗께서 말씀하시기를, "安石은 小人 가운데 能力이 뛰어난 자이다〔小人之才者也〕."라 하셨다.' 하였다. 卽 卞季良이 王安石의 文章과 政事와 用心을 높이 評價하며 小人이라고 指目함이 不當하다고 하자 世宗께서 '小人이긴 하나 能力은 있었던 者'라고 結論을 내렸고, 이 世宗의 結論이 이후 朝

鮮時代 대부분의 人士들이 王安石을 評하는 基準이 되었다.

金時習은 〈生財說〉에서, 王安石이 反對派를 包容하지 못하는 狹量의 小人으로 政治의 基本을 道에 두지 않고 理財에 두고서 백성들과 利를 다투었던 小人이라 하였고, 鄭汝昌은 〈事實大略〉에서, 宋의 理宗이 聖廟에 配享하였던 王安石을 廢黜한 것은 지금도 마땅히 陳賀해야 할 일이라 하였다.

申用漑는 〈洛陽耆英會圖跋〉에서, 宋 神宗이 國政을 改革하고 自身이 先王들처럼 聖君이 될 포부를 지녔었으나 뜻만 컸을 뿐 能力이 없어서 끝내 王安石을 등용하여 變法改制하였다가 百姓들의 樂生之心을 잃게 하였다고 神宗과 王安石을 함께 批判하였다.

趙光祖는 檢討官으로 있을 때에 올린 啓文에, "宋 神宗은 賢君으로 堯舜처럼 天下를 다스릴 뜻을 품었으나 司馬光을 擯斥하고 王安石을 信任하여 小人들이 進出하는 길을 열어주었습니다. 그 후에 王安石을 逐出하려 하였으나 할 수가 없었으니, 統治者는 이 點에 대하여 深謀遠慮가 있어야 합니다." 하여 小人을 登用했을 때에 惹起되는 弊端을 王安石을 例로 들어 지적하였다.

金正國은 策文에서, "지금 天災地變이 이르게 된 이유를 말하면서, '이는 堯임금이나 湯임금도 免하지 못했던 것이니 王의 책임이 아니다.'라고 말하는 것은, 王安石이 神宗을 誤導하면서 天變은 두려워할 바가 아니라고 한 것과 같으니, 臣은 차마 이런 말로 전하께 어여쁘게 보이고자 할 수는 없습니다." 하여, 天災地變이 王의 善惡과는 無關한 것이라는 王安石의 見解는, 君主에게 阿諂하기 위하여 한 말로서, 天理를 거스르는 것이라고 貶下하였다.

王安石을 小人이요 奸臣이라고 본 것은 朝鮮朝 선비들 대부분의 공통적인 견해여서, 李彦迪, 李滉, 柳希春, 李珥 등도 王安石을 同一한 論調로 批判하였다.

王安石이 天災地變과 王의 善惡과는 無關하다고 주장한 價値中立的 宇宙觀은 하늘이 善人에게는 福을 내리고 惡人에게는 禍를 내린다는 性理學的 宇宙觀과 背馳되는 것으로 보았고, 王昭君이 賤待받았던 祖國 漢나라 보다는 歡待해 준 오랑캐나라를 더 좋아했을 것이라고 하여, 인간의 利慾을 肯定한 王安石의 觀點은 性理學的 大義名分에 違背될 뿐 아니라 愛國心을 버리고 私利私慾을 助長하게 하는 邪惡한 것으로 보았으며, 派黨之心을 가지고 反對論者를 무자비하게 逐出한 것은 王安石의 德이 不足했던 것으로 보아서, 그를 排擊했던 것이다.

그러나 前述한 바와 같이 卞季良은 王安石의 文章과 政事와 國家의 富國強兵을 도모한

用心은 認定해 주어야 한다고 보았고, 金淨의 〈年譜〉 33歲條에는, "'지금 士類들이 어떤 改革的인 일을 圖謀하려 하면 사람들이 그를 王安石의 類로 지목하며 沮止하려 하는데, 대저 王安石은 文章과 節行이 뛰어났으나 다만 좋아하는 사람과 미워하는 사람을 공정하게 대하지 못한 단점이 있었을 뿐입니다.' 하니, 王께서도 이를 肯定하였다." 하여, 王安石이 包容力이 부족하였던 점은 모두 비판하였다.

그러나 文章과 政事와 用心에 대해서는 肯定하는 人士들이 많았고, 이 點이 唐宋八家文 中의 王安石文을 朝鮮時代 人士들이 널리 읽은 이유가 되었던 것이다.

舊韓末과 日帝强占期에 우리나라의 愛國志士들은 여러 방면으로 國家와 民族의 自主獨立을 위하여 노력하였다. 그 가운데 金澤榮은 우리 민족의 文化的 優秀性을 繼承 發展시키는 것이 獨立心을 일깨우는 捷徑이라고 여기고, 이를 위하여 우리나라 歷代의 名文을 널리 읽히는 운동이 필요하다고 보아, 高麗와 朝鮮朝의 代表的 古文家 9人의 名文을 抄錄하여 ≪麗韓九家文抄≫를 編輯하여 王性淳에게 넘겨주며 간행을 부탁하였는데, 王性淳은 이에 金澤榮의 文을 追加하여 ≪麗韓十家文抄≫라 題하여 印刊하였다.

이 ≪麗韓十家文抄≫는 明 茅坤의 ≪唐宋八家文抄≫의 影響과 刺戟을 받아, 이를 典範으로 하여 우리의 古文도 中國 文人들의 古文에 比하여 모자람이 없고 古文家도 中國보다 오히려 더 많았음을 드러내기 위하여 ≪八家文抄≫보다 人員을 늘려서 ≪十家文抄≫로 간행한 것이다. 이렇게 본다면 ≪唐宋八家文抄≫가 우리 民族의 文化的 優秀性을 高揚하고 獨立心을 고취시키는데도 刺戟劑 役割을 했음을 인정해야 할 것이다.

6. 結 語

王安石의 古文들은 構成이 精密하고 論理가 整然하고 表現이 簡妙老潔하며, 前人들이 밝혀내지 못했던 부분을 명쾌하게 밝혀낸 부분이 많고, 生動的인 故事와 適切한 比喩를 활용하여 讀者가 당시 상황을 親見한 듯한 感動을 느끼게 하는 名文이 많다. 특히 本書는 100卷으로 이루어진 豪悍한 文集 속에서 代表的인 名文만을 精選해 놓은 것을 國譯한 것으로, 東洋的 世界觀과 王安石의 人生觀 및 經世觀이 蘊蓄된 文章들이다.

本 譯書를 통하여 王安石이 주장하였던 實用主義的 國家經營方略인 新法이 현재 우리가 당면하고 있는 國家的 難題를 해결하는데도 일정한 智慧를 제공할 수 있으리라고 본다. 특히 新法의 施行過程에서의 成功과 失敗 및 新法黨과 舊法黨의 葛藤事例 등을 심도있게 探究하여 現實 政治에 적용한다면 國家的 難題의 해결에 一助할 수 있으리라고 보

며, 이미 지나간 과거의 歷史로 看做하고 置之度外하기에는 너무나 아까운 것들이다.

또한 王安石이 뛰어난 政治理念과 實踐力을 지닌 偉大한 經世家요 뛰어난 文章家이면서도, 包容力과 德望이 不足하여 後世에 酷評을 받게 되었던 점은, 現在 指導層에 있는 人士들이 아무리 능력과 업적이 뛰어나다 해도 人品이 이를 뒷받침하지 못하면 後世에 어떤 評을 받게 될 것인가를 예측할 수 있는 하나의 반면교사가 되리라고 본다.

특히 本 譯書는 漢文 原文을 讀解하기 어려운 讀者들에게 東洋文化의 精髓를 이해하고 學識과 敎養을 넓혀서 우리의 文化 水準을 한 次元 向上시키는데 寄與할 수 있으리라고 보며, 譯文과 함께 提示한 漢文 原文에 吐를 달아 놓은 것이 漢文 原典 讀解力의 向上에도 도움이 되기를 기대하는 바이다.

凡 例

1. 本書는 東洋古典譯註叢書 ≪唐宋八大家文抄≫ 王安石의 제1책이다.

2. 본서는 戊申字本 ≪唐宋八大家文抄≫(국회도서관)을 저본으로 하고, ≪唐宋八大家文鈔 校注集評≫(高海夫 主編, 三秦出版社, 北京, 1998) 및 蘇轍의 문집인 ≪欒城集≫을 참고하여 校勘하였다.

3. 본 譯註는 원전의 傳統性과 번역의 現代性을 구현하기 위해 노력하였다.

4. 原文에 懸吐하고 번역하였다.

5. 原文의 分節은 ≪唐宋八大家文鈔 校注集評≫을 참고하되, 단락이 길 경우에는 역자의 재량으로 재차 분절하여 가능한 한 原文이 지면의 반을 넘지 않도록 하였다.

6. 번역은 原義에 충실하게 하되, 이해가 어려운 부분은 意譯 또는 보충역을 하였다.

7. 譯註는 인용문의 출전과 故事, 難解語, 사건 등 역사적인 배경, 인물, 관직에 관한 사항을 밝히되 ≪唐宋八大家文鈔 校注集評≫을 참고하였다.

8. 글 제목 아래에 題下註를 달아 독자들의 이해를 돕고자 하였다.

9. 독자들의 내용검색 및 이해를 돕기 위해 첫 번째 책에는 참고문헌을 싣고, 마지막 책에는 年譜와 索引 등을 부록하였다.

10. 본서에 사용된 주요 符號와 略號는 다음과 같다.

“ ”	: 각종 引用	〈 〉	: 篇章節名, 作品名 또는 補充
‘ ’	: 再引用, 强調	( )	: 漢字의 音, 간단한 註釋
≪ ≫	: 書名이나 出典	〔 〕	: 原文 誤字에 대한 正字, 音이 다른 漢字 倂記

參考書目

〔原典 자료〕

≪朝鮮王朝實錄≫〈世宗實錄〉

≪宋史≫

王安石, ≪王臨川集≫, 世界書局, 臺北

高海夫, ≪唐宋八家文鈔校注集評≫〈臨川文鈔〉, 三秦出版社, 北京

林　椿, ≪西河集≫　鄭道傳, ≪三峯集≫　河　崙, ≪湖亭集≫

卞季良, ≪春亭集≫　梁誠之, ≪訥齋集≫　金時習, ≪梅月堂集≫

楊熙止, ≪大峯集≫　金　訢, ≪顔樂堂集≫　鄭汝昌, ≪一蠹集≫

崔　溥, ≪錦南集≫　鄭壽崗, ≪月軒集≫　申用漑, ≪二樂堂集≫

李　穆, ≪李評事集≫　權　橃, ≪冲齋集≫　梁彭孫, ≪學圃集≫

金安老, ≪希樂堂稿≫　趙光祖, ≪靜菴集≫　申光漢, ≪企齋集≫

金正國, ≪思齋集≫　金　淨, ≪冲庵集≫　韓　忠, ≪松齋集≫

沈彦光, ≪漁村集≫　周世鵬, ≪武陵雜稿≫　李浚慶, ≪東皐遺稿≫

李　滉, ≪退溪集≫　柳希春, ≪眉巖集≫　朴承任, ≪嘯皐集≫

盧　禛, ≪玉溪集≫　金貴榮, ≪東園集≫　康惟善, ≪舟川遺稿≫

吳　健, ≪德溪集≫　金　隆, ≪勿巖集≫　具鳳齡, ≪栢潭集≫

奇大升, ≪高峯集≫　鄭介淸, ≪愚得集≫　李　珥, ≪栗谷全書≫

〔참고도서 및 논문〕

成復往(外), ≪中國文學理論史≫, 北京出版社, 1987

錢基博, ≪中國文學史≫, 中華書局, 1993

中國文學史硏究會, ≪新編中國文學史≫, 復文書局, 1991

송용준(外2人), ≪宋詩史≫, 도서출판 亦樂, 2004

申採植, ≪宋代官僚制硏究≫, 삼영사, 1981

柳瑩杓, 〈王安石의 文學觀 小考(一)·(二)〉, ≪中國語文學≫ 14집·16집, 1988·1989

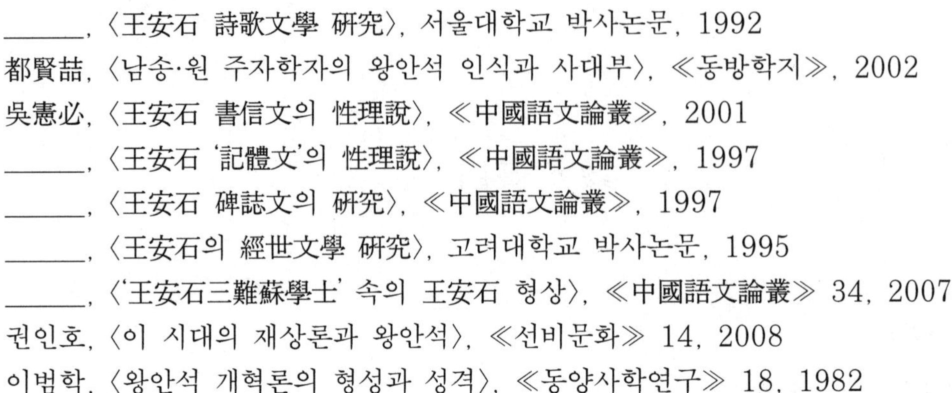

______, 〈王安石 詩歌文學 硏究〉, 서울대학교 박사논문, 1992
都賢喆, 〈남송·원 주자학자의 왕안석 인식과 사대부〉, ≪동방학지≫, 2002
吳憲必, 〈王安石 書信文의 性理說〉, ≪中國語文論叢≫, 2001
______, 〈王安石 '記體文'의 性理說〉, ≪中國語文論叢≫, 1997
______, 〈王安石 碑誌文의 硏究〉, ≪中國語文論叢≫, 1997
______, 〈王安石의 經世文學 硏究〉, 고려대학교 박사논문, 1995
______, 〈'王安石三難蘇學士' 속의 王安石 형상〉, ≪中國語文論叢≫ 34, 2007
권인호, 〈이 시대의 재상론과 왕안석〉, ≪선비문화≫ 14, 2008
이범학, 〈왕안석 개혁론의 형성과 성격〉, ≪동양사학연구≫ 18, 1982

目 次

卷3 表·啓

卷4 書

卷5 書

卷6 序

卷7 記

卷8 記

王文公文抄引*

* 文公은 王安石의 諡號이다. 引은 책의 첫머리에 붙여서 그 개황을 설명하는 글로서 文體上으로는 序跋類에 속한다.

王荊公[1)]의 湛深之識과 幽渺之思는 大較竝本之古六藝之旨로되 而於其中別自爲調하야 鑱刻萬物하고 鼓鑄群情하야 以成一家之言者也라 其尤最者는 上仁宗皇帝書與神宗本朝百年無事諸箚子[2)]니 可謂王佐之才라 此所以於仁廟[3)]之鎭靜博大로도 猶未能入이러니 而至於熙寧元豐[4)]之間하야 劫主上而固魚水之交하니 譬則武丁之於傅說[5)]과 孔明[6)]之於昭烈에 不是過已로다

王荊公의 해박한 식견과 깊고 오묘한 사상은 대체로 모두가 六經의 취지에 근본을 두고 있으나, 그런 가운데서도 독자적으로 조화를 이루면서 사물을 날카롭게 분석하고 여러 학설을 陶冶하고 포괄하여, 이로써 大家로서의 독자적인 논리를 형성하였다. 그의 글 가운데 특별히 뛰어난 것으로는 〈上仁宗皇帝書〉와 神宗에게 올린 〈本朝百年無事箚子〉가 있으니, 왕을 보필할 훌륭한 인재라고 이를 수 있다. 이 글들은 仁宗의 침착하고 넓고 큰 도량으로도 採納되지 않았는데, 熙寧・元豐 연간에 이르러서는 主上의 신임을 받아서 君臣 사이가 고기와 물의 관계처럼 서로 가깝게 되었으니, 이를 옛 일에 비유하자면 殷나라 武丁에 있어서의 傅說과 蜀漢 昭烈帝에 있어서의 諸葛亮도 이들의 관계보다 뛰어나다고 할 수 없을 것이다.

1) 王荊公 : 왕안석이 荊國公에 봉해졌기 때문에 荊公이라 칭한 것이다.
2) 箚子 : 奏議類의 一種으로 臣下가 王에게 올린 글이며, 表나 狀보다 비교적 짧은 것이 특징이다.
3) 仁廟 : 宋의 皇帝로 仁宗(재위 1022~1063)을 지칭한다.
4) 熙寧元豊 : 熙寧과 元豐은 宋 神宗의 年號로, 熙寧은 1068~1077년 사이의 年號이고, 元豐은 1078~1085년 사이의 年號이다.

5) 傅說 : 殷의 國君인 武丁(廟號는 高宗임)이 傅說을 재상으로 등용하여, 殷을 부흥시켰다.
6) 孔明 : 諸葛亮(181~234)의 字로 중국 삼국시대의 정치가, 군략가이다. 丞相이 되어 蜀漢 昭烈帝 劉備(161~223)를 보필하였다.

惜也라 公之學問은 本之好古者多로되 而其措注를 當時에 亦狃於泥古爲患이온 況以矯拂之行而兼之以獨見하며 以執拗之資而恣之以私臆가 所以呂章邢蔡[1]以下가 紛紛附會하야 熒惑天子하야 流毒四海하니라 新法[2]旣壞에 幷其文學도 知而好之者半이요 而厭而訾之者亦半矣라

애석하도다! 공의 학문은 옛 聖人의 뜻을 계승한 것이 많아서 그가 조처하고 시행한 것을 당시에도 고지식하게 옛 制度만을 고수하려 한다고 근심하였는데, 더구나 常規에 어긋난 행동을 독특한 견해로 포장하고 고집스러운 자질을 가지고 사사로운 臆見을 恣行한데 있어서야 더 말할 것이 있겠는가? 그러므로 呂·章·邢·蔡 등을 비롯한 많은 무리들이 公의 新法을 표방하면서 이를 왜곡하고 분분하게 영합하여 天子를 현혹시켜 해독이 온 천하에 두루 퍼지게 되었다. 이에 新法이 폐지되었고 아울러 그의 文章에 대하여도 認定해 주고 좋아하는 사람이 반쯤 되고 싫어하고 非難하는 사람이 반쯤 되게 되었다.

1) 呂章邢蔡 : 呂는 呂惠卿(1032~1111), 章은 章惇(1035~1105), 邢은 邢恕, 蔡는 蔡確과 蔡京을 지칭한다. 이들은 모두 표면상으로는 왕안석의 新法을 지지하는 듯이 행동하면서, 자신들의 私益만 추구하고 많은 惡行을 恣行하여 舊法黨이 新法黨을 공격하고 왕안석을 파직하게 한 빌미를 제공한 奸臣들이다.
2) 新法 : 王安石이 制度를 개혁할 때에 제정된 各項의 法令들로서 均輸法, 青苗法, 置將法, 保甲法, 保馬法 등이며, 본래 있던 법들을 새롭게 개혁한 것이므로 新法이라 칭한다.

以予觀之컨대 荊公之雄不如韓[1]하고 逸不如歐[2]하며 飄宕疏爽은 不如蘇氏父子兄弟[3]로되 而匠心所注가 意在言外하고 神在象先하야 如入幽林邃谷而杳然洞天하니 恐亦古來所罕者라 予每讀其碑誌墓銘과 及他書所指次世之名臣碩卿賢人志士호니 一言之予와 一

字之奪이 **竝從神解中點綴風刺**하야 **翩翩乎凌風之翮矣**니 **於史漢**[4]**外**에 **別爲三昧也**라

내가 살펴보건대 王荊公의 문장은 웅장함이 韓愈만 못하고, 넉넉하고 빼어남이 歐陽脩만 못하며, 飄蕩하고 자유분방함이 蘇氏 父子兄弟들만 못하지만, 절묘한 창의력과 함축성 및 오묘한 정신세계가 문장 밖에 드러나고, 근본정신이 外物의 표현에 앞서는 것이 마치 깊은 숲 으슥한 골짜기에 들어간 듯하고 아득한 신선세계에 있는 듯하니, 이런 점은 아마도 또한 옛날 이래로 매우 드문 일이라고 해야 할 것이다.

나는 그가 지은 碑誌와 墓銘 및 기타의 글을 통하여 名臣, 碩卿, 賢人, 志士들에 대하여 지적한 것을 읽을 때마다, 한마디 말로 찬양하거나 비난한 것들이 모두 오묘한 깨달음으로 지적하고 풍자한 것들이어서 바람을 타고 훨훨 나는 듯하니 ≪史記≫나 ≪漢書≫ 외에 특별한 맛을 느끼게 된다.

1) 韓 : 唐代의 古文家 韓愈를 칭한다.
2) 歐 : 宋代의 古文家 歐陽脩를 지칭한다.
3) 蘇氏父子兄弟 : 宋代의 古文家 蘇洵과 그의 아들인 蘇軾, 蘇轍 형제를 칭한다.
4) 史漢 : 史는 司馬遷이 지은 ≪史記≫를 칭하고, 漢은 班固가 지은 ≪漢書≫를 칭한다.

予首錄其上仁宗皇帝書一首하고 **次及箚子疏狀七首**와 **表啓三十六首**와 **與友人書三十五首**와 **序十二首**와 **記二十二首**와 **論原說解雜著二十五首**와 **碑狀墓誌銘表及祭文七十三首**하고 **釐爲一十六卷**하노라 **歸安鹿門茅坤**[1]은 **題**하노라

나는 〈上仁宗皇帝書〉 한 편을 맨 앞 권에 수록하고, 다음에 箚子, 疏, 狀 등 7편을, 다음에는 表와 啓 36편을, 다음에는 친구들에게 보낸 편지 35편, 다음에는 序 12편, 다음에는 記 22편, 다음에는 論, 原, 說, 解, 雜著 등 25편을, 다음에는 碑, 狀, 墓誌銘, 表 및 祭文 73편을 수록하고, 이를 정리하여 16권을 만들었다.

歸安 사람 鹿門 茅坤은 쓰노라.

1) 茅坤 : 茅坤(1512~1601)은 明代의 散文家로 字는 順甫이고 號는 鹿門이며 歸安人이다. 明 後七子들이 古文은 반드시 秦漢代의 것을 표준으로 해야 한다고 주장했던 '文必秦漢'說을 배격하고 唐宋八家의 古文을 익힐 것을 주장하며 ≪唐宋八家文抄≫를 편찬하였다.

王文公本傳 *

* 이 내용은 王安石의 傳記로서 ≪宋史≫ 〈王安石傳〉을 요약 기록한 것이므로 本傳이라 하였다. 本傳은 正史에 기록된 인물의 전기를 의미한다.

王安石의 **字**는 **介甫**니 **臨川人**이라 **父益**은 **都官員外郎**[1]이라 **安石**이 **少好讀書**하야 **一過目**이면 **終身不忘**하고 **屬文**에 **動筆如飛**하니 **見者皆服其精妙**러라 **友生曾鞏**[2]이 **携以示歐陽脩**하니 **脩爲延譽**하고 **登進士上第**하야 **簽書淮南判官**[3]하다

王安石은 字가 介甫이고, 臨川사람이다. 아버지 益은 都官員外郎을 지내었다. 安石은 어려서부터 글 읽기를 좋아하였고, 한번 읽은 글은 평생 잊는 일이 없었다. 글을 짓게 되면 붓의 움직임이 나는 듯이 빨랐고, 보는 자들이 모두 그 문장의 정묘함에 탄복하였다. 친구 曾鞏이 그가 지은 글을 가져다가 歐陽脩에게 보이자, 구양수가 그 명예를 드날리게 하였고, 進士試에 우수한 성적으로 급제하여 簽書淮南判官이 되었다.

1) 都官員外郎 : 왕안석의 父 王益(993~1038)은 都官員外郎을 역임하였다. 都官은 刑部에 속한 관청으로 그 기관의 부책임자가 員外郎이었다.
2) 曾鞏 : 曾鞏(1019~1083)은 唐宋八家의 一人으로 中書舍人을 역임하였다.
3) 簽書淮南判官 : 淮南 지방의 郡政을 보좌하고 문서를 관리하는 직책이다. 略稱으로 簽書 또는 簽判이라 칭하기도 하였다.

舊制에 **秩滿**이면 **許獻文求試館職**[1]이나 **安石獨否**하고 **再調知鄞縣**[2]하야 **起堤堰 決陂塘**하야 **爲水陸之利**하고 **貸穀與民**하야 **立息以償**하야 **俾新陳相易**하니 **邑人**이 **便之**러라

예부터 전해오는 제도에, 과거에 우수한 성적으로 합격했던 자가 첫 번째로 받은 벼슬의 임기를 마치면 글을 올려 館職에 試用해 주기를 요청하는 것이 허용되었으나, 왕안석은 홀로 이 관례를 따르지 않고 다시 鄞縣의 知縣으로 나아가, 堤防을 수축하여

灌漑를 하고 물길을 터놓아 水陸의 교통이 원활하도록 하였으며, 백성들에게 官穀을 대여해 주고 싼 이자로 가을에 갚도록 하여 묵은 官穀을 햇곡식으로 교체하니, 고을사람들이 이를 편리하게 여겼다.

1) 館職 : 史館, 昭文館, 集賢院 등 三館의 職責을 칭하며, 文臣이 이곳에서 벼슬하는 것을 清貴하게 여겼다.
2) 知鄞縣 : 鄞縣은 현재의 浙江 寧波이다. 知縣은 해당 현의 農桑, 獄訟, 教化, 賦役, 田穀 등을 관장하는 벼슬이다.

通判舒州[1]에 **文彦博**이 **爲相**하야 **薦其恬退**하니 **尋召試館職**호되 **不就**하고 **脩薦爲諫官**호되 **以祖母年高**로 **辭**하다 **脩以其須祿養言於朝**하야 **用爲群牧判官**[2]하다 **請知常州**[3]하야 **移提點江東刑獄**[4]하고 **入爲度支判官**[5]하니 **時嘉祐**[6]**三年也**라

舒州의 通判으로 있을 때에, 재상 文彦博이 안석은 名利에 초연하고 겸손과 사양을 실천하는 사람이라 하여 추천하였으므로, 불러 시험해보고 館職에 임명하려 하였으나 사양하고 취임하지 않았고, 歐陽脩가 諫官으로 추천하였으나 年老한 할머니의 奉養 때문에 나아갈 수 없다고 사양하니, 구양수는 그가 祿俸으로 봉양할 수 있도록 조정에 건의하여 群牧判官에 임용되었다. 다시 常州의 知州가 되기를 청하여 이에 서임되었다가 提點江東刑獄으로 옮겼으며, 그 후 중앙으로 들어와 度支判官이 되었는데 그때가 嘉祐 3년이었다.

1) 通判舒州 : 通判은 해당 고을의 부책임자로, 官員의 監察, 民政, 財政, 賦役, 司法 등을 관장하였다. 舒州는 현재의 安徽 潛山이다.
2) 群牧判官 : 馬政을 관장하는 곳이 群牧司이고 判官은 이곳의 관원이다.
3) 常州 : 현재의 江蘇省에 있는 고을이다.
4) 提點江東刑獄 : 提點刑獄公事는 해당구역의 司法, 刑獄 등을 관장하는 官名으로, 江東은 현재의 江蘇 長江 이남을 관할하였다.
5) 度支判官 : 三司에 속한 官名으로, 각종 財政과 漕運 등을 관장하였다.
6) 嘉祐 : 宋 仁宗의 年號이다. 嘉祐 3年은 西紀 1058년이다.

安石果於自用하고 **慨然有矯世變俗之志**하야 **乃上萬言書**[1]하니 **後安石當國**에 **其所注**

措 大抵皆祖此書라 俄直集賢院[2]하다 先是에 安石屢辭館閣[3]之命하니 士大夫謂其無意於世하야 恨不識其面하고 朝廷每欲畀以美官이나 惟患其不就也러라 明年에 同修起居注[4]한대 疏辭至八九[5]라가 乃受하다 遂知制誥[6]하야 糾察在京刑獄[7]하니 自是로 不復辭官矣러라

왕안석은 자신이 옳다고 여기는 일에 대하여는 과감하게 실천하였고, 강개한 의지로 세상을 바로잡고 퇴폐한 풍속을 변혁하려는 의지를 가지고, 이에 〈萬言書〉를 올리기도 하였다. 그 후 왕안석이 국정을 담당하였을 때 시행한 조치들이 대부분 이 〈만언서〉에 쓰여진 내용을 기준으로 한 것이었다.

度支判官이 된 지 얼마 지나지 않아 直集賢院에 補任되었다. 이보다 앞서 安石은 여러 차례 館閣에 임명됨을 사양하였으므로 사대부들은 그가 名利나 높은 벼슬에 뜻이 없는 사람으로 여겨서 그와 사귀지 못함을 아쉬워하였고, 조정에서는 좋은 관직에 敍任할 때마다 그가 취임하지 않을까봐 근심하게 되었다. 이듬해에 同修起居注에 보임되자 疏를 올려 8, 9차례나 사양하다가 어쩔 수 없이 받아들였으며, 知制誥를 거쳐 糾察在京刑獄에 서임되니, 사양해도 採納되지 않음을 알고 이때부터는 관직을 사양하는 일이 없었다.

1) 萬言書 : 前述한 〈上仁宗皇帝言事書〉를 칭한다.
2) 直集賢院 : 典籍의 校勘과 收藏을 관장하는 관직이다.
3) 館閣 : 三館秘閣, 龍圖閣, 天章閣의 合稱으로, 圖書, 經籍, 歷代의 御書 등을 관장하는 文筆職이다.
4) 同修起居注 : 皇帝의 言行을 기록하는 史官職이다.
5) 疏辭至八九 : ≪宋史≫ 〈王安石傳〉에는 '疏'자가 없다.
6) 知制誥 : 皇帝의 制, 誥, 令, 勅書, 德音 등을 起草하는 文筆職이다.
7) 糾察在京刑獄 : 京城의 刑獄을 審查하는 관직이다.

有少年得鬪鶉어늘 其儕求之호되 不與하니 恃與之昵하야 輒持去하니 少年이 追殺之하다 開封當此人死하니 安石이 駁曰 不與而持去하니 是盜也요 追而殺之하니 是捕盜也라하고 遂劾府司失入[1]하다 事下審刑大理[2]하니 皆以府斷爲是라하고 詔放安石罪나 安石不謝

하니 御史[3)]擧奏之로되 帝亦不問하다 以母憂去하야 終英宗世토록 召不起하다

어떤 少年이 싸움 잘하는 메추리를 가지고 있었는데, 친구가 달라고 하였으나 허락하지 않았으나 그와 친한 사이임을 믿고 가져가 버렸다. 이에 소년이 좇아가 그를 살해하였다. 開封府에서는 그 죄인을 사형에 처함이 마땅하다고 하니, 왕안석이 반박하기를, "주지 않은 것을 가져갔으니 이는 도둑질을 한 것이고, 이를 뒤쫓아 가서 때려죽인 것은 도둑을 잡은 것이다." 하면서, 開封府에서 법 적용을 잘못했다고 추궁하였다.

이에 이 사건을 審刑院과 大理寺에 넘겨서 再審을 하게 하니 모두 개봉부의 판결이 옳았다고 하면서 그릇되게 판단한 왕안석의 죄를 조서로 밝혀 내치려 하였으나, 안석이 사죄를 하지 않자 다시 御史臺에서 왕안석의 탄핵을 上奏하였지만 황제는 이를 불문에 붙였다.

그 후 母親의 상을 당하여 벼슬을 사임하고 떠난 후 英宗이 在世하는 동안은 벼슬로 불러도 나아가지 않았다.

1) 遂劾府司失入 : 이때 왕안석은 首都 開封府의 刑獄을 심사하는 糾察在京刑獄이었다.

2) 審刑大理 : 審刑은 審刑院을, 大理는 大理寺를 지칭한다. 대리시는 심형원에서 넘어온 형사사건을 再審하는 관서이다.

3) 御史 : 御史臺를 지칭한다. 文武官의 失政이나 不法行爲를 감찰하는 관서이다.

安石은 本楚士[1)]라 未知名于中朝러니 以韓呂二族爲巨室일새 欲藉以取重하야 乃深與韓絳絳弟維及呂公著[2)]交하다 三人更稱揚之하니 名始盛하다 神宗[3)]在潁邸에 維爲記室[4)]하야 每講說見稱이면 輒曰 此維之友王安石之說也니이다하고 及爲太子庶子[5)]에 又薦自代하니 帝由是로 想見其人하다 甫卽位에 命知江寧府라가 數月에 召爲翰林學士兼侍講[6)]하다 熙寧元年에 造朝하니 帝問爲治所先한대 對曰 擇術爲先이니이다 帝曰 唐太宗은 何如오 曰 陛下當法堯舜이니 何以太宗爲시니이까 帝曰 卿은 可謂責難於君이로다하다

왕안석은 본래 楚 땅 출신의 지식인으로서 조정에 이름이 알려지지 않았었는데, 韓氏와 呂氏 집안이 지체 높은 명문 가문이었으므로 그들과의 친교를 바탕으로 하여 인망을 얻고자 하였다. 이에 韓絳과 그 아우 韓維 및 呂公著 등과 친교를 맺어 절친해졌

고, 이 세 사람이 번갈아가며 왕안석을 찬양하니 비로소 명성을 크게 떨치게 되었다.

神宗이 穎王으로 潛邸에 계실 때에 韓維가 穎王府의 記室參軍으로 있었는데, 講說이 있을 때마다 칭찬을 받게 되면 즉시 말하기를, "이것은 저의 친구 왕안석의 주장입니다." 하였고, 太子庶子가 되었을 때에는 왕안석을 자신의 후임으로 추천하기도 하였다. 신종은 이로 말미암아 왕안석을 만나 아는 것처럼 여겼다.

즉위하자마자 그를 知江寧府에 보임하였다가, 몇 달 만에 중앙으로 불러들여 翰林學士 겸 侍講에 보임하였다. 熙寧 元年에 조정에 나아가자, 황제가 정치에서 우선으로 해야 할 일을 물으니 답하기를, "나라 다스릴 方法을 택하는 것이 우선입니다." 하였다. 황제가, "唐 太宗은 어떠한가?" 하니 답하기를, "폐하께서는 마땅히 堯, 舜을 본받으셔야지 어찌 태종을 본받으시려 하십니까?" 하니, "卿은 군주에게 어려운 일을 실행하도록 권고하는 사람이라고 이를 만하오." 하였다.

1) 本楚士 : 왕안석의 고향 臨川이 옛 春秋戰國時代의 楚에 소속된 곳이므로 이렇게 표현한 것이다.
2) 韓絳絳弟維及呂公著 : 韓維(1017~1098)는 벼슬이 門下侍郎에 올랐던 인물이다. 韓絳(1012~1088)은 神宗時에 參知政事, 平章事를 역임하였고, 왕안석의 新法을 적극 지지하여 當時人들이 '傳法沙門'이라고 기롱하였다. 呂公著(1018~1089)는 司馬光과 함께 宰相을 역임한 인물로 후에는 新法을 반대하였다.
3) 神宗 : 英宗의 子로 穎王에 封해졌다가 太子로 책봉되었다.
4) 記室 : 記室參軍은 親王府의 屬官으로 記錄과 箋奏를 담당하였다.
5) 太子庶子 : 太子東宮에 둔 官名으로 啓奏와 文書를 관장하였다.
6) 翰林學士兼侍講 : 翰林學士는 內制의 起草 撰述을 관장하는 관직이고, 侍講은 황제에게 經書와 史書를 講說하고 황제의 질문에 應對하는 관직이다.

一日講席에 **群臣退**어늘 **帝留安石坐**하고 **曰 有欲與卿從容論議者**로라하고 **因言唐太宗必得魏徵**하고 **劉備必得諸葛亮然後**에 **可以有爲**하니 **二子誠不世出之人也**로다 **安石曰 陛下誠能爲堯舜**이신댄 **則必有皐夔稷禹**요 **誠能爲高宗**이신댄 **則必有傅說**이니 **彼二子者**를 **何足道哉**리이까하다

어느 날 侍講을 마치고 신하들이 물러가자, 황제가 왕안석만 남아 있게 하고, "경과

조용히 의논할 일이 있소." 하며 이어서 말하기를, "唐 太宗은 반드시 名宰相 魏徵을 얻고 劉備는 반드시 諸葛亮을 얻은 연후에야 큰일을 할 수 있었으니, 이 두 사람은 진실로 세상에 자주 나오지 않는 不世出의 인물이라 할 수 있소." 하였다. 이에 왕안석이 말하기를, "폐하께서 진실로 堯나 舜 같은 聖君이 되신다면 반드시 皐陶, 夔, 后稷, 禹 같은 인물을 얻게 될 것이고, 진실로 殷나라 高宗처럼 되실 수 있다면 반드시 傅說 같은 인물을 얻을 수 있을 것이니, 저 두 사람을 어찌 말씀 하실 것이 있겠습니까?" 하였다.

二年에 **拜參知政事**[1)]하다 **帝謂曰 人皆不能知卿**하야 **以爲但知經術**[2)]이요 **不曉世務**라하니 **安石對曰 經術**이 **正所以經世務爾**니이다 **帝問 卿施設何先**고 **安石曰 變風俗**하고 **立法度**가 **最方今所急也**니이다 **於是**에 **設制置三司條例司**[3)]하고 **命與樞密**[4)]**陳升之**로 **同領之**하다 **安石令其黨呂惠卿**으로 **任其事**하고 **而農田水利**와 **青苗均輸保甲免役市易保馬方田諸役**을 **相繼竝興**하야 **號爲新法**이라하고 **遣提擧官**[5)]**四十餘輩**하야 **頒行天下**하다

熙寧 2년에 參知政事에 서임된 후 황제가 말하기를, "사람들이 모두 경을 제대로 알지 못하여, 經術에만 능할 뿐이요 世務에는 밝지 못하다고 여기고 있소." 하니, 왕안석이, "경술이 바로 세무를 처리하는 기준이 되는 것입니다."라고 대답하였다. 이에 황제가, "卿이 조치를 한다면 무엇을 우선으로 하겠소?" 하고 물으니, 왕안석은, "퇴폐한 風俗을 바꾸고 法度를 바로 세우는 것이 지금 시행해야 할 最急先務입니다."라고 답하였다.

이에 制置三司條例司를 설치하고 樞密 陳升之와 함께 이를 영도하도록 명하였는데, 왕안석은 그의 黨與인 呂惠卿에게 그 직무를 관할하게 하고, 農田 水利와 青苗, 均輸, 保甲, 免役, 市易, 保馬, 方田 등의 모든 役事를 연이어 시행하며, 이를 포괄하여 '新法'이라 칭하고, 提擧官 40여 명을 각 지방에 파견하여 온 천하에 이를 반포 시행하게 하였다.

1) 參知政事 : 副宰相의 직위이다.

2) 經術 : 儒家 經傳에 관한 學問을 칭한다.

3) 制置三司條例司 : 新法의 제정 시행을 위하여 설치한 기구로서 새로운 財政政策

의 企劃과 制定, 舊法의 개정, 新法의 반포 시행 등을 관장하였다.

4) 樞密 : 知樞密院事의 略稱으로 軍國機務, 國防, 軍馬 등을 관장하였다.

5) 提擧官 : 制擧常平官의 略稱으로 各 路의 役錢, 靑苗錢, 義倉, 賑濟, 水利, 茶鹽 등의 일을 관장하며 아울러 各 州의 官吏를 감찰하는 일도 담당하였다.

靑苗法者는 以常平[1]糴本을 散與人戶하고 出息二分하야 春散秋斂이요 均輸法者는 以發運之職을 改爲均輸하야 假以錢貨하야 凡上供之物을 皆得徙貴就賤하고 用近易遠하며 預知在京倉庫所當辦者하야 得以便宜蓄買요 保甲之法은 籍民二丁取一하고 十家爲保하야 保丁에 授以弓弩하야 敎之戰陣이요 免役之法은 據家貲高下하야 出錢雇役하고 單丁女戶의 原無役者는 一槪輸錢하야 謂之助役이요 市易之法은 聽人賖貸縣官財貨하야 出息二分하고 過期不輸者는 加罰錢이요 保馬之法은 凡五路[2]義保[3]로 願養馬者는 戶一匹을 以監牧見馬給之커나 或官與其直使自市하고 歲一閱其肥瘠하야 死病者면 補償이요 方田之法은 以東西南北各千步[4]를 爲一方하야 歲計量其地하고 驗其肥瘠하야 定其色號하고 分五等以定稅數라 又有免行錢者하니 約京師百物諸行利入厚薄하야 皆令納錢하고 與免行戶[5]祗應이라 自是로 四方이 爭言農田水利하니 古陂廢堰이 悉務興復하다 又令民封狀增價以買坊場하며 又增茶鹽之額하고 又設措置河北糴便司하야 廣積糧穀于臨流州縣하야 以備饋運하다

靑苗法은 常平倉에서 곡식 매입대금을 民戶에 대여해 주되, 利息은 2分으로 하여 봄에 대여해 주고 가을에 회수하는 제도이다.

均輸法은 단순히 물자 운송만을 담당했던 發運使의 직무를 均輸로 바꾸고, 內藏庫에 저축해 놓은 銀錢과 上供米를 자본으로 하여, 조정에 上供할 모든 물자 가운데 물가가 높은 지방에서 징수해야 할 것을 물가가 저렴한 지방에 가서 구매하고, 먼 곳에서 바쳐야 할 것을 가까운 곳에서 구매하며, 서울에 있는 창고의 저장량과 앞으로 필요한 양을 미리 계량하여 그 비축과 구매를 적합하게 하는 제도이다.

保甲法은 호적에 등재된 장정 2명에 1인분씩의 兵役稅를 징수하고, 10家를 1保로 하며 保丁들에게 활과 쇠뇌를 지급하여 진치고 전투하는 법을 가르치도록 한 제도이다.

免役法은 賦役을 시키는 대신에, 각 가정의 자금이 많고 적음에 근거하여 징수한 돈

으로 부역에 종사할 사람을 고용하여 일을 시키고, 장정이 한 사람뿐이거나 여자만 있는 가정은 부역을 免除하는 대신, 일률적으로 금전으로 대신 납부하게 하는 제도이다. 장정 한 사람뿐이거나 여자만 있는 가정에서 내는 돈을 助役錢이라 하였다.

市易法은 사람들이 貸與를 요청하면 조정의 재화 즉 돈이나 곡식을 대여해 주고, 2分의 이자를 내도록 하며, 期限이 지나도 갚지 않으면 벌금을 가하는 제도이다.

保馬法은 五路의 義保로서 軍馬를 기르기를 원하는 자들에게 養馬監에서 기르고 있는 官馬를 호당 1필씩 대여하거나 혹은 官에서 말을 살 돈을 주어 구입하게 하고, 매년 한 차례씩 말이 제대로 자랐는가, 살이 쪘는가, 말랐는가 등을 조사하고, 죽거나 병이 들었으면 賠償하도록 하는 제도이다.

方田法은 동, 서, 남, 북 千步를 一方으로 하여 해마다 그 땅을 계량하고, 비옥한가 척박한가를 따져서 그 等級을 결정하고, 5등급으로 나누어 납부할 세액을 정하는 제도이다.

이 외에도 免行錢이라는 제도가 있었다. 조정에 각종 물자를 納付하는 行戶가 수도에 있었는데, 각 항호의 수입의 많고 적음을 헤아려서 돈으로 적정액을 납부하도록 하고 물자로 납부하는 것을 면제한 제도이다.

新法이 시행되고부터 사방에서 다투어 農田의 水利를 건의하였으므로, 오래된 방죽의 파괴된 둑을 모두 힘써 복구하였다. 또 인민들에게 관설 시장인 坊場을 대여할 때에는 경쟁입찰을 행하여 최고가를 써낸 사람이 낙찰받도록 하여 그 값을 올리고, 茶稅와 鹽稅를 증액하였으며, 또 措置河北糴便司를 설치하여 강변의 여러 州縣에 널리 식량을 쌓아두고 필요할 때에 운송할 수 있도록 대비하였다.

1) 常平 : 常平倉을 일컫는 것으로, 물가가 급격히 등귀할 때는 물자를 풀고 급격히 하락할 때에는 적정가로 구매하여 물가를 조절하는 임무를 수행하는 기관이다.
2) 五路 : 河北東路, 河北西路, 河東路, 永興軍路, 秦風路 등 5個의 지방행정구역을 칭한다.
3) 義保 : 鄕軍의 일종으로, 農閑期에 武藝를 익히고 戰時에는 城堡를 방어하는 임무를 수행하였다.
4) 各千步 : 저본에는 '若干步'로 되어 있는데 ≪宋史≫ 〈王安石傳〉에 의거하여 '各千步'로 바로잡았다.

5) 行戶 : 우리나라 조선시대에 조정에 필요한 물품을 납품하던 漢城의 六矣廛과 유사한 기능을 수행하던 宋나라의 상인들이다.

由是로 賦斂愈重하니 天下騷然云云하고 帝亦疑之하야 遂罷하고 爲觀文殿大學士知江寧府하니 自禮部侍郞으로 超九轉하야 爲吏部尙書하니라 始呂惠卿遭喪去하니 安石未知所托이라가 得曾布[1]하고 信任之하야 亞于惠卿하다 及惠卿服闋에 安石朝夕汲引하야 至是에 白爲參知政事하다

이러한 制度의 改革으로 말미암아 세금의 징수가 더욱 늘어나니 천하가 시끄러워졌고, 황제 또한 왕안석을 의심하여 드디어 禮部侍郞직을 파직하고 觀文殿大學士 知江寧府에 보임하였는데, 예부시랑에 임명된 후부터 아홉 차례의 전직을 거쳐 吏部尙書가 되었다. 呂惠卿이 부친의 상을 당하여 관직에서 물러나자, 왕안석은 믿고 맡길 사람을 찾지 못하다가 曾布를 얻고는 그를 신임하여 여혜경이 맡았던 일을 대리하게 하였다. 그 후 여혜경이 喪期를 마치자 왕안석이 거듭 천거하여 參知政事에 임용하도록 건의하였다.

1) 曾布 : 曾布(1036~1107)는 曾鞏의 아우로 왕안석의 신임을 얻어 翰林學士가 되었으나 후에는 新法을 반대하였다.

安石之再相也에 屢謝病求去러니 及雱死에 尤悲傷不堪하야 請益力하다 帝益厭之하야 罷爲鎭南軍節度使同平章事判江寧府라가 明年에 改集禧觀使[1]하고 封舒國公[2]하다 元豐三年에 復拜左僕射[3]觀文殿大學士[4]라가 換特進[5]하고 改封荊하다 哲宗立하야 加司空[6]하다 未幾에 卒하니 年六十八이라 贈太傅하다 紹聖[7]中에 諡曰文이라하고 配享神宗하다 崇寧[8]中에 配食孔廟하야 列顔孟之次하고 追封舒王하다 楊時[9]言於欽宗[10]하야 降從祀하고 高宗[11]復停宗廟配享하고 削王封하다 理宗[12]復停孔廟從祀하다

왕안석이 다시 재상이 되자 병을 이유로 여러 차례 사양하고 물러나기를 청하다가, 아들 雱이 죽자 상심과 비애를 감내하지 못하고 더욱 간절하게 사임을 청하였다. 황제도 차츰 왕안석에게 염증을 느껴서 재상직을 파하고 鎭南軍節度使, 同平章事, 判江寧

府에 서임하였다가, 이듬해에 集禧觀使로 바꾸어주고 舒國公에 봉하였다. 元豐 3년에 다시 左僕射 觀文殿大學士에 拜하였다가 特進으로 바꾸고 荊國公으로 改封하였다.

哲宗이 즉위하자 司空으로 陞任하였는데, 얼마 있지 않아 卒하니 68세 때였다. 이에 太傅를 贈職하였고, 紹聖 연간에 諡號를 文으로 정하고 神宗의 廟廷에 配享하였다. 崇寧 연간에는 孔子의 廟廷에 배향하고 顏回와 孟子의 다음 자리에 모셨으며 舒王으로 追封하였다. 그 후 楊時가 欽宗에게 공자 묘정에의 配享을 중단하도록 건의하였고, 高宗은 신종 묘정에의 배향을 중단시키고 추봉하였던 서왕의 직위도 삭탈하였으며, 理宗은 공자 묘정에의 배향을 중단시켰다.

1) 集禧觀使 : 集禧觀은 宮觀의 명칭이고 이곳의 使는 재상을 예우하기 위하여 둔 것으로 명예직에 해당된다.
2) 舒國公 : 舒는 地名이고, 國公은 爵位로 郡王의 아래이고 郡公의 위에 해당하는 第4等의 爵位이다.
3) 左僕射 : 尙書省의 第2人者로 宰相의 직급에 해당하나 실무를 맡지 않는 명예직이다.
4) 觀文殿大學士 : 품계는 지극히 높으나, 자문에만 응할 뿐 실무를 담당하지는 않는 직책이다.
5) 特進 : 官名으로 文散官이다.
6) 司空 : 최고의 관직인 三公의 하나로, 常置官은 아니었고 政事에도 관여하지 않았다.
7) 紹聖 : 宋 哲宗의 年號로 1094~1097년 사이에 사용하였다.
8) 崇寧 : 宋 徽宗의 年號로 1102~1106년 사이에 사용하였다.
9) 楊時 : 楊時(1054~1135)는 宋代의 性理學者로 龜山先生으로 稱하여졌으며, 왕안석의 新法을 배척하고 靖康和議를 반대했던 인물이다.
10) 欽宗 : 1년 4개월간 재위했다가 金나라로 압송되어 그곳에서 사망한 제왕이다.
11) 高宗 : 高宗(在位 1127~1162)은 徽宗과 欽宗이 금나라에 끌려간 후 남경에서 즉위하여 金國과의 求和策을 썼던 제왕이다.
12) 理宗 : 1224~1264년간에 재위하였던 제왕이다.

宋大家王文公文抄 卷1

上書

01. 上仁宗皇帝言事書* 仁宗皇帝께 國事에 관한 의견을 말씀드린 글

* 本 上書는 왕안석이 지방관으로 있다가 京官으로 소환된 仁宗 嘉祐 4년(1059)에 인종황제에게 올린 것이다. 그 내용은 北宋 中期의 심각한 사회문제를 분석하고 그 해결방안을 제시한 것으로, 왕안석이 제시한 變法의 綱領的 성격을 띤 매우 중요한 글이다. 長篇의 文章이므로 一名 〈萬言書〉라고도 칭한다.

荊公은 以王佐之學과 與王佐之才로 自任이라 故 其一生措注가 已盡於此書中이요 所以結知主上도 亦全在此書中이라 然其學本經術이라 故 所言이 非漢唐以來宰相所能見이로되 而其偏拗自用이 大較與商鞅所欲變法處相近이라 故 其功業도 亦遂大壞하야 而反不如近世浮沈者之得하니 學者須具千古隻眼看之니라 此書幾萬餘言이로되 而其絲牽繩聯이 如提百萬之兵하야 而鉤考部曲이 無一不貫이라

荊公(왕안석)은 王을 보좌할 만한 학식과 왕을 보좌할 만한 재능을 가졌다고 스스로 자부하였다. 그 때문에 그가 일생 동안 집중적으로 처리한 것들이 이 글 가운데 이미 다 드러나 있고, 황제와 뜻이 맞게 된 이유도 또한 이 글 가운데 모두 수록되어 있다. 그리고 그의 학문은 經術에 근본을 두고 있으므로 건의한 내용이 漢唐 이래의 재상들에게서 흔히 볼 수 있는 바는 아니었지만, 완고하게 외고집을 부리며 자기만 옳다고 생각하는 것이 대체로 商鞅이 시행하고자 했던 變法과 유사하여 그의 공로와 업적도 드디어 크게 무너졌고, 도리어 근세에 남의 장단에 춤추며 적당히 살아가는 사람들이 남긴 것만도 못하게 되었으니, 학자들은 모름지기 千

古를 꿰뚫어 보는 뛰어난 견해를 가지고 읽어야 한다.

이 글은 거의 萬餘言에 가까운데도 整然하게 연이어 전개되는 풍부한 논리가 百萬 군사를 이끌면서 行伍가 질서정연하여 하나도 관통하지 않음이 없는 것과 같다.

臣愚不肖로 **蒙恩**하야 **備使一路**[1)]러니 **今又蒙恩**하야 **召還闕廷**[2)]하야 **有所任屬**하니 **而當以使事歸報陛下**나 **不自知其無以稱職**하고 **而敢緣使事之所及**하야 **冒言天下之事**하니 **伏惟陛下詳思而擇其中**이시면 **幸甚**이로소이다

臣은 어리석고 못난 사람인데도 皇恩을 입어 한 路의 직책에 충원되었다가, 이제 다시 은혜를 입어 조정에 소환되어 京職을 맡게 되었습니다. 담당했던 직무가 있었으니 당연히 맡았던 일에 대하여 폐하께 보고를 드려야 하나, 그 직분도 제대로 수행하지 못하였음을 스스로 알지 못하고, 감히 담당하였던 직무를 근거로 하여 참람함을 무릅쓰고 천하의 일에 대하여 말씀 올리오니, 엎드려 바라옵건대 폐하께서는 자세히 헤아리셔서 그 가운데서 채택하심이 있게 된다면 매우 다행이겠습니다.

1) 路 : 宋代의 지방행정구역 단위로서 지금의 省에 해당된다. 備使一路는 皇命을 받아 한 路의 특정 업무를 담당하였다는 뜻이다.

2) 闕廷 : 朝廷을 뜻한다. 당시 回京하여 度支判官에 임명되었음을 말한다.

臣竊觀컨대 **陛下有恭儉之德**하시고 **有聰明睿智之才**하사 **夙興夜寐**하사 **無一日之懈**하시며 **聲色狗馬**와 **觀遊玩好之事**에 **無纖介之蔽**하시며 **而仁民愛物之意**가 **孚於天下**하시고 **而又公選天下之所願**하사 **以爲輔相者**하사 **屬之以事**하시고 **而不貳於讒邪傾巧之臣**하시니 **此**는 **雖二帝三王**[1)]**之用心**도 **不過如此而已**니이다 **宜其家給人足**하야 **天下大治**어늘 **而效不至於此**하야 **顧內則不能無以社稷**[2)]**爲憂**하고 **外則不能無懼於邊鄙**[3)]하며 **天下之財力**은 **日以困窮**하고 **而風俗**은 **日以衰壞**하며 **四方有志之士**는 **諰諰然常恐天下之久不安**하니 **此其故何也**니잇고 **患在不知法度故也**니이다

신이 삼가 관찰하건대 폐하께서는 공손 검소한 덕을 품으시고, 총명하고 밝은 지혜

를 지니고 계시면서, 아침 일찍 일어나서 밤이 늦어서야 주무시며 하루도 게으르게 지내는 일이 없으시고, 음악, 여색, 사냥, 유람, 기호 등에 一絲一毫도 탐닉하심이 없으시며, 백성에게 인자하고 만물을 사랑하시는 마음으로 온 천하 사람들의 신뢰를 받으시고, 천하 사람들이 원하는 사람을 천자를 보좌할 재상으로 공정하게 선발하여 그들에게 일을 맡기시며, 사악하게 참소하거나 교활 간사한 신하에게 흔들리는 일이 없으십니다. 이런 점은 비록 二帝 三王께서 마음 쓰셨더라도 이보다 더하지는 않았을 것이니, 당연히 집집마다 풍족해지고 사람마다 넉넉해져서 천하가 크게 잘 다스려져야 마땅합니다.

그런데도 효과가 이에 이르지 않으니, 돌이켜보건대 안으로는 社稷에 근심되는 일이 없다 할 수 없고, 밖으로는 변방 오랑캐들의 소요가 없다 할 수 없으며, 천하의 경제는 날로 곤궁해지고, 풍속은 날로 피폐해지며, 사방의 뜻있는 선비들은 천하가 오랫동안 평안하지 않음을 근심하며 불안해하고 있습니다. 이것이 무엇 때문입니까. 문제는 法度를 알지 못하는데 있습니다.

1) 二帝三王 : 二帝는 전설에 등장하는 上古時代의 聖君 唐堯와 虞舜을 칭하고, 三王은 夏禹, 商湯, 周의 文王과 武王을 칭하며 모두 開國君主들이다.
2) 社稷 : 古代의 帝王들이 제사를 올렸던 土地神과 穀食神을 칭하며, 그 의미가 轉移되어 國家를 지칭하기도 한다. 이곳에서는 國家를 指稱하는 의미로 쓰였다.
3) 邊釁 : 저본에는 '夷狄'으로 되어 있는데, 淸 四庫館의 관리가 淸人의 名을 諱하여 고친 것으로 보인다.

今朝廷이 **法嚴令具**하야 **無所不有**로되 **而臣以謂無法度者**는 **何哉**오 **方今之法度**는 **多不合乎先王**[1]**之政故也**니이다 **孟子曰 有仁心仁聞**이로되 **而澤不加於百姓者**는 **爲政**에 **不法於先王之道故也**[2]라하니 **以孟子之說**로 **觀方今之失**이면 **正在於此而已**니이다

지금의 조정은 法이 엄격하게 시행되고 律令이 잘 구비되어 있어 갖추지 않은 것이 없는데도 신이 법도가 없다고 이르는 것은 무엇 때문이겠습니까. 지금의 법도는 옛 先王들이 행한 政事와 합치되지 않는 것이 많기 때문입니다. 孟子는, "어진 마음을 지니고 있고 어질다는 소문이 났는데도 恩澤이 백성들에게 미치지 않는 것은 정치를 행할 때에 선왕의 道를 본받지 않았기 때문이다." 하였습니다. 맹자의 주장을 가지고 지금

의 失政의 원인을 살펴본다면 바로 여기에 있는 것입니다.

1) 先王 : 上古의 聖君인 二帝(堯・舜) 三王(禹・湯・文・武)을 지칭한다.
2) 孟子曰……不法於先王之道故也 : 이 내용은 ≪孟子≫ 〈離婁 上〉에 "지금 군주가 어진 마음과 어질다는 소문이 있는데도 백성들이 그 은택을 입지 못하여 후세에 법이 될 수 없는 것은 先王의 道를 행하지 않기 때문이다.〔今有仁心仁聞 而民不被其澤 不可法於後世者 不行先王之道也〕"라고 보인다.

夫以今之世는 **去先王之世遠**하고 **所遭之變**과 **所遇之勢不一**이어늘 **而欲一一修先王之政**이면 **雖甚愚者**라도 **猶知其難也**니이다 **然臣以謂今之失**이 **患在不法先王之政者**는 **以謂當法其意而已**니이다 **夫二帝三王**은 **相去蓋千有餘載**에 **一治一亂**하야 **其盛衰之時具矣**니이다 **其所遭之變**과 **所遇之勢**가 **亦各不同**하고 **其施設之方**도 **亦皆殊**나 **而其爲天下國家之意**와 **本末先後**는 **未嘗不同也**니이다 **臣故曰 當法其意而已**라하노니 **法其意**면 **則吾所改易更革**이 **不至乎傾駭天下之耳目**하고 **囂天下之口**로되 **而固已合乎先王之政矣**리이다

대저 지금의 시대는 先王의 시대와 떨어짐이 멀고, 당면한 변고와 처한 형세가 동일하지 않은데, 사안에 직면할 때마다 선왕의 정사를 일일이 적용하려 한다는 것은, 비록 지극히 어리석은 사람이라도 그것이 곤란한 일임을 알고 있습니다. 그런데도 신이 지금의 과실이 선왕의 정사를 본받지 않는데 있다고 주장하는 것은 마땅히 그 정신을 본받아야 함을 이르는 것입니다.

대저 二帝와 三王은 대체로 千餘 年씩 그 시대가 차이가 나는데, 한번 잘 다스려지고 한번 어지러워져서 그 盛衰의 시대가 갖추어져 있습니다. 그들이 당면했던 변고와 처했던 형세가 또한 서로 다르고 그에 대처한 방법도 모두 다르지만, 그들이 천하 국가를 다스린 정신의 本末과 先後는 일찍이 같지 않음이 없었습니다. 그 때문에 臣이, "마땅히 그 정신을 본받아야 합니다."라고 말씀드리는 것입니다. 그 정신을 본받는다면 우리가 개혁하려는 바가 천하 사람들의 이목을 놀라게 하거나 천하 사람들의 입에서 원성이 나오지 않게 하고도, 진실로 선왕들이 행한 정사와 이미 부합하게 될 것입니다.

雖然이나 以方今之勢揆之컨대 陛下雖欲改易更革天下之事하야 合於先王之意라도 其勢必不能也니이다 陛下有恭儉之德하시고 有聰明睿智之才하시며 有仁民愛物之意하시니 誠加之意면 則何爲而不成이며 何欲而不得이리잇가 然而臣顧以謂陛下雖欲改易更革天下之事하야 合於先王之意라도 其勢必不能者는 何也오 以方今天下之人才[1]不足故也니이다

비록 그러하나 지금의 形勢를 考察해보건대, 폐하께서 천하의 일을 새롭게 變革하고자 하여 그것이 先王들의 뜻과 합치된다 해도 그 형세가 반드시 이루어질 수는 없게 되어 있습니다. 폐하께서는 공손하고 검소한 덕을 지니시고 총명하고 밝은 지혜와 백성들에게 인자하고 만물을 사랑하는 뜻을 가지고 계십니다. 진실로 이런 뜻을 시행하려 하신다면, 무슨 일을 한들 이루어지지 않을 것이며 무엇을 하고자 한들 할 수 없겠습니까.

그런데도 신이 살펴보건대 폐하께서 비록 천하의 일을 새롭게 변혁하여 선왕의 뜻에 부합하는 일을 하시려는 뜻을 가지셨는데도, 형세를 살펴보건대 틀림없이 이루어지지 않을 것이라고 여기는 것은 무엇 때문이겠습니까. 바로 지금의 천하에는 그런 일을 할 만한 人才가 부족하기 때문입니다.

1) 人才 : 여기에서 말하는 人才는 德行과 學問이 뛰어나서 국가에 유용하게 쓰일 수 있는 인물을 지칭한다.

臣嘗試竊觀天下在位之人컨대 未有乏於此時者也로소이다 夫人才乏於上이면 則有沈廢伏匿在下하야 而不爲當時所知者矣니이다 臣又求之於閭巷草野之間호되 而亦未見其多焉하니 豈非陶冶而成之者 非其道而然乎잇가 臣以謂方今在位之人才不足者는 以臣使事之所及則可知矣리이다 今以一路數千里之間에 能推行朝廷之法令하야 知其所緩急하야 而一切能使民以修其職事者는 甚少하고 而不才苟簡貪鄙之人은 至不可勝數니이다 其能講先王之意하야 以合當時之變者는 蓋闔郡之間에 往往而絶也니이다 朝廷每一令下에 其意雖善이나 在位者猶不能推行하야 使膏澤加於民하고 而吏輒緣之爲姦하야 以擾百姓하니 臣故로 曰 在位之人才不足하고 而草野閭巷之間에 亦未見其多

也라하노이다

신이 시험 삼아 삼가 천하의 높은 벼슬자리에 있던 사람들을 살펴보니, 이 시대보다 더 모자란 일은 없었습니다. 대저 윗자리에 인재가 없게 되면, 아랫자리에서 드러나지 못한 채 엎드려 숨어 있는 인재가 있어도 당시에 알려지는 자가 없게 될 것입니다. 신은 또한 이들을 민간이나 草野의 미천한 사람들 가운데서 찾는다 해도 많은 이를 찾지는 못할 것이라고 봅니다. 이것이 어찌 그 인재를 배양하고 등용하는 방법이 합당하지 않아 그렇게 된 것이 아니겠습니까.

신이 현재 벼슬자리에 인재가 부족하다고 여기는 것은 신이 담당했던 일을 근거로 알 수 있습니다. 지금 한 路 수천 리 사이에 조정의 법령을 실천하면서 그 緩急을 알아서 그에 맞게 시행할 줄 알고 모든 일에 백성들을 제대로 부려서 그 직분을 제대로 수행할 수 있는 사람은 매우 적으나, 능력이 없고 일을 소홀히 처리하며 貪虐하고 鄙陋한 사람은 이루 헤아릴 수도 없는 지경입니다.

先王들의 뜻을 강구하여 변화한 시대에 적용하고 합당하게 처리할 수 있는 자는 대체로 한 郡 전체에서 찾아보아도 전혀 없는 경우가 왕왕 있습니다. 朝廷에서 한 명령을 내려 보낼 때마다 그 뜻이 비록 좋다 해도 담당자가 이를 제대로 실천하여 은택이 백성들에게 미치게 할 능력은 없고, 庶吏들이 이를 기화로 간악한 짓을 행하여 백성들을 동요시키기만 합니다. 그 때문에 신이, "벼슬자리에 인재가 부족하고 민간이나 미천한 사람들 사이에서도 많은 이를 찾을 수 없다."라고 한 것입니다.

夫人才不足이면 則陛下雖欲改易更革天下之事하야 以合先王之意하시고 大臣雖有能當陛下之意하야 而欲領此者나 九州[1)]之大와 四海之遠에 孰能稱陛下之指하야 以一一推行此하야 而人人蒙其施者乎리잇가 臣故로 曰 其勢必未能也라하노이다 孟子曰 徒法이 不能以自行[2)]이라하니 非此之謂乎잇가 然則方今之急은 在於人才而已라 誠能使天下之才衆多한 然後에 在位之才可以擇其人而取足焉이요 在位者得其才矣한 然後에 稍視時勢之可否하고 而因人情之患苦하야 變更天下之弊法이면 以趨先王之意는 甚易也리이다 今之天下도 亦先王之天下니 先王之時엔 人才嘗衆矣러니 何至於今而獨不足乎잇가 故曰 陶冶而成之者가 非其道故也라하나니이다

대저 인재가 부족하게 되면, 폐하께서 비록 천하의 일을 개혁하여 선왕의 뜻에 부합되게 하려 하시고, 대신들이 비록 폐하의 뜻을 감당할 능력이 있어서 이를 영도하려 해도, 九州는 크고 天下는 멀리까지 펼쳐져 있으니, 누가 능히 폐하의 뜻에 부합하도록 이를 일일이 실천해서 사람마다 그 혜택을 입게 할 수 있겠습니까. 신은 그 때문에 그 형세가 반드시 이루어지지 않을 것이라고 말하는 것입니다. ≪孟子≫에, "한갓 법만으로는 저절로 시행될 수 없다." 하였으니, 바로 이것을 이르는 것이 아니겠습니까.

그러므로 방금의 急先務는 人才를 얻는데 있을 뿐입니다. 진실로 천하의 인재를 많게 한 연후에야 벼슬자리에 둘 만한 인재들 중에서 適任者를 택하고 뽑아 충원하기에 충분하게 될 것입니다. 벼슬자리에 있는 자를 재능있는 사람으로 채운 연후에, 차츰 그 時勢의 가부를 살피고 人情이 걱정하고 괴롭게 여기는 것을 찾아내어 천하의 그릇된 법을 바꾸고 바로잡는다면, 先王의 뜻에 따르는 일이 매우 쉽게 이루어질 것입니다. 지금의 천하는 옛 선왕들이 다스렸던 천하와 같은데, 선왕의 시대에는 인재가 매우 많았고 현 시대에 이르러서는 유독 부족하게 된 것이 무엇 때문이겠습니까. 그러므로 인재를 배양하고 육성하는 방법이 합당하지 않기 때문이라고 말하는 것입니다.

1) 九州 : 古代에는 天下를 九州로 나누었으니, 九州는 冀州, 兗州, 靑州, 徐州, 揚州, 荊州, 豫州, 梁州, 雍州 등이며, 後世에는 九州가 天下를 지칭하는 말이 되었다.

2) 孟子曰 徒法不能以自行 : ≪孟子≫ 〈離婁 上〉에 "한갓 善心만으로는 정사를 할 수 없고, 한갓 法만으로는 저절로 행해질 수 없다.〔徒善不足以爲政 徒法不能以自行〕"라고 보인다.

商之時[1]에 天下嘗大亂矣라 在位貪毒禍敗하니 皆非其人이요 及文王[2]之起하야 而天下之才嘗少矣나 當是時하야 文王能陶冶天下之士하야 而使之皆有士[3]君子之才하고 然後에 隨其才之所有而官使之하니이다 詩曰 豈弟君子여 遐不作人[4]이리오하니 此之謂也니이다 及其成也하얀 微賤兎罝之人도 猶莫不好德하니 兎罝之詩[5]是也니 又況於在位之人乎잇가 夫文王惟能如此라 故以征則服하고 以守則治하니 詩曰 奉璋[6]峨峨하니 髦士攸宜로다하고 又曰 周王于邁하니 六師[7]及之[8]라하니 言文王所用이 文武各得其才

하야 而無廢事也니이다 及至夷厲[9]之亂하야 天下之才又嘗少矣러니 至宣王[10]之起하야 所與圖天下之事者는 仲山甫[11]而已라 故 詩人이 歎之曰 德輶如毛어늘 維仲山甫擧之하니 愛莫助之[12]로다하니 蓋閔人士之少하야 而山甫之無助也니이다 宣王能用仲山甫하야 推其類以新美天下之士하고 而後人才復衆이라 於是에 內修政事하고 外討不庭하야 而復有文武之境土하니 故 詩人이 美之曰 薄言采芑[13]하니 于彼新田이요 于此菑畝[14]이로다하니 言宣王能新美天下之士하야 使之有可用之才 如農夫新美其田하야 而使之有可采之芑也니이다 由此觀之컨대 人之才는 未嘗不自人主陶冶而成之者也니이다

商나라 말년에 천하는 큰 혼란을 겪었습니다. 벼슬자리에 있는 이들이 탐욕스럽고 잔혹하여 재난이 일어나 나라가 무너지게 하였으니, 이들이 모두 적임자가 아니었기 때문이었습니다.

文王이 興起함에 이르러 천하에 인재가 아직 드물었으나 문왕은 천하의 선비들을 잘 육성하여 그들로 하여금 모두 재덕을 겸비한 士君子의 능력을 갖게 하였고, 그런 연후에 그들의 재덕의 정도에 따라 관직을 수여하였습니다.

≪詩經≫에, "평안 화락한 君子(文王을 지칭)여, 어찌 인재를 길러서 재능에 맞게 쓰지 않으리오." 한 것이 이를 이르는 것입니다. 인재를 배양함이 성공하자 미천한 토끼사냥꾼들도 오히려 덕을 좋아하지 않는 이들이 없게 되었다고 하였으니, ≪詩經≫ 〈兎罝〉는 이를 읊은 것입니다. 하물며 벼슬자리에 있는 사람이야 더 말할 것이 있겠습니까.

문왕이 오직 이와 같이 하였기 때문에 정벌하면 복종하였고 수호하면 잘 다스려졌습니다. ≪詩經≫에 "玉璋을 받들고 장엄하게 늘어서 있으니, 뛰어난 선비들이 합당한 자리를 얻은 것이로다." 하였고, 또 "周王이 나아가니 六師가 뒤따르게 되었도다." 하였으니, 이는 文王의 인재 등용이 문관이나 무관이나 각기 그 재능 있는 사람을 얻어서 하시는 일에 실패가 없었음을 말하는 것입니다.

夷王과 厲王 때에 이르러 다시 혼란에 빠진 것은 천하에 재능 있는 사람이 줄었기 때문이었습니다.

그러다가 宣王이 즉위함에 이르러 천하의 일을 함께 도모할 만한 사람이 오직 仲山甫뿐이었습니다. 그러므로 詩人이 탄식하기를, "가벼운 덕밖에 없는 이들 가운데 오직 도

덕 수양이 잘된 중산보만을 등용하니, 뜻을 받들려 해도 보필하기가 어렵도다." 한 것입니다. 이는 인재가 적어서 중산보가 황제를 보조할 수 없음을 번민한 것입니다.

그러나 宣王이 중산보를 등용하였기 때문에 그가 동류를 추천하여 천하의 선비들을 훌륭한 인물로 새롭게 일신할 수 있게 하였으며, 그런 후에야 인재가 다시 많아지게 되었고, 이에 안으로는 정사를 잘 닦고 밖으로는 복속되지 않는 나라를 토벌하여 문왕・무왕 때의 영토를 수복할 수 있었던 것입니다. 그러므로 시인이 찬미하기를, "芑나물을 뜯어서 군사에게 바치니, 芑나물은 저 개간한지 2년 된 밭과 1년 된 밭에 있는 것이로다." 하였으니, 선왕이 천하의 선비들을 새로 훌륭하게 배양하여 그들을 쓸 만한 인재로 만든 것이 마치 농부가 그의 밭을 새롭게 개량하여 芑나물을 채취할 수 있게 된 것과 같다고 한 것입니다.

이로써 관찰해보건대 사람의 재능은 통치자의 培養과 育成에 의하여 이루어지지 않는 것이 없다고 하겠습니다.

1) 商之時 : 商나라 말년이라 한 것은 상나라 최후의 왕 紂가 失政을 하여 천하를 크게 어지럽힌 때를 칭하는 것이다.
2) 文王 : 商나라 紂왕 때의 西伯으로 名은 昌이다. 周나라가 천하를 통일할 기초를 다진 왕으로 50년간 재위하였다.
3) 士 : 본래 벼슬에 오를 수 있는 계층을 뜻하였으나, 후세에는 文人을 지칭하게 되었으며, 士君子는 士 가운데 才德이 있는 사람을 지칭한다.
4) 詩曰……遐不作人 : ≪詩經≫ 〈大雅 旱麓〉에 보인다.
5) 兎罝之詩 : ≪詩經≫ 〈周南 兎罝〉를 말한다.
6) 奉璋 : 璋은 일종의 玉器로 귀족들이 朝聘, 祭祀, 喪葬 등의 典禮를 행할 때에 지참하는 것이다.
7) 六師 : 天子의 六軍을 칭한다.
8) 詩曰……六師及之 : 이 내용은 ≪詩經≫ 〈大雅 棫樸〉에 보인다.
9) 夷厲 : 夷와 厲는 夷王과 厲王을 칭한다. 夷王은 B.C. 869~858년에 재위했던 왕으로, 그때에 西方 太原의 玁狁이 반란을 일으켜 나라가 어지러워졌다. 厲王은 B.C. 858~842년에 재위했던 왕으로 그때에 노예들이 폭동을 일으켜서 왕이 彘 땅으로 蒙塵하여 그곳에서 사망하였다.
10) 宣王 : B.C. 827~782년에 재위했던 왕으로 國難을 平定하고 周나라를 中興

시킨 왕이다.

11) 仲山甫：宣王時의 재상으로 나라를 중흥시키는데 크게 기여하였다.

12) 詩人……愛莫助之：≪詩經≫〈大雅 烝民〉에 보인다.

13) 芑：野菜의 이름으로 일명 蒲公英이라고도 한다.

14) 詩人……于此菑畝：≪詩經≫〈小雅 采芑〉에 보인다.

所謂陶冶而成之者는 何也오 亦敎之養之取之任之를 有其道而已니이다

이른바 인재를 薰陶하고 培養하여 이루게 한다는 것은 무엇을 이르는 것이겠습니까. 이는 또한 가르치고, 배양하고, 선발하고, 임용하는 일을 그 道에 합당하게 하는 것뿐입니다.

所謂敎之之道는 何也오 古者에 天子諸侯는 自國으로 至於鄕黨히 皆有學[1)]하야 博置敎導之官而嚴其選하니 朝廷禮樂刑政之事가 皆在於學하니이다 士所觀而習者 皆先王之法言德行[2)]과 治天下之意니 其材亦可以爲天下國家之用이니이다 苟不可以爲天下國家之用이면 則不敎也요 苟可以爲天下國家之用者면 則無不在於學이니 此敎之之道也니이다

이른바 인재를 가르치는 道라는 것은 무엇이겠습니까. 옛적의 천자와 제후들은 都城으로부터 鄕과 黨에 이르기까지 모두 교육기관을 설치하였고, 가르치고 인도하는 관직을 널리 설치하여 적임자를 엄선하였으며, 조정에서 시행하는 禮制, 音樂, 刑法, 政治 등에 관한 일을 모두 학교에서 가르쳤습니다.

그러므로 선비가 보고 익히는 것은 모두 先王의 예법에 맞는 말씀과, 도덕 품행에 부합하는 것과, 천하를 다스렸던 뜻에 부합하는 것이었으니, 그 재목됨이 또한 천하 국가를 위하여 쓸 만한 인물들이 될 수 있었습니다.

실로 천하 국가의 쓰임에 적합한 인물이 아니면 가르치지를 않았고, 실로 천하 국가를 위하여 쓸 만한 인물이면 학교에서 양성하지 않는 일이 없었으니, 이렇게 하는 것이 가르치는 道인 것입니다.

1) 至於鄕黨 皆有學：≪禮記≫〈學記〉를 보면 옛적엔 閭巷마다 塾을 설치하고, 黨

마다 庠을 설치하였으며, 天子의 京都와 諸侯의 國都에 國學을 설치하여 자제들을 교육하였다고 한다. 閭巷과 鄕 및 黨은 지방행정단위를 칭한다. 25家에 閭를, 4閭에 族을, 5族에 黨을, 5黨에 州를, 5州에 鄕을 두었다.

2) 皆先王之法言德行 : 이 句는 ≪孝經≫의 '非先王之法言 不敢道 非先王之德行 不敢行'을 축약한 것이다.

所謂養之之道는 何也오 饒之以財하고 約之以禮하며 裁之以法也니이다 何謂饒之以財오 人之情이 不足於財면 則貪鄙苟得하야 無所不至하나니 先王이 知其如此라 故其制祿이 自庶人之在官者로 其祿已足以代其耕矣니이다 由此等而上之하야 每有加焉하야 使其足以養廉恥하고 而離於貪鄙之行이로되 猶以爲未也하야 又推其祿以及其子孫하니 謂之世祿이니이다 使其生也에 旣於父子兄弟妻子之養과 婚姻朋友之接에 皆無憾矣요 其死也에도 又於子孫에 無不足之憂焉하니이다 何謂約之以禮오 人情足於財호되 而無禮以節之면 則又放僻邪侈를 無所不至하나니 先王이 知其如此라 故爲之制度하야 婚喪祭養燕享之事와 服食器用之物을 皆以命數爲之節하야 而齊之以律度量衡之法하니이다 其命可以爲之로되 而財不足以具면 則弗具也요 其財可以具로되 而命不得爲之者면 不使有銖兩分寸[1]之加焉하니이다 何謂裁之以法고 先王於天下之士에 敎之以道藝矣하야 不帥敎면 則待之以屛棄遠方하야 終身不齒之法하고 約之以禮矣하야 不循禮면 則待之以流殺之法하니이다 王制曰 變衣服者면 其君流[2]라하고 酒誥曰 厥或誥曰 群飮이면 汝勿佚하고 盡執拘以歸于周하라 予其殺[3]하리라하니 夫群飮과 變衣服은 小罪也요 流殺은 大刑也어늘 加小罪以大刑을 先王所以忍而不疑者는 以爲不如是면 不足以一天下之俗而成吾治니이다 夫約之以禮하고 裁之以法이로되 天下所以服從無抵冒者는 又非獨其禁嚴而治察之所能致也라 蓋亦以吾至誠懇惻之心으로 力行而爲之倡이니이다 凡在左右通貴之人은 皆順上之欲而服行之하니 有一不帥者면 法之加 必自此始니이다 夫上以至誠行之하고 而貴者知避上之所惡矣면 則天下之不罰而止者衆矣라 故曰 此養之之道也라하노이다

이른바 인재를 배양하는 도라는 것이 무엇이겠습니까. 재물로써 넉넉하게 해주고,

禮로써 私欲을 억제하게 하며, 법으로써 제재할 수 있게 하는 것입니다.

재물을 넉넉하게 한다는 것은 무엇을 이르는 것이겠습니까. 사람의 성정이 재물에 부족함이 있게 되면 탐욕스럽고 비루하며 구차하게 얻고자 하여 못하는 짓이 없게 됩니다. 선왕들이 이와 같이 될 것을 알았으므로 俸祿의 등급과 수량을 제정하여 서인으로부터 벼슬자리에 있는 자까지 그들의 녹봉이 농사일로 얻는 것을 대신하기에 충분하게 하였습니다.

이로부터 등급이 올라갈 때마다 번번이 녹봉을 더해 주어, 청렴결백한 지조를 기르고 비루하게 탐학을 자행하는 데서 벗어날 수 있게 해 준 것입니다. 이것만으로는 부족하므로 그 봉록의 혜택이 자손에게까지 미치게 하였으니, 이를 세습하는 작록 즉 世祿이라 이르는 것입니다.

그들로 하여금 살아서는 부모의 봉양과, 형제 처자의 생활과, 혼인하고 붕우를 접대하는 씀씀이에 모두 유감이 없도록 해주고, 죽게 되어서도 자손들이 못살게 될까 근심하는 일이 없도록 해 준 것입니다.

禮로써 私慾을 抑制하게 한다는 것은 무엇을 이르는 것이겠습니까. 사람의 성정이, 재물이 넉넉하다 해도 예로써 節制할 줄을 모르게 되면, 또한 방탕하고 편벽되며 사악하고 사치스러운 짓을 하지 않는 것이 없게 됩니다. 선왕들이 이와 같이 될 것을 알았으므로 법도를 제정한 것입니다.

혼인과 장례, 조상과 신에 대한 제사와 가족 봉양, 빈객 접대 및 服飾과 器用에 쓰이는 물자 등을 모두 신분에 따라 법도로 규정한 命數에 절제가 있게 하여, 통일된 규정으로 규격, 장단, 용량, 경중의 표준이 될 법도를 정해놓은 것입니다.

법도로 규정해 놓은 것을 행하는데, 이를 갖추어 행하기에 재물이 부족하게 되면 갖출 수가 없게 되고, 재물이 이를 갖출 만한데도 규정대로 행할 수 없는 자에게는 한 銖, 한 兩, 한 分, 한 寸도 더해줌이 없도록 한 것입니다.

법도로써 制裁한다는 것은 무엇을 이르는 것입니까. 선왕들은 천하의 선비에 대하여 이들에게 道德 品行과 技藝 才能을 가르치고, 가르침을 따르지 않으면 그들을 배척하여 원방으로 물리치며 죽을 때까지 同列들과 대등하게 지낼 수 없게 하는 법으로 조처하고, 禮로써 私慾을 억제하게 하되 예를 준수하지 않으면 유배나 사형의 법을 적용함을 이르는 것입니다.

〈王制〉에, "법으로 규정해 놓은 복장과 그 색깔을 바꾼 자가 있으면 그 國君이 이를 유배에 처한다." 하였고, 〈酒誥〉에는, "천자께서 깨우쳐 고하시기를, 무리지어 술 마시는 사람이 있으면 너희들은 그들을 놓아주지 말고 모두 잡아서 수도로 압송하라. 내가 사형에 처하겠노라." 하였는데, 대저 무리지어 술 마심과 衣服制度를 바꾼 것은 작은 죄를 범한 것이고 流配나 死刑은 큰 형벌입니다.

작은 죄에 큰 형벌을 가하는 것인데도 선왕들이 이를 무릅쓰고 주저함이 없이 행한 까닭은, 이와 같이 하지 않고서는 천하의 풍속을 통일하여 자신이 국가를 태평하게 다스리는 일을 이룰 수가 없다고 여겼기 때문입니다.

대저 예로써 사욕을 억제하고 법도를 세워 제재하는데도 천하가 복종하고 저항하거나 위반하는 자가 없게 된 까닭은, 또한 그 法禁을 엄혹하게 하고 정치를 까다롭게 해서 이르게 할 수 있는 일이 아니며 대체로 또한 군주의 지극한 정성과 간절하게 측은히 여기는 인자한 마음을 가지고 힘써 실천하면서 그들을 이끌어갔기 때문인 것입니다.

대저 측근에서 군주를 보필하는 達官 貴人들은 모두 군주가 하고자 하는 일에 순종하여 복무할 것이지만, 한 사람이라도 이를 준행하지 않는 이가 있다면 법에 의거하여 刑罰을 가함이 반드시 여기에서 시작되어야 합니다. 군주가 지성으로 시행하게 되면 높은 벼슬에 오른 귀인들은 군주가 싫어하는 바를 피할 줄 알게 될 것이고, 그렇게 되면 천하 사람들이 벌을 주지 않아도 범법행위를 하지 않는 자가 많아지게 될 것입니다. 그러므로 이런 방법을 인재 배양의 道라 하는 것입니다.

1) 銖兩分寸 : 銖와 兩은 무게를 다는 단위이고, 分과 寸은 길이를 재는 단위이다.
2) 王制曰……其君流 : 《禮記》 〈王制〉에 "禮와 樂을 바꾸는 것을 따르지 않는다고 하니, 따르지 않는 자는 〈天子가〉 그 國君을 유배 보내고, 제도와 의복을 변혁하는 것을 반역이라고 하니, 반역하는 자는 〈天子가〉 그 國君을 토벌한다.〔變禮易樂者 爲不從 不從者 君流 革制度衣服者 爲畔 畔者君討〕"라고 보인다.
3) 酒誥曰……予其殺 : 이 내용은 《書經》 〈酒誥〉에 보인다.

所謂取之之道者는 何也오 先王之取人也에 必於鄉黨[1]하고 必於庠序[2]하야 使衆人推其所謂賢能하고 書之以告于上而察之하야 誠賢能也然後에 隨其德之大小와 才之高

下而官使之하니이다 所謂察之者는 非專用耳目之聰明하야 而聽私於一人之口也라 欲審知其德인댄 問以行하고 欲審知其才인댄 問以言하야 得其言行이면 則試之以事니이다 所謂察之者는 試之以事是也니 雖堯之用舜[3)]이라도 亦不過如此而已온 又況其下乎잇가 若夫九州之大와 四海之遠에 萬官億醜之賤의 所須士大夫之才則衆矣니이다 有天下者가 又不可以一一自察之也요 又不可以偏屬於一人하야 而使之於一日二日之間에 考試其行能하야 而進退之也니이다 蓋吾已能察其才行之大者하야 以爲大官矣니 因使之取其類以持久試之하야 而考其能者以告于上하고 而後以爵命祿秩을 予之而已니 此取之之道也니이다

이른바 人才를 선발하는 道라는 것은 어떤 것이겠습니까. 선왕들이 사람을 선발할 때는 반드시 鄕黨이나 庠序에서 많은 사람들로 하여금 어질고 유능한 사람을 고르게 하고, 추천서를 써서 위에 보고하게 하여 살펴보았습니다. 그리하여 진실로 그 인물의 현명함과 유능함을 확인한 연후에 그 덕의 크고 작음과 재능의 높고 낮음에 따라서 그에 알맞은 벼슬을 주어 일을 시켰던 것입니다.

이른바 살펴본다는 것은, 오로지 귀와 눈으로 듣고 보는 것만을 써서 한 개인의 말을 私的으로 들어주지 않는 것입니다. 그의 德을 상세히 알아보려 한다면 그의 行實을 따져보아야 하고, 그의 才能을 상세히 알아보려 한다면 그가 하는 말을 따져보고, 그의 행실과 말이 일치되면 일을 처리하는 능력을 시험해 보아야 합니다.

이른바 살펴본다는 것은 일을 처리하는 능력을 시험해보는 것일 뿐입니다. 비록 堯임금이 舜을 등용한 것이라 해도 이와 같이 한 것에 지나지 않으니, 그 이하의 일이야 더 말할 것이 있겠습니까.

광대한 九州의 전 국토, 천하의 먼 곳까지 다스릴 많은 벼슬아치와 수많은 하위직들에 이르기까지 士大夫의 인재를 필요로 하는 분야는 매우 많습니다. 그러니 천하를 소유한 天子께서 이를 일일이 스스로 살펴 등용할 수도 없고, 또한 어느 한 사람에게 치우치게 위임하여 그가 하루 이틀 사이에 그들의 품행과 재능을 시험해 보아서 등용하거나 물리치게 해서도 안 됩니다.

대체로 내(皇帝)가 이미 재능과 덕행이 성대한 자를 살펴서 큰 벼슬자리를 주었다면, 그로 하여금 자신과 유사한 사람을 임용하여 오랫동안 시험해보면서 그 능력 있는

자를 계고하여 이를 위에 보고하게 하고, 그 이후에 官爵과 俸祿 및 職品을 수여하도록 해야 하나니, 이것이 바로 인재를 선발하는 道인 것입니다.

1) 鄕黨 : 鄕과 黨은 地方行政區域의 단위이다.
2) 庠序 : 庠과 序는 古代에 地方에 설치한 敎育機關이었으나, 後代에는 모든 학교를 총칭하는 용어로 쓰였다.
3) 堯之用舜 : 堯와 舜은 上古의 聖君이다. 堯가 舜에게 帝位를 禪讓하기 前에 여러 차례 그의 능력을 살피고 시험해 본 것을 이르는 것이다.

所謂任之之道者는 何也오 人之才德은 高下厚薄이 不同하고 其所任도 有宜有不宜하니 先王이 知其如此라 故知農者以爲后稷[1]하고 知工者以爲共工[2]하니이다 其德厚而才高者는 以爲之長하고 德薄而才下者는 以爲之佐屬하니이다 又以久於其職이면 則上狃習而知其事하고 下服馴而安其敎하야 賢者는 則其功可以至於成하고 不肖者는 則其罪可以至於著라 故久其任하야 而待之以考績之法하니이다 夫如此라 故智能才力之士는 則得盡其智以赴功하야 而不患其事之不終과 其功之不就也오 偸惰苟且之人은 雖欲取容於一時나 而顧僇辱在其後하니 安敢不勉乎리잇가 若夫無能之人은 固知辭避而去矣니 居職任事之日久에 不勝任之罪를 不可以幸而免故也니이다 彼且不敢冒而知辭避矣니 尙何有比周讒諂爭進之人乎잇가

이른바 適任者를 任用하는 道라는 것은 어떤 것이겠습니까. 사람들의 才能과 品德은 그 高下와 厚薄이 동일하지 않고, 그들이 맡은 직분도 합당한 경우도 있고 합당하지 않은 경우도 있습니다. 선왕들은 이와 같음을 알았기 때문에, 농사에 익숙한 사람으로 后稷을 삼고, 각종 기술을 주관할 만한 사람으로 共工을 삼은 것입니다. 그 품덕이 관후하고 재능이 높은 사람으로 우두머리를 삼고, 품덕이 천박하고 재능이 떨어지는 사람으로 보좌하는 속관을 삼았으며, 또한 그 직분에 오랫동안 있게 함으로써 윗사람은 직무를 자세히 익혀서 그 일에 통달하게 되고 아랫사람은 순종하면서 그의 가르침을 편안히 따르게 되며, 유능한 사람은 그 공적을 이룰 수 있게 되고 못난 사람은 그 허물이 드러나게 되며, 오랫동안 맡겼으므로 그 업적을 법대로 따져서 그에 맞게 대우할 수 있게 되는 것입니다.

무릇 이와 같이 한다면 지혜와 재능을 갖춘 士는 그 지혜와 재능을 다 발휘하여 공적을 이룰 수 있게 되어, 그 일을 완료하지 못함과 그 공적을 이루지 못함을 근심하는 일이 없게 될 것입니다.

게으르고 구차한 짓을 하는 사람은 비록 일시나마 용납되기를 바란다 해도 후에는 반드시 멸시를 받게 될 것이니, 어찌 감히 열심히 노력하지 않을 수 있겠습니까. 그같이 무능한 사람은 사직하고 떠나야 함을 알게 될 것이니, 직무를 담당하여 일을 맡은 지가 오래 되었으면서도 일을 제대로 감내하지 못한 죄를 요행히 모면할 수가 없을 것이기 때문입니다. 저들이 또한 감히 무릅쓰고 버티지를 못하고 사직하고 물러나야 함을 알게 될 것이니, 어찌 파당을 만들고 아첨하고 헐뜯고 승진을 다투는 사람이 있을 수 있겠습니까.

1) 后稷 : 周의 始祖로서 농사에 밝았으며 名은 棄이다. 舜임금 때에 后稷이라는 官을 맡아 농사를 주관하였다.
2) 共工 : 舜 임금 때에 百工의 일을 처리하던 官名으로 이를 담당했던 사람의 名은 垂이다.

取之旣已詳하고 **使之旣已當**하고 **處之旣已久**하고 **至其任之也又專焉**하야 **而不一一以法束縛之**하고 **而使之得行其意**니이다 **堯舜之所以理百官而熙衆工者**는 **以此而已**니 **書曰 三載考績**하고 **三考**에 **黜陟幽明**[1]이라하니 **此之謂也**니이다 **然堯舜之時**에 **其所黜者則聞之矣**로니 **蓋四凶**[2]이 **是也**요 **其所陟者**는 **則臯陶稷契**[3]이 **皆終身一官而不徙**하니 **蓋其所謂陟者**는 **特加之爵命祿賜而已耳**니 **此任之之道也**니이다

선발할 때에 이미 자세히 살폈고, 합당한 일을 맡아 행하게 하였고, 오랫동안 이미 그 자리에 있게 하였으면, 임무를 맡김에 이르러서는 또 전권을 부여하고 법령으로 일일이 속박하지 말고 그 뜻을 실현할 수 있게 해야 합니다.

堯와 舜이 모든 기관을 관리하면서 모든 일을 훌륭히 처리하게 할 수 있었던 것은 이렇게 하였기 때문이었고, ≪書經≫에, "3년 만에 업적을 따지고 이렇게 3차에 걸쳐 따져서 못난 사람은 내쫓고 업적이 현저한 사람은 올려준다." 한 것이 이를 이르는 것입니다.

그러나 堯舜의 시기에 그 내쫓은 사람에 대하여는 들어보았으니 아마도 四凶 같은 이들이 이에 해당될 것이나, 승진시킨 이에 대하여는 皐陶, 稷, 契 등이 모두 죽을 때까지 한 가지 벼슬만 하면서 옮긴 일이 없으니, 이른바 올려주었다는 것은 爵命과 俸祿을 특별히 더해준 것을 말하는 것일 뿐입니다. 이렇게 하는 것이 적임자 임용의 道인 것입니다.

1) 書曰……黜陟幽明 : 이 내용은 ≪尙書≫ 〈虞書 舜典〉에 보인다.
2) 四凶 : 舜에게 복종하지 않았던 4개 부족장으로, ≪春秋左傳≫에는 渾敦, 窮奇, 檮杌, 饕餮로 되어 있고, ≪尙書≫ 〈虞書 舜典〉에는 共工, 驩兜, 三苗, 鯀으로 되어 있다.
3) 皐陶稷契 : 皐陶, 稷, 契 등은 모두 舜임금 때의 賢臣들이다.

夫教之養之取之任之之道如此하고 而當時人君이 又能與其大臣으로 悉其耳目心力하고 至誠惻怛하야 思念而行之하니 此其人臣之所以無疑하고 而於天下國家之事에 無所欲爲而不得也니이다

대저 가르치고 기르고 선발하고 임용하는 道가 이와 같았고, 당시의 君主들은 이에 더하여 대신들과 함께 보고 듣고 생각하는 능력을 총동원하고 百姓들을 가엽게 여기는 지극한 정성으로 생각하고 실천하였으니, 이것이 그 臣下들이 확신을 가지고 천하 국가의 일에 대하여 진력하고자 하는 마음을 갖지 않으려 해도 그렇게 할 수 없게 된 것입니다.

方今州縣에 雖有學이나 取牆壁具而已요 非有教導之官이야 長育人才之事也[1)]니이다 唯太學에 有教導之官이나 而亦未嘗嚴其選하니 朝廷禮樂刑政之事가 未嘗在於學하고 學者도 亦漠然自以禮樂刑政爲有司之事요 而非己所當知也하나니이다 學者之所教 講說章句而已니 講說章句는 固非古者教人之道也니이다 近歲에 乃始教之以課試之文章하니 夫課試之文章은 非博誦强學窮日之力則不能이오 及其能工也라도 大則不足以用天下國家하고 小則不足以爲天下國家之用이라 故 雖白首於庠序하야 窮日之力以帥上之教라도 及使之從政이면 則茫然不知其方者 皆是也니이다

지금도 각 州와 縣에 學校가 있기는 하나 담장과 벽 등 건물만 갖추고 있을 뿐, 교육하고 인도하는 일을 담당하는 관원을 두어 인재를 배양하는 일이 없습니다. 오직 중앙의 최고 교육기관인 太學에만 교육을 담당한 관원이 있는데, 이들마저도 그 적임자를 엄격하게 선발하지 않고 있습니다.

조정의 禮樂刑政에 관한 일을 학교에서 가르치는 일이 없게 되었으므로, 배우는 자들 또한 예악형정의 일은 해당 관서의 일이라고만 막연히 생각하고 자신이 마땅히 알아야 할 바가 아니라고 여기게 되었습니다.

배우는 사람들에게 가르치는 것이 문장 구절이나 해설하는데 불과한데, 문장 구절의 해설은 본시 옛날의 사람 가르치는 근본적인 道가 아닙니다. 근세에 이르러 과거 시험에 쓰이는 문장을 가르치기 시작하였는데, 대저 과거 시험에 쓰이는 문장은 광범하게 암송하고 열심히 학습하여 날이 다하도록 힘쓰지 않으면 할 수 없는 일이며, 이에 숙련이 된다 해도 크게는 천하국가를 운용하기에 부족하고 작게는 천하국가에 쓰임이 되기에도 부족합니다. 그러므로 비록 학교에서 머리가 희어지면서 스승의 가르침에 날이 다하도록 노력해도, 그에게 정무를 맡기면 멍하니 있으면서 방도를 알지 못하게 된 것이 모두 이 때문입니다.

1) 非有敎導之官 長育人才之事也：當時(北宋時代) 각 府와 州에 學官을 두기는 하였으나 다른 직책을 가진 사람을 兼職으로 보임하여 虛名에 불과하였으므로 이렇게 말한 것이다.

蓋今之敎者는 非特不能成人之材而已라 又從而困苦毁壞之하야 使不得成材者는 何也오 夫人之才는 成於專而毁於雜이라 故先王之處民才에 處工於官府[1]하고 處農於畎畝하며 處商賈於肆하고 而處士於庠序하야 使各專其業而不見異物하니 懼異物之足以害其業也니이다 所謂士者는 又非特使之不得見異物而已라 一示之以先王之道하고 而百家諸子之異說[2]은 皆屛之而莫敢習者焉하니이다 今士之所宜學者는 天下國家之用也어늘 今悉使置之不敎하고 而敎之以課試之文章하야 使其耗精疲神하야 窮日之力以從事於此하니이다 及其任之以官也면 則又悉使置之하고 而責之以天下國家之事니이다 夫古之人은 以朝夕專其業於天下國家之事로되 而猶才有能有不能이어늘 今乃移其精神하고 奪其日力하야 以朝夕從事於無補之學하고 及其任之以事한 然後 卒然責之以爲

天下國家之用하니 宜其才之足以有爲者少矣니이다 臣故曰 非特不能成人之才요 又從而困苦毁壞之하야 使不得成才也라하노이다

대체로 지금의 教育은 사람들의 재능을 이루지 못하게 할 뿐만이 아니라, 또한 괴롭히고 방해하여 재능을 이룰 수 없게 하니, 이는 무엇 때문이겠습니까. 사람의 재능은 오로지 전공하는 데서 이루어지고 잡되게 이것저것 배우는 데서 훼손됩니다.

그러므로 선왕들은 백성들을 재능에 맞게 조처하되, 기술자들은 해당 官府에 모이게 하고, 농부들은 농토에 모이게 하며, 상인들은 시장에 모이게 하고, 士 계층은 庠序에 모이게 하여, 〈士農工商의 계층이〉 각기 자기의 일을 專業으로 하고 다른 분야에는 관심을 갖지 않게 하였으니, 다른 분야의 일에 관심을 갖는 것이 그의 本務를 행하는 데 장애가 되기에 족함을 두려워한 것입니다.

이른바 士라는 계층에게는 특별히 다른 분야에 관심을 갖지 않도록 하였을 뿐만 아니라, 한결같이 先王의 道만을 제시하고, 諸子百家들의 異端의 學說은 모두 물리쳐서 감히 이를 익히는 자가 없도록 하였습니다. 이제 사 계층이 마땅히 배워야 할 것은 천하국가에 쓰일 일들이어야 합니다.

그런데 지금 이런 것은 모두 방치하고 가르치지 않고, 과거 시험에 쓰이는 문장만을 가르쳐서 그들의 정신을 소모시키고 피곤하게 하며 날이 다하도록 이 일에만 종사하도록 하고 있습니다. 그들을 벼슬에 임용하게 되면 또 모두 방치해두고 가르치지도 않으며, 배운 일이 없는 天下國家의 일을 책임지게 합니다.

대저 옛사람들은 종일토록 오로지 천하국가의 일에 종사하게 하였는데도 오히려 그 재능을 잘 발휘할 수 있는 사람도 있고 잘 발휘할 수 없는 사람도 있었는데, 지금은 그 정신을 다른 데 쓰게 하고, 시간과 정력을 빼앗아서 하루 종일 쓸모없는 학문에 종사하게 하면서, 그들에게 일을 맡긴 뒤에는 갑자기 천하국가에 쓰임이 될 책임을 지우니, 그의 재능으로 일을 제대로 할 수 있는 이가 드물게 되는 것이 당연합니다.

그 때문에 臣이, "다만 사람들의 재능을 이루지 못하게 할 뿐만 아니라 또한 괴롭히고 방해하면서 재능을 이룰 수 없게 한다."라고 말씀드린 것입니다.

1) 先王之處民才 處工於官府 : ≪周禮≫ 〈考工記〉에 의하면, 周代에는 각종 기술자들을 官府에 모아서 각종 用器와 武器를 제조하게 하고 이를 司空이 관장하였다

한다.

2) 百家諸子之異說 : 諸子百家는 春秋戰國時代 여러 學派들의 學說을 칭한다.

又有甚害者하니 先王之時엔 士之所學者 文武之道也니이다 士之才 有可以爲公卿大夫[1)]하고 有可以爲士[2)]로되 其才之大小와 宜不宜則有矣오 至於武事하야는 則隨其才之大小하야 未有不學者也니이다 故其大者는 居則爲六官[3)]之卿이요 出則爲六軍之將[4)]也며 其次則比閭族黨之師[5)]도 亦皆卒伍師旅之帥[6)]也라 故邊疆宿衛를 皆得士大夫爲之하고 而小人은 不得奸其任하니이다 今之學者는 以爲文武異事하야 吾知治文事而已라하야 至於邊疆宿衛之任하야는 則推而屬之於卒伍하니 往往天下姦悍無賴之人이요 苟其才行足自託於鄕里者는 亦未有肯去親戚而從召募者也니이다 邊疆宿衛는 此乃天下之重任이요 而人主之所當愼重者也라 故古者敎士에 以射御爲急하고 其他技能은 則視其人才之所宜而後敎之하야 其才之所不能이면 則不强也하니이다 至於射하야는 則爲男子之事니 人之生에 有疾則已어니와 苟無疾이면 未有去射而不學者也하니 在庠序之間에 固當從事於射也하니이다 有賓客之事則以射하고 有祭祀之事則以射하고 別士之行同能偶則以射하니이다 於禮樂之事에도 未嘗不寓以射하고 而射亦未嘗不在於禮樂祭祀之間也니이다

이 외에도 심히 害가 되는 것이 있으니, 先王의 시대에는 士가 학습하는 것이 文과 武의 道였습니다. 士가 이를 익힘으로써 그 재능이 公, 卿, 大夫가 될 만한 이도 있고, 士가 될 만한 이도 있게 되었으니, 그 재능이 크고 작음과 합당하고 합당하지 않음이 있으므로, 武官의 일에 이르러서도 그 재능의 대소에 따라 학습하지 않은 것이 없었습니다.

그러므로 그 재능이 성대한 자는 조정에 있게 되면 六官의 卿이 되고, 지방으로 나가게 되면 六軍의 將이 되었으며, 재능이 그에 미치지 못하는 사람은 比, 閭, 族, 黨의 師氏가 되거나 또는, 卒, 伍, 師, 旅의 主將이 되었습니다. 그러므로 변방이나 궁성을 수호하는 데에 모두 사대부 중에 적임자를 얻어 이 일을 맡도록 하였고, 小人들은 그 職任을 侵占할 수가 없었습니다.

그런데 현 시대의 배우는 자들은 文과 武를 별개의 일로 여기고, 나는 문관의 일만

처리할 줄 알 뿐이라고 하면서, 변방 방어나 宮城 宿衛의 일을 맡게 되면 이를 미루어 卒伍에게 맡겨버리는데, 그들 중에는 왕왕 천하의 간사하고 凶悍한 無賴輩들도 있습니다. 그렇게 되자 진실로 그 才行이 향리에서 자립할 만한 사람들은 친척들과 헤어져서 징집에 응하여 군에 입영하려 하는 이가 없게 되었습니다.

변방 수호나 궁성의 숙위는 이것이 곧 천하의 중요한 임무이고 군주가 신중하게 임용해야 할 자리입니다. 그러므로 옛적에 士를 가르칠 때에는 활쏘기와 말 몰기의 교육을 급선무로 여겼으며, 그 밖의 기능은 그 사람의 재능의 적합한 바를 보아 이에 맞추어 가르치고, 그 재능이 미치지 못하는 것은 억지로 가르치지 않았습니다.

활쏘기에 이르러서는 남자로서 당연히 배워야 할 일이므로, 사람이 태어나서부터 불구자이면 그만이지만, 병이 없는 사람으로서 활쏘기를 버리고 배우지 않은 사람은 없었습니다. 학교에서 활쏘기를 가르치는 것은 본시 당연한 일이었고, 賓客을 접대하는 일이 있을 때에도 활쏘기를 하였고, 祭祀 지낼 일이 있을 때에도 활쏘기를 하였으며, 士 사이에 품행과 재능이 서로 짝이 될 만한가를 분별할 때에도 활쏘기를 하였습니다. 禮와 樂의 일도 활쏘기에 기탁하지 않은 일이 없었으며, 활쏘기가 예악 제사의 일에 일찍이 빠진 일이 없었습니다.

1) 公卿大夫 : 公은 天子의 最高 輔佐官인 太師, 太傅, 太保 등 三公을 칭하고, 卿은 天子와 諸侯의 高級 官員으로 上, 中, 下 三等級이 있었으며, 大夫 또한 三等級이 있었다.
2) 士 : 벼슬에 오를 수 있는 계층으로 아직 벼슬에 오르지 못한 사람을 뜻하지만 여기서는 卿・大夫의 아랫자리에 있는 下級 官員을 칭한다.
3) 六官 : 周代에는 天官 冢宰, 地官 司徒, 春官 宗伯, 夏官 司馬, 秋官 司寇, 冬官 司空을 六官이라 하였고, 隋, 唐 이후에는 吏, 戶, 禮, 兵, 刑, 工部를 六官이라 하였는데, 이곳의 六官은 後者를 칭하는 것이다.
4) 六軍之將 : 六軍은 天子가 소유한 軍隊의 總稱이다. 一軍이 12500人이었다.
5) 比閭族黨之師 : 이들은 모두 古代의 지방행정구역을 칭하는 것으로, 5家가 比가 되고, 5比가 閭가 되며, 4閭가 族이 되고, 5族이 黨이 되었다. 師氏는 古代의 地方官으로서, 子弟의 교육과 군사훈련 및 작전지휘 등을 담당하였다.
6) 卒伍師旅之帥 : 古代의 군사제도에, 5人이 伍가 되고, 5伍가 兩이 되고, 5兩이 卒이 되고, 5卒이 旅가 되고, 5旅가 師가 되고, 5師가 軍이 되었다.

易曰 弧矢之利로 以威天下[1)]라하니 先王豈以射爲可以習揖讓之儀而已乎잇가 固以爲射者는 武事之尤大요 而威天下守國家之具也하니 居則以是로 習禮樂하고 出則以是로 從戰伐하니이다 士旣朝夕從事於此하야 而能者衆이면 則邊疆宿衛之任을 皆可以擇而取也리이다 夫士嘗學先王之道하야 其行義嘗見推於鄕黨矣어든 然後因其才而託之以邊疆宿衛之事하니 此古之人君 所以推干戈以屬之人하야 而無內外之虞也니이다 今乃以夫天下之重任은 人主所當至愼之選이어늘 推而屬之姦悍無賴와 才行不足自託於鄕里之人하니 此方今所以諰諰然常抱邊疆之憂하고 而虞宿衛之不足恃以爲安也니이다 今孰不知邊疆宿衛之士 不足恃以爲安哉리오 顧以爲天下學士以執兵爲恥하고 而亦未有能騎射行陣之事者하니 則非召募之卒伍면 孰能任其事者乎잇가 夫不嚴其敎하고 高其選이면 則士之以執兵爲恥하고 而未嘗有能騎射行陣之事는 固其理也니 凡此皆敎之非其道故也니이다

그러므로 ≪易經≫에, "활과 화살의 날카로운 위력은 천하에 威嚴을 보일 만하다." 한 것이니, 선왕들이 어찌 활쏘기를 서로 揖하고 辭讓하는 範節로 삼음에 그쳤을 뿐이었겠습니까. 본시 활쏘기는 武를 닦는 일에서 더욱 중요한 일이었고, 천하에 위엄을 보이고 국가를 수호하는 방편이었습니다.

머물러 있을 때에는 禮와 樂을 닦는 수단이 되었고, 변방으로 나가게 되면 戰伐에 종사할 수 있게 되었습니다. 士가 朝夕으로 이에 종사하여 익숙하게 된 자가 많았으므로 변경을 수호하고 궁궐을 宿衛하는 임무에 모두 적임자를 택하여 임용할 수 있었던 것입니다.

대저 士가 일찍이 선왕의 道를 배워 그의 품행과 절의가 일찍이 鄕黨에서 추천을 받거든 그런 후에 그의 재능을 근거로 하여 변경 수호나 숙위의 일을 맡겼던 것이니, 이것이 옛날의 군주가 전쟁 일에 능한 사람을 추천받아 적임자에게 위촉하여, 나라의 안과 밖에 근심거리가 없게 된 까닭입니다.

지금은 곧 천하의 중대한 임무를 맡을 사람을 군주가 지극히 신중하게 선임하여야 마땅한데도, 간사하고 사나우며 신뢰할 수 없고 재능과 행실이 鄕里를 맡기에도 부족한 인물을 추천을 받아 맡기고 있으니, 이것이 現今에 항상 변경 수호에 불안해하며 고심하게 하고, 궁성 수비를 믿고 편안히 지낼 수 없음을 우려하게 하는 근본 이유인

것입니다.

현재의 상황이 변경의 수비나 궁성의 수호를 맡을 군사를 신뢰하고 편안히 지내기에는 충분하지 못하다는 것을 누구인들 모르겠습니까. 돌이켜보건대 천하의 學士들 가운데 병기를 잡고 익히는 일을 부끄럽게 여겨서, 말 타고 활 쏘고 陣 치는 일에 능한 자가 없으니, 징집한 卒伍가 아니면 어느 士가 그 일을 담당할 수 있겠습니까.

대저 엄격하게 가르치고 높은 基準을 세워 선발하지 않는다면, 士들이 병기 익히기를 부끄럽게 여기고 말 타고 활 쏘고 진 치는 일에 능한 사람이 없게 되는 것은 이치상 당연한 것입니다. 이런 상황은 모두 가르치기를 道에 맞게 하지 않았기 때문에 야기된 것입니다.

1) 易曰……以威天下 : 이 내용은 ≪周易≫ 〈繫辭下傳〉에 보인다.

方今制祿은 大抵皆薄이니이다 自非朝廷侍從之列하고 食口稍衆이면 未有不兼農商之利하고 而能充其養者也니이다 其下州縣之吏는 一月所得이 多者는 錢八九千이요 少者는 四五千[1]이니 以守選待除守闕[2]通之면 蓋六七年而後에 得三年之祿이니 計一月所得이면 乃實不能四五千이요 少者는 乃實不能及三四千而已니이다 雖廝養之給이라도 亦窘於此矣어늘 而其養生喪死 婚姻葬送之事를 皆當於此니이다 夫出中人之上者는 雖窮이나 而不失爲君子하고 出中人之下者는 雖泰나 而不失爲小人이로되 唯中人不然하야 窮則爲小人이요 泰則爲君子니이다 計天下之士에 出中人之上下者는 千百而無十一이요 窮而爲小人과 泰而爲君子者는 則天下皆是也니이다 先王以爲衆不可以力勝也라 故로 制行不以己하고 而以中人爲制하시니 所以因其欲而利道之하야 以爲中人之所能守니 則其志可以行乎天下하고 而推之後世니이다 以今之制祿으로 而欲士之無毁廉恥면 蓋中人之所不能也라 故로 今官大者는 往往交賂遺營貲産하야 以負貪汚之毁하고 官小者는 販鬻乞丐를 無所不爲하니이다 夫士已嘗毁廉恥하야 以負累於世矣면 則其偸惰取容之意起하고 而矜奮自强之心息이리니 則職業安得而不弛하며 治道何從而興乎리잇가 又況委法受賂하야 侵牟百姓者 往往而是也니 此所謂不能饒之以財也니이다

現今의 祿俸 제도는 대체로 모두 야박한 편입니다. 조정의 侍從 반열에 있지 않고

食口가 조금 많으면 농업이나 상업을 겸업하지 않고서 가족의 봉양을 충당할 수 있는 자는 없습니다.

그 아래 州나 縣의 관리들은 한 달의 소득이 많은 자는 8, 9천錢이고 적은 자는 4, 5천錢 정도인데, 이것으로 守選, 待除, 守闕로 있으면서 祿俸을 받지 않고 지내는 기간을 합치면, 대체로 6, 7년이 지나는 동안에 약 3년분의 녹봉 정도를 지급받게 되므로, 이를 계산하면 한 달의 소득이 실제로는 4, 5천錢에도 미치지 못하고, 적은 자는 실제로는 3, 4천錢에도 미칠 수가 없습니다. 비록 노복들의 봉급이라 해도 이 정도로는 군색할 텐데 산 사람을 먹여 살리고 죽은 이를 장사지내고 혼인 및 葬送 등의 일을 모두 이것으로 충당해야 합니다.

대체로 도덕 수준이 보통 사람보다 높은 사람은 비록 곤궁함에 처해도 君子다움을 잃지 않고, 보통 사람보다 못한 사람은 비록 부유해져도 小人됨을 벗어날 수가 없지만, 보통 사람들은 이와 달라서 곤궁해지면 소인이 되고 부유해지면 군자가 됩니다.

천하의 士들을 따져보면 도덕 수준이 보통 사람보다 높거나 낮은 사람은 천 명 백 명 가운데 열 명이나 한 명도 되지 않고, 궁하면 소인이 하는 짓을 하고 부유하면 군자답게 행동하는 사람이 천하 사람의 대부분입니다.

선왕들은 大衆을 강제력으로 굴복시켜서는 안 된다고 여겼으므로, 자신의 수준에 맞추어 도덕 품행의 기준을 제정하지 않고 보통 사람을 기준으로 하여 제정하고, 그들이 하고자 하는 바를 이용하여 이익으로 인도하였으며, 보통 사람들이 준수할 수 있는 것으로 기준을 삼았으므로, 그 뜻을 천하에 펼치고 후세에까지 미치게 할 수 있었습니다.

그런데 지금의 俸祿 제도로 士 계층이 염치를 잃지 않게 하려 한다면, 아마도 보통 사람은 할 수가 없게 될 것입니다. 그러므로 現今의 高官들은 왕왕 서로 뇌물을 주고받으며 자산의 증식을 도모하다가 貪官汚吏라는 汚名을 뒤집어쓰게 되고, 벼슬이 낮은 자는 賣買를 일삼고 討索질을 하는 등 하지 않는 짓이 없게 되었습니다. 대저 士 계층이 이미 염치를 훼손하여 세상에 過失을 범하게 되면, 도둑질하고 게으름 피우며 아첨하여 잘 보이려는 생각이 일어나고 矜持를 가지고 분발하거나 스스로 노력하려는 마음이 없어지게 될 것이니, 그렇게 되면 직분을 행하는데 어찌 나태해지지 않을 수 있을 것이며 바르게 다스리는 道가 어찌 흥기할 수 있겠습니까. 또한 법을 그르치며 뇌물을 받고 백성을 약탈하는 것이 대체로 이에서 비롯되는 것입니다. 이것이 이른바 재물을 넉넉하게 해줄 수 없어서 야기된 결과인 것입니다.

1) 其下州縣之吏……四五千 : 당시의 穀價는 豊凶에 따라 달랐으나 대체로 1石에 1, 2천錢이었다 한다.
2) 守選待除守闕 : 科擧 合格 後에 地方의 臨時職에 있다가 正式 任用을 기다리는 사람을 守選이라 하고, 실질적인 職事가 없는 벼슬자리에 있으면서 實職을 받기를 기다리는 사람을 待除라 하였으며, 관직의 임기가 만료된 후 새로운 직위에 결원이 생겨서 새로 그 자리에 임명되기를 기다리는 것을 守闕이라 하였다.

婚喪奉養服食器用之物에 皆無制度以爲之節이면 而天下以奢爲榮이요 以儉爲恥니이다 苟其財之可以具면 則無所爲而不得이요 有司旣不禁이면 而人又以此爲榮이리이다 苟其財不足하야 而不能自稱於流俗이면 則其婚喪之際에 往往得罪於族人親姻하야 而人以爲恥矣라 故로 富者貪而不知止하고 貧者則强勉其不足以追之리이다 此士之所以重困하고 而廉恥之心毁也니 凡此所謂不能約之以禮也니이다

婚姻과 葬禮, 가족의 奉養, 먹는 것과 입는 것, 일상생활에 필요한 기물 등에 제도를 정하여 이를 절제하는 일이 없게 되면, 천하 사람들이 奢侈스럽게 사는 것을 영예로 여기고 儉素하게 사는 것을 부끄럽게 여기게 됩니다.

만일 財貨를 갖출 수 있으면 하는 일에 이루지 못할 것이 없게 되고, 담당 관서에서 금하지 않으면 사람들은 또 이를 영예로 여기게 될 것입니다. 만일 재화가 부족하게 되어 이런 풍조에 자신을 맞출 수가 없게 되면 혼인과 장례를 치를 때에 왕왕 가족이나 친척 및 인척에게 누를 끼치게 되고, 사람들은 이를 부끄럽게 여길 것입니다.

그러므로 부자들은 탐욕을 자행하면서 그칠 줄을 모르고, 가난한 사람들은 그 부족함을 채우고자 무리하게 힘쓰게 될 것입니다. 이런 결과가 士 계층에게는 중대한 부담이 되고 염치를 지키려는 마음을 훼손하게 할 것이니, 이것이 이른바 禮로써 절제할 수가 없게 되었다고 하는 것입니다.

方今陛下는 躬行儉約하사 以率天下하시니 此는 左右通貴之臣의 所親見이니이다 然而其

閨門之內에 奢靡無節하야 犯上之所惡하야 以傷天下之敎者 有已甚者矣어늘 未聞朝廷有所放絀하야 以示天下로소이다 昔周之人은 拘群飮而被之以殺刑者하니 以爲酒之末流生害하야 有至於死者衆矣라 故로 重禁其禍之所自生하니이다 重禁禍之所自生이라 故로 其施刑極省하야 而人之抵於禍敗者少矣니이다 今朝廷之法에 所尤重者는 獨貪吏耳니 重禁貪吏하고 而輕奢靡之法하니 此所謂禁其末而弛其本이니이다 然而世之識者以爲方今官冗하야 而縣官財用이 已不足以供之하니 其亦蔽於理矣니이다 今之入官誠冗矣나 然而前世엔 置員蓋甚少하고 而賦祿又如此之薄하니 則財用之所不足은 蓋亦有說矣니 吏祿을 豈足計哉리잇가

지금 폐하께서는 몸소 검약을 실천하셔서 천하에 모범을 보이고 계시니, 좌우에서 보필하는 고귀한 지위에 있는 신하들이 이런 사실을 친히 보고 있습니다.

그런데도 집안에서는 사치스럽고 華靡하게 지내며 절제하지 아니하여, 황제께서 싫어하시는 바를 범하고 천하 사람들을 교화하시려는 뜻을 그르침이 매우 심한 자가 있는데도, 이런 인물을 내쫓아서 천하에 본보기를 보였다는 말을 들어본 적이 없습니다.

옛적 周나라 사람들은 무리지어 술을 마시다가 잡혀서 사형을 당한 자도 있었는데, 이는 음주문화의 말류 폐단이 해로운 일을 낳아 사망에 이른 자도 많았으므로, 그 禍의 근원을 막는 것이 중요하다고 여겼기 때문에 시행한 것이었습니다. 화의 근원을 막는 일이 중요하였기 때문에, 그 형벌을 시행함에 지극히 조심해서 실시하였으므로, 그 화를 입는 자가 매우 적을 수 있었습니다.

지금 조정의 禁法 가운데 매우 중하게 여기는 것은 오직 탐관오리의 처벌 뿐입니다. 재물을 탐하는 관리를 엄중하게 처리하면서 奢侈와 華靡를 일삼는 자를 벌하는 데는 가벼운 법을 적용하고 있으니, 이것이 이른바 그 末流에 해당하는 가벼운 범법자는 엄격하게 금하면서 그 根本을 해치는 자는 가볍게 처리한다는 것입니다.

그리고 세상의 識者들은 바로 지금의 관청에 불필요한 인원이 너무 많아서 조정의 재정으로 그들에게 녹봉을 제공하기에 이미 부족하게 되었다고 여기는데, 이 또한 사리에 합당하지 않습니다. 지금 벼슬자리에 든 자들 가운데는 진실로 불필요한 인원이 많기는 합니다. 그러나 이전 시대에는 관원이 심히 적었고 지급하는 녹봉도 또한 이와 같이 박하였는데도 재용이 부족했던 것은 또한 다른 이유가 있어서였으니, 어찌 관리

의 祿俸만으로 재정의 부족을 따질 수 있겠습니까.

臣於財利엔 固未嘗學이나 然竊觀前世治財之大略矣로소이다 蓋因天下之力하야 以生天下之財하고 取天下之財하야 以供天下之費하니 自古治世에 未嘗以不足으로 爲天下之公患也요 患在治財無其道耳니이다 今天下不見兵革之具하야 而元元安土樂業하고 各[1]致己力하야 以生天下之財어늘 然而公私常以困窮爲患者는 殆以理財未得其道하고 而有司不能度世之宜而通其變耳니이다 誠能理財以其道하고 而通其變이면 臣雖愚나 固知增吏祿이라도 不足以傷經費也니이다

臣은 財利에 관해서는 본시 배운 일이 없지만, 그러나 전 시대의 재정 운용에 관한 대략은 관찰해 보았습니다. 대체로 천하의 人力과 物力이 바탕이 되어서 천하의 재물이 생산되고, 이렇게 생산된 천하의 재물을 취하여 천하에 쓰이는 비용에 제공한 것입니다.

예부터 천하가 잘 다스려졌던 시대에는 재물의 부족이 천하의 公的인 근심거리가 된 일이 없었고, 천하를 다스리는데 쓰이는 재물이 그 道에 합당하게 쓰이지 못함을 근심할 뿐이었습니다.

지금은 천하가 전쟁을 겪지 않고 있고 백성들은 토지에 안착하여 맡은 일을 기쁘게 행하며 각기 자신의 힘을 다하여 천하에 필요한 재물을 생산하고 있는데도 公的으로나 私的으로나 항상 그 곤궁함을 근심하게 되었으니, 이는 아마도 재물을 관리함에 그에 합당한 道를 얻지 못해서일 것이고 담당 관서에서 세상의 정황을 헤아려서 그 변화에 융통성 있게 적응하지 못해서일 것입니다.

진실로 그 道에 합당하게 재물을 관리하고 그 변화에 융통성 있게 적응한다면, 臣이 비록 어리석지만 관리들의 녹봉을 올려주어도 경비의 손실을 걱정하지 않게 될 것임을 알고 있습니다.

1) 各 : 저본에는 '人'으로 되어 있는데 ≪唐宋八大家文鈔 校注集評≫에 의거하여 '各'으로 바로잡았다.

方今法嚴令具하니 所以羅天下之士가 可謂密矣로소이다 然而亦嘗教之以道藝하고 而

有不帥教之면 刑以待之乎잇가 亦嘗約之以制度하고 而有不循理之면 刑以待之乎잇가 亦嘗任之以職事하야 而有不任事之면 刑以待之乎잇가 夫不先教之以道藝면 誠不可以誅其不帥教요 不先約之以制度면 誠不可以誅其不循理요 不先任之以職事면 誠不可以誅其不任事니이다 此三者는 先王之法所尤急也어늘 今皆不可得誅하고 而薄物細故 非害治之急者를 爲之法禁하야 月異而歲不同하니 爲吏者 至於不可勝記어든 又況能一一避之而無犯者乎잇가 此法令所以玩而不行하야 小人有幸而免者하고 君子有不幸而及者焉하니 此所謂不能裁之以刑也라 凡此皆治之非其道也니이다

지금의 시대는 법령이 엄격하게 정비되어 있어서 천하의 士 계층을 법으로 規制하는 제도가 주밀하다고 말할 수 있습니다. 그러나 또한 그들에게 道德과 學藝를 가르치고, 그 가르침을 준수하지 않는 자가 있으면 형벌로 對處하고 있습니까? 또한 그들을 정해진 제도에 맞게 절제하도록 하고, 제도를 준수하지 않음이 있으면 형벌로 대처하고 있습니까? 또한 그들에게 정해진 직무를 맡기고, 일을 제대로 수행하지 못함이 있으면 형벌로 대처하고 있습니까?

대저 먼저 道德과 學藝를 가르치지 않았다면 가르침을 좇지 않았다고 처벌하는 것은 본시 옳지 않고, 먼저 制度를 遵守하여 절제하도록 하지 않았다면 제도를 준수하지 않았다고 처벌하는 것은 본시 옳지 않으며, 먼저 분담할 직무를 맡기지 않았다면 맡은 일을 제대로 수행하지 못했다고 처벌하는 것은 본시 옳지 않습니다.

이 세 가지가 선왕들이 정한 법 가운데 급선무로 삼았던 것인데 지금은 이를 범해도 모두 처벌할 수가 없으며, 하찮고 자질구레한 긴요하지 않은 일로서 다스리는데 해가 되어 급히 막아야 할 일이 아닌 것은 오히려 法을 만들어 금하고, 그 금령을 매월 바꾸고 매년 다르게 하고 있습니다. 그 때문에 관리 된 자가 이루 다 기억할 수가 없는 지경에 이르게 되었는데, 하물며 이를 일일이 피해서 범하지 않을 수가 있겠습니까?

이 때문에 법령을 얕잡아보고 실천하지 않게 되었고, 못된 小人 중에는 범법을 하고도 요행히 모면하는 자가 있고 훌륭한 君子 가운데는 불행히도 법을 범하기에 이른 자가 있게 되었습니다. 이것이 이른바 刑罰로써 制裁할 수가 없게 되었다는 것인데, 이런 일들은 모두 다스림을 그 道에 합당하게 하지 않아서 야기된 것입니다.

方今取士를 强記博誦하야 而略通於文辭면 謂之茂才異等賢良方正[1]하니 茂才異等과 賢良方正者는 公卿之選也니이다 記不必强하고 誦不必博이나 略通於文辭하고 而又嘗學詩賦면 則謂之進士[2]하니 進士之高者도 亦公卿之選也니이다 夫此二科所得之技能이 不足以爲公卿은 不待論而後可知어늘 而世之議者는 乃以爲吾常以此取天下之士하고 而才之可以爲公卿者가 常出於此하니 不必法古之取人而後得士也라하니 其亦蔽於理矣니이다 先王之時엔 盡所以取人之道나 猶懼賢者之難進하고 而不肖者之雜於其間也하니이다 今悉廢先王所以取士之道[3]하고 而毆天下之才士하야 悉使爲賢良進士하니 則士之才 可以爲公卿者는 固宜爲賢良進士요 而賢良進士도 亦固宜有時而得才之可以爲公卿者也니이다 然而不肖者로 苟能雕蟲篆刻之學하야 以此進至乎公卿이로되 才之可以爲公卿者는 困於無補之學하야 而以此絀死於嵓野가 蓋十八九矣로소이다

지금의 士 선발은, 힘써 記憶하고 널리 暗誦하며 文辭에 대략 통하게 되면 이를 茂才異等 賢良方正한 인물이라고 이르면서 선발합니다. 茂才異等과 賢良方正은 公卿을 선발하는 방법입니다. 기억하기를 반드시 힘쓰지는 않고 암송하기를 반드시 광범하게 하지는 않았으나, 文辭에 대략 통하고 詩와 賦 짓기를 배운 사람을 선발하는 것을 進士科라 이릅니다.

進士출신 가운데 뛰어난 사람을 또한 公卿으로 선발하기도 하는데, 이 두 科 즉 茂才異等 賢良方正科와 進士科의 합격자들이 배워 얻은 技能이 公이나 卿이 되기에 부족함은 더 따져보지 않아도 알 수가 있습니다.

그런데 세상의 비평자들은, "우리들이 항상 이 방법으로 천하의 士들을 선발하였고, 그 재능이 公이나 卿이 될 만한 이들이 항상 이들 가운데서 나왔으니, 반드시 옛날의 인재 선발제도를 본받은 이후에야 士를 제대로 선발할 수 있는 것은 아니다."라고 하는데, 그 또한 논리에 모순이 있습니다.

선왕들의 시대에는 인재 선발의 道에 온 정성을 다하면서도 오히려 훌륭한 인물이 진출하기 어렵고 못난 사람이 그 사이에 끼어들까봐 두려워하였습니다.

그런데 지금은 선왕들이 士를 선발했던 방도를 모두 폐지하고 천하의 재능 있는 士들을 몰아서 모두 賢良이나 進士科에 응시하게 하는데, 士의 재능이 公卿이 될 만한 사람은 본시 현량이나 진사가 되기에도 합당하고, 현량 진사가 된 사람 또한 때때로

터득한 재능이 공경이 될 만한 사람이 있는 것이 당연합니다.

그런데 못난 사람으로 구차하게 글귀나 아름답게 꾸미는 공부에만 능한 사람이 이로써 공경의 지위에 오르고, 才識이 공경이 될 만한 사람은 공경이 되기에 아무 도움이 되지 않는 학문을 익혔다 하여 배척받아 초야에 묻혀 죽는 사람이 十中八九가 됩니다.

1) 茂才異等賢良方正 : 茂才異等은 빼어난 재능이 특출하다는 뜻이며, 宋代에 이런 명목의 人材選拔제도를 두어 과거시험에 응시하지 않은 민간인 가운데 뛰어난 인물을 선발하였다. 賢良方正은 宋代에 설치하였던 人材選拔제도의 하나로서 원래의 명칭은 '賢良方正 能直言極諫科'라 하였고, 人材의 文學知識과 正直敢言에 중점을 두어 선발하였다.

2) 進士 : 唐宋代에 禮部에서 詩賦시험을 통하여 선발하는 것을 進士라 하고, 經義시험을 통하여 선발하는 것을 明經이라 하였는데, 王安石의 變法이 시행되면서 이를 개정하여 經義와 策論의 시험을 통하여 進士를 선발하였다.

3) 先王所以取士之道 : 先王들의 士를 선발하는 道라는 것은, 前述한 바와 같이 衆人의 推薦을 받은 사람에게 일을 맡겨 그 능력을 시험해본 후에 관직을 수여하는 방법을 말한다.

夫古之人有天下者 其所以愼擇者는 **公卿而已**니 **公卿旣得其人**하고 **因使推其類**하야 **以聚於朝廷**이면 **則百司庶物**에 **無不得其人也**니이다 **今使不肖之人**으로 **幸而至乎公卿**하야 **因得推其類聚之朝廷**하니 **此朝廷所以多不肖之人**하고 **而雖有賢智**나 **往往困於無助**하야 **不得行其意也**니이다 **且公卿之不肖**면 **旣推其類以聚於朝廷**이요 **朝廷之不肖 又推其類以備四方之任使**요 **四方之任使者 又各推其不肖**하야 **以布於州郡**하니 **則雖有同罪擧官之科**라도 **豈足恃哉**잇가 **適足以爲不肖者之資而已**니이다

무릇 옛날에 천하를 다스렸던 황제들은 그들이 신중을 기하여 취택한 인물이 公과 卿뿐이었으니, 공경 자리에 그 적임자를 얻게 되고 그들로 하여금 뜻을 같이하는 사람들을 추천하게 하여 그들을 조정에 모아 일을 시키면, 모든 官署에 그 적임자를 얻지 못하는 일이 없게 되는 것입니다.

지금의 현실은 못난 사람이 요행히 公卿의 지위에 오르고 그들의 천거에 의하여 그와 같은 무리들이 조정에 모여드니, 이것이 조정에 못난 사람들이 많고 비록 어진 지

혜를 가진 사람이라 해도 왕왕 후원을 받지 못하고 곤경에 처하여 그들의 포부를 실현할 수가 없게 된 것입니다. 또 공경이 못난 사람이면 그가 同類를 추천하여 조정을 채웠을 것이고, 또 그 조정을 장악한 못난 무리들이 그 동류들을 각 지방의 책임자로 추천하게 되고, 각 지방의 책임자가 또 자기와 비슷한 못난 사람들을 추천하여 각 州와 郡에 깔아놓게 될 것이니, 비록 관원이 죄를 범하면 추천한 사람까지 함께 벌하는 법조문이 있다 해도 어찌 이를 믿을 수가 있겠습니까. 오히려 소인들의 핑계거리가 될 뿐일 것입니다.

其次 九經五經學究明法之科[1]는 **朝廷固已嘗患其無用於世**하야 **而稍責之以大義矣**나 **然大義之所得**으로도 **未有以賢於故也**니이다 **今朝廷又開明經之選**[2]하야 **以進經術之士**나 **然明經之所取**도 **亦記誦而略通於文辭者**면 **則得之矣**로소이다 **彼通先王之意**하고 **而可以施於天下國家之用者**는 **顧未必得與於此選也**니이다

그 다음으로 九經科, 五經科, 學究科, 明法科 등은 조정에서 이미 세상 다스리는데 실용성이 없음을 근심하여, 세부적인 문제는 제외하고 大義의 이해 여부로써 평가하도록 약간 수정을 하였습니다. 그러나 대의를 터득한 사람을 선발한다 해도 이전보다 나아질 것이 없습니다.

이제 조정에서 다시 明經科를 개설하여 儒家의 經傳에 근거하여 政事를 시행할 수 있는 士를 선발하고 있으나 명경과를 통하여 선발한 사람도 또한 經書를 기억 암송하면서 文辭에 어느 정도 익숙한 사람이면 합격이 됩니다. 합격자 중에 선왕들의 뜻을 이해하고 이를 천하 국가에 시행하는데 쓸 만한 사람을 이 선발을 통하여 반드시 얻을 수 있다고는 할 수 없습니다.

1) 九經五經學究明法之科 : 이들은 모두 宋代에 시행한 科擧의 名目이다. 九經科는 ≪周易≫, ≪尙書≫, ≪詩經≫, ≪禮記≫, ≪春秋≫, ≪周禮≫, ≪孝經≫, ≪論語≫, ≪孟子≫ 등 儒家의 經傳 이해 정도를 평가하는 科擧이다. 五經科는 上述한 九經 가운데 앞에 들은 五經의 이해 정도를 평가하는 科擧이다. 學究科는 상술한 五經 가운데 하나만을 考査하는 과거이다. 明法科는 律令에 관한 지식을 평가하는 과거이다.

2) 今朝廷又開明經之選：嘉祐 2年(1057)에 明經科를 別置하였다.

其次則恩澤子弟니 庠序不敎之以道藝하고 官司不考問其才能하며 父兄不保任其行義로되 而朝廷輒以官予之하고 而任之以事하나니이다 武王數紂之罪에 則曰 官人以世[1]라하시니 夫官人以世하고 而不計其才行이 此乃紂之所以亂亡之道요 而治世之所無也니이다

그 다음으로는 관원의 자제에게 혜택을 주어 임용하는 恩澤子弟제도가 있는데, 학교에서 그들에게 道德과 技藝를 가르친 일도 없고, 官司에서 그들의 재능을 평가해 본 일도 없으며, 父兄이 그들의 行義에 대하여 담보할 수도 없는데, 조정에서 그들에게 곧바로 관직을 주고 일을 맡기고 있습니다. 武王이 紂의 죄를 열거하며 성토할 때에, "능력은 따지지 않고 家世에 따라 벼슬을 주었다." 하였습니다. 대저 가세에 따라 벼슬을 주고 그 사람의 재능과 행실을 헤아려보지 않은 것, 바로 이것이 紂가 나라를 어지럽혀 망하게 한 근본 이유였으니, 천하가 잘 다스려지는 시대에는 이런 제도는 시행하지 않는 것입니다.

1) 武王數紂之罪 則曰官人以世：이 내용은 ≪尙書≫ 〈周書 泰誓 上〉에 기재되어 있는 것으로, 周 武王이 殷末의 暴君 紂를 칠 때에 그의 죄를 열거한 여러 조항중의 하나이다.

又其次曰流外[1]니 朝廷固已擠之於廉恥之外하고 而限其進取之路矣나 顧屬之以州縣之事하야 使之臨士民之上하니 豈所謂以賢治不肖者乎잇가 以臣使事之所及이면 一路數千里之間에 州縣之吏出於流外者 往往而有하니 可屬任以事者는 殆無二三이요 而當防閑其姦者皆是也니이다 蓋古者有賢不肖之分하야 而無流品之別이라 故孔子之聖으로도 而嘗爲季氏吏[2]하시니 蓋雖爲吏나 而亦不害其爲公卿이니이다 及後世하야 有流品之別하니 則凡在流外者는 其所成立이 固嘗自置於廉恥之外하야 而無高人之意矣니이다

그 다음으로 流外제도가 있습니다. 이들은 조정에서 이미 廉恥를 지켜야 할 대상에서 제외하고 배제하여 승진하는 길을 제한하고 있으나, 그들에게 지방의 州와 縣의 일을 맡겨서 士民들의 위에 임하게 하고 있으니, 이것이 어찌 이른바 "賢能한 사람으로 不肖한 사람을 다스리게 한다."는 뜻에 부합하는 일이겠습니까.

臣이 이전에 봉직했던 한 路의 수천 리 사이에 있는 州와 縣을 다스리는 관리 가운데 流外 출신이 더러 있었는데, 그들 가운데 일을 맡길 만한 사람은 거의 두서너 사람밖에 없었으며, 오히려 간악한 짓을 저질러 그것을 막아야 할 대상자가 대부분이었습니다.

아마도 옛날에는 賢者와 不肖者를 구분하는 기준으로 流外 출신이냐와 九品 출신이냐에 따라 차별을 두지는 않았던 듯합니다. 그렇기 때문에 孔子 같은 성인이 季氏 밑에서 하급관리로 지내기도 한 것이니, 비록 胥吏 출신이라 해도 또한 公이나 卿이 되기에 害될 것이 없었습니다.

그러나 후세에 流外와 九品의 차별이 있게 되자, 대체로 流外에 속한 자들은 직책을 얻게 되어도, 자신을 염치 따위는 돌아 볼 필요가 없는 자리에 있는 사람으로 여기고 타인보다 높은 수준에 오르려는 뜻을 포기하였습니다.

1) 流外 : 당시에 관직을 九品으로 나누고, 九品에 들지 않는 下位의 吏員을 九品의 流에서 벗어난 사람들이라 하여 流外라 하였으며, 이들은 科擧를 거치지 않고 임용하였다.

2) 孔子之聖 而嘗爲季氏吏 : ≪史記≫ 〈孔子世家〉에, "孔子는 가난하고 미천하였는데, 장성하여 일찍이 季氏의 창고관리인이 되었을 때에는 출납을 공평하게 하였고, 일찍이 가축관리인이 되었을 때에는 가축을 번식하게 하였다.〔孔子貧且賤 及長 嘗爲季氏史 料量平 嘗爲司職吏 而畜蕃息〕" 하였다.

夫以近世風俗之流靡로 **自雖士大夫之才**하고 **勢足以進取**하야 **而朝廷嘗獎之以禮義者**라도 **晩節末路**에 **往往怵而爲姦**이온 **況又其素所成立**이 **無高人之意**하고 **而朝廷固已擠之於廉恥之外**하야 **限其進取者乎**잇가 **其臨人親職**에 **放僻邪侈**는 **固其理也**로소이다 **至於邊疆宿衛之選**하야는 **則臣固已言其失矣**니 **凡此皆取之非其道也**니이다

대저 근세에 이르러 風俗이 방탕해지고 華靡함에 빠져서, 자신이 비록 사대부가 될 만한 자질을 가졌고 형편이 벼슬에 나가기에 충분하여 조정으로부터 禮義 廉恥의 준수를 권장 받은 사람 중에도, 晩年에 이르러 왕왕 유혹에 빠져 간악한 짓을 하기도 하는데, 하물며 평소에 직책을 얻고도 타인보다 뛰어나게 되려는 뜻을 가진 일이 없고

조정에서도 애초부터 염치를 지켜야 할 대상에서 제외하고 승진을 제한했던 사람들이야 더 말할 것이 있겠습니까. 그들이 백성을 다스리는 관직을 맡게 되어서도 放蕩하고 偏僻된 짓을 하고 邪惡과 奢侈를 자행하는 것은 본시 당연한 것입니다. 변방의 방어나 궁성 숙위의 임무를 맡을 사람의 선발에 대하여는 신이 이미 그 잘못된 점을 말씀드린 일이 있습니다. 이 모든 것이 인재 임용을 그 道에 합당하게 하지 않아서 야기된 것들입니다.

方今取之를 **既不以其道**하고 **至於任之**하얀 **又不問其德之所宜**하고 **而問其出身之後先**하며 **不論其才之稱否**하고 **而論其歷任之多少**하나니이다 **以文學進者**를 **且使之治財**하고 **已使之治財矣**라가 **又轉而使之典獄**하며 **已使之典獄矣**라가 **又轉而使之治禮**하니 **是則一人之身**으로 **而責之以百官之所能備**니 **宜其人才之難爲也**니이다 **夫責人以其所難爲**면 **則人之能爲者少矣**요 **人之能爲者少**면 **則相率而不爲**라 **故使之典禮**라도 **未嘗以不知禮爲憂**하니 **以今之典禮者 未嘗學禮故也**요 **使之典獄**이라도 **未嘗以不知獄爲恥**하니 **以今之典獄者 未嘗學獄故也**니이다

이 시대에는 人材 選拔을 그 道에 합당하지 않게 하고서, 그들을 任用함에 이르러서는 그가 지닌 德이 그 직무에 합당한가는 따지지 않고 벼슬을 담당했던 선후 순서만 따지고, 그의 才能이 그 職任에 합당한가의 여부는 논하지 않고 역임했던 경력의 많고 적음만을 논하고 있습니다.

文學으로 선발된 사람에게 財務를 담당하게 하고, 재무를 담당했던 사람에게 또 직임을 바꾸어 刑獄을 담당하게 하며, 이미 형옥을 담당했던 사람에게는 또 교체하여 禮法을 담당하게 합니다. 이는 한 사람의 몸으로 온갖 관서에서 해야 할 임무를 모두 갖추도록 책임을 지우는 것이니, 사람의 재능으로는 감당하기가 어려운 것이 당연합니다.

대저 그 사람이 하기 어려운 分野를 책임지우게 되면 그 사람이 잘할 수 있는 것이 적게 되고, 잘할 수 있는 것이 적게 되면 서로 눈치만 보면서 일을 하지 않게 됩니다. 그러므로 禮法을 담당하게 하면 그 사람이 예법을 알지 못함을 근심하는 일조차 없게 되나니, 이는 현재 예법을 담당한 사람이 일찍이 예법에 관하여 배워본 일이 없기 때

문입니다. 그런 사람에게 刑獄 처리를 담당하게 하면 형옥 처리에 관하여 알지 못함을 부끄러워하는 일조차 없게 되나니, 이는 현재 형옥 처리를 담당한 사람이 일찍이 형옥에 관하여 배운 일이 없기 때문입니다.

天下之人이 亦已漸漬於失教하고 被服於成俗하야 見朝廷有所任使가 非其資序면 則相議而訕之나 至於任使之不當其才하야는 未嘗有非之者也니이다 且在位者數徙면 則不得久於其官이라 故上不能狃習而知其事하고 下不肯服馴而安其教하니 賢者則其功不可以及於成이요 不肖者則其罪不可以至於著니이다 若夫迎新將故之勞와 緣絶簿書之弊는 固其害之小者니 不足悉數也로소이다 設官이면 大抵皆當久於其任이요 而至於所部者遠하고 所任者重이면 則尤宜久於其官하고 而後可以責其有爲어늘 而方今尤不得久於其官하야 往往數日輒遷之矣니이다

천하 사람들이 점차로 잘못된 가르침에 물들고 이렇게 이루어진 習俗에 同化되어서, 조정에서 업무를 맡긴 사람이 그 자품과 서열에 맞지 않음을 보게 되면 서로 비평하고 비방하지만, 업무를 맡긴 사람의 재능이 합당하지 않을 때에는 이를 비방하는 사람이 없습니다. 또한 벼슬자리에 있는 사람을 자주 移動시켜서 한 자리에 오래 있을 수 없게 하니, 그 때문에 윗사람은 그 일을 익숙하도록 익혀 숙지할 수가 없고, 아랫사람은 그의 가르침에 순종하며 安住할 수가 없으며, 賢能한 사람도 업적을 이룰 수가 없게 되고, 못난 사람도 그 허물이 드러나지 않게 됩니다.

새 사람을 맞이하고 옛 사람을 전송하는 번거로움과 문서에 일관성이 없게 된 폐단은 본시 그 폐해 가운데 작은 것으로서, 이런 폐단은 이루 다 헤아릴 수도 없습니다. 벼슬자리를 설치하였으면 모두 그 임무를 오랫동안 맡게 해야 마땅하고, 담당한 지역이 멀리 떨어져 있고 맡은 임무가 중하다면 더욱 그 자리에 오래 있게 함이 마땅하니, 그렇게 한 후에야 그가 한 일에 대하여 責任을 물을 수 있기 때문입니다. 그런데 지금은 더욱 그 관직에 오래 있을 수가 없고, 더러는 수일 만에 갑자기 교체되기도 합니다.

取之를 既已不詳하고 使之를 既已不當하고 處之를 既已不久하며 至於任之則又不專하고 而又一一以法束縛之하야 不得行其意하니이다 臣은 故知當今在位에 多非其人이니 稍

假借之權하야 而不一一以法束縛之면 則放恣而無不爲로소이다 雖然이나 在位非其人이어늘 而恃法以爲治면 自古及今히 未有能治者也니이다 卽使在位皆得其人矣로되 而一一以法束縛之하야 不使之得行其意면 亦自古及今히 未有能治者也니이다 夫取之旣已不詳하고 使之旣已不當하며 處之旣已不久하고 任之又不專하며 而又一一以法束縛之라 故雖賢者在位하고 能者在職이라도 與不肖而無能者로 殆無以異니이다 夫如此라 故朝廷明知其賢能이 足以任事로되 苟非其資序면 則不以任事而輒進之하니 雖進之라도 士猶不服也오 明知其無能而不肖로되 苟非有罪하야 爲在事者所劾이면 不敢以其不勝任而輒退之하니 雖退之라도 士猶不服也니이다 彼誠不肖無能이나 然而士不服者는 何也잇가 以所謂賢能者任其事라도 與不肖而無能者로 亦無以異故也니이다 臣前以謂不能任人以職事하고 而無不任事之刑以待之者는 蓋謂此也니이다

선발할 때에 이미 자세히 살피지를 못하였고, 부리기를 이미 합당하게 하지 않았으며, 한 벼슬자리에 이미 오래 있게 하지도 않고, 임무를 맡길 때에 전문 분야에 합당하게 하지도 않고서, 일일이 法으로 얽어매어 그 포부를 실행할 수가 없게 합니다.

臣은 그 때문에 지금 벼슬자리에 있는 사람 중에 적임자가 아닌 사람이 많아서, 약간의 권력이라도 부여하면 그들을 일일이 법으로 묶어놓아야 하고, 그렇지 않으면 방자해져서 못하는 짓이 없게 될 것임을 압니다.

그러나 벼슬자리에 있는 사람이 적임자가 아닌데 법에만 의지해서 다스리려 한다면, 예부터 지금까지 그런 사람이 잘 다스린 일은 없습니다. 또한 벼슬자리에 모두 적임자를 얻었다 해도, 하나하나 法으로 속박하여 그 포부를 실현하지 못하게 한다면, 이 방법으로 또한 예부터 지금까지 잘 다스린 일이 없습니다.

대저 선발할 때에 이미 자세히 살피지를 않았고, 부리기를 이미 합당하게 하지 않았으며, 한 벼슬자리에 이미 오래 있게 하지도 않고, 전문 분야에 맞게 맡기지도 않고서, 거기에 더하여 하나하나 법으로 속박하기 때문에, 비록 賢能한 사람이 벼슬자리에 있고, 유능한 사람이 직무를 담당한다 해도, 못나고 무능한 사람과 거의 차이가 없게 되는 것입니다.

대저 이와 같기 때문에 조정에서 그 賢能함이 임무를 맡기기에 충분함을 환하게 알고 있다 해도, 진실로 그 자품과 서열에 맞지 않으면 임무를 맡겨 곧바로 진출하게 할

수가 없고, 비록 진출하게 한다 해도 士들이 오히려 승복하지 않게 됩니다.

그가 무능하고 못났음을 분명히 안다 해도, 진실로 죄를 범하여 담당자에게 탄핵을 당하지 않았으면 감히 임무를 제대로 수행하지 못했다 하여 즉시 물러나게 할 수가 없고, 비록 면직시킨다 해도 士들이 오히려 승복하지 않습니다. 저들이 진실로 못났고 무능해서 면직시켰는데도 士들이 승복하지 않는 것은 무엇 때문이겠습니까.

이른바 현능한 사람이 임무를 맡았다 해도, 못나고 무능한 사람과의 차이를 구별할 수 없게 되었기 때문입니다. 신이 전에 말씀드리기를, "적합한 직무를 맡길 수가 없고, 직무를 감내하지 못한 사람을 형벌로 다스리지 못한다."라고 한 것이 모두 이를 말씀드린 것입니다.

夫敎之養之取之任之에 **有一非其道**면 **則足以敗天下之人才**어든 **又況兼此四者而有之**리잇가 **則在位不才苟簡貪鄙之人**을 **至於不可勝數**요 **而草野閭巷之間**에 **亦少可任之才**를 **固不足怪**니이다 **詩曰 國雖靡止**나 **或聖或否**며 **民雖靡膴**나 **或哲或謀**며 **或肅或艾**니 **如彼泉流**하야 **無淪胥以敗**[1)]아하니 **此之謂也**니이다

대저 가르치고 기르고 선발하고 임용하는 일에 하나라도 그 道에 합당하지 않음이 있게 되면, 천하의 인재를 기르고 등용함에 반드시 실패할 것인데, 하물며 이 네 가지를 모두 道에 합당하게 하지 않음이 있다면 더 말할 것이 있겠습니까. 그렇게 되면 벼슬자리에 있는 사람 중에 재능이 없고 일처리에 소홀하고 엉성하며 욕심 많고 비루한 사람이 이루 헤아릴 수도 없는 지경에 이르게 되고, 서민들과 미천한 사람들 사이에도 또한 임용할 만한 인재가 적게 될 것임은 진실로 괴이하게 여길 것도 없습니다.

≪詩經≫에, "나라가 비록 작아도 聖明한 사람도 있고 그렇지 못한 사람도 있다. 백성이 비록 적다해도 明哲한 사람도 있고 計策에 능한 사람도 있으며, 謹嚴한 사람도 있고 일을 잘 처리하는 사람도 있다. 저 샘물이 모래와 진흙을 휩쓸고 흘러가듯이 선인이나 악인이나 가리지 않고 모두 패망하게 된다." 한 것이 이를 이르는 것입니다.

1) 詩曰……無淪胥以敗 : 이 내용은 ≪詩經≫〈小雅 小旻〉에 보인다.

夫在位之人才不足矣요 **而閭巷草野之間**에도 **亦少可用之才**면 **則豈特行先王之政而**

不得也리오 社稷之託과 封疆之守를 陛下其能久以天幸爲常하야 而無一旦之憂乎잇가 蓋漢之張角三十六萬이 同日而起에 所在郡國이 莫能發其謀[1)]하고 唐之黃巢가 橫行天下하야 而所至에 將吏無敢與之抗者[2)]하니 漢唐之所以亡은 禍自此始니이다

대저 벼슬자리에 인재가 부족하고 서민계층이나 미천한 사람들 사이에도 쓸 만한 인재가 적다면, 어찌 다만 선왕들의 정치를 시행하는 일만 할 수 없을 뿐이겠습니까. 社稷을 의탁하고 邊防 領土를 수호하는 일에 대하여, 폐하께서는 하늘이 보우해주어 변함없이 오래도록 존속되리라 여기셔서 하루아침의 근심거리로도 여기지 않으시는 것입니까.

대저 漢나라 張角의 무리 36만 명이 동시에 叛亂을 일으켰는데도 그들이 소재하였던 郡과 國에서 그 음모를 적발할 수가 없었고, 唐나라의 黃巢가 반란을 일으키고 천하를 횡행했는데도 그가 이르는 곳에 있던 장수나 관리 가운데 감히 그들과 抗爭한 사람이 없었습니다. 漢과 唐이 멸망한 원인을 따져보면 그 재앙이 여기에서 시작되었던 것입니다.

1) 蓋漢之張角三十六萬……莫能發其謀 : 後漢 시대에 張角이 黃老思想에 입각하여 太平道를 창건하고 治病을 통하여 傳道하다가 中平 元年(184)에 반란을 일으켰다. 이들이 모두 머리에 황색 두건을 썼으므로 黃巾賊의 亂이라 칭한다. 얼마 후 張角이 병사하자 난이 평정되었다. 이 난이 후한 멸망의 계기가 되었다.

2) 唐之黃巢……將吏無敢與之抗者 : 唐 乾符 2년(875)에 黃巢가 반란을 일으켜 洛陽과 長安 등 各地方을 점거하고 皇帝라 칭하다가 中和 4년(884) 李克用에 의하여 평정되었다.

唐旣亡矣에 陵夷以至五代[1)]하야 而武夫用事하고 賢者伏匿消沮而不見하니 在位無復有知君臣之義와 上下之禮者也니이다 當是之時하야 變置社稷이 蓋甚於奕碁之易하고 而元元肝腦塗地하니 幸而不轉死於溝壑者 無幾耳로소이다 夫人才不足이면 其患이 蓋如此어늘 而方今公卿大夫는 莫肯爲陛下長慮後顧하야 爲宗廟萬世計하니 臣竊惑之하노이다

唐나라가 망한 후 점점 쇠퇴하여 五代에 이르자 군인들이 정권을 壟斷하였고 賢能한 인물들은 隱遁해 있으면서 義氣가 沮喪되어 벼슬자리에 나오지 않게 되니, 벼슬자리

에 있는 사람 가운데 君臣間의 義理와 上下間의 禮義를 아는 사람이 다시는 없게 되었습니다. 이때를 당하여 王朝의 교체가 바둑 장기판의 승패가 바뀌는 일보다도 빈번해져서 백성들이 肝腦를 땅에 바르고 죽게 되었으니, 요행히 도랑이나 골짜기에 굴러 떨어져 죽는 일을 면한 사람은 얼마 되지 않게 되었습니다.

대저 인재가 부족하게 되면 그 재앙이 이와 같은데도, 지금의 公卿大夫들은 폐하를 위하여 長久한 뒷일을 염려하고 宗廟를 萬世토록 보존할 계책을 세우지 않고 있으니, 臣은 삼가 이를 의아하게 여기는 바입니다.

1) 五代 : 唐이 亡한 후 宋에 의하여 中國 天下가 再統一될 때까지 50여년 사이에 黃河 유역에 존속하였던 다섯 王朝를 五代라 하며, 이 시대에 국가가 분열되고 장기간 전란을 겪었다.

昔晉武帝[1]**趣過目前**하야 **而不爲子孫長遠之謀**하고 **當時在位**도 **亦皆偸合苟容**하니 **而風俗蕩然**하고 **棄禮義 捐法制**하야 **上下同失**호되 **莫以爲非**하니이다 **有識固知其將必亂矣**러니 **而其後果海內大擾**하야 **中國僅有江左**[2]**者**가 **二百餘年**이니이다 **伏惟三廟**[3]**祖宗神靈**이 **所以付屬陛下**는 **固將爲萬世血食**[4]하고 **而大庇元元於無窮也**로소이다 **臣**은 **願陛下鑒漢唐五代之所以亂亡**하시고 **懲晉武苟且因循之禍**하사 **明詔大臣**하야 **思所以陶成天下之才**하노이다 **慮之以謀**하고 **計之以數**하며 **爲之以漸**하야 **期爲合於當世之變**하야 **而無負於先王之意**면 **則天下之人才**를 **不勝用矣**리이다 **人才不勝用**이면 **則陛下何求而不得**이며 **何欲而不成哉**리잇가

옛 晉나라 武帝는 목전의 일만 추구하면서 자손을 위한 長久한 計策을 세우지 않았으며 당시 벼슬자리에 있던 사람들도 모두 잘 보이기 위해 구차하게 영합하는 짓만 하였으니, 風俗이 문란해지고 禮儀는 사라졌고 法制를 준수하지 않게 되어, 윗사람이나 아랫사람이나 모두 그릇된 짓을 하면서 잘못되었다고 여기지도 않게 되었습니다.

그러자 識見있는 사람들은 장차 반드시 천하가 어지러워질 것임을 예측하였는데, 그 후 과연 천하가 크게 어지러워져서 中國은 200餘 年間 겨우 江左 지방만을 소유하게 되었던 것입니다.

엎드려 생각하옵건대 三廟에 모셔져 있는 祖宗의 神靈들께서 폐하께 의탁해 기대하

는 것은, 장차 萬世에 이르도록 국가가 유지되어 血食을 계속할 수 있게 하고 백성들을 영원토록 크게 감싸서 보호해주는 것입니다. 臣이 바라는 바는, 폐하께서 漢, 唐, 五代의 여러 나라가 혼란해져 망하게 된 이유를 거울삼고, 晉나라 武帝가 구차하게 임시변통만 도모하다가 겪게 된 재앙을 경계하셔서, 대신들에게 밝게 하명하시고, 天下의 人材를 陶冶 育成하는 일에 유념하시라는 것입니다.

생각하시기를 사려 깊게 하고 헤아려서 계책을 세우며 점진적으로 이를 시행하여, 이 시대가 당면한 변화에 부합하게 하기를 기약하시고 선왕들의 뜻을 저버리는 일이 없게 되면, 천하의 인재는 이루 다 쓸 수가 없는 지경에 이르게 될 것입니다. 이루 다 쓸 수가 없을 정도로 인재가 풍부하게 되면, 폐하께서 무엇을 구하신들 얻지 못할 것이며 무엇을 하고자 하신들 이루지 못하시겠습니까.

1) 晉武帝 : 後漢이 망한 후 수립된 三國을 통일하고 西晉 왕조를 건립(265)한 司馬炎(236~290)을 칭한다. 즉위 초에는 선정을 폈으나 후기에는 안일과 향락에 빠져서 五胡의 침입을 초래하였다. 316년에는 화북 일대를 이민족에게 빼앗기고 강남일대만 통치하게 되었는데, 이 시기의 晉을 東晉이라 한다.
2) 僅有江左 : 江左는 江東을 칭하는 것으로, 곧 長江 동쪽 하류 유역을 말한다. '僅有江左'가 저본에는 '列於夷狄'으로 되어 있는데, 淸代에 避諱하여 바뀐 것이다.
3) 三廟 : 宋을 創建한 太祖와 中興의 君主인 太宗 및 眞宗의 位牌를 모신 祠堂을 칭한다.
4) 血食 : 血食을 계속한다는 것은, 國家가 永續되어 국가를 건립한 조상들이 祭物로 바치는 牛, 羊, 猪 등의 犧牲을 계속 흠향할 수 있게 됨을 뜻한다.

夫慮之以謀하고 計之以數하며 爲之以漸이면 則成天下之才甚易也니이다 臣始讀孟子할새 見孟子言王政之易行[1]하고 心則以爲誠然이러니 及見與愼子論齊魯之地[2]하니 以爲先王之制國이 大抵不過百里者라하고 以爲今有王者起면 則凡諸侯之地가 或千里或五百里를 皆將損之하야 至於數十百里而後止라하니이다 於是에 疑孟子雖賢하야 其仁智足以一天下나 亦安能毋劫之以兵革하고 而使數百千里之强國을 一旦에 肯損其地之十八九하야 比於先王之諸侯리오 至其後하야 觀漢武帝用主父偃之策하야 令諸侯王地를 悉得推恩하야 封其子弟하고 而漢親臨定其號名하야 輒別屬漢하니이다 於是에 諸侯王

之子弟가 各有分土로되 而勢强地大者는 卒以分析弱小[3)]하니이다 然後에 知慮之以謀하고 計之以數하며 爲之以漸이면 則大者固可使小요 强者固可使弱하야 而不至乎傾駭變亂敗傷之釁이니이다 孟子之言이 不爲過니 又況今欲改易更革이면 其勢非若孟子所爲之難也라 臣故로 曰 慮之以謀하고 計之以數하며 爲之以漸이면 則其爲甚易也라하노이다

대저 도모하기를 사려 깊게 하며 헤아려서 계책을 세우고 점진적으로 이를 시행한다면, 천하의 인재를 육성하는 것은 매우 쉽게 될 것입니다. 臣이 처음 ≪孟子≫를 읽으면서 孟子가 王道의 정치를 행하기가 쉽다고 한 것을 보고 마음속으로 정말 그렇겠다고 여긴 일이 있습니다.

孟子가 齊나라와 魯나라의 영토에 관하여 愼子와 論한 것을 보니, 맹자는 先王이 제후국을 구획할 때 대체로 百里를 초과하는 일이 없었다고 하면서, 이제 天下를 다스리는 王이 일어나게 되면, 여러 제후들의 영역이 혹 천 리도 되고 오백 리가 되기도 하는 것을 장차 모두 줄여서 數十里에서 百里 사이가 되게 한 후에 그칠 것이라고 여겼습니다.

이에 臣은 孟子가 비록 賢能하여 그의 어짊과 지혜가 천하를 통일하기에 충분하다 해도, 어찌 武力으로 위협함이 없이 數百 數千里를 소유한 强國들로 하여금 하루아침에 그 영토의 十分의 八, 九를 줄여서 先王시대의 諸侯에 비견할 만한 영토만 갖게 할 수가 있을까 하고 의심하게 되었습니다.

그 후에 이르러 漢 武帝가 主父偃의 계책을 써서, 諸侯王들의 영지를 모두 그들의 자제에게 봉하여 주도록 은혜를 베풀고, 漢은 친히 그곳에 가서 封號를 定해 주어 개별적으로 漢에 服屬하게 한 것을 보았습니다. 이에 제후왕의 자제에게 각기 分封해준 영역을 소유하게 하니, 세력이 강하고 땅이 컸던 자들이 마침내 나뉘어 갈라져서 약소하게 되었음을 보게 되었습니다.

그런 후에야 생각을 사려 깊게 하고 헤아려서 계책을 수립하고 점진적으로 이를 시행한다면, 진실로 큰 제후국을 작게 하고 강한 제후국을 약하게 하면서도 몹시 놀라게 하거나 변란이 일어나거나 毁傷당하는 事端이 일어나지 않게 할 수가 있음을 알게 되었습니다.

맹자의 말이 잘못이 아니었습니다. 더구나 이 시대에 改革을 시행하려 한다면, 맹자

가 어렵게 여겼던 경우와는 전혀 다릅니다. 그 때문에 臣이, "생각을 사려 깊게 하고 헤아려서 계책을 세우고 점진적으로 이를 시행한다면 그것을 매우 쉽게 실현할 수 있다."라고 말씀드리는 것입니다.

1) 見孟子言王政之易行 : ≪孟子≫ 〈梁惠王 上〉에, 孟子가 齊宣王에게 '王之不王 不爲也 非不能也'라고 云云하면서 王道를 행하는 것이 마음만 먹으면 나뭇가지를 꺾는 일처럼 쉽다고 한 것을 가리킨다.

2) 見與愼子論齊魯之地 : ≪孟子≫ 〈告子 下〉에 나오는 내용이다.

3) 諸侯王之子弟……卒以分析弱小 : ≪史記≫ 〈平津侯主父列傳〉에 의하면, 漢 武帝時에 分封받은 諸侯國들이 지나치게 강대하여 중앙의 통제력이 약해지자, 中大夫 主父偃의 계책을 받아들여 推恩제도를 시행하여 제후들로 하여금 分封받은 영토를 자제들에게 分給하게 하니, 제후들의 封地는 점차 세분되었고, 이들을 개별적으로 중앙에 소속시키니 다시는 중앙에 위협을 가하는 세력을 형성하지 못하였다고 한다.

然이나 先王之爲天下에 不患人之不爲요 而患人之不能하며 不患人之不能이요 而患己之不勉하니이다 何謂不患人之不爲而患人之不能고 人之情이 所願得者는 善行美名尊爵厚利也니 而先王이 能操之하야 以臨天下之士하니이다 天下之士에 有能遵之以治者면 則悉以其所願得者以與之하니 士不能則已矣어니와 苟能이면 則孰肯舍其所願得하고 而不自勉以爲才리잇가 故曰 不患人之不爲요 患人之不能하노이다 何謂不患人之不能而患己之不勉고 先王之法은 所以待人者盡矣니 自非下愚不可移之才[1)]면 未有不能赴者也니이다 然而不謀之以至誠惻怛之心하야 力行而先之면 未有能以至誠惻怛之心으로 力行而應之者也라 故曰 不患人之不能이요 而患己之不勉이라하노이다 陛下誠有意乎成天下之才신댄 則臣願陛下勉之而已니이다

그런데 先王들이 천하를 다스릴 때에는, 사람들이 努力하지 않음은 근심하지 않고 사람들이 잘할 수 없음을 근심하였으며, 다른 사람의 할 수 없음을 근심하지 않고 자신이 노력하지 않음을 근심하였습니다.

사람들이 노력하지 않음을 근심하지 않고, 사람들이 잘할 수 없음을 근심한다는 것

은 무엇을 이르는 것입니까. 人情이 얻기를 원하는 것은 착한 行實, 아름다운 名譽, 존귀한 爵位, 풍부한 利益 등인데, 선왕들은 이를 모두 장악하고 그것으로써 천하의 士들을 다스릴 수 있었습니다. 천하의 士들 가운데 이를 준수하여 잘 다스릴 수 있는 자가 있으면, 그들이 얻기를 원하는 것을 모두 주었습니다.

士들이 잘할 수 없으면 그만이지만, 진실로 잘할 수 있다면 누가 얻고자하는 것을 포기하고 스스로 인재가 되기에 노력하지 않겠습니까. 그러므로 선왕들이, "사람들이 노력하지 않음은 근심하지 않고, 사람들이 잘할 수 없음을 근심하였다."라고 말씀드린 것입니다.

사람들이 잘할 수 없음을 근심하지 않고 자신이 노력하지 않음을 근심하였다는 것은 무엇을 이르는 것이겠습니까. 선왕들의 행동 기준은 타인을 대할 때에 정성을 다하는 것이었고, 향상이 불가능한 下愚가 아니라면 先王의 뜻을 따르지 않는 자가 없었기 때문입니다.

그렇지만 어진 마음으로 지성을 다하여 계책을 세우고 힘써 행하기를 솔선하지 않으면, 지성을 다하여 어진 마음으로 힘써 행함에 호응하는 자가 있을 수 없습니다. 그렇기 때문에 "남이 잘할 수 없음을 근심하지 않고 자신이 노력하지 않음을 근심한다."고 한 것입니다.

폐하께서 진실로 천하의 인재를 육성하실 뜻을 가지고 계시다면, 臣은 폐하께서 이를 위해 노력하시기를 바랄 뿐입니다.

1) 自非下愚不可移之才 : ≪論語≫ 〈陽貨〉에, '唯上知與下愚不移'라 하였으니, 이는 최고로 지혜 있는 사람과 지극히 어리석은 사람은 그 기질을 바꿀 수가 없다는 뜻이다. 즉 이곳에서 거론한 下愚는 몹시 어리석어서 향상이 전혀 불가능한 사람을 이른다.

臣又觀호니 **朝廷異時**에 **欲有所施爲變革**이면 **其始計利害 未嘗熟也**로되 **顧有一流俗僥倖之人**이 **不悅而非之**면 **則遂止而不敢**하니이다 **夫法度立**이면 **則人無獨蒙其幸者**라 **故先王之政**이 **雖足以利天下**라도 **而當其承弊壞之後 僥倖之時**엔 **其創法立制**가 **未嘗不艱難也**니이다 **以其創法立制**하야 **而天下僥倖之人**도 **亦順悅以趨之**하야 **無有齟齬**하니

則先王之法이 至今存而不廢矣니이다 惟其創法立制之艱難하고 而僥倖之人이 不肯順悅而趨之라 故古之人이 欲有所爲면 未嘗不先之以征誅而後得其意하니이다 詩에 曰 是伐是肆하야 是絶是忽하니 四方이 以無拂[1)]이라하니 此는 言文王이 先征誅而後에 得意於天下也니이다 夫先王이 欲立法度하야 以變衰壞之俗而成人之才엔 雖有征誅之難이라도 猶忍而爲之는 以爲不若是면 不可以有爲也일새니이다 及至孔子하야 以匹夫로 遊諸侯하야 所至에 則使其君臣으로 捐所習逆所順强所劣을 憧憧如也라가 卒困於排逐하니이다 然孔子亦終不爲之變하시니 以爲不如是면 不可以有爲일새니 此는 其所守가 蓋與文王同意니이다 夫在上之聖人은 莫如文王이요 在下之聖人은 莫如孔子로되 而欲有所施爲變革이면 則其事蓋如此矣로소이다 今有天下之勢하고 居先王之位하야 創立法制에 非有征誅之難也하니 雖有僥倖之人이 不悅而非之라도 固不勝天下順悅之人衆也니이다 然而一有流俗僥倖不悅之言이면 則遂止而不敢爲者하니 惑也로소이다 陛下誠有意乎成天下之才신댄 則臣又願斷之而已니이다

臣이 또 관찰하건대, 조정에서 과거에 어떤 시책을 變革하려는 것이 있으면 처음 계획할 때에는 이것이 이로울 것인가 해로울 것인가에 대하여 熟考하지 않은 일이 없었는데도, 한 사람이라도 頹廢한 風潮를 따르며 僥倖을 바라는 사람이 있어서 변혁을 좋아하지 않고 이를 비판하게 되면, 이를 중지하고 과감히 시행하지를 못하였습니다.

대저 법도가 확립되면 특정인만이 홀로 그 혜택을 입는 일이 없게 되므로, 先王들이 다스렸던 정사가 비록 온 천하를 이롭게 하기에 족하다 해도, 亂世를 겪은 이후 요행을 추구하던 시대에는 법과 제도를 창제하는데 어려움이 없던 때가 없었습니다. 법과 제도를 창제하고 확립하여 천하의 요행을 바라는 사람들도 흔연히 순종하고 따라서 어기지 않게 되었으므로 선왕의 법도가 현재까지 보존되어 폐기되지 않은 것입니다.

법과 제도를 창제하고 확립하기가 어려운 것은, 요행을 바라는 사람들이 순종하며 기쁘게 좇지 않으려는데 있으므로, 옛사람들이 變革하고자 하는 바가 있게 되면 이들을 먼저 征討하여 처형한 이후에야 그 뜻을 실현할 수 있었습니다.

그 때문에 ≪詩經≫에 이르기를, "이에 군사를 풀어 이를 정벌하여, 이를 죽이고 이를 멸하니, 이 때문에 천하 사방에 거역하는 자가 없게 되었도다." 한 것이니, 이는 周나라 文王이 먼저 거역하는 세력을 정벌하고 처형한 이후에야 천하에 뜻을 펼칠 수

있었음을 말한 것입니다.

선왕들이 법과 제도를 확립하여 쇠미해지고 무너져버린 풍속을 바로잡고, 사람들이 재능을 이룰 수 있게 하고자 하여, 비록 정벌하고 처형하는 어려움을 겪으면서도 오히려 이를 무릅쓰고 시행한 것은, 이와 같이 하지 않고서는 실현할 수가 없다고 여겼기 때문입니다.

孔子의 경우는 평민의 신분으로 제후들을 방문하여, 이르는 곳마다 그 君臣들로 하여금 구습을 타파하고 지금까지 따르던 그릇된 관행을 바꾸며 열악해진 것을 보강하게 하고자 분주히 遊說를 하다가, 끝내는 배척당하고 쫓겨나는 困苦를 겪기도 하였습니다.

그러나 공자 또한 끝내 困苦 때문에 그 뜻을 바꾼 일이 없으니, 이와 같이 하지 않으면 이를 성취할 수가 없다고 여겼던 것이고, 이는 그가 지키고자 한 것이 대체로 文王의 뜻과 같아서였던 것입니다. 무릇 王位에 있던 聖人으로는 文王만한 사람이 없고, 下位에 있던 聖人으로는 孔子만한 사람이 없는데도, 뜻을 시행하기 위하여 개혁하려는 바가 있으면, 그 일삼음이 대체로 이와 같았던 것입니다.

이제 폐하께서는 천하를 소유하신 權能으로 先王과 동일한 지위에 계시면서 법과 제도를 창제하고 확립하고자 하신다면, 선왕들처럼 정벌하고 처형해야 하는 어려움도 없습니다. 비록 요행을 추구하는 사람이 있어서 이를 좋아하지 않고 비판한다 해도, 진실로 천하에 이를 기쁘게 따르는 사람들이 많음을 이길 수는 없을 것입니다.

그런데도 퇴폐한 풍속을 따르고 요행을 바라는 사람들의 불평하는 말이 한 마디라도 있게 되면, 드디어 개혁을 중단하고 과감하게 추진하지를 않으시니 의아한 일입니다. 폐하께서 진실로 천하의 人才를 육성하려는 뜻을 가지고 계시다면, 臣은 또한 果敢하게 행하시기를 바랄 뿐입니다.

1) 詩曰……以無拂 : 이 내용은 ≪詩經≫ 〈大雅 皇矣〉에 나온다.

夫慮之以謀하고 **計之以數**하며 **爲之以漸**하고 **而又勉之以成**하야 **斷之以果**로되 **然而猶不能成天下之才**는 **則以臣所聞**컨대 **蓋未有也**니이다 **然臣之所稱**은 **流俗之所不講**이요 **而今之議者**는 **以謂迂闊而熟爛者也**라하노이다 **竊觀近世士大夫所欲**호니 **悉心力耳目**

以補助朝廷者有矣나 彼其意는 非一切利害면 則以爲當世所不能行者니 士大夫旣以此希世하고 而朝廷所取於天下之士도 亦不過如此하니 至於大倫大法禮義之際의 先王之所力學而守者하야는 蓋不及也로소이다 一有及此면 則群聚而笑之하야 以爲迂闊이라하니이다 今朝廷悉心於一切之利害하고 有司法令於刀筆之間이 非一日也라 然其效可觀矣니 則夫所謂迂闊而熟爛者도 惟陛下亦可以少留神而察之矣니이다

대저 도모하기를 사려 깊게 하고 헤아려서 計策을 세우며 점진적으로 實踐하면서, 또한 이를 완성하기에 힘쓰시고 결심한 것을 과감하게 추진하는데도, 천하의 인재를 양성할 수 없었던 경우를 臣은 아직 들어본 일이 없습니다. 그리고 신이 주장하는 것은 퇴폐한 풍조를 따르는 이들은 주장하지 않는 바이고, 오늘날 비판하는 자들은 이를 비현실적인 虛荒하고 陳腐한 주장이라고 말합니다.

삼가 살펴보건대 근세의 士大夫들 가운데 心力과 耳目을 총동원하여 조정을 輔弼하려는 사람도 있습니다. 그러나 저들의 생각은 모든 사람의 이해에 맞지 않으면 이 시대에 시행할 수가 없다고 여깁니다. 사대부들이 이미 이런 世人의 俗見에 영합하고 있는데다가 조정에서 선발한 천하의 士들도 이와 같은 견해에서 탈피하지 못하고 있으니, 인륜의 기본이 되는 大倫, 국가의 기본이 되는 大法, 도덕규범이 되는 禮義에 관하여 先王들이 힘써 배우고 수호한 바에는 대체로 미치지 못하고 있습니다. 하나라도 이에 언급함이 있게 되면 현실에 맞지 않는 虛荒한 일이라고 무리지어 非難을 합니다.

지금 조정은 일체의 利害關係에만 모두 마음을 쓰고, 담당 관서에서 행정절차에만 맞게 법령을 공포한 것이 어제 오늘의 일이 아니니, 그렇다면 그 효과는 알아볼 만합니다. 그러니 그들이 현실에 맞지 않고 진부한 주장이라고 지적하는 것도, 폐하께서는 또한 조금이나마 유념하셔서 살펴보심이 옳다고 여깁니다.

昔唐太宗貞觀之初에 人人異論하니 如封德彝[1)]之徒는 皆以爲非雜用秦漢之政이면 不足以爲天下라하나 能思先王之事하야 開太宗者는 魏文正公[2)]一人爾니이다 其所施設은 雖未能盡當先王之意나 抑其大略은 可謂合矣라하노이다 故能以數年之間에 而天下幾致刑措하야 中國安寧하고 蠻夷順服하니 自三王[3)]以來로 未有如此盛時也니이다 唐太宗之初에 天下之俗이 猶今之世也하니 魏文正公之言은 固當時所謂迂闊而熟爛者也나 然

其效如此하니이다 **賈誼**[4]**曰 今或言德教之不如法令**이라하니 **胡不引商周秦漢以觀之**[5]니잇가하니 **然則唐太宗之事**도 **亦足以觀矣**니이다

옛적 唐 太宗 貞觀 年間의 초기에는 사람마다 주장이 달랐고, 封德彝와 같은 무리들은 모두 秦과 漢의 法令을 종합하여 적용하지 않으면 천하를 다스리기에 부족하다고 여겼으나, 先王들이 일삼았던 방책으로 太宗을 啓導하고자 했던 사람은 오직 魏文正公 한 사람뿐이었습니다.

그가 시행한 것이 비록 선왕들의 뜻과 모두 부합한다고 할 수는 없지만, 그 대략은 합치된다고 말할 수 있습니다. 그러므로 수년 사이에 天下에 형벌을 거의 시행하지 않고서도 中國은 안정되고 주변 오랑캐들을 순종하게 할 수 있었으니, 三王 이래로부터 이와 같이 융성했던 시대는 없었습니다.

唐 太宗 初에는 천하의 풍속이 지금의 시대와 유사하였고, 魏文正公의 주장은 본시 당시에도 현실에 맞지 않는 허황되고 진부한 것이라고 비판받는 바이었지만, 그러나 그 효과가 이와 같았습니다.

賈誼가 말하기를, "지금 어떤 사람은 仁德으로 백성을 교화하는 것이 嚴格한 法令으로 그들을 규제하는 것만 못하다고 말하는데, 어찌하여 商, 周, 秦, 漢의 역사를 거울삼아 살펴보지 않으십니까?" 하였습니다. 그렇다면 唐 太宗 때의 일도 또한 족히 살펴볼 만합니다.

1) 封德彝 : 封德彝(568~627)는 唐 太宗代의 宰相으로, 백성의 통치에 魏徵이 주장한 儒家的 教化를 반대하고, 秦·漢時代에 적용하였던 法家思想 및 霸道政治를 적용하여 嚴酷하게 다스려야 한다고 주장하였다.
2) 魏文正公 : 魏徵(580~643)을 칭한다. 文正은 그의 諡號이다. 唐 太宗代의 名臣으로, 方玄齡, 杜如晦와 함께 '貞觀의 治'를 여는데 주도적 역할을 하였다. 본래의 諡號는 文貞인데 宋 仁宗의 名이 禎이므로 貞자를 諱하여 正으로 바꾸어 쓴 것이다.
3) 三王 : 夏를 창시한 禹, 殷을 창시한 湯, 周를 창시한 文王 武王을 칭한다.
4) 賈誼 : 賈誼(B.C. 200~B.C. 168)는 前漢시대의 文人 겸 官僚로 수차 時政을 비판하는 상소를 올렸다.
5) 賈誼曰……胡不引商周秦漢以觀之 : 이 내용은 ≪漢書≫ 〈賈誼傳〉에 보인다.

臣幸以職事歸報陛下일새 不自知其駑下無以稱職하고 而敢及國家之大體者는 以臣蒙陛下任使而當歸報로소이다 竊謂在位之人才不足하야 而無以稱朝廷任使之意하고 而朝廷所以任使天下之士者도 或非其理하야 而士不得盡其才하니이다 此亦臣使事之所及이니 而陛下之所宜先聞者也니이다 釋此不言하고 而毛擧利害之一二하야 以汚陛下之聰明하야 而終無補於世면 則非臣所以事陛下惓惓之義也니이다 伏惟陛下詳思而擇其中하시면 天下幸甚이로소이다

臣이 다행히 담당했던 직무에 대하여 돌아와 폐하께 보고드릴 수 있게 되었는데, 스스로 魯鈍하고 劣等하여 맡은 직무를 제대로 수행하지 못하였음을 깨닫지 못하고 감히 國家의 큰 根本이 되는 문제에 관하여 언급한 것은 臣이 陛下께서 임용해 주신 은혜를 입었으니 마땅히 돌아와 보고해야 하였기 때문입니다.

삼가 생각하기를, 벼슬자리에 있는 사람 가운데 재주가 부족하여 조정에서 벼슬을 맡겨 부리려는 뜻에 부응할 수가 없고, 조정에서 천하의 士들을 임용하는 기본 방법도 혹 그 이치에 합당하지 않은 것이 있어서, 임용된 士들이 그 재능을 다 발휘할 수가 없습니다. 이것은 또한 신이 일을 시켰던 사람들에게도 해당되는 것이니, 폐하께서도 의당 먼저 보고받으셔야 할 것들입니다. 이런 점을 그대로 두고 말씀드리지 않고 자질구레한 이해에 해당하는 한두 문제를 들어서 폐하의 총명을 흐리게 하여 끝내 세상에 도움되는 일이 없게 한다면, 이는 폐하를 정성을 다하여 섬기는 義理에 어긋나는 것입니다.

엎드려 생각하옵건대 폐하께서는 이를 상세히 헤아리셔서 그 가운데서 採擇하시는 것이 있게 된다면 천하에 이보다 더 다행스러운 일이 없겠나이다.

宋大家王文公文抄 卷2

箚子・疏・狀

01. 本朝百年無事箚子* 우리나라가 백 년간 큰 變故 없이 지낼 수 있었던 이유를 물으신 皇帝의 질문에 답한 箚子

* 本 箚子는 神宗 熙寧 元年(1068)에 올린 것으로, 王安石이 신종을 獨對하였을 때, 황제가 '우리 조정이 백년 동안 太平을 누린 이유가 무엇인가' 하고 물은 것에 대하여 서면으로 답변한 것이다. 이 글에는 당시 송나라가 직면하였던 문제와 왕안석의 정치적 이상이 잘 드러나 있다.

箚子는 臣下가 君主에게 올린 짤막한 글로 文體上 奏議類에 해당된다.

此篇은 極精神骨髓하니 荊公所以直入神宗之脅은 全在說仁廟處하니 可謂搏虎屠龍手라

이 편에는 荊公의 思想과 意識의 핵심이 지극하게 드러났으니, 형공이 곧바로 神宗의 인정을 받게 된 것은 전적으로 仁宗에 대하여 말한 부분에 있으니 호랑이를 때려잡고 용을 도륙한 솜씨라 이를 만하다.

臣前蒙陛下問及本朝所以享國百年에 天下無事之故호이다 臣以淺陋로 誤承聖問하고 迫於日晷하야 不敢久留하야 語不及悉하고 遂辭而退하니이다 竊惟念聖問及此는 天下之福이어늘 而臣遂無一言之獻이면 非近臣所以事君之義라 故敢冒昧而粗有所陳하노이다

臣이 前에 폐하로부터 우리 王朝가 國家를 所有하고 있는 百年 동안 天下가 無事했던 이유에 대하여 질문을 받은 일이 있습니다. 신은 학문이 천박하고 견식이 고루한데도 잘못 인식되어 성스러운 황상의 질문을 받게 되었고, 당시 시간이 촉박하여 감히 오래 머물 수가 없어서 올린 말씀이 상세한 데까지 미치지를 못했는데도 드디어 인사

를 올리고 물러나왔었습니다. 삼가 생각하옵건대 聖上께서 이런 하문을 하신 것은 天下의 洪福인데, 臣이 이에 대해 한 말씀도 올리지 않는다면 近臣으로서 군주를 모시는 의리에 합당하지 않으므로, 감히 蒙昧함을 무릅쓰고 대략이나마 진술하고자 합니다.

伏惟太祖[1]는 **躬上智獨見之明**하시고 **而周知人物之情僞**하사 **指揮付託**에 **必盡其材**하시고 **變置設施**에 **必當其務**하시니이다 **故能駕馭將帥**하시고 **訓齊士卒**하사 **外以扞諸邊**[2]하시고 **內以平中國**하시니이다 **於是**에 **除苛賦**하고 **止虐刑**하며 **廢强橫之藩鎭**[3]하고 **誅貪殘之官吏**하사 **躬以簡儉爲天下先**하시니 **其於出政發令之間**에 **一以安利元元爲事**하시니이다 **太宗**[4]**承之以聰武**하시고 **眞宗**[5]**守之以謙仁**하시며 **以至仁宗**[6]**英宗**[7]에 **無有逸德**하니 **此所以享國百年而天下無事也**니이다

엎드려 생각하옵건대 太祖께서는 최고의 지혜를 가지시고, 뛰어나게 밝은 식견으로 인물의 속마음과 거짓됨을 두루 파악하셔서, 지휘하고 파견해 맡김에 반드시 그 적합한 인물인가를 극진하게 살피셨고, 옛 制度를 변혁하여 새롭게 제정할 때에도 반드시 그 임무에 합당한 인물에게 맡겼습니다. 그러므로 장수들을 훌륭히 통솔하시고 사졸들을 훈련하여 고르게 할 수 있었으며, 밖으로는 모든 변방 오랑캐들의 침입을 막고 안으로는 중국을 평화롭게 할 수 있었습니다.

이에 세금을 가혹하게 徵收하는 폐단을 제거하고, 잔학한 刑罰을 중지하고, 억세고 방자한 藩鎭의 跋扈를 막고, 탐욕스럽거나 잔인한 관리들을 처형하였으며, 몸소 간결 검소한 생활로 천하에 率先垂範하셨고, 政令을 반포하실 때에는 한결같이 백성들을 편안하고 이롭게 하는 것을 긴요한 일로 삼으셨습니다.

太宗께서는 총명하고 결단력 있는 일처리로 이를 계승하셨고, 眞宗께서는 겸손과 사랑으로 이를 지키셨고, 이로써 仁宗, 英宗代에 이르러서도 德을 잃으심이 없으셨습니다. 이런 것들이 百年동안 국가를 享有하면서 천하가 무사할 수 있었던 이유입니다.

1) 太祖 : 宋을 開國한 趙光胤(927~976)을 稱한다.
2) 諸邊 : 저본에는 '夷狄'으로 되어 있는데, 淸 四庫館에서 고쳐 놓은 것이다.
3) 藩鎭 : 唐代 安祿山의 亂 以後 各地에 설치한 都督部로서, 管轄地區의 軍政, 民政, 財政 등의 全權을 장악하고 지방에 割據하며 朝廷에 대항하였다.

4) 太宗 : 宋의 二世皇帝로 太祖의 弟 趙光義(939~997)를 칭하며, 22年間 在位하였다.

5) 眞宗 : 太宗의 子 趙恒(968~1022)으로, 26년간 재위하였다.

6) 仁宗 : 眞宗의 子 趙禎(1010~1063)으로, 42年間 在位하였다.

7) 英宗 : 太宗의 曾孫 趙曙(1032~1067)로, 5年間 在位하였다.

仁宗在位 歷年最久하니 **臣於時**에 **實備從官**하야 **施爲本末**을 **臣所親見**이로소이다 **嘗試爲陛下陳其一二**하노니 **而陛下詳擇其可**시면 **亦足以申鑒於方今**이니이다

仁宗께서는 재위하신 기간이 가장 길었으며, 臣은 당시에 가까이서 侍從하는 관원의 수에 들어 있어서 시행하는 政事의 本末을 臣이 직접 목격했습니다. 시험 삼아 폐하를 위해 그 가운데 한두 가지를 말씀드리오니, 폐하께서 상세히 고찰하시고 그 가운데 쓸 만한 것을 채택하신다면, 지금의 귀감으로 삼기에도 충분할 것입니다.

伏惟仁宗之爲君也에 **仰畏天**하시고 **俯畏人**하사 **寬仁恭儉**은 **出於自然**하고 **而忠恕誠慤**은 **終始如一**하니이다 **未嘗妄興一役**하시고 **未嘗妄殺一人**하시며 **斷獄務在生之**하시고 **而特惡吏之殘擾**하시니이다 **寧屈己棄財於外敵**이언정 **而終不忍加兵**하시니이다 **刑平而公**하고 **賞重而信**하며 **納用諫官御史**하시고 **公聽竝觀**하사 **而不蔽於偏至之讒**하시며 **因任衆人耳目**하사 **拔擧疏遠**호되 **而隨之以相坐之法**[1)]하시니이다 **蓋監司**[2)]**之吏**로 **以至州縣**히 **無敢暴虐殘酷**하고 **擅有調發**하야 **以傷百姓**하니이다

엎드려 생각하옵건대 인종께서 군주로 계실 때에, 우러러 하늘을 경외하고 굽어 사람들을 두려워하셨으며, 寬厚 仁慈하시고 恭遜 儉素하심이 자연스럽게 드러나셔서, 곧은 內心, 容恕하는 마음, 精誠스러움, 篤實함 등이 처음부터 끝까지 한결같으셨습니다.

일찍이 한 가지 役事도 함부로 일으킨 일이 없고, 일찍이 한 사람도 함부로 죽인 일이 없으시며, 罪人을 심판할 때는 살려주고자 힘쓰셨고, 관리들이 잔인하게 백성들을 괴롭히는 것을 특히 싫어하셨습니다.

차라리 자신을 낮추고 邊防 오랑캐에게 재물을 제공할지언정 끝내 차마 무력을 사용하지는 않았습니다. 형벌을 공정하게 시행하여 공평함을 믿게 하였고, 賞을 후하게 주

어 신뢰를 얻었으며, 諫官 御史의 諫言을 採納하고, 광범하게 듣고 관찰하여 편파적인 讒訴에 眩惑되지 않았고, 많은 사람들이 보고 들은데 의거하여 자신과의 관계가 소원한 사람도 발탁하여 임용하면서 相坐之法을 따르게 하였습니다.

대체로 監司의 관리들로부터 州와 縣의 관리에 이르기까지 감히 포학 잔혹한 짓을 하거나 세금 징수와 징발을 멋대로 하여 백성을 상하게 하는 일이 없었습니다.

1) 相坐之法 : 추천받아 임용한 사람이 죄를 범하면 그를 추천한 사람도 함께 벌하는 連坐制度이다.
2) 監司 : 宋代에는 각 路의 轉運使나 提點刑獄 및 提擧常平 등을 모두 按察이 겸하고 있는 직임이므로 이를 監司라 칭하였다.

自夏人順服[1)]으로 **蠻夷遂無大變**하야 **邊人父子夫婦**가 **得免於兵死**하고 **而中國之人**은 **安逸蕃息**하야 **以至今日者**니이다 **未嘗妄興一役**하시고 **未嘗妄殺一人**하시며 **斷獄務在生之**하시고 **而特惡吏之殘擾**하시며 **寧屈己棄財於夷狄**이언정 **而不忍加兵之效也**하시니이다 **大臣貴戚**과 **左右近習**이 **莫敢强橫犯法**하야 **其自重愼**이 **或甚於閭巷之人**은 **此刑平而公之效也**로소이다 **募天下驍雄橫猾以爲兵**하야 **幾至百萬**하니 **非有良將以御之**로되 **而謀變者輒敗**하고 **聚天下財物**에 **雖有文籍**하고 **委之府史**나 **非有能吏以鉤考**로되 **而斷盜者輒發**하고 **凶年饑歲**에 **流者塡道**하고 **死者相枕**이로되 **而寇攘者輒得**하니 **此賞重而信之效也**니이다

夏나라 사람들이 順服하고부터 드디어 오랑캐들의 변고가 없어져서 변경지대에 거주하는 백성들이 전쟁으로 죽는 일을 면할 수 있게 되었고, 나라 안에 있는 사람들은 편안히 지내며 번창하여 오늘날에 이르게 되었으니, 이것은 일찍이 한 役事도 함부로 일으킨 일이 없고, 일찍이 한 사람도 함부로 죽인 일이 없으며, 刑獄의 판결에는 살려주기에 힘썼고, 특히 관리가 잔혹하게 백성을 괴롭히는 것을 미워하였으며, 차라리 오랑캐에게 몸을 낮추고 재물을 줄지언정 차마 무력을 동원하지 않으셨던 효과가 나타난 것입니다.

大臣과 貴戚들 및 총애를 받는 近臣들이 감히 억세고 방자하게 법을 범하는 일이 없고 自重하고 조심함이 일반 서민보다 더함이 있었던 것은, 刑罰을 공정하게 시행하

여 천하가 공평해진 효과가 나타난 것입니다.

천하의 사납고 날래며 도리를 지키지 않는 교활한 사람들을 뽑아 軍士로 삼아 거의 100만에 이르렀는데, 훌륭한 將帥가 있어 이를 통제하지 않는데도 변란을 도모하는 자는 곧 실패하였고, 천하의 財物을 모으는데 비록 장부를 비치해두고 官府의 下吏에게 관리하게 하고 있지만, 유능한 관리로 하여금 이를 고찰하고 조사하게 한 일이 없었는데도 도둑질을 하는 자는 즉시 발각되었고, 凶年 들어 굶주리게 된 해에 떠돌아다니는 사람들이 길을 메우고 굶어죽은 사람들이 연이어 누워 있는데도 강도나 절도를 행한 사람은 즉시 체포되었으니, 이는 賞을 후하게 주고 신뢰를 얻었던 효과가 나타난 것입니다.

1) 自夏人順服 : 夏나라는 拓拔氏가 宋나라 서쪽에 1038년에 건국했던 왕조로, 국력이 매우 강성하였으며, 1227년에 蒙古에게 패망하였다. 宋은 夏에 每年 銀과 비단 등을 보내어 전쟁을 피하였다.

大臣貴戚과 **左右近習**이 **莫能大擅威福**하고 **廣私貨賂**하니 **一有姦慝**이면 **隨輒上聞**하고 **貪邪橫猾**이 **雖間或見用**이나 **未嘗得久**하니 **此**는 **納用諫官御史**하고 **公聽竝觀**하야 **而不蔽於偏至之讒之效也**니이다 **自縣令京官**으로 **以至監司臺閣**히 **陞擢之任**이 **雖不皆得人**이나 **然一時之所謂才士 亦罕蔽塞而不見收擧者**하니 **此**는 **因任衆人之耳目**하야 **拔擧疏遠**하고 **而隨之以相坐之法之效也**니이다 **升遐之日**에 **天下號慟**이 **如喪考妣**하니 **此**는 **寬仁恭儉**이 **出於自然**하고 **忠恕誠慤**이 **終始如一之效也**니이다

大臣과 貴戚 및 寵愛받는 近臣들이 큰 威福을 독점하거나 많은 재물을 사사로이 소유할 수가 없게 되었고, 한 가지라도 奸惡하고 私慝함이 있게 되면 즉시 조정에 보고되어, 탐욕스럽고 비루하며 도리를 지키지 않는 교활한 인물이 비록 간혹 등용된 일이 있다 해도 오래 버틸 수가 없었으니, 이는 諫官 御史의 諫言을 採納하고 공평하게 듣고 관찰하여 편파적인 讒訴에 현혹되지 않았던 효과가 나타난 것입니다.

京官에서 파견된 縣令으로부터 監司 및 모든 中央政府機構에 발탁되고 승진된 자들에 이르기까지 비록 모두 적임자를 얻었던 것은 아니지만, 그러나 한 시대의 이른바 재능있는 선비들 가운데 가려지고 묻혀져서 등용되지 못한 자가 거의 없었다고 할 수 있으니, 이것은 많은 사람들이 보고 들은데 의거하여 자신과의 관계가 소원한 사람도

발탁하여 임용하고 相坐之法을 따르게 했던 효과가 나타난 것입니다.

昇遐하시던 날 온 천하 사람들이 울부짖고 통곡하기를 마치 부모를 잃은 것처럼 한 것은, 이것은 바로 寬厚 仁慈하시고 恭遜 儉素하심이 자연스럽게 드러나고, 곧은 마음, 용서하는 마음, 진실하고 정성스러움 등이 처음부터 끝까지 한결같으셨던 효과가 나타난 것이었습니다.

然이나 本朝累世因循末俗之弊로되 而無親友群臣之議하고 人君朝夕與處는 不過宦官女子요 出而視事도 又不過有司之細故하야 未嘗如古大有爲之君이 與學士大夫討論先王之法하야 以措之天下也로소이다 一切因任自然之理勢하고 而精神之運을 有所不加하며 名實之間에 有所不察하니이다

그러나 우리나라가 여러 代 동안 末世의 퇴폐한 풍습을 그대로 이어오는데도 親友나 群臣들 사이에 이를 비판하는 일이 없었고, 君主가 아침부터 저녁까지 함께 지내는 인물들이 환관과 여인들뿐이었고, 조정에 나와 정무를 처리한다 해도 또한 담당관서에서 올린 자질구레한 일들에 불과할 뿐이었으며, 옛날 크게 업적을 남겼던 군주가 學士大夫들과 더불어 先王의 法度를 토론하고 이를 천하에 시행했던 것과 같은 일은 없었습니다.

一切를 자연히 돌아가는 형세대로 맡겨두고 마음을 써서 개혁하려는 것이 없었으며, 명분과 실제에 대하여 고찰해보고자 하지도 않았습니다.

君子非不見貴나 然小人도 亦得厠其間하고 正論非不見容이나 然邪說도 亦有時而用하니이다 以詩賦記誦으로 求天下之士하고 而無學校養成之法하며 以科名資歷敘朝廷之位하고 而無官司課試之方이니이다 監司는 無檢察之人이요 守將은 非選擇之吏라 轉徙之亟에 旣難於考績하고 而遊談之衆하야 因得以亂眞이로소이다 交私養望者가 多得顯官하고 獨立營職者는 或見排沮라 故上下偸惰取容而已요 雖有能者在職이라도 亦無以異於庸人이니이다 農民壞於繇役이로되 而未嘗特見救恤하고 又不爲之設官하야 以修其水土之利하며 兵士雜於疲老하야 而未嘗申敕訓練하고 又不爲之擇將하야 而久其疆場之權하니이다 宿衛則聚卒伍無賴之人하야 而未有以變五代姑息羈縻之俗하고 宗室則無教

訓選擧之實하야 而未有以合先王親疏隆殺之宜로소이다 其於理財엔 大抵無法이라 故雖儉約而民不富하고 雖憂勤而國不强하니이다 賴非夷狄昌熾之時하고 又無堯湯水旱之變이라 故天下無事하야 過於百年하니이다 雖曰人事는 亦天助也라하나 蓋累聖相繼하야 仰畏天하고 俯畏人하며 寬仁恭儉하고 忠恕誠慤하니 此其所以獲天助也니이다

君子가 重用되지 않았던 것은 아니나 小人이 또한 그 사이에 끼어들게 되었고, 바른 주장이 용납되지 않았던 것은 아니나 邪惡한 주장이 또한 때때로 채택되기도 하였습니다. 詩와 賦 및 기억과 암송시험으로 선비를 선발할 뿐이었고 학교에서 인재를 바르게 양성하는 제도가 없었으며, 합격했던 科擧의 명칭과 經歷을 바탕으로 하여 조정의 官位를 除授할 뿐이었고 官吏의 업적을 고찰하는 제도가 없었습니다.

監司는 검사해 살펴서 임명한 사람이 없었고 守將은 가려서 뽑은 관리가 아니었습니다. 移動이 빈번하여 이미 업적을 평가하기가 어렵게 되었고, 돌아다니며 허튼 말을 떠들어대는 사람이 많아서 그 때문에 진실을 어지럽히게 되었습니다. 사사롭게 친교를 맺어 명예를 얻으려는 자들이 좋은 벼슬자리를 차지하는 일이 많아졌고, 權貴에게 아첨하지 않고 자신의 능력으로 직책을 충실히 행하는 사람은 더러 배척당하고 제지를 받기도 했습니다. 그 때문에 윗사람이나 아랫사람이나 안일하고 게으르게 지내며 잘 보이려고만 했으므로, 유능한 사람이 직책을 맡고 있어도 凡庸한 사람과 다를 것이 없게 되었습니다.

農民들이 노역에 困苦를 겪어도 일찍이 救恤을 받은 일이 없었고, 또한 그들을 위해 官署를 설치하여 田地를 정리하고 水利施設을 修理한 일이 없었습니다. 兵士들은 피로한 늙은이들과 뒤섞여서 엄격하게 훈련받은 일이 없었고, 또한 그들을 위해 적임자를 將帥로 골라서 국경을 수호할 권한을 오랫동안 맡긴 일도 없었습니다. 궁성의 수호는 무뢰배들 가운데서 卒伍들을 모아놓았고, 五代 時代의 臨時變通策을 바꾼 일이 없었습니다.

宗室은 가르침을 받아 훈도된 사람을 선발하여 임용하는 진실함이 없었고, 선왕들이 그들을 친소에 따라 관직을 올려주거나 낮추어주어 예우를 하였던 것과도 합치된 일이 없었습니다.

財務를 관리함에 있어서는 대체로 법도가 없어서, 비록 검약에 힘써도 백성들이 넉

넉해지지 않았고, 비록 근심하며 부지런히 힘써도 나라가 부강해지지 않았습니다. 다행히 오랑캐들이 강성한 때도 아니었고, 또 堯임금이나 湯임금 때처럼 洪水나 旱魃의 변고도 없었기 때문에 천하가 무사하게 100년을 지나온 것입니다.

오직 人事에 있어서는 하늘의 도움이 있었다고 말할 수 있는데, 이는 대체로 몇 분의 성스러운 황제께서 연이어 계승하시고, 이 분들이 우러러 하늘을 경외하시고 굽어 사람을 두려워하시며, 관후 인자하시고 공손 검소하시며, 곧은 마음, 용서하는 마음, 진실함과 정성스러움을 지니셔서, 바로 이것이 하늘의 도움을 받게 되었던 까닭인 것입니다.

伏惟陛下는 躬上聖之質하시고 承無窮之緒하사 知天助之不可常恃하시고 知人事之不可怠終하시니 則大有爲之時가 正在今日이로소이다 臣不敢輒廢將明之義하고 而苟逃諱忌之誅니이다 伏惟陛下는 幸赦而留神하시면 則天下之福也니이다 取進止[1)]하소서

엎드려 생각하옵건대 폐하께서는 몸소 최고 聖人의 바탕을 지니시고 무궁한 선현들의 업적을 계승하셔서, 하늘의 도움을 항상 믿어서는 안 된다는 것과 사람의 일을 게으르게 마쳐서는 안된다는 것을 알고 계시니, 큰 業績을 남길 일을 할 때가 바로 오늘날인 것입니다. 신이 감히 명을 받들어 행하면서 옳고 그름을 분별해 밝히는 道理를 저버리거나, 꺼리고 기피하여 말씀을 올리지 않고 구차하게 逃避하는 죄를 범할 수는 없습니다. 엎드려 생각하옵건대 폐하께서 행여 이를 용서하셔서 유의해 주신다면 천하의 큰 복이 될 것입니다. 받아들이실 것과 물리치실 것을 취택하시옵소서.

1) 取進止 : 통치자에게 올린 글 마지막에 넣는 상투어로, 황제께서 이 글의 옳은 점과 그른 점을 헤아려서 받아들일 것과 물리칠 것을 골라 택하라는 의미이다.

自本朝以下는 節節議得的確하고 而荊公所欲爲朝廷의 節節立法措注處를 亦自可見이요 神廟所以以伊傅周召로 任之信之로되 而惜也로다 荊公之志雖剗畫하고 而學問淵源은 則得之講習考覈者多나 而非出於疏通博大之養也라 況其强愎自用하야 得之天授하고 而偏見所向이 遂至於幷其同心同志라가 稍稍隔絶하야 及其位高而勢危하고 寵專而氣銳하야 所以材佞

之士得投間以入하고 而平生所自喜者가 反爲左右所鬩하야 而國家도 亦多故矣니 惜哉로다

'本朝' 이하부터는 구구절절이 논의한 바가 적확하고, 荊公이 조정에서 시행하고자 하였던 법도와 조처하고자 하였던 것이 또한 절절이 잘 드러났는데, 이것이 神宗이 그를 옛 명재상들인 伊尹, 傅說, 周公, 召公처럼 여기고 신임한 所以였다. 그러나 애석하도다! 형공의 뜻이 비록 마음속에 굳게 아로새겨져 있었고, 學問의 연원은 강구하고 고찰하여 얻은 것이 많았으나, 만인을 형통하게 하고 널리 生養하는 방향으로 나가지는 못하였다. 더구나 타고난 강팍한 性情을 드러내고도 황제의 지지를 얻었으나 편견을 고집하여 드디어 그와 마음과 뜻을 같이하는 사람들조차 멀어지고 헤어지게 되었다.

그의 지위가 높아질수록 형세는 위태롭게 되었고, 군왕의 寵愛를 받을수록 의기가 날카롭고 성하게 되어, 이것이 아첨하는 인물들이 틈을 비집고 끼어드는 원인이 되었으며, 평생 스스로 좋아하던 사람이 도리어 그의 좌우를 가로막아서, 국가도 또한 많은 變故를 겪게 되었으니, 애석한 일이로다!

02. 上五事箚子* 다섯 가지 일에 대하여 올린 箚子

* 이 箚子는 熙寧 5년(1072)에 올린 것이다.

荊公建變法之議가 存之라

荊公이 變法의 시행을 건의한 논리가 이 글에 간직되어 있다.

陛下卽位五年에 更張改造者가 數千百事어늘 而爲書具하고 爲法立하니 而爲利者何其多也잇고 就其多而求其法最大와 其效最晩과 其議論最多者면 五事也니 一曰和戎[1)]이요 二曰青苗[2)]요 三曰免役[3)]이요 四曰保甲[4)]이요 五曰市易[5)]이니이다 今青唐洮河[6)]는 幅員이 三千餘里요 擧戎羌[7)]之衆二十萬하야 獻其地하고 因爲熟戶[8)]하니 則和戎之策이

已效矣로소이다 **昔之貧者**는 **擧息之於豪民**이러니 **今之貧者**는 **擧息之於官**하고 **官薄其息**하야 **而民救其乏**하니 **則青苗之令**이 **已行矣**니이다 **惟免役也**와 **保甲也**와 **市易也 此三者**는 **有大利害焉**하니 **得其人而行之**면 **則爲大利**요 **非其人而行之**면 **則爲大害**며 **緩而圖之**하면 **則爲大利**요 **急而成之**하면 **則爲大害**니이다

陛下께서 즉위하신 지 5년 동안에 수천 수백 가지 일을 改革하여 變更하시고 이를 문서로 기록해 놓고 법령으로 정비해 놓으셨으니, 이롭게 된 것이 어찌 이다지도 많으십니까. 그 많은 것을 기준으로 하여, 그 법 가운데 가장 중요한 것과, 그 효과가 가장 늦게 나타날 것과, 그 의론이 가장 많았던 것을 찾아본다면 다섯 가지를 들 수 있으니, 첫째 戎族과의 화해, 둘째 青苗法, 셋째 免役法, 넷째 保甲法, 다섯째 市易法 등입니다.

이제 青唐과 洮河 地域은 넓이와 둘레가 3천여 리가 되는데, 그 지역에 사는 戎羌의 무리 20여 만이 모두 그 땅을 우리 宋나라에 바치고 熟戶가 되었으니, 異民族과의 和解 정책은 이미 효과가 나타난 것입니다.

과거에는 가난한 사람들이 부호에게서 돈을 빌리고 이자를 갚았는데, 이제는 가난한 사람들이 官에서 돈을 빌릴 수 있게 되었고 官에서는 이자를 저렴하게 징수하여 백성들을 궁핍에서 벗어날 수 있게 하였으니, 青苗法은 이미 제대로 시행되고 있는 것입니다.

다만 免役法과 保甲法 및 市易法 등 이 세 가지는 크게 利로울 수도 있고 害로울 수도 있는 것들이니, 그 적임자를 얻어 시행하면 크게 이롭게 될 것이고 적임자가 아닌 사람이 시행하면 크게 해롭게 될 것이며, 신중히 계획을 세우고 서서히 진행하면 크게 이롭게 될 것이고 급하게 이루고자 하면 크게 해롭게 될 것입니다.

1) 和戎 : 이곳의 戎族은 宋나라 西北部에 있던 吐蕃族을 稱한다.

2) 青苗 : 青苗法은 王安石이 주장하고 시행한 新法의 하나로서, 商人이나 富豪의 폭리를 막기 위하여, 絶糧期에 원하는 民戶에 食糧이나 貨幣를 政府에서 貸與해 주고, 秋收期에 일정한 利息을 붙여 還收하는 제도이다. 熙寧 2年(1069)에 頒行되었다.

3) 免役 : 免役法은 一名 募役法 또는 雇役法이라고도 하였으며 역시 왕안석의 신법의 하나이다. 賦役에 차출되어야 할 民戶의 貧富에 따라 免役錢을 내게 하고, 이 돈으로 사람을 고용하여 일을 시킨 것이다. 熙寧 2年(1069)부터 일부 지방에

시행하다가 4년(1071)에 이르러 보편적으로 시행하였다.

4) 保甲 : 保甲法 역시 왕안석의 신법의 하나이다. 保甲은 宋代의 鄕兵組織으로 10戶를 保로, 50戶를 大保로, 500戶를 都保로 하여 保長, 大保長, 都保長을 두어 武藝를 닦고 향토의 질서유지에 참여하다가 유사시에는 전쟁에 동원되었으며, 每戶 兩丁 以上의 장정이 있는 집에서 한 명의 장정을 保丁으로 충당하였다. 熙寧 3년(1070)부터 시행하였다.

5) 市易 : 市易法 역시 왕안석의 신법의 하나이다. 물가의 조절을 위하여 朝廷 內藏庫의 자금 100萬 貫을 출자하여 熙寧 5年(1072)에 수도 開封에 市易務를 설치하고, 가격이 지나치게 하락할 때에 적정가에 수매하였다가 물자가 모자랄 때에 다시 내다 파는 제도이다. 그 후 이 제도가 여러 城市로 확대되었다.

6) 靑唐洮河 : 靑唐은 現 甘肅省 一圓으로 당시에 吐蕃 부족들이 거주하였다. 洮河는 洮州(現 甘肅省 臨潭 일원)와 河州(現 甘肅省 臨夏 일원)를 지칭한다.

7) 戎羌 : 당시 甘肅 南部와 靑海 東北部에 거주하던 吐蕃族을 칭하며, 그 추장들이 熙寧 5년(1072)에 宋에 內附하였다.

8) 熟戶 : 歸順한 異民族에게 田地를 分給하고 그 首領들을 官員으로 임명하였는데, 이렇게 귀순한 吐蕃人들을 熟戶라 하였다.

傳曰 事不師古하고 **以克永世**는 **匪說攸聞**[1]이라하니 **若三法者**는 **可謂師古矣**니이다 **然而知古之道**라야 **然後能行古之法**이니 **此臣所謂大利害者也**로소이다 **蓋免役之法**은 **出於周官所謂府史胥徒**와 **王制所謂庶人在官者也**[2]니이다 **然而九州之民**이 **貧富不均**하고 **風俗不齊**하야 **版籍之高下不足據**어늘 **今一旦變之**면 **則使之家至戶到**하야 **均平如一**하야 **擧天下之役**을 **人人用募**하고 **釋天下之農**하야 **歸於畎畝**니 **苟不得其人而行**이면 **則五等**[3]**必不平**이요 **而募役必不均矣**리이다

옛 記錄에 전해오기를, "일을 처리할 때에 옛사람이 한 것을 본받지 않고서 오래 갈 수 있다는 것을 저 傳說이 들어본 적이 없습니다." 하였으니, 이 세 가지 법 같은 것이 바로 옛사람이 한 것을 본받은 것이라고 말할 수 있습니다. 그리고 옛 성인의 道를 안 연후에야 옛 法을 행할 수가 있으므로, 이에 臣이 이른바 크게 이로울 수도 있고 해로울 수도 있다고 한 것입니다.

대저 免役法은 ≪周官≫의 이른바 '府, 史, 胥, 徒'와, ≪禮記≫ 〈王制〉의 이른바 '평민으로 벼슬자리에 있는 자'에 나오는 것을 근거로 한 것입니다. 그런데 九州 안에 있는 백성들은 가난함과 부유함이 고르지 않고 풍속도 같지 않으며 호적상 신분의 高下도 근거로 삼기에 부족한데, 이제 하루아침에 갑자기 이를 바꾸어서 모든 家家戶戶를 한결같이 고르게 하여 온 천하의 徭役을 사람마다 돈으로 내게 하고, 그 돈으로 사람을 고용하여 일을 시켜 천하의 모든 農民들을 부역의무에서 풀어주어 농토로 돌아갈 수 있게 하려는 것이니, 이런 일에 진실로 그 적임자를 얻어 시행할 수 없게 되면, 民戶를 5等級으로 나누는 일이 반드시 공평하지 않게 될 것이고, 사람을 뽑아 관청의 부역에 충당하는 것이 반드시 공정성을 잃게 될 것입니다.

1) 匪說攸聞 : 이 내용은 ≪尙書≫ 〈商書 說明 下〉에 나온다.
2) 蓋免役之法……庶人在官者也 : 周官은 곧 ≪周禮≫를 칭하는 것으로, ≪周禮≫ 〈天官 冢宰〉에 의하면 재물과 창고를 관장하는 府, 문서를 관장하는 史, 부역의 차출을 관장하는 胥, 부역에 종사하는 徒 등의 관리는 모두 평민 가운데서 가려 뽑았으므로, ≪禮記≫ 〈王制〉에 '평민으로 벼슬자리에 있는 자들〔庶人在官者〕'이라 한 것이다.
3) 五等 : 王安石이 新法을 시행하면서 지방의 각 縣에서 民戶를 貧富에 따라 5等級으로 나누고, 이를 免役錢 징수의 기준으로 삼았으며, 3년마다 등급을 재사정하였다.

保甲之法은 起於三代丘甲[1]하니 管仲[2]用之齊하고 子產[3]用之鄭하며 商君[4]用之秦하고 仲長統[5]言之漢하니 而非今日之立異也니이다 然而天下之人이 鳧居鴈聚하야 散而之四方호되 而無禁也者 數千百年矣어늘 今一旦變之하야 使行什伍相維하고 隣里相屬하야 察姦而顯諸仁하며 宿兵而藏諸用하니 苟不得其人而行之면 則搔之以追呼하고 駭之以調發하야 而民心搖矣리이다 市易之法은 起於周之司市[6]와 漢之平準[7]이니이다 今以百萬緡[8]之錢으로 權物價之輕重하고 以通商而貰之하야 令民以歲入數萬緡息하니이다 然甚知天下之貨賄하야 未甚行이면 竊恐希功幸賞之人이 速求成效於年歲之間니 則吾法隳矣일까하노이다

保甲法은 三代의 丘甲制度에서 起源한 것입니다. 管仲이 이 제도를 齊나라에서 활용하였고, 子産은 鄭나라에서 활용하였으며, 商君은 이를 秦에서 썼고, 仲長統은 漢에서 이를 언급하였으니, 前에 없던 제도를 오늘날에 새로 세운 것이 아닙니다.

그러나 천하 사람들이 오리나 기러기처럼 이리저리 옮겨 다니며 흩어져서 사방으로 떠돌아다녀도 금한 일이 없게 된 지가 수천 수백 년이 되었는데, 이제 하루아침에 이를 바꾸어 10家 5家 단위로 서로 연계시키고 마을 이웃사람끼리 연결시켜서 연대책임으로 奸邪한 사람을 살피고, 조정에서 백성들에게 仁愛를 베풂을 드러내게 하며, 백성에게 국방의무를 지워 유사시의 쓰임에 대비하게 하려는 것인데, 진실로 그 적임자를 얻어서 시행하지 않는다면 쫓아다니며 큰 소리로 윽박질러 백성들을 동요하게 하고 징집과 파견으로 백성을 놀라게 하여 民心이 동요하게 될 것입니다.

市易法은 周의 司市제도와 漢의 平準제도에서 起源한 것입니다. 이제 100萬 緡의 돈을 출연하여, 물가가 오르고 내림을 衡量하고 원활한 상품유통을 위하여 상인에게 이를 대여해 주고 상인들로 하여금 1년에 數萬 緡의 이자를 납부하도록 한 것입니다.

그러나 天下의 財物 형편을 자세히 알아서 세심하게 실행하지 않으면 단지 공로를 세워 보상받기만을 도모하는 사람이 1년 사이에 속히 효과를 내려고만 할 것이니, 그렇게 되어 이 법이 무너지게 될까 걱정됩니다.

1) 丘甲 : 魯나라에서 成公 元年(B.C. 590)에 每 사방 4리를 一丘로 하고, 丘마다 甲士 一人씩을 徵集하였으므로 이를 丘甲이라 하였다.
2) 管仲 : 管仲(?~B.C. 645)은 齊의 宰相이 되어 保甲法 등 改革政策을 시행, 桓公을 霸者가 되게 하였다.
3) 子産 : 子産(?~B.C. 522)은 鄭 簡公 때에 卿이 되어 丘甲法과 유사한 제도를 시행하였다.
4) 商君 : 商君(?~B.C. 338)은 商鞅이라고도 칭한다. 秦 孝公時에 保甲法과 유사한 군사제도를 수립하고 개혁을 단행하여 秦이 급속히 부강한 나라가 되게 하였다.
5) 仲長統 : 仲長統(180~220)은 後漢 末의 정치가로, 그가 지은 〈昌言〉에 保甲制度에 관한 주장이 登載되어 있다.
6) 司市 : ≪周禮≫ 〈天官〉에 의하면 司市는 市場管理의 최고책임자로서 度量衡과

각종 市場規則, 상품별 판매구역, 물가 조절, 市稅 징수, 불량상품과 偸盜의 단속 등을 관장하였다.

7) 平準 : 秦漢시대 大司農의 屬官으로 설치된 것으로, 물자의 운송과 물가의 조절을 관장하였다.

8) 百萬緡 : 朝廷에서 市易法 시행을 위하여 出捐한 資金이다. 緡은 본래 엽전을 꿰는 끈을 뜻한다. 1000文을 한 緡에 꿰고, 이를 1緡 또는 1貫이라 하였다.

臣故로 **曰 三法者**는 **得其人**하야 **緩而謀之**면 **則爲大利**요 **非其人**이 **急而成之**면 **則爲大害**라하노이다 **故免役之法成**이면 **則農時不奪而民力均矣**요 **保甲之法成**이면 **則寇亂息而威勢强矣**요 **市易之法成**이면 **則貨賄通流而國用饒矣**리이다

臣은 그 때문에, "이 세 가지 법은 그 적임자를 얻어서 신중하게 이를 도모하면 크게 이롭게 될 것이고, 적임자가 아닌 사람이 조급하게 성과를 내려 하면 크게 해롭게 될 것입니다."라고 한 것입니다.

그 때문에 免役의 法이 제대로 이루어지면 농사철을 侵占하지 않게 되고 賦役에 종사함이 공평하게 될 것이고, 保甲의 法이 제대로 이루어지면 外敵의 침입과 內部의 變亂이 종식되고 朝廷의 권위가 굳건해질 것이며, 市易의 法이 제대로 이루어지면 財貨가 원활하게 流通되고 나라의 쓰임이 豊足하게 될 것이라고 말씀드리는 것입니다.

03. 論館職箚子* 館職에 대하여 논한 箚子

* 館職은 唐宋時代에 史館, 昭文館, 集賢院, 龍圖閣 등에 근무하는 관원의 총칭이다. 天下의 英俊들 가운데 시험을 거쳐 선발하였으므로, 이곳을 거쳐 간 관원들은 名流로 인정을 받았다.

若今之經筵官도 **當亦準此博訪考言**하야 **以爲儲養公卿之選**이라

지금의 經筵官 같은 사람도 마땅히 이처럼 널리 탐구하고 고찰한 말을 표준으로 삼아, 이로써 公卿을 선발하여 기르는 기준으로 삼아야 할 것이다.

臣伏見今館職一除면 乃至十人하니 此本所以儲公卿之材也나 然陛下試求以爲講官[1]호되 則必不知其誰可요 試求以爲諫官[2]호되 則必不知其誰可요 試求以爲監司호되 則必不知其誰可니이다 此患은 在於不親考試以實故也니이다 孟子曰 國人이 皆曰賢이어든 然後察之하고 見賢焉한 然後用之[3]라하니 今所除館職은 特一二大臣이 以爲賢而已요 非國人皆曰賢니이다 國人皆曰賢이라도 尙未可信用이요 必躬察하야 見其可賢하고 而後用이온 況於一二大臣이 以爲賢而已어늘 何可遽信而用也시니잇가

臣이 삼가 살펴보옵건대 이제 館職을 除授하게 되면 한번에 10人씩 제수하기에 이르니, 이들은 본래 公卿에 버금갈만한 재목들입니다. 그러나 폐하께서 시험을 거쳐 선발하여 講官을 삼고자 하셔도 그 가운데 반드시 누가 可한지를 알지 못하게 되고, 시험을 거쳐 선발하여 諫官을 삼고자 하셔도 반드시 누가 可한지를 알 수가 없게 되며, 시험을 통하여 선발하여 監司를 삼고자 하셔도 반드시 누가 可한지를 알 수가 없게 됩니다. 이런 근심거리가 생기는 것은 친히 업적을 평가하여 충원하지 않았기 때문에 야기된 것입니다.

≪孟子≫에 이르기를, "온 나라 사람들이 모두 현명한 사람이라고 말해도, 후에 다시 이를 살펴보고 현명함을 확인한 이후에 그를 임용한다." 하였습니다. 그런데 지금 館職에 제수할 때에는 다만 한두 명의 大臣이 현명하다고 여긴 사람을 임용하였을 뿐으로, 온 나라 사람이 모두 현명하다고 한 인물은 아닙니다.

온 나라 사람들이 현명하다 해도 아직 신뢰할 수가 없고 반드시 몸소 살펴보시고 그의 현명함을 확인한 이후에 임용하셔야 할 터인데, 하물며 한두 大臣이 현명하다고 여길 뿐인데 어찌 조급하게 신뢰하고 임용하심이 可하겠습니까.

1) 講官 : 皇帝의 經筵에 進講을 담당하거나 太子宮에서 侍講하는 官員을 칭한다.
2) 諫官 : 諫爭을 담당한 官員을 칭한다.
3) 孟子曰……然後用之 : 이 내용은 ≪孟子≫ 〈梁惠王 下〉에 보인다.

臣願陛下는 察擧衆人所謂材良而行美하야 可以爲公卿者를 召令三館[1]祗候[2]하소서 雖已帶館職이라도 亦可令兼祗候요 事有當論議者면 召至中書[3]어나 或召至禁中[4]하야 令具條奏是非利害와 及所當設施之方하시고 及察其才하야 可以備任使者하소서 有四

方之事면 則令往相視問察하고 而又或令參覆其所言是非利害하야 其所言是非利害가 雖不盡中義理可施用이나 然其於相視問察이 能詳盡而不爲蔽欺者면 卽皆可以備任使之才也니이다 其有經術者면 又令講說하야 如此至於數四면 則材否略見이니 然後에 罷其否者하고 而召其材者하야 更親訪問以事하소서 訪問以事는 非一事而後에 可以知其人之實也요 必至於期年하야 所訪一二十事면 則其人之賢不肖審矣니 然後에 隨其材之所宜任使하소서 其尤材良行美하야 可與謀者면 雖嘗令備訪問이라도 可也니 此與用一二大臣薦擧하야 不考試以實而加以職으론 固萬萬不侔니이다

臣이 바라옵건대 폐하께서는 많은 사람들이 사람됨과 品行이 훌륭하여 公卿이 될 만한 인물이라고 이르는 사람을 살펴보아 등용하시고, 이들을 불러들여 三館의 祗候로 삼으십시오.

그가 이미 館職을 맡고 있다 해도 또한 祗候職을 겸직하게 하는 것이 좋고, 政事 가운데 마땅히 논의해야 할 것이 있게 되면, 그들을 中書省이나 혹은 禁中에 불러들여 그 정사의 옳고 그름과 이롭고 해로운 점을 조목조목 갖추어 아뢰게 하고, 그 주장이 시행해야 할 방책으로 합당한가와 그 재능이 업무를 맡길 만한가를 살피십시오.

사방에 일이 발생하면 가서 보고 살피게 하고, 또 가끔은 그가 옳고 그름과 이롭고 해로움에 대해 말한 바를 살펴 시험해보도록 해야 합니다. 그가 시비와 이해에 대하여 말한 것이 비록 모두 의리에 맞고 시행할만한 것은 아니라 해도, 그러나 보고 살피기를 자상하고 극진하게 하였고 거짓으로 속이고 덮은 것이 아니라면 모두 임무를 맡길 만한 재목이 되는 것입니다.

經傳에 대한 학식이 있는 사람이라면 經筵에서 講說을 담당하게 하십시오.

이와 같이 서너 차례 시험해보시면 재능의 우열이 대체로 드러날 것이고, 그런 후에 열등한 사람을 파직하고 재능이 있는 사람을 불러 쓰시면서 다시 친히 政事에 관하여 물어보십시오. 정사에 관한 질문이 한 가지 일에 한하지 않은 이후에야 그 인물의 실상을 파악할 수 있게 되고, 반드시 1년 정도에 이르는 동안 일이십 가지의 정사에 대하여 물어보고 고찰해본다면 그 인물의 현명함과 못남을 살펴 알게 될 것이고, 그런 이후에 그의 재능에 합당한 임무를 부여하여야 합니다.

특별히 才能이 훌륭하고 行實이 아름다워서 함께 일을 도모할 만한 인물이 있으면,

비록 그에게 물어보고 살펴보는 일을 맡도록 해도 좋을 것입니다. 이런 방법과 한두 대신이 천거한 인물을 등용하면서 실상을 고찰, 시험해보지도 않고 직책을 맡기는 것과는 실로 萬萬倍나 서로 차이가 나게 됩니다.

1) 三館 : 唐宋代의 弘文, 集賢, 史館의 合稱으로, 藏書, 校書, 修史 등의 업무를 담당하였다.
2) 祗候 : 閤門司의 屬官이다.
3) 中書 : 中書省은 宋代 宰相이 업무를 보는 官府이다.
4) 禁中 : 宮中을 칭한다. 특별히 허락받은 신하가 아니면 들어갈 수가 없는 곳이므로 禁中이라 한 것이다.

然此說在他時엔 **或難行**이나 **今陛下有堯舜之明**하사 **洞見天下之理**하시니 **臣度無實之人**이 **不能蔽也**니 **則推行此事甚易**로소이다 **旣因考試**하니 **可以出材實**이요 **又因訪問**하니 **可以知事情**이라 **所謂敷納以言**[1]이요 **明試以功**[2]이요 **用人惟己**[3]요 **闢四門**하며 **明四目**하며 **達四聰者**[4]가 **蓋如此而已**니이다 **以今在位乏人**하고 **上下壅隔之時**에 **恐行此不宜在衆事之後也**니이다

그리고 이런 주장이 다른 때 같으면 혹 시행하기 어려울 수도 있지만, 지금 폐하께서는 堯舜과 같은 밝은 예지를 지니시고 천하의 이치를 형통하게 알고 계시니, 진실하지 못한 사람이 결점을 덮고 가릴 수가 없을 것이므로, 이 일을 추진하는 것이 매우 쉬울 것이라고 신은 추측하고 있습니다.

이미 살펴 시험해보았기 때문에 재능의 실상이 드러났고, 또한 물어보고 따져보았기 때문에 사정을 파악할 수 있습니다. 이른바, "현신들에게 의견을 충분히 진술하게 한다." "그 공적을 공정하고 밝게 시험한다." "다른 사람이 주장한 말을 받아들여 실천하기를 자기가 한 말을 실천하듯 한다." "사방의 문을 열어놓고 어진 사람을 받아들여 사방의 사물을 자기 눈으로 직접 보고 자기 귀로 직접 들은 것처럼 안다." 한 것이 대체로 이와 같이 한 것일 뿐입니다.

지금 벼슬자리에 적임자가 모자라고, 上下의 疏通이 막히고 가려진 때이므로 이를 실천하는 것이 마땅하지 않다고 여겨서 다른 여러 일의 뒤로 미루실까봐 두렵습니다.

1) 敷納以言 : 이 내용은 ≪尙書≫ 〈虞書 益稷〉에 나온다.
2) 明試以功 : 이 내용은 ≪尙書≫ 〈虞書 舜典〉에 나온다.
3) 用人惟己 : 이 내용은 ≪尙書≫ 〈商書 仲虺之誥〉에 나온다.
4) 闢四門……達四聰者 : 이 내용은 ≪尙書≫ 〈虞書 舜典〉에 나온다.

然巧言令色孔壬之人은 能伺人主意所在而爲傾邪者니 此堯舜之所畏요 而孔子之所欲遠也라 如此人은 當知而遠之하야 使不得親近이니이다 然如此人亦有數하니 陛下博訪於忠臣良士하사 知其人如此시면 則遠而弗見하시고 誤而見之라도 以陛下之仁聖으로 以道揆之하시고 以人參之하시면 亦必知其如此요 知其如此면 則宜有所懲이니이다 如此則巧言令色孔壬之徒消하야 而正論不蔽於上이리이다 今欲廣聞見하시되 而使巧言令色孔壬之徒得志하면 乃所以自蔽요 畏巧言令色孔壬之徒爲害하시되 而一切疏遠群臣이면 亦所以自蔽니이다 蓋人主之患은 在不窮理하니 不窮理면 則不足以知言이요 不知言이면 則不足以知人이며 不知人이면 則不能官人이요 不能官人이면 則治道何從而興乎리잇가

그러나 말을 교묘하게 꾸미고, 낯빛을 예쁘게 가장하며, 奸邪한 짓을 하는 사람들은 군주의 뜻이 어디에 있는가를 엿보아서 사악하고 부정한 짓을 할 수 있으므로, 이런 인물들을 堯舜도 두려워하였고 孔子도 멀리하고자 하였습니다. 이와 같은 인물을 마땅히 알아보아 멀리하고 가까운 자리에 있을 수 없게 해야 합니다.

그러나 이런 인물은 그 수가 한정되어 있습니다. 陛下께서 충성스러운 신하와 어진 선비들에게 널리 자문하셔서 그 인물의 간사함이 이와 같음을 알게 되면 멀리 내쳐서 만나주지 마시고, 일이 잘못되어 만나 주셨다 해도 폐하의 어지심과 성스러움으로 道에 합당한 인물인가를 헤아려보시고 사람됨을 시험해 보시면, 또한 틀림없이 그 인물이 이와 같이 간사함을 아시게 될 것이며, 이와 같음을 아시게 되었으면 마땅히 懲罰을 내리셔야 합니다.

이와 같이 하신다면 말을 교묘하게 꾸미고 낯빛을 예쁘게 가장하며 간사한 짓을 하는 무리들이 사라져 바른 議論이 위에서 덮이고 가려지는 일이 없게 될 것입니다.

이제 폐하께서 널리 듣고 보고자 하시면서, 교묘한 말과 예쁘게 꾸민 낯빛으로 奸邪한 짓을 하는 무리들로 하여금 뜻을 실현하게 하신다면 이것이 곧 바르게 보고 듣는

것을 스스로 막아버리는 원인이 되고, 또한 교묘한 말과 꾸며낸 낯빛으로 간사한 짓을 하는 무리들이 일으키는 해로움이 두려워서 일체의 여러 신하들을 멀리 하신다면 이것 또한 보고 듣는 것을 스스로 가로막는 것이 될 것입니다.

대체로 君主의 근심은 사물의 이치를 제대로 窮究하지 못함에 있습니다. 이치를 제대로 窮究하지 못하면 올리는 말을 충분히 理解하지 못하게 되고, 말을 이해하지 못하면 사람을 제대로 알아보지 못하게 되며, 사람을 알아보지 못하면 적임자를 관직에 임용할 수 없게 되나니, 적임자를 관직에 임용하지 못한다면 국가를 잘 다스리는 道를 무슨 방법으로 振興시킬 수가 있겠습니까.

陛下는 **堯舜之主也**니 **其所明見**은 **秦漢以來欲治之主**가 **未有能彷彿者**니 **固非群臣所能窺望**이로소이다 **然自堯舜文武**로 **皆好問以窮理**하야 **擇人而官之以自助**하니 **其意**는 **以爲王者之職**이 **在於論道**요 **而不在於任事**며 **在於擇人而官之**요 **而不在於自用**이니이다 **願陛下以堯舜文武爲法**이시면 **則聖人之功**을 **必見於天下**리이다 **至於有司叢脞之務**는 **恐不足以棄日力**하야 **勞聖慮也**요 **以方今所急爲在如此**하니 **敢不盡愚**리잇가

폐하께서는 堯·舜 같은 군주이셔서, 그 밝으신 통찰력은 秦·漢 이래로 천하를 잘 다스리고자 하였던 君主들 중에서는 비슷한 사람도 찾아볼 수가 없으니, 진실로 여러 신하들이 엿보고 이해할 수 있는 바가 아닙니다.

그러나 堯·舜·文王·武王으로부터 歷代의 聖君들은 모두 사물의 理致를 窮究하고자 하여 묻기를 좋아하였고, 인물을 잘 선택하여 관직에 임용하여 자신을 돕게 하였습니다. 그렇게 한 뜻은 王의 직분이 治國의 大道를 도모함에 있는 것이지 직접 일을 맡아 처리함에 있는 것이 아니며, 適任者를 택하여 벼슬을 맡게 함에 있는 것이지 스스로 일을 맡아 함에 있는 것이 아니기 때문입니다.

바라옵건대 폐하께서 堯·舜·文王·武王을 본받아야 할 표준으로 삼으신다면, 聖人이 다스리는 효과가 반드시 천하에 드러날 것입니다. 담당관서의 자질구레한 업무에 이르러서는, 아마도 시간을 허비하며 성스러운 폐하의 뜻을 수고롭게 하는 것이 합당하지 않을 듯합니다. 방금의 급선무가 이와 같은데 있으므로 감히 어리석은 생각이나마 다 올리지 않을 수가 없습니다.

臣愚才薄이나 然蒙拔擢하야 使豫聞天下之事로소이다 聖旨宣諭富弼[1]等하사 欲於講筵召對輔臣하사 討論時事어시늘 顧如臣者는 才薄하야 不足以望陛下之清光이나 然陛下及此言也는 實天下幸甚이로소이다 自備位政府로 每得進見에 所論이 皆有司叢脞之事요 至於大體하야는 粗有所及이면 則迫於日晷하야 已復旅退하니이다 而方今之事를 非博論詳說하야 令所改更施設本末先後와 小大詳略之方을 已熟於聖心이라야 然後에 以次奉行이면 則治道終無由興起리이다 然則如臣者는 非蒙陛下賜之從容이면 則所懷를 何能自竭이리잇가 蓋自古大有爲之君은 未有不始於憂勤하고 而終於逸樂이니이다 今陛下仁聖之質은 秦漢以來人主未有企及者也요 於天下事에 又非不憂勤이나 然所操或非其要하고 所施或未得其方하니 則恐未能終於逸樂하야 無爲而治[2]也일까하노이다 則於博論詳說을 豈宜緩이리잇가 然陛下欲賜之從容이나 使兩府[3]竝進이면 則論議者衆而不一이요 有所懷者 或不得自竭이니 謂宜使中書密院이 迭進이면 則人各得盡其所懷하고 而陛下聽覽도 亦不至於煩이리이다

臣은 어리석고 재능이 부족한데도 參知政事에 발탁되는 은혜를 입어서 천하의 일에 대한 보고에 참여할 수 있게 되었습니다. 폐하께서 뜻을 富弼 등에게 내리셔서 經筵에 참여하여 보필하는 대신으로 삼아 時事를 토론하고자 하시는데, 다만 臣 같은 사람은 능력이 모자라서 폐하의 맑고 빛나는 용안을 뵙기에 부족하지만, 폐하의 말씀이 이에 이른 것은 실로 천하의 큰 다행입니다.

政府의 한 자리에 임명되고부터 알현할 때마다 의론했던 것이 모두 담당관서의 자질구레한 일들이었고, 큰 本體에 대하여는 대강만 언급하다가 시간에 쫓겨서 모두들 물러나오곤 하였습니다. 그런데 방금의 일들은 널리 의론하고 자세히 설명하여, 개혁하고 시행할 本末과 先後, 大小와 詳略의 방책을 聖上께서 자세히 아시도록 하고, 그런 연후에 순차적으로 받들어 시행하지 않는다면, 천하를 다스리는 바른 道가 끝내 興起하지 못하게 될 것입니다. 그러니 신 같은 사람에게 폐하께서 조용한 시간을 허락해 주시지 않는다면 품은 생각을 어떻게 모두 진술할 수가 있겠습니까.

예부터 큰 업적을 남기신 군주는 처음에 나라를 위해 근심하고 부지런히 애쓰지 않음이 없었기 때문에 나중에 편안하게 생을 마감하였습니다. 이제 폐하께서는 어질고 성스러운 바탕으로 秦・漢 이래의 군주 가운데는 미칠 만한 사람이 없으며, 천하의 일

에 대하여 근심하고 부지런히 애쓰지 않는 일이 없으십니다. 그런데도 처리하시는 것이 더러 그 핵심에서 벗어난 것이 있고 시행하는 것이 더러 올바른 방안을 얻지 못한 것이 있으니, 편안한 마침과 無爲而治에 이르지 못하시게 될까 두렵습니다. 그러니 광범한 토론과 자세한 설명을 어찌 늦출 수 있겠습니까.

그리고 폐하께서 조용히 알현할 기회를 내려 주고자 하신다 해도, 兩府에서 함께 말씀을 올리게 하면 논의하는 사람이 많아져서 통일이 되지 않고, 품은 생각을 혹 끝까지 모두 진술하지 못할 수도 있게 됩니다. 그러니 中書省과 樞密院으로 하여금 윤번을 정하여 교대로 진언하게 함이 마땅하다고 말씀해 놓으시면, 사람마다 그가 품은 생각을 다 진술할 수 있을 것이고 폐하께서 듣고 보시는 것도 번거롭지 않게 될 것입니다.

1) 富弼 : 富弼(1004~1083)은 慶曆 3년(1043)에 樞密副使가 되어 范仲淹 등과 함께 新政을 추진하고 시행하였다.
2) 無爲而治 : 이곳에서 말한 無爲而治는 어진 사람을 임용하고 德으로 백성들을 감화시켜서 국가가 잘 다스려지는 것을 일컫는 儒家에서 말하는 최고의 정치로, 道家에서 말하는 淸淨虛無의 마음가짐으로 自然에 順應하는 의미의 無爲와는 다른 것이다.
3) 兩府 : 政務擔當의 最高機關인 中書省과 軍事擔當의 최고기관인 樞密院을 指稱한다.

陛下卽以臣言爲可신댄 **乞明喩大臣**하사 **使各擧所知**호되 **無限人數**하고 **皆實對以聞**하소서 **然後**에 **陛下推擇召置**하사 **以爲三館祗候**하시고 **其不足取者**는 **旋卽罷去**하시면 **則所置雖多**나 **亦無所害也**리이다

폐하께서 신의 건의를 옳다고 여기시면, 비옵건대 대신들에게 분명하게 宣諭하셔서 그들로 하여금 각기 아는 것을 모두 말하게 하고, 사람 수에 제한을 두지 마시고 모두 폐하께서 직접 보실 수 있도록 단단히 緘封해서 보고하게 하십시오. 그런 연후에 폐하께서 적정 인물을 골라 뽑아들여 배치하고 이들로써 三館의 祗候를 삼으시고, 取할 만한 사람이 못 되거든 즉시 내치십시오. 그렇게 하신다면 선발하여 배치한 관원이 비록 많다 해도 또한 해로울 것이 없을 것입니다.

04. 相度牧馬所擧薛向箚子* 相度牧馬所에 薛向을 천거하는 箚子

* 相度牧馬所는 相度牧馬利害所라고도 稱하였으며, 國馬를 기르는 牧馬所를 감독하는 官署이다.

區畫處甚悉이라

계획하고 안배한 것이 매우 자세하다.

臣等이 **竊觀自古國馬**[1]**盛衰**하니 **皆以所任得人失人而已**로소이다 汧**渭**[2]**之間**에 **未嘗無牧**이나 **而非子**[3]**獨能蕃息於周**요 **河**隴**之間**[4]에 **未嘗無牧**이나 **而張萬歲**[5]**獨能蕃息於唐**하니 **此**는 **前世得人之明效也**니이다 **使得人而不久其官**하며 **久其官而不使得專其事**어나 **使得專其事而不臨之以賞罰**이면 **亦不可以成功**이니이다 **今臣等**이 **相度陝西一路**[6]의 **買馬監牧利害大綱**을 **已具奏聞**하니이다

臣 등이 삼가 예부터 이어오는 國馬를 기르는 제도가 잘 시행되었던 때와 쇠미해졌던 때를 관찰해보니, 모두 임무를 담당한 자에 적임자를 얻었는가 얻지 못하였는가에 달려있을 뿐이었습니다.

汧水와 渭水 사이에 牧馬所가 없었던 일이 없으나 周代의 非子만이 유독 잘 번식시킬 수 있었고, 河西와 隴右 사이에 목마소가 없었던 일이 없으나 唐代의 張萬歲만이 유독 잘 번식시킬 수 있었으니, 이것이 前代에 적임자를 얻어서 효과를 보았던 분명한 증거입니다.

적임자를 얻어서 일을 시켜도 그 자리를 오랫동안 맡게 하지 않거나, 오랫동안 맡게 하였어도 그 일에 專權을 부여하지 않거나, 그 일에 전권을 부여하였어도 업적에 따른 공정한 상벌을 시행하지 않는다면, 또한 공적을 이룰 수가 없게 됩니다.

이제 臣 등이 陝西 一路의 買馬와 牧馬를 담당하는 機構와 제도의 利害에 대한 要點을 헤아려 이미 상세히 아뢴 바가 있습니다.

1) 國馬 : 국가가 소유한 馬匹을 칭한다.

2) 汧渭 : 汧水와 渭水 사이는 지금의 陝西省 西部 일대를 칭한다.
3) 非子 : 西周 時代 사람으로 養馬에 능하여 周 孝王時에 汧水와 渭水 사이에서 말을 크게 번식시키니, 秦邑을 하사하여 附庸으로 삼았다 한다.
4) 河隴之間 : 지금의 甘肅省 隴山과 六盤山 사이를 칭한다.
5) 張萬歲 : 初唐時의 인물로 太僕卿을 역임하였다. 일찍이 隴右 지구의 牧馬를 담당하여 貞觀(627~649) 初에 三千匹이었던 것을 麟德(664~665)年間에 七十萬 六千匹로 繁殖시켰다.
6) 陝西一路 : 北宋時 地方行政區域으로 설치하였던 15路 가운데 하나로서 지금의 陝西, 河南, 甘肅省의 일부를 관할하였다.

伏見權陝西轉運副使[1]**薛向**은 **精力强果**하고 **達於政事**하야 **河北便糴**[2]과 **陝西榷鹽**[3]에 **皆有已試之效**요 **今來**에 **相度陝西馬事**로 **尤爲詳悉**이로소이다 **臣等前奏**에 **已乞就委薛向提擧陝西買馬及監牧公事**러니 **今欲乞降指揮**하사 **許令久任**하노이다 **緣今來馬價**는 **多出於解池**[4]**鹽利**와 **三司**[5]**所支銀紬絹等**이요 **又許令於陝西轉運司兌換見錢**하나이다 **今薛向旣掌解鹽**하고 **又領陝西財賦**하니 **則通融變轉**이면 **於事爲便**이리이다 **兼臣等訪問得薛向**은 **陝西係官空地**에 **可以興置監牧處甚多**하니 **若將來稍成次第**면 **卽可以漸興置監**이리이다

삼가 살펴보옵건대 權陝西轉運副使 薛向은 元氣가 굳세고 과감하며 政事에 통달하여 河北便糴과 陝西榷鹽으로 근무할 때에 모두 이미 그 공적을 시험해본 바가 있습니다. 이제는 相度陝西馬事로 있으면서 이룩한 업적으로 그의 능력을 더욱 자세히 알게 되었습니다. 臣 등은 전에 이미 薛向에게 陝西買馬 및 監牧公事의 관리를 맡기도록 上奏한 일이 있는데, 이제 명령을 내려서 그 임무를 오랫동안 담당할 수 있도록 허락해 주시기를 요청하고자 합니다.

지금의 國馬 購入 비용은 대부분이 解池의 소금을 판매한 이익과 三司에서 지출하는 銀 및 비단 등에서 나오고 있으며, 또한 陝西轉運司로 하여금 兌換한 현금을 쓸 수 있도록 허용하고 있습니다. 이제 薛向은 이미 해지의 소금을 관리하고 있고 또한 陝西의 재정과 부세를 담당하고 있으니, 이 두 기관의 재정을 융통성있게 상호 조절할 수 있도록 허용한다면 일처리에 편리하게 될 것입니다.

아울러 臣 등이 薛向에게 물어 알아낸 바로는 陝西의 관할지역에 속한 空地에는 監牧을 설치할 만한 곳이 매우 많다고 합니다. 만약 이곳에 장차 규모있게 차례로 목마장을 만든다면 점차로 감목을 설치할 수 있을 것입니다.

1) 權陝西轉運副使 : 權은 임시로 대행함을 칭하며, 轉運副使는 轉運使 다음의 직책으로, 해당 지역의 財政, 防禦, 刑獄, 지방관의 감찰, 民情風俗 등 거의 모든 권한을 포괄해 행사할 수 있는 직책이다.
2) 河北便糴 : 河北 지방의 상인들이 官에 納錢하고 받은 증서로 專賣品인 茶, 鹽 등을 지급받아 매매할 수 있게 하는 일을 관장하였던 기관이다.
3) 陝西榷鹽 : 陝西 지방의 소금 專賣를 담당한 기관이다.
4) 解池 : 解池鹽場을 칭하는 것으로, 現 山西省 運縣 일원이다. 과거 解縣에 소속되었던 곳이므로 그곳의 鹽場을 解池라 칭하였다.
5) 三司 : 唐代에 戶部, 度支, 鹽鐵 등 국가의 財政을 담당한 기관으로, 宋代에도 그대로 존치하였으며 그 長官을 三司使라 하였다.

得西戎[1)]之馬하야 牧之於西方이면 不失其土性이니 一利也요 因未嘗耕墾之地하야 無傷於民이니 二利也요 因向之材而就令經始니 三利也니이다 又河北은 有河防塘泊之患하고 而土多爲鹵不毛하야 戎馬所屯에 地利不足이어늘 諸監牧多在此路요 所占草地는 多是肥饒나 而馬又不堪하야 未嘗大叚蕃息하니이다 若陝西興置監牧하야 漸成次第면 卽河北諸監有可存者는 悉以陝西良馬로 易其惡種하고 有可廢者는 悉以肥饒之地를 賦民하소서 於地不足而馬所不宜之處는 以肥饒之地를 賦民하고 而收其課租하야 以助戎馬之費하고 於地有餘而馬所宜之處는 以未嘗耕墾之地로 牧馬하면 而無傷於民이니 此又利之大者也니이다

西戎의 말을 얻어서 이를 西方에서 기르게 되면, 말들이 그 본래의 습성을 잃지 않을 것이니 첫 번째 이로운 점이고, 목마장이 일찍이 개간한 일이 없었던 땅이어서 농민을 해롭게 하는 일이 없을 것이니 두 번째 이로운 일이며, 본시 이곳을 관할하고 있는 薛向의 능력을 이용하여 별도의 기관을 두지 않고도 경영을 시작할 수 있으니 이것이 세 번째 이로운 일입니다.

또 河北지방은 江의 제방과 호수 및 늪에 문제가 많고 땅에 염분이 섞여있는 불모지가 많으므로, 軍馬를 사육하기에는 地利上 적합하지 못합니다. 그런데 여러 監牧이 이 河北路에 많이 설치되어 있고, 관할하고 있는 草地 중에는 비옥한 곳이 많은데도, 말들이 또 低劣하여 일찍이 크게 증식된 일이 없었습니다.

만약 陝西지방에 監牧을 증설하여 점차 제도가 정비되면, 하북로의 감목 가운데 계속 존치할 만한 곳에는 低劣한 말들을 섞어 지방의 좋은 말로 모두 교체하고, 폐지해도 좋은 곳이 있으면 그곳의 비옥한 토지를 모두 백성들에게 공급하십시오.

땅 면적이 부족하여 말 기르기에 적합하지 않은 곳의 비옥한 토지를 농민들에게 공급하고 조세를 징수하여 이로써 군마를 기르는 비용에 충당하고, 땅이 넉넉하여 말 기르기에 적합한 곳이면서도 일찍이 개간된 일이 없었던 땅에 말을 기르게 한다면 백성의 田土를 상하게 하는 일이 없게 될 것이니, 이것이 또한 이로움 가운데 가장 큰 것입니다.

1) 西戎 : 여기서는 서쪽 邊方의 異民族이 사는 지역을 칭한다.

如允臣等所奏면 **卽乞薛向所奏擧官員**과 **及論改舊弊**하시고 **朝廷一切應副**하야 **成功則無愛賞**하시고 **敗事則無憚罰**하소서 **如此則臣等保任薛向**이 **必能上副朝廷改法之意**어니와 **如將來敗事**면 **臣等各甘同罪**하리이다 **取進止**하소서

만약 臣 등이 上奏한 바를 윤허하신다면 즉시 薛向이 임용하도록 주청한 관원 및 舊弊의 改革에 관한 주장을 받아들이시고, 조정에서는 모든 일에 호응해 주시며, 업적을 이루면 상주기를 아까워 마시고 일을 그르치면 罰주기를 주저하지 마십시오. 이와 같이 하신다면 신 등이 薛向을 보증하여 추천한 일이 반드시 조정에서 법도를 개혁한 의도에 부응하게 될 것임을 보장할 수 있습니다. 만약 장래에 이 때문에 일을 그르치게 된다면 신 등은 각기 죄를 달게 함께 받겠나이다. 받아들일 것과 물리칠 것을 취택해 주시옵소서.

05. 進戒疏* 권계할 말씀을 올린 疏

* 疏는 皇帝에게 의견을 진술하거나 건의하는 글의 한 종류로, 文章의 분류상 奏議類에 해당된다.

於亮陰에 初以聲色二字로 爲遠佞人之本하니 便是荊公得力的學問이라

天子의 喪中의 처신에 대하여, 처음에 聲과 色 두 글자로 아첨하는 사람을 멀리하는 근본을 삼았으니, 이것이 곧 荊公이 노력하여 터득한 학문의 경지이다.

臣某昧死[1)]하고 再拜上疏皇帝陛下하노이다 臣竊以爲陛下既終亮陰하시니 考之於經하면 則群臣進戒之時[2)]라 而臣待罪近司[3)]하니 職當先事有言者也니이다

臣 某는 죽음을 무릅쓰고 거듭 절을 하고 황제폐하께 이 소를 올리나이다. 신이 삼가 생각하옵건대 폐하께서 이미 喪期를 마치셨는데, 經書를 고찰해보니 지금이 바로 여러 신하들이 경계하는 말씀을 올려야 할 때입니다. 그리고 신은 朝堂에 가까운 관서에서 직무를 담당하고 있으니, 직책상 당연히 먼저 말씀을 올려야 할 사람입니다.

1) 臣某昧死 : ≪臨川集≫에는 '臣某昧死'의 앞에, '熙寧二年 五月十一日 朝散大夫 右諫議大夫 參知政事 護軍 賜紫金魚袋'의 29字가 첨가되어 있는데, 이를 생략해도 文義에는 지장이 없으므로 본문에는 생략한 것이다. 죽음을 무릅쓴다는 의미의 '昧死'는 臣下가 君主에게 올리는 글의 한 套式으로, 敬畏感을 표시하는 것이다.

2) 臣竊以爲陛下既終亮陰……則群臣進戒之時 : ≪尙書≫ 〈商書 說命〉에 "왕이 亮陰〔여막〕에서 執喪하기를 3년 동안 하여 이미 상을 마치고도 말씀하지 않으시니 여러 신하들이 모두 왕께 간하기를……〔王宅憂亮陰三祀 既免喪 其惟弗言 群臣咸諫于王曰……〕"라고 보인다.

3) 近司 : 宋代에는 中書門下省이 朝堂의 서쪽에 가까이 있었으므로 이를 近司라 칭하였으며, 왕안석이 당시 이곳에 근무하였으므로 이렇게 말한 것이다.

竊聞孔子論爲邦에 先放鄭聲하시고 而後曰 遠佞人[1]이라하시고 仲虺稱湯之德호되 先不邇聲色하며 不殖貨利라하고 而後曰 用人惟己[2]라하니이다 蓋以謂不淫耳目於聲色玩好之物이라야 然後能精於用志하고 能精於用志라야 然後能明於見理하고 能明於見理라야 然後能知人하고 能知人이라야 然後佞人을 可得而遠이니이다 忠臣良士與有道之君子類가 進於時하야 有以自竭이면 則法度之行과 風俗之成이 甚易也니이다 若夫人主 雖有過人之材라도 而不能早自戒於耳目之欲하야 至於過差하야 以亂其心之所思면 則用志不精하고 用志不精이면 則見理不明하고 見理不明이면 則邪說詖行이 必窺間乘殆而作하리니 則其至於危亂也 豈難哉리잇가

삼가 들어보니 孔子께서 나라 다스리는 道를 논하실 때에, 먼저 "鄭나라의 저속한 음악을 물리쳐야 한다." 하시고, 그런 이후에 "아첨하는 사람을 멀리해야 한다." 하셨으며, 仲虺는 湯임금의 德을 찬양하면서 먼저 "퇴폐한 음악과 여색을 가까이하지 않았고 재화를 늘려 이익을 취하지 않으셨다." 하고, 그 뒤에 말하기를, "남이 한 말을 실천하기를 자기가 한 말처럼 하셨다." 하였습니다.

대체로 耳目이 퇴폐적 음악, 女色, 玩好하는 물건 등에 迷惑되지 않았음을 이르는 것으로, 그렇게 된 이후에야 聖人의 뜻을 이루는데 專一할 수 있고, 뜻을 이루는데 전일할 수 있은 연후에야 이치를 깨달음에 밝을 수 있게 되고, 이치를 깨달음에 밝게 된 연후에야 사람을 제대로 알아볼 수 있게 되며, 사람을 제대로 알아볼 수 있게 된 연후에야 아첨하는 사악한 사람을 멀리할 수 있게 되는 것입니다.

충성스러운 신하, 어진 선비, 道를 지닌 君子의 무리들이, 이 시대에 벼슬에 진출하여 자신의 능력을 다 발휘하게 되면, 법도를 실행하고 훌륭한 풍속을 이루는 것이 매우 쉬울 것입니다.

만약 君主가 비록 남보다 뛰어난 능력을 가졌다 하더라도, 일찍부터 耳目의 욕망을 스스로 경계하지 못하고 과도한 탐닉에 빠져서 그 마음속의 바른 생각을 어지럽히게 되면, 훌륭한 뜻을 실현하는 일이 專一하지 못하게 되고, 뜻의 실현이 전일하지 못하면 이치를 이해함이 밝지 못하게 되고, 이치를 이해함이 밝지 못하게 되면 邪惡한 주장과 奸惡하고 偏僻된 행위가 빈틈을 비집고 들어와 나태함에 편승하여 일어나게 될 것입니다. 그렇게 된다면 위태하고 어려운 국면에 이르는 것이 어찌 어려운 일이겠습니까.

1) 孔子論爲邦……遠佞人 : 이 내용은 ≪論語≫ 〈衛靈公〉에, 顔淵이 나라 다스리는 것을 묻자, 孔子가 대답하기를 "鄭나라 음악을 물리치고 아첨하는 사람을 멀리 해야 하니, 鄭나라 음악은 음탕하고 아첨하는 사람은 위태롭다.〔放鄭聲 遠佞人 鄭聲淫 佞人殆〕"라고 보인다.

2) 仲虺稱湯之德……用人惟己 : 이 내용은 殷나라를 건국한 湯王의 左相 仲虺가 湯王을 찬양한 것으로 ≪尙書≫ 〈商書 仲虺之誥〉에 보인다.

伏惟陛下는 **卽位以來**로 **未有聲色玩好之過聞於外**나 **然孔子聖人之盛**이로되 **尙自以爲七十而後**에 **敢從心所欲也**[1]라하시니이다 **今陛下**는 **以鼎盛之春秋**요 **而享天下之大奉**하시니 **所以惑移耳目者 爲不少矣**리이다 **則臣之所豫慮**하고 **而陛下之所深戒**가 **宜在於此**니이다 **天之生聖人之材甚吝**하고 **而人之値聖人之時甚難**이어늘 **天旣以聖人之材**로 **付陛下**하니 **則人亦將望聖人之澤於此時**로소이다 **伏惟陛下**는 **自愛以成德**하시고 **而自强以赴功**하사 **使後世**로 **不失聖人之名**하고 **而天下皆蒙陛下之澤**이면 **則豈非可願之事哉**잇가 **臣愚不勝惓惓**하노니 **唯陛下**는 **恕其狂妄而幸賜省察**하소서

엎드려 생각하옵건대 폐하께서 즉위하신 이래로 聲色과 玩好物에 耽溺하는 허물에 빠졌다는 소문이 밖에 알려진 일이 없습니다. 그러나 聖人의 頂点에 이른 孔子께서도 오히려 스스로 七十이 된 이후에야 감히 마음에 하고자 하는 바대로 해도 法度에 어긋나는 일이 없게 되었다고 하셨는데, 지금 폐하께서는 春秋가 한창 왕성하신 때이고 천하 사람들의 크게 떠받듦을 누리고 계시니, 耳目을 유혹하고 어지럽히는 것이 적지 않을 것입니다. 그러므로 臣이 미리 염려하는 바이니, 폐하께서 깊이 警戒하셔야 할 일이 마땅히 이 점에 있어야 할 것입니다.

하늘은 聖人의 資品을 가진 인물을 내어줌에 매우 인색하므로, 사람이 성인이 다스리는 시대를 만나기가 매우 어렵습니다. 그런데 하늘이 이미 陛下께 성인의 자질을 부여하셨으니, 사람들 또한 장차 이 시대에 성인의 恩澤을 기대할 수 있게 되었습니다. 엎드려 바라옵건대 폐하께서는 自重自愛하셔서 盛德을 이루시고 스스로 노력하여 큰 업적을 세우셔서, 후세에도 聖人의 명성을 잃지 않고 온 천하 사람들로 하여금 모두 폐하의 은택을 입게 한다면, 이것이 어찌 기대할 만한 일이 아니겠습니까.

어리석은 신은 이러한 절실한 뜻을 제어할 수가 없사오니, 오직 폐하께서 신의 미치고 망령됨을 용서하시고 굽어 살펴주신다면 다행이겠나이다.

1) 孔子聖人之盛……敢從心所欲也 : 이 내용은 ≪論語≫ 〈爲政〉에 공자께서, "70세에는 마음이 하고자 하는 바를 따라도 법도에 어긋나지 않았다.〔七十 從心所欲 不踰矩〕"라 하신 말씀을 인용한 것이다.

06. 上時政疏* 時政에 대한 上疏

* 이 上疏는 仁宗 嘉祐 6~7년(1061~1062)에 올린 것이다.

荊公劫主上之知處하야 往往入人主肘腋하니 細看하면 自覺與他人不同이라

荊公이 주상이 아셔야 할 것을 다그쳐서 왕왕 군주의 측근에 이르렀으니 자세히 읽어보면 타인과 다름이 있음을 스스로 깨닫게 된다.

臣某昧死하고 再拜上疏尊號[1]皇帝陛下하노이다 臣竊觀自古人主享國日久로되 無至誠惻怛憂天下之心이면 雖無暴政虐刑을 加於百姓이라도 而天下未嘗不亂하나이다 自秦已下로 享國日久者는 有晉之武帝와 梁之武帝와 唐之明皇[2]이니 此三帝者는 皆聰明智略으로 有功之主也니이다 享國日久하고 內外無患이면 因循苟且하야 無至誠惻怛憂天下之心하고 趨過目前하야 而不爲久遠之計하야 自以禍災可以無及其身이라가 往往身遇災禍면 而悔無所及하나이다 雖或僅得身免이나 而宗廟固已毁辱하고 而妻子固已困窮하며 天下之民은 固已膏血塗草野하고 而生者不能自脫於困餓劫束之患矣니이다 夫爲人子孫하야 使其宗廟毁辱하고 爲人父母하야 使其比屋死亡이면 此豈仁孝之主의 所宜忍者乎잇가 然而晉梁唐之三帝는 以晏然致此者니 自以爲其禍災可以不至於此라가 而不自知忽然已至也니이다

臣 某는 죽음을 무릅쓰고 尊號 皇帝陛下께 疏를 올리나이다. 신이 삼가 관찰해보건대, 自古로 君主가 國君의 지위를 누린 세월이 오래되었으면서 지극한 精誠과 惻隱히 여기는 어진 심정으로 천하를 근심하는 마음을 갖지 않게 되면, 설령 暴政이나 虐刑을

백성들에게 가함이 없다 해도 천하에 變亂이 일어나지 않은 일이 없었습니다.

秦代 이후로 國君의 지위에 오래 있었던 사람으로는 晉의 武帝, 梁의 武帝, 唐의 明皇 등이 있었습니다. 이 세 황제는 모두 총명과 지략으로 공적을 남긴 군주들입니다. 國君의 지위를 누린 세월이 오래되고 나라 안팎에 근심거리가 없게 되면, 구차히 옛 제도나 그대로 따르면서 지극한 정성과 측은히 여기는 어진 심정으로 천하를 근심하는 마음이 없어지게 되고, 눈앞에 닥친 일이나 그럭저럭 넘기어 長久한 計策을 세우지 않으면서 스스로 災殃이 자기 몸에는 미치지 않을 것이라고 여기다가, 왕왕 몸소 재앙을 만나면 뉘우쳐도 소용이 없게 되었던 것입니다.

비록 자신은 재앙을 겨우 면할 수 있었다 해도 宗廟는 이미 훼손되었고 妻子는 이미 곤궁에 처하게 되었으며, 천하의 백성들은 草野에 피와 기름을 바르며 죽어갔고 겨우 살아남은 사람들도 고생스러움과 굶주림과 위험을 겪는 근심에서 헤어날 수가 없었습니다.

대저 사람의 子孫이 되어서 조상의 宗廟를 허물어뜨리는 치욕을 겪고, 사람의 父母가 되어서 가정마다 가족을 사망하게 한다면, 이것이 어찌 어질고 효성스러운 군주가 차마 할 수 있는 일이겠습니까. 그런데 晉·梁·唐의 세 황제는 晏然히 지내다가 이런 지경에 이른 자이니, 스스로 災殃이 이런 지경에는 이르지 않을 것이라고 여기고 있다가 자기도 모르는 사이에 갑자기 이르게 된 것입니다.

1) 尊號 : 당시 신하들이 황제에게 '寶元體天法道欽文聰武聖神英睿孝德' 등의 존호를 올린 일이 있는데, 상소문에 이 존호를 모두 쓰는 것이 지나치게 길기 때문에, 이를 생략하고 '尊號' 두 자로 대체하는 것이 관례였다.

2) 晉之武帝 梁之武帝 唐之明皇 : 晉 武帝는 晉의 建立者로 266~290년 사이에 재위하면서 分裂되었던 중국을 통일하였으나, 만년에 荒淫에 빠져 國政을 그르쳤으며 八王의 亂을 초래하였다. 梁 武帝는 六朝시대 梁의 건립자로 502~549년 사이에 재위하면서 초기에는 탁월한 업적을 남겼으나, 만년에는 국정을 그르쳐서 侯景의 亂으로 사망하였다. 唐 明皇은 唐 玄宗을 지칭하며, 712~756년 사이에 재위하였다. 전반기에는 史上 유례가 없는 국운의 융성을 이룩하여 '開元의 治'를 이루었다가, 후반기에는 간신을 임용하고 荒淫에 빠져서 '安史의 亂'을 초래하였다.

蓋夫天下는 **至大器也**[1]니 **非大明法度**면 **不足以維持**요 **非衆建賢才**면 **不足以保守**니이다 **苟無至誠惻怛憂天下之心**이면 **則不能詢考賢才**하고 **講求法度**니이다 **賢才不用**하고 **法度不修**하야 **偸假歲月**하면 **則幸或可以無他**나 **曠日持久**면 **則未嘗不終於大亂**이니이다

대저 天下는 지극히 큰 그릇이므로 法度를 크게 밝히지 않으면 이를 유지하기에 부족하게 되고, 우수한 인재들을 널리 배양하지 않으면 이를 보호하고 지키기에 부족하게 됩니다. 진실로 지극한 정성과 측은히 여기는 仁慈함으로 천하를 근심하는 마음이 없게 되면, 우수한 인재를 살펴 임용하고 법도를 바로 세우기를 강구할 수가 없게 됩니다. 우수한 인재를 임용하지 않고 법도를 닦지 않아서 하는 일없이 세월을 허비하면 요행히 다른 변고가 없을 수가 있으나, 헛되이 보내는 날이 오래 지속되면 큰 變亂으로 끝마치지 않은 王朝는 일찍이 없었습니다.

1) 蓋夫天下 至大器也 : ≪荀子≫ 〈王霸〉에, '國者 天下之大器也'라 한 것을 인용한 것이다.

伏惟皇帝陛下는 **有恭儉之德**하시고 **有聰明睿智之才**하시며 **有仁民愛物之意**하시니이다 **然享國日久矣**시니 **此誠當惻怛憂天下**요 **而以晉梁唐三帝爲戒之時**니이다 **以臣所見**으론 **方今朝廷之位**는 **未可謂能得賢才**요 **政事所施**는 **未可謂能合法度**니이다 **官亂於上**하고 **民貧於下**하야 **風俗日以薄**하고 **才力日以困窮**이어늘 **而陛下高居深拱**하사 **未嘗有詢考講求之意**하시니 **此臣所以竊爲陛下計**하야 **而不能無慨然者也**로소이다

엎드려 생각하옵건대 皇帝陛下께서는 공손하고 검소한 德과, 聰明叡智의 才能과, 백성들에게 仁慈하고 만물을 사랑하는 마음을 가지고 계십니다. 그리고 國君의 자리에 계신 지가 오래되었으니, 이때야말로 진실로 측은히 여기는 인자한 마음으로 천하를 근심해야 마땅하고, 晉·梁·唐의 황제들이 겪었던 일에 대하여 警戒하셔야 할 때입니다.

臣이 본 바로는 지금 조정의 벼슬자리에 유능한 인재들을 얻었다고 말할 수가 없고, 政事의 시행이 법도에 합치된다고 말할 수가 없습니다. 벼슬아치들은 위에서 어지럽고 백성들은 아래에서 가난하게 지내며, 風俗은 날로 피폐해지고 재정은 날로 궁핍해지고 있습니다. 그런데도 폐하께서는 높은 자리에서 팔장끼고 계시며 유능한 인재의

언행을 살펴 등용하거나 법도 세우기를 강구할 뜻을 갖고 계시지 않으니, 이것이 신이 삼가 폐하를 염려하여 慨然히 근심하지 않을 수 없는 이유입니다.

夫因循苟且하야 逸豫而無爲면 可以僥倖一時나 而不可以曠日持久니이다 晉梁唐三帝者는 不知慮此라 故災稔禍變이 生於一時면 則雖欲復詢考講求以自救나 而已無所及矣니이다 以古準今이면 則天下安危治亂을 尙可以有爲니이다 有爲之時 莫急於今日하니 過今日이면 則臣恐亦有無所及之悔矣일까하노이다 然則以至誠詢考而衆建賢才하시고 以至誠講求而大明法度를 陛下今日其可以不汲汲乎잇가 書에 曰 若藥不瞑眩이면 厥疾弗瘳[1]라하니 臣은 願陛下以終身之狠疾爲憂하시고 而不以一日之瞑眩爲苦하소서

대저 구차하게 우물쭈물 享樂과 安逸에 빠져 하는 일 없이 지내게 되면 한때의 요행을 누릴 수는 있으나, 하는 일 없이 세월을 허비하는 것이 오래 갈 수는 없습니다. 晉·梁·唐의 세 황제가 이를 염려할 줄을 몰랐기 때문에 재앙과 변고가 일시에 발생하였고, 그렇게 되자 비록 다시 인재를 살펴서 등용하고 법도의 시행을 강구하여 이를 스스로 구제하고자 하였지만, 이미 때가 늦어서 이룰 수가 없었던 것입니다.

이 옛일로써 현실을 대조해본다면, 천하를 안정시키느냐, 위태롭게 하느냐, 잘 다스리느냐, 혼란에 빠지게 하느냐에 대하여, 아직은 조치를 취할 수 있는 일이 있습니다. 조치를 취할 때가 오늘날보다도 화급한 적이 없으니, 오늘이 지나면 후회해도 소용이 없게 될까봐 신은 두렵습니다. 그러하오니 지극한 정성으로 살펴서 인재를 널리 등용하고, 지극한 정성으로 강구하여 법도를 크게 밝히시는 일을, 폐하께서 오늘날 부지런히 힘쓰지 않으셔서야 되겠습니까.

≪尙書≫에 이르기를, "만약 약을 먹었는데도 어찔한 현기증을 느끼지 않는다면, 그런 약으로는 병을 치유할 수가 없다." 하였으니, 신이 바라옵건대 폐하께서는 평생 지니고 계신 치명적인 질병〔弱點〕을 근심하시고, 하루 사이의 어찔한 현기증을 고통스럽게 여기시지 마시옵소서.

1) 書曰……厥疾弗瘳 : 이 내용은 ≪尙書≫ 〈商書 說命〉에 나온다.

臣旣蒙陛下採擢하야 使備從官[1]하니 朝廷治亂安危는 臣實預其榮辱이니이다 此臣所以

不敢避進越之罪하야 **而忘盡規之義**니이다 **伏惟陛下**는 **深思臣言**하사 **以自警戒**하시면 **則天下幸甚**이로소이다

신이 이미 폐하의 발탁을 받아서 從官의 一員이 되었으니, 朝廷의 治亂과 安危는 실로 臣 자신의 榮辱과 직결되는 바입니다. 이것이 신이 감히 職分을 초월하는 죄를 피하지 않고 規諫하는 도리를 다함을 잊지 못하는 까닭입니다. 엎드려 생각하옵건대 폐하께서는 신이 올린 말씀을 깊이 생각하시어 이로써 스스로를 경계하신다면 천하에 더없는 행운이 될 것입니다.

1) 從官 : 皇帝의 侍從官을 칭한다. 당시에 왕안석의 벼슬이 天子의 內制를 담당한 知制誥였으므로 자신을 從官이라 칭한 것이다.

07. 辭集賢校理狀* 集賢院 校理를 사양하는 글

* 本文은 至和 2年(1055) 3月에 올린 것이다. 狀은 文體의 一種으로, 윗사람에게 의견을 진술하거나 사실을 보고하는 문서이다.

荊公於淸要之選에 **每每固辭**하야 **至於八九**하나 **予僅錄此首與辭同脩起居注之二**하야 **以見公之難進之槪云**이라

荊公이 淸要職에 選任되었을 때에 번번이 固辭하여 8, 9차에 이르렀으나, 나(茅坤)는 이 글과 〈辭同脩起居注〉 등 두 首 만을 수록하여, 이로써 公이 벼슬에 나가기를 어렵게 여긴 槪況을 드러내었다.

右臣은 **今月二十二日**에 **准中書差人賫到勅牒一道**[1)]하면 **除臣集賢校理**니이다

위의 임명장에 이름이 오른 臣은, 금월 22일에 中書省 사람이 전한 勅牒 한 통에 의하면, 신을 集賢院 校理로 除授하셨습니다.

1) 右臣……准中書差人賫到勅牒一道 : 왕안석이 임명장인 勅牒을 받지 않고 반환하면서 사임을 원하는 이 辭狀을 뒤에 첨부하였으므로, 칙첩이 오른쪽(右邊이 윗자리가 됨)에 있게 된 것이다.

聞命震怖하야 不知所以로소이다 伏念臣頃者에 再蒙聖恩召試나 臣以先臣未葬하고 二妹當嫁하며 家貧口衆하야 難住京師하야 乞且終滿外任이러니 比蒙矜允하사 獲畢所圖러니이다 而門衰祚薄하야 祖母二兄一嫂가 相繼喪亡하야 奉養婚嫁葬送之窘이 比於向時爲甚하니이다 所以今玆纔至闕下[1)]하야 卽乞除一在外差遣하고 不願就試니이다

명을 받자 너무도 놀랍고 두려워서 어찌할 바를 모르겠습니다. 엎드려 생각하옵건대 臣은 지난번에 陛下께서 직접 불러 시험하시는 은혜를 거듭 입었으나, 신의 선친 장례가 끝나지 않았고, 두 누이가 시집갈 나이에 이르렀으며, 집안이 가난하여 여러 가족이 서울에 머물 수가 없어서, 앞으로 지방관으로 임기를 마치게 해줄 것을 빌었었는데, 애긍히 여겨 윤허해 주셔서 의도한 바를 이루고 마칠 수가 있었습니다.

그 이후 가문이 쇠락하고 복이 없어서 할머니와 두 형과 한 형수가 연이어 사망하였으므로 가족을 봉양하고 혼례와 장례를 치르는 군색함이 지난날에 비하여 더욱 심하게 되었습니다. 이것이 이제 闕下에 이르러 맡았던 업무에 관하여 보고를 드리자마자 즉시 外任에 差遣해 주시기를 빌고 시험에 응시하기를 원하지 않았던 이유입니다.

1) 今玆纔至闕下 : 이제 막 闕下에 이르렀다는 것은 舒州의 通判으로 임기를 마친 후 서울로 돌아와 담당하였던 일에 대하여 보고한 것을 칭한다. 闕下는 즉 조정을 칭한다.

以臣疵賤으로 謬蒙拔擢하야 至於館閣之選[1)]하니 豈非素願所榮이리잇가 然而不願就試는 正以舊制入館이면 則當供職一年이니 臣方甚貧하야 勢不可處로소이다 此臣所以不敢避干譽朝廷之罪하고 而苟欲就其營養之私니이다 不圖朝廷不加考試하고 有此除授하니 臣若避犯命之罰하야 受而不能自列이면 則是臣前所乞爲以私養要君이요 而誤陛下以無名加寵也니이다 又聞朝廷特與推恩이면 不候一年하고 卽與在外差遣이라호이다 且一年供職은 乃是朝廷舊制니 臣以何名으로 敢當此恩하야 而累朝廷隳廢久行公共之法이리잇가

臣은 허물이 많고 미천한 사람인데도 잘못 알려져 발탁의 은혜를 입어 館閣의 校理로 선발됨에 이르렀으니, 어찌 평소부터 원했던 영예가 아니겠습니까. 그런데도 시험에 응시하기를 원하지 않은 것은, 바로 예부터 전해오는 제도에 館閣에 들어가면 1년은 당연히 館職에 머물도록 되어있는데, 신은 지금 매우 빈한하여 형편상 관직을 담당

할 수가 없습니다. 이것이 신이 감히 조정에서 명예만을 추구하려 한다는 비난을 피하지 않고 구차하게 사사로이 생계를 도모하고자 하는 이유입니다.

그런데 뜻밖에도 조정에서 불러 시험해보지도 않고, 이 직임에 제수함이 있게 되었습니다. 신이 만약 조정의 명을 따르지 않아 받게 될 벌을 피하고자 이를 받아들이고 自述하지 않는다면, 이는 전에 애걸한 것이 개인적인 봉양을 위하여 군주를 이용한 것이 되고, 폐하께서 명망이 없는 사람에게 총애를 더하는 오류를 범하도록 한 것이 됩니다.

또한 조정에서 특별히 은혜를 베푸는 경우에는 1년을 기다리지 않고 곧바로 外任에 差遣하기도 한다고 들었습니다. 장차 1년간은 임용된 직분에 이바지해야 하는 것이 곧 조정에 예부터 전해오는 제도인데, 신이 무슨 명분으로 이런 은혜를 감당할 수 있으며, 조정에서 오랫동안 公的으로 공포, 시행해온 법을 허물어뜨릴 수 있겠습니까.

1) 館閣之選 : 集賢院이 館閣 三館중의 하나이므로 집현원 校理를 관각 교리라 한 것이다. 이곳의 館員을 황제가 특별히 우대하였으므로 尊榮한 자리로 여겨서 羨望의 대상이 되었다.

又見新制하니 **近臣薦擧官吏**에 **非條詔指揮**면 **不得用例施行**이니이다 **令出已來**로 **未能十日**이어늘 **今臣有此除授**는 **乃因近臣薦擧**니 **不加考試**하고 **又非條詔指揮**하니 **臣雖不肖**나 **獨何敢冒過分之寵**하야 **而以身爲廢法之首乎**잇가

臣이 새로 제정된 法制를 보니, 近臣이 관리를 천거한 경우 詔令으로 지휘한 것이 아니면 慣例가 있다 해도 시행할 수 없다고 되어 있습니다. 법령이 공포된 이래 아직 십일이 지나지 않았는데 이제 신에게 이런 제수가 있게 된 것은 곧 근신의 천거 때문이었으니, 임용을 위한 시험을 본 일도 없고 또한 詔書로 지휘한 것도 아니니, 신이 비록 못났지만 어찌 감히 특별히 과분한 은총을 무릅쓰고 받을 수 있으며, 몸소 새로 제정된 법을 허물어뜨리는 첫 번째 인물이 될 수 있겠습니까.

伏望聖慈察臣本意하사 **從臣私欲**하사 **追還所授**하시고 **特與除一在外合入差遣**하시면 **則使公義不虧于上**하고 **私行不失于下**니이다 **臣**은 **不任激切祈恩待報之至**로소이다 **所有勅牒**이나 **臣不敢受**하야 **謹具狀奏聞**하노이다

엎드려 바라옵건대 성스럽고 자애로우신 마음으로 신의 이런 뜻을 살펴주셔서, 신

의 사사로운 바람을 허용하시어 제수하신 校理職을 소급해 교체하여, 특별히 한 번 적합한 外職에 파견해 주시옵소서. 그렇게 된다면 公家의 理法이 위에서 훼손되는 일이 없고, 사사로운 행실이 아래에서 그르치는 일도 없게 될 것입니다.

신은 절실하게 은혜를 베풀어 주시기를 祈求하고, 이를 기다리는 지극한 마음을 감내하지 못하겠나이다. 勅命으로 내려 보낸 任命狀이 있는바 신이 이를 감히 받을 수가 없어서 삼가 辭狀과 함께 올리나이다.

宋大家王文公文抄 卷3

表・啓

荊公結知神宗하야 於表箋所上에 多鑱畫感動處라 予故於集內多錄하니 凡三十五首라

荊公이 神宗의 알아줌을 입게 되어 表箋을 올린 곳에 예리하게 지적하였거나 감동할 만한 곳이 많다. 나(茅坤)는 이 때문에, 이 文集 속에 여러 首를 收錄하였으니 모두 35首이다.

01. 除參知政事謝表* 參知政事에 除授됨을 감사하는 表

* 本表는 神宗 熙寧 2年(1069) 2月 參知政事에 除授된 후 올린 것이다. 참지정사는 재상의 다음 지위로 재상과 함께 정사를 管掌하였다.

表는 奏議類의 一種으로, 感謝나 祝賀의 글에 많이 썼고, 騈文體로 짓는 일이 많았다.

承弼之任은 賢智所難이라 顧惟缺然하니 何以堪此리오 仰膺成命하고 弗獲固辭로소이다 (中謝)[1] 竊以古先哲王은 考愼厥輔하고 皆有一德하사 用成衆功하니이다 伏惟皇帝陛下는 含獨見之明하시고 踐久安之運하사 甫終諒闇에 將大施爲하시니 宜得偉人하야 與圖庶政이니이다 如臣者는 徒以承學하야 粗知義方이나 本無他長하야 可備官使니 退安私室하야 自絶榮塗요 旣負采薪之憂하야 因逃竊位之責하니이다 大明繼燭하고 正路宏開하사 付以蕃宣이라가 還之侍從하시니이다 淸閒之宴에 或賜開延하시고 淺陋所聞을 每蒙知奬이로소이다 以爲奉令承敎는 庶幾無尤나 至於當軸處中은 良非所稱이어늘 寵光曲被하니 震媿交懷로소이다 此蓋伏遇皇帝陛下德懋旁求하야 志存遠擧요 隆寬盡下라 故忠良有以輸心하고 公聽竝觀이라 故讒慝不能肆志하니이다 矧睿謀之天縱에 方聖敬之日躋라

思稱所蒙에 **敢忘自竭**이리잇가 **遠猷經國**은 **雖或媿于前修**나 **直道事君**은 **期不隳於素守**하노이다

天子를 輔弼하는 임무는 유능하고 지혜있는 사람도 어렵게 여기는 바입니다. 돌이켜보건대 신은 부족함이 많으니 어찌 이를 감내할 수 있겠습니까. 發布하신 命을 우러러 받자옵고 굳이 사양하였으나 용납되지 않았습니다.

(中謝) 삼가 생각하옵건대 古代의 聖君은 보좌할 臣下를 신중히 고찰해 선발하였고, 모두 한결같은 恒德을 지니셔서 이 때문에 많은 공적을 남길 수 있었습니다.

엎드려 생각하옵건대 황제폐하께서는 뛰어나게 밝은 식견을 지니고, 장구하게 나라를 평안하게 할 計策을 시행하고 계시며, 이제 막 3년상을 마치셨으니 장차 크게 시행할 일이 있으실 것이므로, 마땅히 위대한 인물을 얻어서 그와 함께 각종 政務를 도모하셔야 할 것입니다.

臣 같은 사람은 다만 옛 학문이나 이어받았을 뿐이어서, 일을 처리할 때에 준수해야 할 규범과 도리나 대강 알 뿐이고, 본시 다른 장점이 없어서 맡은 관직에 인원이나 채울 뿐이니, 私家로 물러나 편안하게 지내며 스스로 영예로운 벼슬자리는 사양하고, 병을 지니고 있기 때문에 신이 지닌 才德에 과분한 벼슬자리를 竊取하는 책임에서 도피하려 했던 것입니다.

크게 밝으신 지혜로 밤늦게까지 힘쓰시며 바른 言路를 크게 열어 저에게 지방관을 맡기셨다가 侍從으로 소환하셨습니다. 맑고 한가하게 거처하실 때에 더러 말씀을 올릴 길을 열어주시기도 하였고, 천박 고루한 보고에도 번번이 이해해 주시고 勸獎해 주시는 은혜를 입었습니다.

명을 받들고 敎令을 받아들이면서 혹 과실이나 없기를 바랐는데, 中樞職인 參知政事를 담당함에 이르러서는 진실로 적합한 바가 아닙니다. 은총과 영광을 이에 합당하지 않은 신이 잘못 누리게 되니 놀라움과 부끄러움이 교차됩니다.

이는 대체로 황제폐하께서 德行이 盛한 사람을 널리 구하심을 만나서 뜻을 원대하게 드날릴 수 있게 된 것이고, 크게 너그러운 사랑을 극진히 펼치셨기 때문에 충성스럽고 어진 이들이 忠誠心을 바칠 수 있게 된 것이며, 공정하게 들으시고 관찰하셨으므로 남을 헐뜯는 사특한 무리들이 뜻을 펼 수 없게 된 것입니다.

하물며 현철하신 計策은 하늘이 부여하신 것인지라 바야흐로 폐하의 성스러움과 恭敬이 나날이 높아지시니, 은혜에 부응하기를 생각하니 감히 스스로 진력하기를 망각할 수가 있겠습니까. 치국의 원대한 계책이 비록 더러 前賢들에게 부끄러움이 있다해도, 바른 도리로 군주를 섬기고자 하는 평소에 지키고 있던 節操를 저버리지 않을 것을 期約하나이다.

1) 中謝 : 옛날 신하가 황제에게 올리는 謝表에는 慣例的으로, '誠惶誠恐 頓首死罪' 등의 套式語를 써서 謙恭을 표시하였는데, 후세에 문집을 편집할 때에는 이를 생략하고 夾注에 '中謝'라는 두 자를 넣은 경우가 많았다.

02. 除平章事監修國史謝表* 平章事, 監修國史에 제수됨을 감사하는 表

* 神宗 熙寧 3년(1070) 12월에 禮部侍郎 平章事 監修國史에 임명되었으므로 본 謝表를 올린 것이다.

平章事는 中書門下平章事의 略稱으로 宰相의 職名이고, 監修國史는 國史編纂을 담당한 史館의 長으로 宰相이 兼領하는 것이 관례였다.

臣某는 **言**하노이다 **伏奉恩命**하야 **特授金紫光祿大夫**[1]**行尙書禮部侍郎**[2]**同中書門下平章事監修國史上柱國**[3]하고 **進封開國公**[4]하야 **加食邑一千戶**[5]하고 **實封四百戶**[6]하며 **仍賜推忠協謀佐理功臣**[7]하시니이다 **尋具表陳免**이나 **蒙批答不允**하고 **仍斷來章者**로소이다

臣 某는 말씀을 올리나이다.

삼가 은혜로운 임명을 받들게 되어 특별히 金紫光祿大夫 行尙書禮部侍郎 同中書門下平章事 監修國史 上柱國에 除授되었고 開國公에 進封되었으며, 食邑 一千戶를 더해주시고 實封이 四百戶이며, 이어서 推忠協謀佐理功臣의 勳號를 내려 주셨습니다. 이에 즉시 表를 올려 거두어 주시도록 進言하였으나 윤허하지 않는다는 批答을 내리시고, 이어 올린 表章은 접수해 주지 않으셨습니다.

1) 金紫光祿大夫 : 文散官 正三品의 칭호이다.

2) 行尙書禮部侍郎 : 行은 品階는 높으나 擔當 職責은 낮은, 즉 位高職卑를 칭하는 것이고, 尙書는 尙書省의 약칭으로 六部를 관할하는 最高行政機構이다. 禮部는

禮儀, 祭享, 科擧試驗 등을 관장하는 기구이고, 侍郎은 副長官에 해당하는 관직이다.

3) 上柱國 : 功이 있는 신하에게 수여하는 명예직으로 正二品官에 해당된다.

4) 開國公 : 宋代의 封爵에는 王, 嗣王, 郡王 등 12等級이 있었는데, 그 가운데 開國公은 第6等級에 해당된다.

5) 加食邑一千戶 : 원래 가지고 있던 식읍에 일천호를 더해 주었다는 뜻이다. 食邑은 君王의 친족이나 신하에게 일정량의 公田을 하사하여 그 수입으로 衣食과 일상생활의 비용에 쓰게 한 것이다.

6) 實封四百戶 : 漢代에는 冊封받은 食邑의 租稅收入을 모두 가질 수 있었으나, 魏晉代 이후에는 名譽에 해당하는 虛封이 되었으며, 實封의 收入만을 책봉받은 사람이 생활비로 쓸 수 있었다.

7) 推忠協謀佐理功臣 : 당시 宰相에게 내려준 名譽稱號이다.

揚于大庭하야 寵以高位하시고 歸之翊戴之重하사 諉之宰制之平하시니이다 聖心方愼於旁求시나 小臣知難於上稱이로소이다 (中謝) 臣聞人君은 代天而理物하고 人臣은 資父以事君[1]이라 然而君臣之大義有方하야 非若父子之至恩無間이니이다 須倡而後和면 則誠意每患於難通하고 不入而後量[2]이면 則忠力或嫌於自獻이니이다 唯成湯之聽伊尹[3]과 與傅說之遇高宗[4]이 皆以疏遠而相求어늘 何其親厚之獨至잇가 蓋所趨非由於二道라 故所爲若出於一身하니 夫豈干越夷貉[5]之異心이릿가 是謂元首股肱之同體니이다 二臣旣以此로 獲展事君之義하고 兩君亦以此로 得成理物之功하니 苟非其人이면 孰與於此리잇가

朝廷에서 드날리도록 높은 지위를 베풀어 주셨고, 皇上을 보좌하는 중책을 허락하고 宰相으로 업무를 공평히 처리하도록 의탁하셨습니다. 성스러운 황상께서 인물을 신중하게 널리 구하셨으나, 소신은 황상의 뜻에 부합하기가 어려움을 압니다.

(中謝) 신이 들으니, "君主는 하늘을 대신하여 사람들을 다스리고, 臣下는 부모를 봉양하는 마음으로 군주를 섬겨야 한다." 하였습니다. 그리고 君臣間의 大義에는 일정한 도리가 있어서, 지극한 은혜로 맺어진 父子間처럼 서로 틈이 없는 것 같을 수는 없습니다. 모름지기 君主는 앞에서 이끌고 신하는 뒤에서 따르기만 하면 언제나 성의가 통하지 못할까 걱정되고, 군주를 들어가 뵌 뒤에 그 의견이 옳은지 그른지를 따져서는

안되니, 그렇게 하면 이는 충성스러운 노력이 혹 자신의 사사로운 뜻을 드러내는 것이 될까 꺼려서입니다.

오직 成湯이 伊尹의 말을 들은 것과 傅說이 高宗을 만난 것이 모두 멀리 떨어져 있으면서 서로 찾은 것인데, 어쩌면 그다지도 親厚함이 유독 지극했던 것입니까. 대체로 목표한 바가 서로 다르지 않았으므로 마치 한사람의 몸에서 나온 것과 같았으니, 대저 어찌 吳越이나 夷貉처럼 다른 마음을 가졌겠습니까. 이를 일러 元首인 君王과 股肱인 大臣이 한 몸과 같았다고 하는 것입니다.

저 두 신하는 이 때문에 군주를 섬기는 義理를 펼칠 수 있었고, 두 군주 또한 이 때문에 백성을 잘 다스리는 업적을 이룰 수 있었으니, 진실로 그런 사람들이 아니었다면 누가 이런 업적에 참여할 수 있었겠습니까.

1) 人臣 資父以事君：≪孝經≫ 經一章에, "부모를 공경함을 바탕으로 하여 이로써 군주를 섬기되 공경하는 것은 같다.〔資於事父以事君而敬同〕"이라 한 것을 援用한 말이다.

2) 不入而後量：≪禮記≫ 〈少儀〉에, "군주를 섬기는 사람은 아뢸 말씀을 미리 정리한 후에 들어가 뵈어야 하지, 들어가 뵈온 이후에 아뢸 말씀을 생각해서는 안 된다.〔事君者 量而後入 不入而後量〕"고 한 내용을 원용한 것이다.

3) 成湯之聽伊尹：成湯은 夏를 滅하고 商(殷)을 세운 君王이고, 伊尹은 그를 섬긴 名宰相으로 家奴출신이었다 한다.

4) 傅說之遇高宗：高宗은 商王 武丁으로, 傅巖에서 版築에 종사하는 奴隸 傅說을 발탁하여 宰相에 임명하였고, 그의 보좌를 받아 中興之主가 되었다.

5) 干越夷貉：干越은 중국 남방의 吳越을, 夷貉은 東方과 北方의 오랑캐를 칭한다.

臣受材單寡나 逢運休明하야 初涉獵於藝文이라가 稍扳緣於祿仕하니이다 曩塵近侍하야 積媿空餐하고 悲遽隔於庭闈하야 分長依於丘隴이러니이다 俄値纂承之慶하야 繼叨收召之榮하니 責以論經이나 尙少知於訓詁요 使之與政이나 曾莫助於猷爲로소이다 矧以拙直而見知하야 遂爲姦回之所忌로되 伏遇皇帝陛下納之以天地之量하시고 照之以日月之明하사 數加獎勵之恩하시고 每辨讒誣之巧하시니이다 重遭卜相하야 申勅備官하시고 終遜避之無繇하야 更兢慙於非據로소이다 伏惟皇帝陛下는 樂古訓之獲而忘其勢하시고 惡邪

辭之害而斷以心하시며 勿貳於任賢하시고 務本以除惡하사 使萬邦有共惟帝臣之志하고 萬姓有一哉王心之言하시니이다 則進無求名之私하고 退有補過之善이 臣之願也니 天實臨之로소이다

臣은 천부적 재능이 천박하고 부족한데도 아름답고 밝은 시대를 만나, 처음에는 文筆을 담당하는 자리를 얻었다가 차츰 후한 녹을 받는 벼슬자리에 천거 발탁되었습니다. 지난 날 近侍의 職을 맡아 부끄럽게도 공적도 없이 녹을 받아 먹었으며, 부모님과 떨어져 있다가 돌연 어머니 상을 당하여 오래도록 무덤 곁에서 侍墓하는 것을 분수로 여겼습니다.

얼마 지나지 않아 폐하께서 皇位를 계승하시는 큰 경사를 만나, 이어서 불러주시는 영예를 입었습니다.

經書 講論의 책임을 맡았으나 오히려 옛 經傳의 해석에 지식이 모자랐고, 政事에 참여하게 하셨으나 일찍이 功業을 이루시는데 도움을 드린 일이 없고, 더구나 졸렬하고 우직한 인물로 알려져서 드디어 간악한 사람들의 기피인물이 되었는데도, 삼가 황제폐하께서 天地와 같은 너그러운 아량으로 용납해 주시고 日月과 같은 밝으심으로 비추어 주심을 만나서, 여러 차례 勸獎하고 激勵하는 은혜를 더해 주시고, 매번 교묘히 비방하는 말들을 바르게 판별해 주셨습니다.

거듭 宰相의 재목으로 선발하시고 勅令을 내리셔서 벼슬자리에 있게 해 주셨으며, 끝내 겸손히 사양하려 하였으나 실현할 수가 없었고, 官位를 맡을 자격이 못되므로 더욱 조심하며 부끄러워하였습니다.

엎드려 생각하옵건대 皇帝陛下께서는 옛 성현의 가르침을 따르기 즐거워하시고 일시적인 형세의 불리함은 고려하지 않으시며, 간악한 말의 해됨을 미워하셔서 마음으로 바른 결단을 내리시고, 유능한 이에게 맡기고서는 의심하지 않으시며, 근본적인 일에 힘쓰셔서 惡을 제거하여, 萬邦으로 하여금 모두가 오직 폐하의 신하가 되게 할 생각만 하시고, 萬百姓들로 하여금 군주의 한결같은 마음을 찬양하게 하십니다.

그런즉, 나아가서는 私的인 名譽를 추구함이 없고 물러나서는 過失을 보완할 善한 마음을 갖고자 함이 臣이 원하는 것이니, 이는 실로 하늘이 굽어보는 바입니다.

03. 觀文殿學士知江寧府謝上表* 觀文殿學士, 知江寧府에 제수됨을 감사하여 올린 表

* 本文은 神宗 熙寧 4년(1071) 6월에 올린 것이다. 觀文殿學士는 觀文殿太學士의 약칭으로, 황제를 시종하며 고문에 응하는 직책이며, 職任은 없으나 資望은 극히 높은 지위이다. 知府는 州보다 상급 지방구역인 府의 최고수령으로 전임 宰臣이 담당함이 관례였다. 江寧府는 現 江蘇省 一圓으로 治所는 現 南京이었다.

文有典刑이라

글 속에 일정한 법도가 있다.

臣某는 **言**하노이다 **伏奉制命**호니 **授臣觀文殿學士吏部尙書知江寧軍府事**일새 **臣已於六月十五日**에 **到任訖**하니이다

臣 某는 말씀을 올리나이다.

엎드려 칙명을 받자오니, 신을 觀文殿學士 吏部尙書 知江寧府事에 제수하셨으므로, 신은 이미 6월 15일에 부임을 마쳤습니다.

久妨賢路하고 **上負聖時**하야 **苟逃放殛之刑**이어늘 **更濫褒揚之典**이로소이다 **逸其犬馬將盡之力**하사 **寵以丘墓所寄之邦**하시니 **仰荷恩私**가 **皆踰分願**이로소이다 (中謝) **臣操行不足以悅衆**이요 **學術不足以趣時**하야 **獨知義命之安**이니 **敢望功名之會**리잇가 **値遭興運**하야 **總領繁機**하사 **惟睿廣之日躋**어늘 **顧卑凡而坐困**하니이다 **秋水方至**에 **因知海若之難窮**[1]이요 **大明旣升**에 **豈宜爝火之弗熄**[2]이리잇가 **加以精力耗於事爲之衆**하고 **罪戾積於歲月之多**하니 **雖恃含垢之寬**이나 **終懷覆餗之懼**로소이다 **伏蒙陛下志存善貸**하고 **爲在曲成**하야 **記其事國之微誠**하고 **閔其籲天之至懇**하사 **撓黜幽之常法**하야 **示從欲之至仁**하시니이다 **經體贊元**에 **廢任莫追於旣往**이요 **承流宣化**에 **收功尙冀於方來**니이다

〈아래로는〉 오랫동안 유능한 이들이 진출할 길을 방해하고 위로는 성인이 다스리는

시대를 저버려, 진실로 엄한 처형을 받아야 할 처지인데도 逃避하였거늘 도리어 참람하게도 포상해 드날려주는 恩典을 입었습니다. 犬馬처럼 주인을 위해 장차 힘을 다해야 할 자리에서 풀어 주시어, 父母의 무덤이 있는 지방의 관원으로 보내주시는 은총을 베풀어 주시니, 은총을 입은 것이 모두 본시 원했던 것보다도 분수에 넘칩니다.

(中謝) 臣의 行實은 대중을 기쁘게 하기에 부족하고, 學術은 시대의 흐름을 따라가기에 부족합니다. 오직 天命의 편안함만을 알 뿐이니, 감히 공명을 드날릴 때를 만나기를 기대했겠습니까. 國運이 흥륭하는 시운을 만나 복잡한 정무를 총괄하였고, 성스럽고 밝은 감화가 날로 증대하는 시대에, 돌이켜보건대 비천하고 평범한 사람이라 곤란을 겪었습니다.

〈가을 물이 불어나게 되자 河伯이 그 형세를 자만하다가〉 海若이 다스리는 大洋을 따라잡기 어려움을 알게 되었으니, 해와 달이 이미 떴는데 어찌 횃불을 끄지 않음이 마땅하겠습니까. 이에 더하여 精力은 하는 일이 많아서 소모되었고 罪過는 세월이 지날수록 쌓여갔습니다. 비록 결함이 많은 이 몸을 용납해 주시는 관대함을 입었으나 끝내 임무를 그르칠까봐 두려움을 품게 되었습니다.

삼가 폐하께서 착하게 베푸시는데 뜻을 두시고 다방면으로 성취함이 있게 해주시는 데에 힘입어, 臣이 나라를 섬기는 작은 정성을 기억해 주셨고, 하늘에 외치는 지극한 간절함을 가엾게 여기셔서, 臣이 업적이 열등한 관원을 내쫓도록 되어있는 常法을 어지럽혔는데도, 요청을 들어주시는 지극한 어지심을 베풀어 주셨습니다. 국가를 경영하고 元首를 輔弼함에 소홀히 했으나 이미 지나간 것은 바로잡을 수가 없지만, 教化를 이어받아 은덕을 베풂에 功을 거두는 것은 오히려 장래에 기대할 수 있을 것입니다.

1) 因知海若之難窮：≪莊子≫ 〈秋水〉에, 강을 다스리는 神인 河伯이 끝없이 넓은 바다를 보고는 도저히 따라잡을 수 없음을 자인했다는 내용을 인용하여, 왕안석 자신은 바다같이 드넓으신 황제의 경지를 따라잡을 수가 없음에 비유한 것이다. 海若은 바다를 다스리는 신이다.

2) 豈宜爝火之弗熄：≪莊子≫ 〈逍遙游〉의 "해와 달이 떴는데도 횃불을 끄지 않는다면 그 빛을 밝히기가 어렵지 않겠는가.〔日月出矣 而爝火不息 其于光也 不亦難乎〕" 라는 내용을 인용한 것으로, 황제의 덕화는 일월과 같고 자신은 일월이 없는 밤에나 약간 밝힐 수 있는 횃불과 같다 하여, 자신이 하찮은 존재임을 밝힌 것이다.

04. 除平章事昭文館太學士謝表* 平章事, 昭文館太學士에 제수됨을 감사하는 表

* 이 表는 神宗 熙寧 8년(1075) 2월 知江寧府事 王安石을 중앙으로 소환하여 前官인 平章事와 昭文殿太學士에 제수하자 올린 것이다. 昭文館은 圖書를 관장하는 학술기관으로 圖籍의 收藏, 修撰, 校讎와 학생교육을 담당하고, 그 長인 大學士는 宰相이 兼領함이 원칙이었다.

荊公奮勵를 可掬이라

荊公이 분발하여 노력함을 간파할 수 있다.

臣某는 言하노이다 伏奉制命호니 特授臣同中書門下平章事昭文館大學士兼譯經潤文使[1]하시고 加食邑一千戶하고 食實封四百戶하며 仍改賜推忠協謀同德佐理功臣이어늘 尋具表陳免이나 蒙降批答不允하시고 仍斷來章者로소이다

臣 某는 말씀을 올리나이다.

삼가 勅命을 받자오니, 특별히 臣을 同中書文下平章事 昭文館大學士 겸 譯經潤文使에 제수하시고, 食邑 一千戶를 더해 주시고 食實封이 四百戶이며, 이어서 前에 내렸던 勳號를 推忠協謀同德佐理功臣으로 고쳐 하사하셨습니다. 이에 즉시 除授를 거두어달라는 表를 올렸으나 批答을 내려 允許하지 않을 뜻을 밝히셨고, 이어 올린 表章은 접수를 거절하셨습니다.

1) 譯經潤文使 : 譯經院에 소속된 관원으로, 宰相이 兼領함이 원칙이었고, 譯經한 글의 潤色을 담당한 직위이다. 譯經院은 佛經의 漢譯과 刊行을 목적으로 太宗의 命으로 太平興國 7년(982)에 설립된 기관이다.

承流宣化에 方虞失職之誅하고 經體贊元에 更懊選賢之擧로소이다 (中謝) 臣竊惟人物之會通常寡하니 實以君臣之遇合至難이니이다 自匪同聲氣之求[1]면 孰能偕功名之享이

릿가 伏惟皇帝陛下는 天縱大聖으로 人與成能[2)]하사 乘百年久安之機하시고 飭千歲積壞之蠹하시니이다 士誠服矣로되 而持祿養交之習未殄하고 民允懷矣로되 而樂事勸功之志未純이로소이다 近或長阨하야 而仁義之澤未流하고 遠或虛僑하야 而道德之威未立이로소이다 宜選於衆하야 擧格于皇天之材하고 使曁乃僚하야 纘迪我高后[3)]之事하소서 冀勝所任하사 以濟斯時하소서

敎化를 계승하여 德化를 펼치는 데는 바야흐로 직분을 수행하지 못하여 처형을 받게 될까 우려하였고, 국가를 경영하며 元首를 보필하는 데는 다시 先賢들의 업적을 그르칠까 두려웠습니다.

(中謝) 신이 삼가 생각하옵건대 融和하여 相通한 人物이 늘 모자랐으니, 君臣間으로 만나서 의기가 투합하기는 지극히 어려운 일입니다. 진실로 指向點이 같아서 서로 필요로 하지 않는다면 누가 능히 功名을 함께 누릴 수 있겠습니까.

삼가 생각하옵건대 皇帝陛下께서는 하늘이 내려준 大聖으로 사람들이 폐하께서 이루어 놓으신 功能에 참여하니, 百年의 오랜 기간 천하가 太平해진 시대가 된 계기를 타고 오랜 세월 쌓여온 積弊를 정리하셨습니다.

선비들이 진실로 悅服하고 있으나 權貴와 結交하여 벼슬자리를 유지하려는 습속은 아직 다 없어지지 않았고, 백성들이 진실로 순종하고 있으나 자기 일을 즐기며 공적 이루기를 고무하는 뜻은 아직 온전하지 못합니다. 近臣 중에는 혹 오래도록 곤궁하여 인의의 은택이 널리 퍼지지 못하고, 遠方의 관리는 공적도 없이 헛되이 교만하기만 하여 道德의 위엄이 확립되지 못하고 있습니다. 마땅히 衆人 가운데서 선발하여 하늘을 감동시킬 인재를 등용하시고, 그 屬僚들을 부림에 이르러서는 우리 高后의 事績을 계승하소서. 맡으신 임무를 잘 처리하시기를 기약하고, 이로써 이 시대의 일을 구제하소서.

1) 同聲氣之求 : 지향점이 같으면 서로 구한다는 뜻으로, ≪周易≫ 乾卦 〈文言傳〉에 "같은 소리는 서로 호응하고 같은 기운은 서로 찾는다.〔同聲相應 同氣相求〕"라고 한 데서 나온 말이다.

2) 人與成能 : ≪周易≫ 〈繫辭 下〉에 "天地가 자리를 베풂에 聖人이 능함을 이루니, 사람에게 도모하고 귀신에게 도모함에 백성이 능함에 참여한다.〔天地設位 聖人成能 人謀鬼謀 百姓與能〕"라고 보인다.

3) 高后 : 宋의 開國君主인 太祖 趙光胤을 칭한다.

而臣은 蚤見知於隱約之中하고 久獨立於傾搖之上하니 勳庸弗效나 恩禮更加하시고 託備外藩하야 俯隣朞歲하시고 遂叨詔獎하사 還冠宰司[1]하시니이다 自視羈單이요 所懷蹇淺하니 方古耕築則有其陋하고 爲世聘求則無其賢이로소이다 然以投老之軀로 而遭難値之運하니 苟貪歲月하야 趣就涓埃니이다 且上之施旣光이면 則下之報宜厚니 與之戮力하야 仰承睿知之臨하고 罔不同心하야 俯賴忠良之協호리이다 誓殫疏拙하야 圖稱休明하노이다

그리고 신은 일찍이 困厄을 당한 가운데서 인정을 받았지만 오래도록 뒤흔들어대는 가운데서 고독하게 지냈습니다. 功勳을 바치지 못했는데도 은혜를 베푸는 예우는 더욱 더해 주셨고, 地方官으로 임명하여 1년 동안 굽어 살펴 주셨고, 드디어 외람되게도 조서를 내려 격려하시며 宰司의 長으로 임명하여 소환하셨습니다.

스스로 살펴보건대 외로운 나그네로 품고 있는 學識이 淺薄합니다. 옛 농사일을 본받고자 하나 비루함이 있고, 賢人으로 알려져 초빙받고자 하나 유능함이 없습니다. 그러나 늙어가는 몸으로 만나기 어려운 운을 만났으니, 구차히 세월이나 탐하면서 하찮은 일에나 나아가고자 합니다. 또한 위에서 베푸신 은혜가 이미 크면 아래에서 보답함도 厚해야 마땅하니, 온 능력을 다 발휘하여 위로 성스럽고 지혜로운 황상의 뜻을 받들고, 마음을 함께하지 않음이 없이 아래로 忠良한 臣下들의 협력에 의지하겠습니다.

맹세코 성글고 졸렬한 능력이나마 다 발휘하여, 皇上의 至大한 光明에 副應하기를 도모하겠습니다.

1) 宰司 : 宰相의 治所인 中書門下省을 칭한다.

05. 辭免使相判江寧府表* 使相判江寧府의 사직을 청하는 表

* 王安石이 神宗 熙寧 9년(1076) 10월에 鎭南軍節度使 同平章事 判江寧府에 제수되었으므로, 이 表는 그때에 올린 것으로 思料된다. 宰相으로 있다가 節度使로 나가는 사람에게 使相의 칭호를 주어 우대하였다.

得君之寵이면 多危懼라

군왕의 은총을 입게 되면 위태로움과 두려움이 많게 된다.

臣某는 **言**하노이다 **近具表辭免恩命**이나 **伏蒙聖慈批答不允者**로소이다

臣 某는 말씀을 올리나이다.

근자에 은혜를 베풀어 임명해 주신 자리의 사직을 허락해 달라는 표를 올렸으나, 삼가 성스럽고 자애로운 황상께서 윤허하지 않겠다는 비답을 내리셨습니다.

寵私未愁이어늘 **更加褒勉之恩**하시니 **分義所存**에 **敢冒叨貪之恥**리잇가 **(中謝) 伏念臣江湖一介**로 **特荷聖知**하야 **帷幄七年**에 **再陪國論**하니 **久居亢滿**에 **所以深懼災危**요 **積致衰疲**에 **所以懇辭機要**로소이다 **若猶尸將相之厚祿**하고 **且復殿方面之大邦**이면 **則是於惡盈之時**에 **欲富而弗止**하며 **以宣力之地**에 **養痾而自營**이로소이다 **聖慈雖或優容**이나 **官謗何由解免**이리잇가 **伏望皇帝陛下**는 **俯垂念聽**하시고 **特賜矜從**하사 **使盛世無虛授之嫌**하시고 **孤臣有少安之幸**하소서

개인에게 내려 주신 은총이 아직 남아있는데, 褒奬 勉勵하는 은혜를 더하여 주셔서, 情義가 敦篤하신 바이니, 감히 貪婪을 도모하는 부끄러움을 무릅쓸 수 있겠습니까.

(中謝) 엎드려 생각하옵건대 신은 江湖의 한 하찮은 인물로 특별히 聖上의 인정을 받아, 측근으로 7년간 모시면서 거듭 國論을 주관하는 재상이 되었으니, 지극히 높은 지위에 오래 머문 것이 재앙의 위험이 깊어지는 이유가 될까봐 두려워하였으며, 국운의 쇠미함이 누적될까봐 樞機가 되는 要職을 간절히 사양한 것입니다.

마치 하는 일 없이 자리만 지키며 후한 봉록만 축낸 듯하고, 또다시 한 지방의 軍務를 담당하여 振武를 펼칠 때에는 악이 가득 찬 시기였음에도 불구하고 부유하게 하고자 하는 노력을 그치지 않았으며, 힘을 다해야 할 지위에 있으면서 병이나 정양하며 私的인 일을 도모하였습니다. 성스럽고 자애로운 성상께서 비록 관용을 베푸셨으나, 관직을 제대로 수행하지 못하여 받게 된 비난을 어찌 모면할 수 있겠습니까.

엎드려 바라옵건대 황제폐하께서는 굽어 살피시고, 특별히 哀矜히 여겨 辭職을 윤허하시어, 聖君이 다스리는 시대에 능력도 없으면서 제수받았다는 혐의를 없게 하시

고, 멀리 떨어져있는 臣에게는 조금 편안히 지내는 행운이 있게 하소서.

06. 朱炎傳聖旨令視府事謝表* 朱炎이 府의 일을 주재하도록 하는 聖旨를 전한데 감사하는 表

* 神宗이 朱炎을 江寧으로 보내어 왕안석으로 하여금 府의 일을 住持하도록 명하자, 熙寧 10년(1077) 3월에 이 表를 올렸다.

臣某는 **言**하노이다 **三月二日**에 **提擧江南路**[1]**太常丞**[2]**朱炎**이 **傳聖旨**하야 **令臣便視府事者**니이다

臣 某는 말씀을 올리나이다.

3월 2일에 提擧江南路 太常丞 朱炎이 전한 聖旨에, 신에게 즉시 府의 사무를 주재하도록 명하셨습니다.

1) 提擧江南路 : 提擧는 宋代에 설치한 특정 업무를 주관하는 提擧官으로, 여기서는 江南路의 특정업무를 주관하는 관원을 칭한다.
2) 太常丞 : 禮樂, 郊廟, 社稷, 陵寢 등을 관장하는 太常寺에서 太常寺卿과 少卿을 보좌하는 職任을 가진 관원이다.

使指遄臻하야 **訓詞俯逮**어늘 **敢圖衰疾**하야 **尙誤眷存**이로소이다 (**中謝**) **伏念臣**은 **曲荷搜揚**이나 **久孤付屬**이라 **有能必獻**이면 **未嘗擇事而辭難**하고 **無力可陳**이면 **乃始籲天而求佚**하나이다 **然方焦思有爲之日**에 **以此懷恩未報之身**으로 **苟營燕安**이면 **豈免慙悸**리잇가 **伏蒙陛下仁惟求舊**하니 **義不忘遐**어늘 **乃因乘軺將命之臣**하야 **更喩推轂授方之意**로소이다 **踦屨無用**이어늘 **誠弗忍於棄捐**[1]하시니 **朽株匪材**로 **尙奚勝於器使**[2]리오마는 **永惟奬勵**하야 **徒誓糜捐**하노이다

조정의 명령이 급히 내려와 가르침의 말씀이 아랫사람에게 이르렀으나, 감히 衰疾을 치료하느라 오히려 돌보아 주시는 뜻을 그르친 듯합니다.

(中謝) 엎드려 생각하옵건대 신은 발탁 등용해 주신 은혜를 입었으나 오랫동안 분부

하신 뜻을 저버렸습니다. 반드시 獻策할 만한 것이 있으면 일찍이 일을 택하여 어려움을 사양하지 않았고 펼칠 만한 능력이 없으면 곧 황상께 호소하며 隱遁하기를 원했습니다. 그러나 지금이 바로 마음을 다하여 일을 이룸이 있어야 하는 때이고, 이를 은혜롭게 여기면서도 보답을 못하였으며 구차하게 安逸만을 추구하였으니, 어찌 부끄럽고 두려움을 면할 수 있겠습니까.

삼가 폐하의 옛 신하를 찾으시는 어지신 은혜를 입었으니 의리상 멀리 있는 소신이 이를 잊지 않아야 하는데, 이에 軺車가 달려와 曉諭하면서 한 지방을 다스리라는 임무를 수여하였습니다. 외짝 신은 쓸모가 없으나 진실로 차마 버리지는 않으셨고, 썩은 그루터기처럼 쓸모가 없는데도 오히려 능력을 헤아려 부리려 하시니, 어찌 이를 감당할 수 있겠습니까.

勉勵하시는 뜻을 영원히 유념하고, 다만 이 생명을 다 바칠 것을 맹세합니다.

1) 誠弗忍於棄捐 : 賈誼의 ≪新書≫ 〈諭誠〉에, 옛 楚 楚王이 吳와 전쟁을 하다가 패하여 후퇴할 때에 신발 한 짝이 찢어져 벗겨지자, 30보 쯤 달아나다가 다시 돌아와 그 신을 찾아 신었다. 그 후 좌우에서 묻기를, "왕께서는 어찌 외짝 신발을 그리 아까워하셨습니까?" 하니, 王이 "초나라가 비록 가난하지만 어찌 신 한 짝을 아까워하겠는가. 군사들과 함께 후퇴하려는 뜻으로 한 것이다.〔昔楚昭王與吳人戰 楚軍敗 昭王走 屨決踦而行失之 行三十步 復旋取屨 及至于隋 左右問曰 王何曾惜一踦屨乎 昭王曰 楚國雖貧 豈愛一踦屨哉 思與偕反也〕" 한 데서 따온 것으로, 무능한 신하이지만 버리지 않으시는 황제의 덕을 찬양한 것이다.

2) 器使 : ≪論語≫ 〈子路〉에 "군자는 섬기기는 쉬워도 기쁘게 하기는 어려우니, ……사람을 부리는 데는 그릇에 맞게 한다.〔君子 易事而難說也……及其使人也 器之〕"라고 한 데서 유래한 말로, 재주와 역량을 헤아려서 쓴다는 말이다.

07. 差弟安上傳旨令授勅命不須辭免謝表* 아우 安上에게 傳旨를 내려 勅命으로 임명하시고, 辭免을 윤허하지 않으심에 감사하는 表

* 이 表는 〈長編〉에, "熙寧十年十月戊子 權發遣度支判官 右贊善大夫王安上權發遣江南東路提點刑獄"이라 하였고, 왕안상이 江寧에 도착한 후에 올린 것이므로, 熙寧 10년(1077) 10월이나 11월에 지은 것으로 보인다.

臣某는 言하노이다 伏蒙聖恩하야 差弟安上提點江南東路刑獄하니 以臣衰疾로 就令照管하시고 仍傳聖旨하사 令臣便授勅命하사 更不須辭免者로소이다

臣 某는 말씀을 올리나이다.

삼가 聖恩을 입어 아우 安上이 提點江南東路刑獄으로 임명을 받았습니다. 臣의 衰疾 때문에 대신 맡아 관할하도록 명하셨고, 이어 聖旨를 신에게 보내어 바로 칙명을 내리셔서, 다시 사직하고자 하는 뜻을 이루지 못하였습니다.

江海衰殘하니 雲天悠遠이요 恩言狎至하니 感涕交流로소이다 (中謝) 伏念臣積荷知憐이나 初無報稱하니 豈圖賤質이 上簡聖心이리잇가 數遣中人하시고 間因外使하사 喩以眷懷之至意하시고 慰其憂苦之餘生하시니이다 惠焉既久而彌加하사 告矣雖頑而未捨하시고 乃至召見同產하사 馳賜十行之書[1)]하시고 使營私門하사 就捐一路之寄하시며 訪逮纖悉하사 矜及隱微하시니이다 追千載之遭逢에 殆無前比요 顧百身之糜殞에 安可仰酬리잇가 唯當祗聖訓之鴻私라 豈敢固愚衷之小諒이리잇가 重念無傷於國體하고 乃爲不負於天慈로소이다 欲以里居之安이나 而尸官廩之厚하니 固已犯明義어늘 而累食功之實이온 況復干隆名하야 而長昧利之風하니이다 至於詞窮하야 雖兢慙於屢黷이나 可以理奪하사 終冀幸於矜從하노이다

江海에서 衰殘하게 지내니 天子께서 계신 곳은 더욱 멀고, 은혜로운 말씀이 연이어 이르니, 감격의 눈물을 흘리게 되었습니다.

(中謝) 엎드려 생각하옵건대 신은 여러 차례 가련히 여기고 알아주시는 은혜를 입었으나 애초부터 그에 알맞은 보답을 할 수가 없었으니, 어찌 천박한 재질이 성스러운 황상의 마음을 慢忽히 할 수가 있겠습니까. 여러 차례 中人(환관)을 보내고 때로는 使者를 통하여 극진히 돌보아 주시는 마음으로 曉諭하시고 근심과 괴로움으로 餘生을 보내는 신을 위로해 주셨습니다.

은혜를 내리심은 시간이 지날수록 더욱 융숭하셨고, 告諭의 말씀은 어리석은 저에게도 중단하지 않으셨으며, 곧 아우를 불러 보시고 말을 달려 10行의 詔書를 내리게 하셔서 아우로 하여금 집안을 돌보면서 한 路를 경영하도록 대신 맡기셨고, 세세한 면

까지 자상히 물으시며 애긍히 여기심이 하찮은 신에게까지 미치셨습니다.

신이 폐하의 恩顧를 받은 것은 千年을 살펴보아도 유례를 찾을 수가 없으니, 돌이켜 보건대 이 몸이 百個이고 그 목숨을 모두 바친다 해도 어찌 皇恩을 다 보답할 수 있겠습니까. 오직 마땅히 성스러운 가르침을 주신 큰 은혜를 공경해 받들 뿐, 어찌 감히 어리석은 뜻을 고집할 수 있겠습니까. 국가의 典章 制度가 손상되지 않도록 거듭 유념하고, 폐하의 자애를 저버리지 않도록 하겠습니다.

鄕里에 隱居하는 편안함을 누리려 하였는데 녹봉이 후한 자리에 있게 하셨고, 이미 밝으신 성상의 뜻을 범했는데도 여러 차례 功臣의 봉록을 채워주셨습니다. 그런데도 다시 높으신 명성을 범하였고 私利를 탐하는 풍조를 조장하였습니다. 논리가 궁해지면 여러 차례 불경한 행동을 하였음을 두려워하고 부끄러워하오니, 이치에 합당하게 취사선택하시고 끝내 애긍히 여기셔서 允許해 주시는 행운을 누릴 수 있기를 바라나이다.

1) 馳賜十行之書 : ≪後漢書≫ 〈循吏傳序〉에, "光武帝가 손수 쓴 글을 方國을 다스리는 자에게 보낼 때에 모두 한 통의 글을 10行으로 썼으며, 세필로 써서 글을 이루었다.〔其(光武帝)以手迹賜方國者 皆一札十行 細書成文〕" 하였으며, 그 이후 十行은 곧 皇帝의 手札이나 詔書를 칭하게 되었다.

08. 賀南郊禮畢肆赦表* 南郊에서 제례를 올린 후 죄수를 풀어준 것을 축하하는 表

* 왕안석의 〈賀南郊禮畢肆赦表〉 두 篇 가운데 이 表는 第二篇으로 元豐 6년(1083)에 올린 것이다.

臣某는 言하노이다 伏覩今月初五日에 南郊禮畢하고 大赦天下者로소이다 精明條達에 神睠顧而依懷하고 膏澤川流에 人歡呼而蹈厲로소이다 (中賀)[1] 臣聞語孝之至는 莫大於配天[2]이라하고 議禮而輕이면 不足以享帝[3]라하니 能擧釐事는 實歸聖時니이다 恭惟皇帝陛下는 鴻化已昭하고 康年屢應하니 奔走籩豆에 有董正之治官하고 潔豐粢盛에 有底愼之財賦로소이다 禮成穀旦하야 恩浹綿區하니 雖洛誦[4]之休明이나 尙難譬稱이요 豈兒寬[5]

之淺訥이 **能盡揄揚**이리잇가 **臣夙荷慈憐**이라가 **方嬰衰瘵**이나 **望九賓之紳笏**[6]에 **獨遠句傳**[7]하고 **狎百獸於山林**[8]에 **猶知率舞**[9]니이다

臣 某는 말씀을 올리나이다.

삼가 今月 初5日에 남쪽 郊外에서 天帝께 祭를 올리는 의식을 마치고, 천하의 죄수를 크게 사면하심을 보게 되었습니다.

성실하고 밝음에 통달하시므로 神이 돌보아 주어 歸依하게 하고, 恩澤이 끝없이 흘러 사람들이 환호하며 분발합니다.

(中賀) 신이 들으니, "효성의 지극함은 天帝에 配享하는 것보다 더 큰 것은 없다."고 하고, "禮를 따지면서 소홀하게 행하면 先帝를 흠향하게 하기에 부족하다."고 하였습니다. 天地의 神에게 제사를 잘 행할 수 있는 것은 실로 聖明한 天子가 다스리는 시대에나 가능한 일입니다.

삼가 생각하옵건대 황제폐하의 盛大한 敎化가 이미 밝게 드러났고, 태평한 시대임이 여러 차례 徵驗되었습니다. 예법에 맞게 부지런히 제사를 올리니 감독하고 바로잡아 잘 다스리는 관원이 있게 되었고, 깨끗하고 풍성하게 제물을 가득 담아 올리니 財政을 신중히 관리함이 있었습니다. 좋은 날 아침에 예를 올리니 은택이 광범한 지역에 오래도록 널리 미쳤습니다. 비록 洛誦처럼 아름답고 밝은 지혜를 가졌다 해도 오히려 비교 설명하기가 어려울 것인데, 어찌 兒寬처럼 淺薄하고 訥辯인 臣이 찬양하기를 극진히 할 수 있겠습니까.

신은 일찍이 자애로운 보살핌을 받다가 이제 衰疾에 걸렸습니다. 九賓의 紳笏을 홀로 멀리서 바라보며 이 表를 올리고, 山林에서 온갖 짐승들을 길들여 순종하게 하면서 이들을 이끌고 춤추는 太平盛世가 되었음을 알게 되었나이다.

1) 中賀 : 고대에 신하가 황제에게 賀表를 올릴 때에 으레 '誠慶誠賀 頓首頓首' 또는 '誠歡誠慶 頓首頓首' 등의 套式語를 썼는데, 後代에 文集을 편찬할 때에는 이를 생략하고 '中賀' 두 자로 代替함이 일반적 경향이었다.

2) 孝之至 莫大於配天 : ≪孝經≫ 〈聖治〉에 "孝는 아버지를 극진히 존경하는 것보다 더 큰 것이 없고, 아버지를 극진히 존경하는 것은 하늘과 짝이 되게 하는 것보다 더 큰 것이 없다.〔孝莫大於嚴父 嚴父莫大於配天〕"라고 보인다.

3) 議禮而輕 不足以享帝 : 享帝는 饗帝로도 쓰는바, 上帝에게 제향을 올림을 이른다. ≪禮記≫ 〈禮器〉에 "시경 삼백 편을 외운다 해도 禮에 대해 알지 못하면 一獻을 할 수가 없고, 一獻의 禮를 행하더라도 大饗을 할 수가 없고, 大饗의 예를 능히 행하더라도 大旅를 할 수가 없고, 大旅의 禮가 갖추어졌더라도 上帝를 제향할 수가 없으니 가벼이 禮를 의논하지 말아야 한다.〔誦詩三百 不足以一獻 一獻之禮不足以大饗 大饗之禮不足以大旅 大旅具矣 不足以饗帝 毋輕議禮〕" 하였다.

4) 洛誦 : ≪莊子≫ 〈大宗師〉에 등장하는 虛構의 인물로 通達한 사람을 상징한다.

5) 兒寬 : 兒寬(?~B.C. 103)은 ≪漢書≫ 〈兒寬傳〉에, "治績이 있었고 曆法과 文學에 능했으나, 말로 설명하는 일은 잘하지 못하였다.〔有治績 善歷法文學 口不能發明也〕"라고 하였는데, 왕안석은 이를 인용하여 자신의 글이 低劣하다고 謙讓한 것이다.

6) 紳笏 : 벼슬아치가 차는 印끈을 紳이라 하고, 朝會時에 손에 잡고 있는 笏板(일종의 備忘錄)을 笏이라 한다.

7) 望九賓之紳笏 獨遠句傳 : ≪漢書≫ 〈酈陸朱劉叔孫傳〉에 "大行에는 九賓을 두어 황제의 명령과 신하들의 상소를 전하게 했다.〔大行設九賓 臚句傳〕" 하였는데, 그 註에 "九賓은 ≪周禮≫의 九儀이니, 公, 侯, 伯, 子, 男, 孤, 卿, 大夫, 士를 이른다.〔九賓則周禮九儀也 謂公侯伯子男孤卿大夫士也〕"라고 하였고, 또 "위에서 아래로 말을 전하여 알리는 것을 臚라 하고, 아래에서 위로 보고하는 것을 句라 한다.〔上傳語告下爲臚 下告上爲句也〕"라고 하였다.

8) 狎百獸於山林 : '山林에 있다'는 것은 자신은 郊祭에 참여하지 못하고 먼 지방에 있었음을 표현한 것이다.

9) 猶知率舞 : 이는 황제의 德化가 사람은 물론이고 萬物에게 두루 미쳐서 太平盛世가 되었음을 찬양한 것이다. 率舞는 ≪書經≫ 〈虞書 益稷〉에 舜임금의 樂官인 夔가 아뢰기를 "아, 제가 石磬을 치고 석경을 어루만지자, 온갖 짐승 탈을 쓴 사람들이 모두 따라서 춤을 추었으며, 여러 官府의 長이 진실로 화합하였습니다.〔於 予擊石拊石 百獸率舞 庶尹允諧〕"라고 한 데에서 온 말이다.

09. 賀正表* 新正을 축하하는 表

* 왕안석은 賀正表를 七次에 걸쳐 올렸으며, 이 表는 그 가운데 第七次로 올린 것으로, 哲宗이 즉위한 후 처음 맞는 新正인 元祐 元年(1086)에 올린 것이다.

馭正夏時라가 **更端周曆**하야 **體一元而敷惠**하시니 **適與春浮**요 **斂諸福以代新**하시니 **方侔川至**라 (中賀) **恭惟皇帝陛下**는 **誕昭明德**하시고 **祗燕孫謀**하시며 **齊七政**[1] **以當天**하시고 **順五辰**[2] **而凝績**하시며 **用求協氣**하사 **以阜嘉生**하시니이다 **閱千古之上儀**하사 **肆三朝**[3] **之盛會**하시니 **仰同星拱**[4]에 **竦百辟以在庭**하고 **追效嵩呼**에 **極萬年而薦壽**[5]로소이다 **臣桑榆晚景**[6]에 **麋鹿竝遊**하야 **進莫與於臚傳**하고 **退但知於率舞**로소이다

夏나라의 曆法으로 正月을 삼았다가 周나라의 역법으로 수정하였고, 天地의 元氣를 근본으로 하여 卽位하셔서 恩惠를 널리 펼치시니 봄기운과 더불어 만연하게 되었고, 모든 福을 모아 새롭게 바꾸어서 江河처럼 萬方에 흐르게 하셨습니다.

(中賀) 삼가 생각하옵건대 황제폐하께서는 明德을 널리 밝히셨고 천하의 인심에 경건히 순응하셨으며, 七政을 整齊하여 天心에 합당하게 하시고 五辰의 변화에 잘 따라서 功績을 성취하셨으며, 이로써 화평한 기운이 모이게 하시고 온갖 곡식이 잘 자라 풍년이 들게 하셨습니다.

예부터 전해오는 훌륭한 예의를 살피셔서 정월 초하루의 왕성한 정기가 모이도록 조처하셨습니다. 우러러 뭇 별들이 北辰에 拱揖함과 같이 百官들이 공손히 조정에 늘어섰고, 前聖 때에 드높이 만세를 부른 것을 본받아 만년토록 장수하시기를 기원하였습니다.

臣은 석양이 桑榆에 비추듯 晩年에 이르러 山野에 은거하여 麋鹿과 함께 놀게 되었습니다. 나아가 폐하의 詔旨를 듣는 일에 참여할 수가 없어서, 물러나 百獸와 더불어 춤추며 太平盛世를 즐길 뿐입니다.

1) 七政 : ≪書經≫ 〈虞書 舜典〉에, "璇璣玉衡이라는 천체관측기구를 두어 이로써 七政의 질서있는 운행을 관측하였다.〔在璇璣玉衡 以齊七政〕" 한 七政을 일컫는 것으로, 日, 月과 金, 木, 水, 火, 土 등 五星을 칭한다.

2) 五辰 : ≪書經≫ 〈虞書 皐陶謨〉에, "五辰(신)을 잘 조화시켜서 모든 공적이 모이게 하였다.〔撫于五辰 庶績其凝〕" 한 五辰을 일컫는 것으로, 五辰이 四季를 주재한다고 보고, 木辰이 春을, 火辰이 夏를, 金辰이 秋를, 水辰이 冬을 주재하며 土辰은 四季에 分屬한 것으로 보았으므로, 五辰은 곧 四季를 지칭하는 것이다.
3) 三朝 : 정월 초하루는 歲, 月, 日의 시작이므로 이를 三朝라 칭한 것이다.
4) 仰同星拱 : 이 내용은 ≪論語≫ 〈爲政〉의, "德으로 다스림은 비유하건대 북극성이 제자리에 있으면서 뭇 별들이 이를 옹위하고 운행하는 것과 같다.〔爲政以德 譬如北辰居其所 而衆星共(拱)之〕" 한 말을 인용한 것이다.
5) 追效嵩呼 極萬年而薦壽 : ≪漢書≫ 〈武帝本紀〉에, "元封 1년(110) 봄에 武帝가 嵩山에 올라 天祭를 지냈는데, 제사에 따라갔던 이졸들이 모두 세 차례 만세를 크게 외치는 소리를 들었다.〔元封十年春 武帝登嵩山 從祀吏卒都聽到三次高呼萬歲之聲〕" 한 것을 인용한 것으로, 후대에는 황제를 祝頌할 때에 높이 만세를 부르는 것을 嵩呼라 칭하게 되었다.
6) 桑楡晩景 : ≪太平御覽≫ 卷3에, ≪淮南子≫를 인용하여, "해가 서쪽으로 기울어서 햇빛이 나뭇가지 끝을 비추는 것을 桑楡라 일컫는다.〔日西垂 景在樹端 謂之桑楡〕"라고 한 이후 桑楡는 晩年을 칭하는 말이 되었다.

10. 賜生日禮物謝表* 생일에 예물을 하사하신데 감사하는 表

* ≪臨川集≫ 卷59에 〈賜生日禮物謝表〉 5편이 수록되어 있으며, 본 표는 그 가운데 마지막에 수록된 것으로, 재상에서 물러나 知江寧府로 있을 때에 올린 것이다.

臣某는 **言**하노이다 **伏蒙聖慈**하야 **特差入內內侍省**[1]**內東頭供奉官**[2]**馮宗道**하야 **傳宣撫問**하시고 **及就府賜臣生日禮物 金花銀器一百兩**과 **衣著一百匹**과 **衣一對**와 **金鍍銀鞍轡一副幷纓複**과 **馬二匹**과 **湯藥一銀盒**을 **御封全者**로소이다

臣 某는 말씀을 올리나이다.

삼가 성스러운 폐하의 사랑을 받아서 특별히 入內內侍省 內東頭供奉官 馮宗道를 파견하여 안부를 물으시는 뜻을 전하시고, 府에 나아가 생일에 하사하는 예물인 金花銀

器 一百兩, 衣着 一百匹, 衣 一對, 金鍍銀鞍轡 一副 및 纓複, 馬 二匹, 湯藥 一銀盒을 친히 봉하고 날인하여 하사하셨습니다.

1) 入內內侍省 : 皇室 成員들의 雜事를 관장하는 기구이다.

2) 內東頭供奉官 : 入內內侍省의 屬官이다.

微勞不效에 **僅逃三典之科**[1)]요 **厚禮有加**에 **尙躐九儀之等**[2)]이로소이다 **(中謝) 臣外叨寄屬**하야 **仰誤眷憐**하고 **已隳考翼之基**[3)]어늘 **重負母慈之敎**하니이다 **追劬勞於晩節**이나 **方不自勝**하고 **惟蕃庶之舊恩**호되 **終無以稱**하니이다 **伏蒙皇帝陛下更馳膚使**하사 **曲喩至懷**하시고 **駔駿靈珍**이요 **琛奇組麗**라 **豈下流之敢及**이릿가 **皆前此之所無**니이다 **金厄淑旂**는 **多錫誠榮於旣往**이요 **鉛刀駑馬**는 **强扶難冀於將來**[4)]로소이다 **雖天地弗責其謝生**이나 **顧臣子敢忘於致死**[5)]리잇가

微臣의 노력이 효험을 거두지 못하여 겨우 三典의 法條文에서 벗어날 정도인데, 厚한 예로 더해줌이 계셔서 오히려 九儀의 등급을 건너뛰었습니다.

(中謝) 臣은 지방에서 重任을 맡고 있으면서 애긍히 여기고 보살펴 주시는 뜻을 그르쳤고, 이미 先考의 基業을 실추하였고, 어머님의 가르침을 거듭 저버렸습니다. 노년에 자식을 위해 辛苦하신 은혜 갚기에 급박하였으나 제대로 이어 받들지를 못하였고, 부모님의 무한한 은혜에 끝내 보답하지 못하였습니다.

황제폐하께서 다시 훌륭한 使者를 보내시어 정성스러운 뜻을 자상하게 曉諭해 주셨고, 하사하신 駿馬는 신령하고 보배로우며 아름다운 寬帶는 珍貴하고 뛰어납니다. 어찌 이런 厚禮가 미천한 신에게 감히 미칠 수 있는 것이겠습니까. 모두 이전에는 없었던 일입니다. 황금으로 장식한 馬具에 美麗한 깃발은 이미 지성스러운 尊榮을 많이 내려 주신 것이요, 쓸모없고 노둔한 臣을 굳게 부축해 주시더라도 장래를 기대하기가 어렵습니다.

비록 天地가 살게 해 준 것에 대해 사례하라고 요구하지 않는다 해도 돌아보건대 臣子가 어찌 감히 君父를 위해 목숨을 바칠 뜻을 잊을 수 있겠습니까.

1) 三典之科 : 輕刑, 中刑, 重刑 등 三種 刑罰의 法律條文을 칭한다.

2) 九儀之等 : 天子가 來朝者를 신분에 맞게 접대하는 9種의 禮儀 節次이다.

3) 已隳考翼之基 : 왕안석이 자기 아버지의 基業을 제대로 계승하지 못하고 실추시켰다고 겸손하게 말한 것이다. ≪書經≫ 〈周書 大誥〉의 "부로가 공경히 섬기는 자들이 기꺼이 '나에게 후손이 있으니, 나의 基業을 버리지 않을 것이다.' 하고 말했다.〔厥考翼 其肯曰 予有後 弗棄基〕"는 말을 원용한 것이다. 考翼에 대해, ≪書經≫의 註에는 "아버지가 공경히 섬기는 자〔父敬事者也〕"라고 하였으나, 여기서는 왕안석의 亡父를 가리킨다.

4) 鉛刀駑馬 强扶難冀於將來 : 자기의 재능이 쓸모없고 노둔하다고 겸손하게 말한 것이다. ≪後漢書≫ 〈隗囂傳〉에 "노둔한 말과 무딘 칼은 억지로 지탱시켜 쓸 수가 없다.〔駑馬鉛刀 不可强扶〕"라고 보인다.

5) 雖天地弗責其謝生 顧臣子敢忘於致死 : 여기서 天地는 황제를 상징하여, 황제가 비록 베풀어준 은혜에 보답하라고 요구하지는 않지만, 신하가 된 도리로 황제를 위해 목숨 바치는 것을 감히 잊을 수 없다는 뜻이다. ≪三國志≫ 〈魏書 劉廙傳〉에 "사물은 天地에게 받은 은혜를 보답하지 않고, 자식은 父母에게 낳아준 것을 사례하지 않는다.〔物不答施於天地 子不謝生於父母〕"라고 보인다.

11. 甘師顔傳宣撫問幷賜藥謝表* 甘師顔을 보내어 宣旨를 전하며 위문하고, 아울러 약을 하사하신데 감사하는 表

* 이 表는 宰相에서 물러나 江寧에 있을 때인 元豐 5年(1082)에 올린 것으로 보인다.

臣某는 **言**하노이다 **膚使寵辭**를 **載華原隰**이요 **寶奩珍劑**는 **加**[1]**賁丘園**[2]이로소이다 **臣 (中謝) 伏念臣少出衡茅**하야 **晩陪帷幄**하니 **德輶寄重**하고 **才淺知深**호이다 **但念里居**하야 **長負丘山之責**이니 **敢期宸眷**이릿가 **尙留簪履之矜**이로소이다 **此蓋伏遇皇帝陛下天幬無疆**하시고 **海函不棄**니이다 **戴難忘之盛德**하니 **豈特銘肌**리오 **撫易盡之餘生**하시니 **唯當結草**하리이다

臣 某는 말씀을 올리나이다.

훌륭한 使者가 전하는 총애의 말씀을 平原의 濕地인 이 江寧 땅에서 영예롭게 받들게 되었고, 보배로운 상자에 담긴 진귀한 藥劑는 이 강녕의 언덕을 찬란하게 비추옵니다. (中謝) 엎드려 생각하옵건대 臣은 어려서 미천한 집안에 태어나서 만년에는 皇上을

곁에서 모시게 되었는데, 德이 부족한데도 베푸신 은덕은 매우 중하였고, 재능이 천박한데도 알아주심이 깊으셨습니다. 다만 고향 마을에 기거하면서 부모님 묘소나 지키려 하였을 뿐, 감히 어찌 황상의 은총을 기대하였겠습니까.

그런데도 微賤한 臣에게 哀矜히 여기시는 뜻을 남기셨습니다. 이는 아마도 삼가 황제폐하의 德化가, 하늘이 만물을 덮고 바다가 일체를 받아들임과 같이 다함이 없음을 만난 것입니다. 잊을 수 없는 盛한 德을 우러러 받듦을 어찌 다만 마음에만 아로새길 뿐이겠습니까. 이미 다해가는 여생을 애긍히 여기셔서 감싸 주시니 죽어서도 마땅히 結草報恩하겠나이다.

1) 加 : 저본에는 '如'로 되어 있는데 ≪臨川集≫에 의거하여 '加'로 바로잡았다.

2) 加賁丘園 : 찬란한 光彩가 江寧의 언덕을 찬란하게 비춘다는 뜻으로, ≪周易≫ 賁卦에 "丘園을 아름답게 꾸몄고, 묶어놓은 비단이 쌓인 듯하니, 부끄러우나 끝내 吉하리라.〔賁于丘園 束帛戔戔 吝終吉〕"라고 보인다.

12. 李舜擧賜詔書藥物謝表* 李舜擧를 보내어 詔書와 약물을 내려 주신데 감사하는 表

* 이 表 또한 재상에서 물러나 江寧에 있을 때에 올린 것이다. 詔書와 藥物을 전한 李舜擧는 神宗의 寵愛를 받던 宦官이다.

中多感動之意라

글 가운데 감동할 만한 내용이 많이 포함되어 있다.

臣某는 言하노이다 輟宮闈親近之臣하사 臨湖海寬閑之野하야 授之藥物하시고 撫以訓辭하시니이다 尸厚祿而無勞하니 謂當誅絶이요 捐大恩而不報하니 彌所兢慙이로소이다 臣 (中謝) 伏念臣本出羈單으로 自甘淪棄요 晩由材學하야 上誤聖知하니이다 智曾昧於保身하고 忠每懷於許國이러니 讒誣甚巧에 切憂解免之難하고 危拙更安에 特荷眷憐之至로소이다 況遠迹久孤之地요 實邇言易間之時어늘 而離明昭晰於隱微하시고 解澤頻繁於疏逖

하니이다 此蓋伏遇皇帝陛下以上仁含垢하시고 以大智容愚니이다 弗使南箕得侈簸揚之狀[1)]하고 更令北戶[2)]坐蒙臨照之光하사 蘛然垂盡之病軀에 沱若橫流之感涕하시니이다 惟困窮無理나 猶致命於一餐이요 顧冒昧不貲나 敢忘懷於九死리잇가

臣 某는 말씀을 올리나이다.

궁궐에서 가까이 모시는 신하를 파견하여 臣이 한가하게 지내는 먼 지방에 왕림하게 하였고, 약물을 하사하시며 교훈의 말씀으로 어루만져 주셨습니다. 가만히 앉아 厚한 祿을 받으며 힘쓰는 일이 없으니 벌을 주고 멀리하셔야 마땅하오며, 큰 은혜를 저버리고 보답을 못하였으므로 더욱 두렵고 부끄럽습니다.

臣은 (中謝) 엎드려 생각하옵건대 본시 寒微한 출신으로 스스로 몰락하여 버림받음을 달게 여겼고, 晩年에는 재능과 학식이 뛰어난 것처럼 성스러운 皇上께 잘못 알려졌습니다. 智慧는 일찍이 明哲保身에 어두웠고 忠心은 매양 나라를 위해 身命을 바칠 뜻을 품었었습니다. 비방과 속임이 심히 교묘하여 모면하기 어려움을 절실하게 근심하였고, 위험과 窮困을 오히려 편안하게 여기며 특별히 지극히 보살펴 주시는 은혜를 입었습니다. 더구나 멀리 떠나 오랫동안 외롭게 지내는 처지에 실로 近臣들의 離間을 당하였으나, 隱微한 것을 밝게 살펴 명백하게 판단하심을 만나서, 먼 지방에 있는 신에게 빈번히 은택을 베푸시는 은혜를 입었습니다.

이는 삼가 황제폐하께서 높으신 어지심으로 결함이 많은 신을 용납해 주시고, 큰 지혜로 어리석은 신을 포용해 주심을 만난 것입니다. 南方 箕宿로 하여금 키질을 하지 못하게 하듯이, 참소하는 사람으로 하여금 모함하거나 아첨하지 못하게 하였고, 다시 먼 변방에 있는 사람에게 굽어 비추어 주시는 은혜를 베푸셔서, 파리하고 병약해진 병든 몸이 감격의 눈물을 줄줄 흘리게 하였습니다. 오직 곤궁하고 무료하게 지내다 보니, 오히려 한번 보살펴 주심에도 목숨을 바쳐야 할 것인데 돌이켜보건대 威嚴을 犯하면서도 헤아리지 못하였으니, 감히 만번을 거듭 죽은들 그 은혜를 잊을 수가 있겠습니까.

1) 弗使南箕得侈簸揚之狀 : 南箕는 南方의 별이름인 箕宿를 이르는데, 그 모양이 '키〔箕〕'와 비슷하여 붙여진 이름이다. 箕宿는 口舌을 주관하는 별로 여겨져 讒言을 비유하는데 주로 쓰였다. ≪詩經≫ 〈小雅 大東〉에 "남방에 箕宿가 있으나, 쭉정이를 까불러 날릴 수 없도다.〔維南有箕 不可以簸揚〕"라고 하였고, ≪詩經≫

〈小雅 巷伯〉에 "조금 벌어지고 벌어진 것으로 남쪽 기성(箕星)을 이루도다. 저 남을 참소하는 자여, 누구를 주장하여 함께 꾀하는가.〔哆兮侈兮 成是南箕 彼譖人者 誰適與謀〕"라고 한 데에서 유래하였다.

2) 北戶 : 고대 중국의 南方에 있던 나라 이름으로, 당시 왕안석이 머물던 江寧(지금의 江蘇省 南京)을 비유한 것이다.

13. 中使撫問謝表* 환관을 보내어 慰撫해 주신데 감사하는 表

* 이 表는 재상으로 재직할 때에 올린 것으로, 정확한 시기는 알 수가 없다. 왕안석이 반대파의 공격이나 탄핵을 받을 때마다 병을 이유로 사직을 청하였고, 神宗은 그때마다 궁중의 환관을 파견하여 撫問하며 入朝하여 政務에 임할 것을 督促하였는데, 본 표도 이에 감사한 뜻을 올린 것이다.

臣某는 言하노이다 孤臣疲曳하야 自阻進趨로되 上主慈憐하사 猶加撫諭하시니이다 (中謝) 伏念臣은 晩陪休運하야 特荷異恩이나 橫草無功[1)]하야 每恨棄軀之晩하고 負薪有疾[2)]하야 仍慙制祿之優하니이다 豈謂陛下所總萬機에 不忘一物하사 迺因輶軒[3)]之出하시고 俯逮蹻屨之遺하시니 仰荷眷私에 唯知感涕로소이다

臣 某는 말씀을 올리나이다.

외로운 臣은 老衰하고 疲困하여 스스로 向上하려는 노력을 멈추었는데도, 주상께서 자애와 연민의 정을 베푸셔서 오히려 감싸주시고 曉諭해 주셨습니다.

(中謝) 엎드려 생각하건대 신은 晩年에 太平聖世를 이루신 皇上을 보필하며 특별히 은총을 입었으면서 아무런 공로도 세우지 못하여 번번이 물러남이 늦은 것을 한스러워 하였고, 병이 들고 능력도 없으면서 國祿을 축내는 것이 부끄러워 근심하였습니다.

그런데 어찌 뜻하였겠습니까. 폐하께서 온갖 정무를 총괄하여 처리하시면서도 단 한 사람도 잊지 않으시고, 이에 輶軒을 탄 宮中의 使者를 파견하여 버려도 좋을 해진 신발처럼 쓸모없는 臣에게도 은혜를 베풀어 주셨습니다. 우러러 보살펴 주시는 은혜를 입어 오직 감격의 눈물을 흘릴 뿐입니다.

1) 橫草無功 : 橫草는 군대가 草野를 행군하면 저절로 풀이 밟혀서 옆으로 눕게 된

다는 뜻으로, 橫草之功이라 하면 보잘것없는 軍功을 이르는 말이다. ≪漢書≫ 〈終軍傳〉에 "군대에서 미미한 軍功도 없으면서 宿衛로 들어가 5년 동안 녹을 먹었다.〔軍無橫草之功 得列宿衛 食祿五年〕"라고 한 데서 유래한 말이다.

2) 負薪有疾 : 負薪은 자기 병을 말하는 謙辭이다. ≪禮記≫ 〈曲禮 下〉에 "임금이 士로 하여금 활을 쏘게 하였을 때, 잘 쏠 수 없으면 질병을 구실로 사양하여 '某가 負薪의 근심이 있습니다.' 한다.〔君使士射 不能則辭以疾 言曰 某有負薪之憂〕"라고 한 데서 유래하였다.

3) 輶軒 : 天子의 使者가 타는 수레를 말하는데, 여기서는 使者 또는 使臣의 뜻으로 쓰였다.

14. 中使宣醫謝表* 환관을 보내어 宣旨로 御醫를 파견하신데 감사하는 表

* 이 표는 宰相職에서 물러나 있을 때에 올린 것으로 보인다.

臣某는 言하노이다 乘衰攖厲나 敢意浼聞이리잇가 軫舊垂矜하사 曲加寵數하사 卽馳近御하사 兼飭太醫하시며 錫以寶奩하사 實之珍劑하시니이다 創殘再肉하고 顚眴更蘇하야 沓被慈憐하니 不勝負荷로소이다 臣叨恩缺報하고 昧祿取災하니 果祟降以疾殃하야 至上煩於愍惻하니이다 此蓋伏遇皇帝陛下屨簪[1)]念厚하사 軒幄眷深이니 天弗籲而亦臨하고 雲甫瞻而旣雨로소이다 哀逾察父하야 感劇孤臣하니 論可報之涓埃나 難知稱效요 顧未塡之溝壑하니 徒誓糜捐이로소이다 撫涕汍瀾하고 捫心躑躅하노이다

臣 某는 말씀을 올리나이다.

몸이 쇠약해 병에 걸렸으나 어찌 감히 이것이 皇上에게까지 보고될 줄이야 생각이나 했겠습니까. 옛 신하를 哀矜히 여기시어 曲盡하게 은총을 베풀어 주시고, 즉시 近侍를 파견하시고 아울러 太醫에게까지 勅命을 내리셔서 보배로운 상자에 귀중한 치료약을 넣어 하사하셨습니다.

상처로 이지러졌던 곳에는 새 살이 돋고, 혼미한 어지럼증에서도 깨어나도록 자애로우신 은혜를 거듭 입게 되니 감내할 수가 없습니다. 신은 은혜를 저버리고 보답을 하지 못하였으며, 俸祿을 貪하다가 재앙을 입어서, 저 높은 하늘에서 질병의 앙화를

내리게 하여 황상께서 가련하고 측은하게 여기는 뜻을 번거롭게 함에 이르렀습니다.

이는 대체로 皇帝陛下께서 못난 臣下를 염려하심이 重하셔서 보살펴 주심이 깊으셨으며, 하늘을 향해 호소하지도 않았는데도 또한 굽어 살펴주셨고, 구름을 향해 빌지도 않았는데 이미 비를 내려 주신 것입니다. 밝으신 어버이처럼 더욱 가련하게 여기시니 멀리 떨어져있는 외로운 신은 크게 감동하였습니다.

작은 보답이나마 하고자 하나 功效를 헤아리기가 어렵고, 돌이켜보건대 골짜기나 구렁텅이에 떨어져 죽지는 않았으니, 다만 이 목숨 다해 報答하기를 맹세하면서 줄줄 흐르는 눈물을 닦고 가슴을 어루만지며 徘徊하나이다.

1) 屨簪 : 신발과 비녀란 뜻으로, 여기서는 미천한 옛 신하, 곧 왕안석 자신을 가리키는 말이다. 孔子가 길을 가다 어떤 부인이 우는 것을 보고 사연을 물었더니, 그 부인은 땔감으로 쓸 柴草를 베다가 시초로 만든 비녀〔簪〕를 잃었기 때문이라 했다. 다시 그게 왜 그리 슬프냐고 물었더니, 그 부인은 "비녀를 잃은 것이 슬픈 게 아니라 옛 물건을 잃은 게 슬픕니다." 하고 대답했다. 또 楚나라 昭王이 전쟁을 하다가 후퇴할 때 신발〔屨〕 한 짝이 잃었는데, 30보쯤 갔다가 다시 돌아와 그 신발을 찾아 신으니, 신하들이 신발 한 짝을 왜 그리 아까워하냐고 물었다. 이에 소왕은 "초나라가 비록 가난하지만 신발 한 짝이 아까우랴. 군사들과 함께 후퇴하려는 것이다." 하고 대답했다. 앞의 고사는 ≪韓詩外傳≫에, 뒤의 고사는 ≪新書≫ 〈諭誠〉에 나온다. 땔감으로나 쓰는 재료로 만든 비녀와 후퇴하는 군사 한 사람도 소중하게 여겼던 이 두 고사를 '遺簪墜屨'라 하며, 옛 물건이나 옛 사람을 잊지 않는다는 뜻으로 사용한다.

15. 請皇帝御正殿復常膳表* 황제께서 正殿으로 돌아가시고 常膳을 회복하기를 청하는 表1

* 皇帝가 正殿에서의 起居와 執務를 避하고 常膳을 줄이는 것은 自責의 뜻을 나타내는 것이다. 神宗이 이를 행한 것이 4次인데, 그 이유는 日蝕, 彗星의 출현, 星變, 旱魃 때문이었으며, 旱魃로 인한 것은 熙寧 7년(1074)이었으므로 이 表와 아래의 表는 그 때에 올린 것으로 보인다.

臣等은 言하노이다 奉聖旨以祈雨未應하야 避正殿減常膳者로소이다 陽春生物에 偶霑澤之稍愆하니 睿意恤民하사 遽側身而自抑하시니이다 德已脩於銷變이나 數或係於非常하니 當復彝儀하사 用安群下하소서 (中謝) 恭惟皇帝陛下는 天仁溥施하시고 神智曲成하사 躬忘旰食之勞하시고 坐講日新之政하시니 四時協序하야 萬物致和하니이다 適當化養之辰하야 宜得涵濡之澤이어늘 少違常候에 深軫淸衷하사 退師氏之正朝하시고 約太官之盛饌하시니이다 仰窺謙德하니 志在閔民이로소이다 然而殊俗來朝면 當卽法宮之位요 誕辰入慶이면 合陳燕俎之珍이니 事有所先에 禮難偏廢니이다 伏願仰回淵聽하시고 俯徇輿情하사 夙御九筵之居[1)]하시고 竝羞十閣之具[2)]하사 上以全於國體하시고 下以副於臣誠하소서

臣 등은 말씀을 올리나이다.

성스러운 폐하의 뜻을 받들어 祈雨祭를 올렸으나 하늘의 응답이 없자, 正殿에서 거처하심을 피하시고 常膳을 줄이셨습니다. 따뜻한 봄이 되면 만물이 생장하도록 비를 내려 은택을 베풀어야 하는데 약간의 어긋남이 있게 되자, 明哲하신 마음으로 백성들을 救恤하고자 드디어 몸의 편안함을 버리시고 스스로를 억제하셨습니다. 재앙과 변고를 해소하고자 德을 이미 닦으셨으나 異常氣候는 자연의 운행에 관계된 것일 뿐이니, 마땅히 정해진 법규를 따르셔서 아랫사람들을 편안하게 해주셔야 합니다.

(中謝) 삼가 생각하옵건대 황제폐하께서는 하늘 같은 어지심을 널리 베푸셨고 神 같은 지혜를 정성을 다해 남김없이 이루셨으며, 몸의 건강을 생각하지 않으시고 식사도 제때에 하지 못하시는 노고를 무릅쓰셨고, 정치를 날로 새롭게 하고자 강구하셨으므로, 네 계절의 節序가 조화를 이루고 만물이 그 和順함을 다하였습니다.

때마침 만물이 化養하는 계절을 당하여 윤택하게 자라는 은택을 입어야 마땅하나, 정상적으로 운행해야 할 기후가 약간 어긋나서 맑으신 마음에 깊은 悲痛을 갖게 되시어, 百官들의 朝會를 물리치고 太官이 올리는 盛饌을 줄이도록 하셨습니다. 우러러 겸허하시고 검약하신 덕을 엿보니 뜻이 백성을 矜恤히 여기시는데 있으십니다.

그러나 풍속이 다른 이민족의 使臣이 謁見하러 오면 마땅히 正殿의 寶座에서 접견을 하셔야 하고, 誕辰日에 들어와 경하를 드리면 연회 자리에 진설한 보배로운 음식을 드셔야 마땅합니다. 일에는 우선적으로 해야 할 것이 있으니 이런 禮를 편벽되게 폐지해서는 困難합니다.

엎드려 바라옵건대 성스럽고 심오하신 결단을 돌이키셔서 여론의 뜻을 용납하시고, 조속히 九筵의 正殿에 납시어 아울러 十閤의 常膳을 드시옵소서. 위에서 나라의 體統을 온전히 갖추셔야 아래에서 신하가 해야 할 誠意에 副應할 수 있나이다.

1) 九筵之居 : 九筵은 ≪周禮≫ 〈考工記〉에, "周나라에서는 명당(황제의 집무실)을 지을 때에 9척을 1연으로 하여, 동서가 9연 남북이 7연이 되게 하였다.〔周人明堂 度九尺之筵 東西九筵 南北七筵〕" 한데서 나온 말로서, 筵은 長 9尺의 竹席이므로 九筵은 81尺이 된다. 後世에는 皇帝의 明堂 즉 正殿을 九筵이라 칭하게 되었다.

2) 十閣之具 : 閣은 閤과 같은 뜻이며, 이곳에서는 皇室 料理를 담당한 건물을 칭한다.

16. 請皇帝御正殿復常膳表二* 황제께서 正殿으로 돌아가시고 常膳을 회복하기를 청하는 表2

* 表一을 올린 지 얼마 되지 않아 이 表를 올린 것으로 보인다.

臣某等은 言하노이다 近上表하야 請御正殿復常膳이나 蒙降批答不允者로소이다 時澤偶愆에 屢勤齋禱하시고 聖衷愈勵에 曲盡焦勞하시니이다 將損己以召休하사 因退次而貶食일새 列陳剡奏호되 尙闕嗣音이로소이다 在臣列之靡遑하야 伏帝閽而再扣하노이다 (中謝) 恭惟皇帝陛下는 體居離正에 德稟乾剛하사 期揉俗以致康하시고 嘗納隍[1]而興念하시니이다 七載于此에 繼獲豐穰이어늘 一春而來로 或罹愆亢하니 皇慈深軫하사 群祀徧修하시니이다 恐狴犴[2]乖則親慮其囚하시고 懼黼黻美則躬變其服하시며 仍損內饔[3]之擧하시고 兼虛正宁之朝하시니이다 然而禮貴從宜요 事難泥古니 而況甫臨誕節하니 交擧慶儀요 有列辟拜萬年之觴하고 有殊俗修兩朝之好로소이다 苟虧彝制면 難副群情이니 少屈淵衷하시고 特從誠懇하사 天臨廣廈하시고 日御常珍하소서 親事法宮하사 廓宣於政治하시고 惟辟玉食하사 昭示於等威하소서 仰以慰兩宮之慈하시고 俯以安群下之望하소서

臣 某 등은 말씀을 올리나이다.

근자에 表를 올려 正殿으로 납시고 常膳을 회복하시도록 청하였으나 윤허하지 않으시겠다는 批答을 내리셨습니다.

때맞추어 내려야 할 비가 오지 않자 齋戒하고 祈禱하기를 거듭 부지런히 하셨고, 성스러운 마음으로 더욱 노력하시어 勞心焦思를 다하셨습니다. 몸의 편안함을 버리시면서 좋은 일이 일어나기를 빌고자 正殿에서 물러나시고 常膳을 줄이셨습니다. 이를 諫하는 上書가 遝至하였으나 오히려 회답의 말씀이 없으셨습니다. 신하의 지위에 있으면서 마음이 遑遑하여 궁궐 문 앞에 엎드려 거듭 청하였습니다.

(中謝) 삼가 생각하옵건대 황제폐하께서는 정전에 거처하실 때에, 德은 乾道의 剛健함을 이어받으셨으며, 風俗을 純正하게 하여 康寧함에 이르기를 기약하시고, 일찍이 백성들을 水火의 災殃에서 구출할 것을 염두에 두셨습니다. 이런 마음으로 7年을 재위하시는 동안 연이어 풍년이 들었고, 금년 한 봄을 맞아서는 괴이하게도 오랜 가뭄을 맞게 되었습니다.

이에 자애로우신 황상께서 깊이 마음 아파하시면서 각양각종의 祭祀를 두루 행하셨습니다. 獄事가 사리에 맞지 않게 처리되었을까 염려하셔서 친히 죄수의 기록을 살펴보시고, 黼黻의 華美함을 두려워하셔서 몸소 그 服飾을 바꾸셨으며, 이어 內饔이 올리는 常膳을 줄이시고 아울러 正殿의 朝會를 중단하셨습니다.

그러나 禮法은 합당함을 따름을 귀하게 여기므로, 일을 처리하는데 옛 논리에만 얽매이는 것은 困難합니다. 하물며 皇上의 誕辰日이 바로 다가오니 함께 경축의 의식을 거행해야 하고, 열 지어 늘어선 公卿들이 萬壽無疆의 祝壽를 올려야 하며, 풍속이 다른 먼 나라에서 양국의 우호를 닦으려 하는 때입니다. 진실로 정상적인 제도를 허물어뜨리면 만백성의 뜻에 부응하기가 어렵습니다.

깊으신 헤아림을 조금 꺾으시고 특별히 신하들의 간절한 청을 들어주셔서, 정전으로 돌아오시고 상선을 거절하지 마시옵소서. 친히 정전에서 정무를 처리하시며 정치의 덕화를 널리 선양하시고, 상선의 식사를 회복하셔서 황상의 위엄을 밝게 보이시옵소서. 우러러 皇太后와 太皇太后의 자애로운 근심을 풀어드리시고, 뭇 신하들의 所望도 굽어 살피시옵소서.

1) 納隍 : 城 밑의 垓字로 밀어 떨어뜨림을 말한다. 張衡의 〈東京賦〉에 "사람들이 안주할 곳을 얻지 못하면, 마치 자기가 그들을 해자로 밀어 넣은 것처럼 여겼다.

〔人或不得其所 若已納之於隍〕"라고 한 데서 유래하였는데, 백성들을 재난에서 구제하려는 절박한 심정을 표현한 것이다.

2) 狴犴 : 전설에 나오는 동물로, 형체는 범과 같고 위력이 있다고 여겨서 그 象을 감옥 문 앞에 세워 놓았으므로, 후세에는 감옥 또는 獄事의 처리를 지칭하게 되었다.

3) 內饔 : 皇帝, 皇后, 世子의 음식과 宗廟 祭享의 음식을 관장하는 관원이다.

17. 乞罷政事表一* 재상의 직을 면해 주기를 청하는 表1

* 이 表는 ≪續通鑑≫에, '熙寧三年 二月 癸亥 王安石稱疾求分司'라 한 기록으로 보아, 첫 번째 宰相의 職을 담당하였던 熙寧 3年(1070) 2월 이후에 올린 것으로 보인다.

臣某는 **言**하노이다 **竊以使陪國論**하야 **惟亮天工**[1)]인댄 **必用强明**이라야 **乃能協濟**니 **豈容昏瞀**를 **可以叨居**리잇가 **進冒聰明**하야 **罄陳危悃**하노이다 **(中謝) 伏念臣**이 **逮侍先帝**하야 **列官外朝**[2)]하고 **晚以喪歸**라가 **因爲病廢**하니이다 **伏遇皇帝陛下 召還辭禁**하야 **擢預經筵**하시고 **收於衆惡之中**하야 **諉以萬機之事**하시니이다 **搆讒誣而竝至**호되 **輒賜辨明**하시고 **推孤拙以直前**호되 **每蒙開納**이로소이다 **陛下所以遇臣者可謂厚矣**나 **臣之所以報國者終於缺然**이니 **豈理勢之獨難**이리잇가 **抑才能之素薄**이니이다 **方懼過尤之積**에 **乃罹疢疾之加**하니 **比欲外乞州蕃**하야 **冀以就營醫藥**이로소이다 **重念采薪之弗給**이어늘 **尙何守土之敢謀**리잇가 **輒緣不能者止之言**[3)]하야 **庶免貪以敗官之悔**[4)]하노이다 **伏望皇帝陛下**는 **曲垂仁惻**하시고 **俯記愚忠**하사 **賜以分司**[5)]**一官**하야 **許於江寧居止**하시면 **則天地之德**이 **實有施於餘年**이니 **犬馬之勤**을 **冀或輸於異日**하노이다

臣 某는 말씀을 올리나이다.

삼가 國家의 大計를 논의하는 자리에 陪席하여 天子께서 큰 공적을 이루도록 보좌하려면, 반드시 强健하고 精明한 사람이어야 協力하여 일을 처리할 수 있나니, 어찌 어둡고 우매한 사람이 僭濫하게 자리나 채우는 일을 용납할 수 있겠습니까. 총명하신 皇上의 뜻을 犯하게 됨을 무릅쓰고 근심과 지성을 펼쳐 아뢰지 않을 수가 없습니다.

(中謝) 엎드려 생각하옵건대 臣은 先帝들을 侍奉할 때에 관직이 外朝에 속해 있었고, 晩年에는 어머니의 喪 때문에 벼슬에서 물러나 江寧으로 돌아갔으며, 이어서 병 때문에 벼슬에 나가지 못하였습니다.

삼가 황제폐하께서 宮禁에서 文辭를 담당하는 翰林學士로 소환하시고 특별히 拔擢하여 經筵에 참여토록 하셨고, 뭇 사람들이 미워하는 가운데도 거두어주고 천하의 각종 사무에 관하여 諮問하셨습니다. 모함과 음해가 거듭될 때마다 번번이 변명할 기회를 마련해 주셨고, 편벽되고 졸렬한 견해를 直言으로 올려도 每番 널리 채납해 주시는 은혜를 입었습니다.

폐하께서 신을 禮遇하심이 후했다고 말할 수 있는데, 신은 나라에 아무런 보답도 못하고 마치게 되었습니다. 이것이 어찌 유독 사태의 形勢만 어려워서였겠습니까. 또한 才能이 본시 천박해서였습니다.

바야흐로 過誤가 쌓여감을 두려워하였는데, 질병에 걸리는 불행까지 더하여졌습니다. 근자에는 바깥 고을로 나가고자 하여 지방관으로 보내주시기를 빌면서, 나아가 병의 치료만을 기약하였습니다. 거듭 山林에 退居하기를 念願하였으나 허락을 받지 못하였으니, 어찌 감히 지방관으로 나가기를 도모할 수 있겠습니까. 이에 "소임을 감내할 수 없는 사람은 사임해야 한다.〔不能者止〕"는 말을 근거로 하여, 행여 벼슬을 탐해서 직분을 그르치는 후회는 면하고자 합니다.

엎드려 바라옵건대 황제폐하께서는 어지신 惻隱之心을 베풀어 주시고 어리석은 忠心을 굽어 살펴주셔서, 分司의 한 官員으로 내려 주셔서 江寧에 거주함을 허락해 주신다면, 天地와 같은 恩德으로 여생을 마칠 수 있을 것이니, 혹시 주인을 섬기는 犬馬의 부지런함을 후일에 바칠 수 있게 되기를 기원하나이다.

1) 惟亮天工 : 황제를 보좌하여 천하의 功을 이루게 한다는 뜻이다. ≪書經≫ 〈虞書 舜典〉에 "공경하여 때로 天子의 일을 도우라.〔欽哉 惟時亮天功〕" 하였다.
2) 外朝 : 宰相의 管轄下에 있는 行政機構를 칭하는 것으로, 宮中의 기구인 內朝와 對比한 칭호이다.
3) 輒緣不能者止之言 : 이 내용은 ≪論語≫ 〈季氏〉에 공자께서 말씀하시기를, "求야, 周任이 한 말에 '그 능력을 다 발휘하여 임무를 수행하다가 잘 할 수가 없으면 물러나야 한다.' 하였다.〔求 周任有言曰 陳力就列 不能者止〕" 한 것을 빌어

서, 자신이 재능이 부족하면서 重任을 담당한 것을 겸손하게 표현한 것이다.

4) 庶免貪以敗官之悔 : 법도에 맞지 않는 관직에 있다가 그 직무를 그르치는 후회를 하지 않게 되기를 바란다는 말이다. ≪春秋左氏傳≫ 昭公 14년조에 "탐욕으로 직무를 그르치는 것을 墨이라 한다.〔貪以敗官爲墨〕"라고 하였다.

5) 分司 : 唐代에 陪都인 洛陽에, 首都인 長安에 설치한 것과 동일한 官府를 설치하여 朝廷 官員의 관직을 나누어 직무를 맡겼는데, 이것을 分司라 하였다. 宋代에는 南京과 北京에도 分司를 두었다. 分司는 맡은 일이 별로 없어 관리들은 이따금 分司를 자청하여 휴식하는 곳으로 삼기도 하였다.

18. 乞罷政事表二* 재상의 직을 면해 주기를 청하는 表2

* 이 表는 앞의 表를 지은 지 2일 後인 熙寧 3年(1070) 2월 4일에 지은 것이다.

臣某는 言하노이다 近具奏乞罷政事分司어늘 伏奉手詔封還호니 不允所乞者로소이다 私懷懇至는 已具布聞이어늘 聖訓丁寧하사 未蒙開納하니 敢冒崇高之聽하야 再輸悃愊之情하노이다 (中謝) 臣聞任賢之方은 要其有用이요 陳力之義는 止於不能이니이다 苟弗集於事功하고 且重罹於疢疾하니 豈容叨據하야 以累明揚이리잇가 伏念臣은 猥以孤生으로 親逢盛世하니 昧於量己하야 志欲補於休明하고 失在信書[1)]하야 事浸成於迂闊이로소이다 每煩衆論하야 上慁聖聰하니 久知素願之難諧하고 繼以積痾而自困하니이다 辭而去位하야 庶逃竊食之誅요 勉以就工하야 重荷包荒之德[2)]이로소이다 雖貪順命이나 終懼妨功이니이다 伏望皇帝陛下는 闔度并容하사 大明俯燭하시고 特垂矜允하사 俾遂退藏하소서 如此則孤進之身은 獲全生於末路요 具瞻之地[3)]는 得改命於時材리이다 臣無任[4)]이로소이다

臣 某는 말씀을 올리나이다.

근자에 表를 갖추어 올려서 재상의 직을 면해 주시고 分司로 나가게 해 줄 것을 청하였는데, 삼가 손수 詔書를 써서 봉하여 돌려주신 것을 받자오니, 요청한 바를 윤허하지 않으신 것이었습니다.

간절하고 지극한 臣 개인의 충정은 이미 갖추어 보고를 올렸습니다. 성스러운 皇上의 가르침이 간절하시고, 용납하심을 얻지 못하였으므로, 감히 숭고하신 황상의 처결

을 범하면서 거듭 지극한 뜻을 올리나이다.

(中謝) 신이 들으니, 어진 사람에게 정사를 맡기는 도리는 그 핵심이 유용하게 쓰는 데에 있고, 그 능력을 모두 펼치게 하는 의의는 그 所任을 감내할 수 없는 사람은 辭任하게 하는데 있다고 하였습니다. 진실로 공적을 이루지도 못하였고 또한 중한 병에 걸렸는데, 어찌 자리나 채움을 용납하시면서 거듭 중용하시는 것입니까.

엎드려 생각하옵건대 신은 외람되게도 고루한 사람으로 친히 태평성세를 만나게 되었습니다. 자신의 학식과 재능을 헤아림에 어두우면서 현철하신 皇上을 보필하려는 뜻을 지녔었고, 옛 典籍을 다 신뢰함에 실수를 하여 일이 차츰 迂闊하여 현실에 맞지 않게 되었습니다. 매번 여론을 들끓게 하여 위로 聖聰을 번거롭게 하였습니다.

평소에 원하는 바를 이루기 어려움은 전부터 알고 있었고, 이어서 오랫동안 쌓여온 병으로 스스로 피곤하게 되었습니다. 辭職하고 자리에서 떠나서 혹시라도 하는 일 없이 봉록을 축내는 일에서만은 벗어나려 하였고, 官位에 나아감을 모면하려 하다가 거듭 결점을 감싸주시는 은혜를 입었습니다. 비록 명령에 복종하려 하나 끝내 功業에 방해가 될까 두렵습니다.

엎드려 바라옵건대 황제폐하께서는 너그러우신 도량으로 용납하시고 지극한 밝으심으로 굽어 살피셔서, 특별히 애긍히 여겨 允許하시어 臣으로 하여금 벼슬에서 물러날 수 있게 하시옵소서. 이와 같이 된다면 홀로 떠나려는 이 몸이 말년에 신명은 보존할 수 있을 것이며, 재상의 자리는 시대에 잘 적응하는 인재로 교체할 수 있게 될 것입니다. 신은 황공하고 두려움을 감내할 수가 없나이다.

1) 信書 : ≪孟子≫ 〈盡心 下〉의 "옛 전적의 기록을 모두 믿는 것은 그런 전적이 없는 것만도 못하다.〔盡信書則不如無書〕"에서 따온 것이다.

2) 包荒之德 : 包荒은 거칠고 더러운 것을 포용한다는 뜻으로, 도량이 관대함을 이른다. ≪周易≫ 泰卦에 "거친 것을 포용하고, 黃河를 맨몸으로 건너는 용맹을 쓰며, 멀리 있는 것을 버리지 않는다.〔包荒 用馮河 不遐遺〕" 한 데서 유래한 말이다.

3) 具瞻之地 : 具瞻은 ≪詩經≫ 〈小雅 節南山〉에 "혁혁한 太師 尹氏여, 백성들이 모두 너를 본다.〔赫赫師尹 民具爾瞻〕"라고 한 데에서 유래한 말로, 원래는 뭇 사람들이 쳐다보는 것을 뜻하였지만, 후대에는 宰相의 지위를 가리키는 말이

되었다.

4) 無任 : '감당하기 어렵다', '견디기 어렵다'는 뜻으로, 주로 表狀, 章奏, 箋啓, 편지 등에 쓰던 말이다. 無任 뒤에 흔히 '忻戴忭躍之至', '惶懼祈恩之至'와 같은 말이 상투적으로 쓰여, '기뻐하고 기뻐하는 마음이 지극함을 감당하기(견디기) 어렵습니다', '황송하고 두려워하며 은혜를 바라는 마음이 지극함을 감당하기(견디기) 어렵습니다'로 풀이한다.

19. 乞出表一* 재상의 직에서 벗어나게 해주기를 청하는 表1

* 이 表는 神宗 熙寧 6年(1073) 2월 11일에 올린 것이다.

此는 **必因病而乞者**라

이 표는 틀림없이 병 때문에 청한 것이다.

臣某는 **言**하노이다 **竊以丞相之職**은 **天子是毗**니 **方當圖政之憂勤**하야 **難以養痾而昧冒**일새 **輒輸情素**하야 **仰丐恩憐**하노이다 (中謝) **臣叨被鴻私**하야 **誤尸榮祿**이어늘 **堯仁天覆**하사 **幸荒穢之兼包**하시고 **湯聖日躋**하사 **顧卑凡而自絶**이러니이다 **尙惟許國**하야 **姑誓忘軀**러니 **豈意眩昏**이 **甫新年而寖劇**하고 **更知駑蹇**은 **難重任之久堪**이로소이다 **伏惟皇帝陛下**는 **明燭隱微**하시고 **惠綏羸拙**하시니 **閔其積疢**하사 **收還上宰之印章**하시고 **賜以餘年**하사 **歸展先臣之丘壟**[1)]하소서 **生當擊壤**하야 **以詠矜容之德**하고 **死當結草**하야 **以酬含育之恩**하리이다

臣 某는 말씀을 올리나이다.

삼가 생각하옵건대 丞相의 직분은 天子를 보좌하는 것입니다. 바야흐로 政事를 도모함에 부지런히 노력해야 마땅한데도 病의 治療 때문에 어려움을 겪으며 地位가 貪나서 인원수만 채우고 있을 뿐이므로, 즉시 本心을 아뢰어서 가련히 여기는 은혜를 베풀어 주시기를 仰請하는 것입니다.

(中謝) 臣은 僭濫하게도 큰 은혜를 입어 잘못 영예로운 俸祿을 누렸습니다. 堯임금 같은 仁德이 천하 만물에 두루 미쳐서 거칠고 졸렬한 신까지 아울러 포용하시는 요행을 누렸고, 湯임금 같은 聖明함은 태양이 솟듯 하셔서 비루하고 평범한 신까지 보살피

시기에 스스로 拒絶하고자 하였다가, 이에 국가에 몸을 바칠 것을 마음먹고 잠시 자신의 몸을 돌보지 않기로 맹세하였습니다.

그런데 어찌 뜻하였겠습니까. 어지럽고 혼미함이 새해에 이르자 점차 심해졌고, 低劣한 능력으로는 重任을 오래 감내하기가 어려움을 더욱 깨닫게 되었습니다.

엎드려 생각하옵건대 황제폐하께서는 隱微한 데까지 밝게 비추어 보시고 困乏하고 拙劣한 사람에게 은혜를 베풀어 주셔서, 오랜 병환을 가련히 여기시어 재상의 印章을 거두어주시어 餘生을 先臣의 무덤이 있는 고향으로 돌아가 마칠 수 있도록 허락해 주시옵소서. 살아서는 마땅히 擊壤歌를 부르며 哀矜히 여겨 허용해 주신 덕을 노래할 것이고, 죽어서는 마땅히 養育을 수용해 주신 은혜에 結草報恩하겠습니다.

1) 先臣之丘壟 : 先臣은 왕안석의 부친 王益을 가리키며, 그의 무덤은 江寧에 있었다.

20. 乞出表二* 재상의 직에서 벗어나게 해주기를 청하는 表2

* 이 表는 熙寧 6년(1073) 2월 20일(淸明) 전후에 올린 것으로 보인다.

臣某는 言하노이다 今月十一日에 輒輸情素하야 仰丐恩憐하니 實以抱疢之深에 難於竊位之久로소이다 過蒙敦獎하야 未賜矜從하시니 事有迫於懇誠이요 理必祈於哀惻이니이다 (中謝) 臣信書自守하야 與俗多違하니 審容膝之易安에 因忘擇地[1)]하고 知戴盆之難望에 遂廢占天[2)]이로소이다 豈圖憂患之餘에 更値淸明之始어늘 寒之之日長而暴之之日短하고 植之之人寡而拔之之人多리잇가 尙誤聖知하야 驟妨賢路하니 摩頂放踵[3)]하야 雖願效於微勞나 以蚊負山[4)]에 顧難勝於重任이로소이다 矧復瞀昏而曠事하야 若猶冒昧以尸官하니 是乃明憲之所不容이라 豈特煩言之爲可畏리잇가 伏惟皇帝陛下는 天地覆載하시고 日月照臨하시니 賜以曲成하사 容其少愒하소서 區區旅力이 或未憖於餘年이면 斷斷小能으로 冀尙施於異日이니이다

臣 某는 말씀을 올리나이다.

이달 11일에 평소에 품은 뜻을 아뢰어 우러러 애긍히 여기시는 은혜를 내려 주시기를 빌었는데, 사실은 지니고 있는 병이 깊어서 직위를 오랫동안 버티기가 어려워서였

습니다. 그런데 과분하게 독실하게 권장하는 은혜를 내리시며 공경히 따를 명을 내려 주시지 않았습니다. 일에는 간절한 정성을 급히 들어 주어야 할 것이 있으니, 이치상 반드시 애처롭게 여겨주시기를 기원합니다.

(中謝) 臣이 옛 기록을 믿고 자신의 신념을 고수하는 것이 時俗에는 위배되는 것이 많습니다. 무릎을 펼 만한 작은 방의 편안함만을 즐겼기 때문에 처지에 맞게 謹愼함을 잊었으며, 이럴 수도 저럴 수도 없음을 알았기 때문에 드디어 황상의 뜻을 살펴 맞추는 일을 그만두었습니다.

어찌 우환을 겪는 나머지에 다시 맑은 정사가 시작됨을 만나게 되었는데, 신을 춥게 한 날은 길고, 신을 따뜻하게 햇볕 비춰준 날은 짧으며, 신을 激勵해준 사람은 적고, 신을 제거하려는 사람은 많을 줄을 생각이나 했겠습니까. 여전히 성스러운 君主의 뜻을 그르쳐서 여러 차례 어진 사람이 등용됨을 방해하기도 하였습니다.

신은 몸을 돌보지 않고, 노고를 두려워하지 않으며, 비록 작은 노력으로나마 공효가 있기를 바랐으나, 모기에게 산을 짊어지게 한 것처럼, 돌이켜보건대 중임을 감내하기가 어려웠습니다. 더구나 다시 병으로 어지럽고 혼미해져서 업무를 중단하였으니, 마치 하는 일은 없으면서 관직만 탐하는 것처럼 되었습니다. 이는 곧 밝은 법이 용납하지 않는 바이니 어찌 유독 불만의 말이 두려울 뿐이겠습니까.

엎드려 생각하옵건대 황제폐하께서는 인자하신 덕이 천지에 충만하여 해와 달처럼 굽어 비추어 주시니, 간절한 所望을 허락해 주셔서 잠시 돌아가 쉴 수 있도록 용납해 주시옵소서. 점점 쇠약해지는 체력으로나마 혹 여생이 끝나지 않게 된다면, 작은 능력이나마 정성을 다해서 오히려 後日에 힘쓸 수 있게 되기를 기원하나이다.

1) 審容膝之易安 因忘擇地 : 무릎이나 겨우 받아들일 만한 협소한 곳이 편안함을 알면서도, 그런 땅을 골라 편안히 은퇴하는 것을 망각했다는 의미이다. 陶淵明의 〈歸去來兮辭〉에 "南窓에 의지해 거리낄 것 없이 지내니, 무릎을 용납할 만한 좁은 방이 편안함을 알겠도다.〔倚南窓以寄傲 審容膝之易安〕"라고 하였으니, 이 말은 官職에서 벗어나 安貧樂道를 즐김을 드러낸 것이다.

2) 知戴盆之難望 遂廢占天 : 자기의 개인적인 일은 내버려두고 황제를 위해 맡은 직무를 충실히 수행해야 함을 알면서도, 자기의 개인적인 일을 돌보느라 직무를 충실히 수행하지 못했다는 의미이다. 司馬遷의 〈報任少卿書〉에 "저는 '물동이를

이고서 어떻게 하늘을 바라보랴!' 하고 생각했습니다. 그래서 賓客들과의 교유를 끊고, 집안의 일을 잊고, 밤낮으로 불초한 재주와 힘을 다하여 한 마음으로 직무에 힘써서 主上의 가까이에서 총애를 받으려 하였습니다. 그러나 일이 이에 크게 잘못되어 그렇게 되지 못했습니다.〔僕以爲戴盆何以望天 故絶賓客之知 亡家室之業 日夜思竭其不肖之才力 務一心營職 以求親媚於主上 而事乃有大謬不然者〕"라고 하였다.

3) 摩頂放踵 : 어떤 고난이 있다 해도 마다하지 않고 온몸을 바쳐 일한다는 의미이다. ≪孟子≫ 〈盡心 上〉에 "墨子는 兼愛를 하였으니, 정수리를 갈아 발꿈치에 이르더라도 천하를 이롭게 하면 하였다.〔墨子兼愛 摩頂放踵 利天下爲之〕"라고 한 데서 유래한 말이다.

4) 以蚊負山 : 모기가 산을 짊어지고 있는 것처럼 감당하기 힘든 일을 맡은 것을 비유한 말이다. ≪莊子≫ 〈應帝王〉에 "그런 것으로 천하를 다스린다는 것은 마치 바다를 맨발로 걸어서 건너고 맨손으로 파서 길을 내며 모기의 등에 산을 짊어지게 하는 것과 같다.〔其於治天下也 猶涉海鑿河 而使蚊負山也〕"라고 하였다.

21. 乞退表一* 물러나기를 청하는 表1

* 이 表를 비롯하여 本書에 收錄된 세 篇의 乞退表는 모두 熙寧 7년(1074) 4월 前後에 올린 것으로 보인다.

臣昨具表하야 乞解機政이어늘 伏奉手詔未賜兪允者로소이다 明主訓辭之寵은 宜卽奉承이요 匹夫志守之愚는 敢覬矜允이리잇가 (中謝) 竊以品制百爲하고 總裁萬務하며 任怨蓋難於持久요 服勞安可以獨賢[1]이리잇가 所以中外迭居는 是爲祖宗故事니이다 況於疲曳에 加以瞀昏이니잇가 若由昧冒而無慙이면 其必顚隮而不救리이다 臣過叨睿奬하야 備進近司하니 當循名責實之時라 故任怨特多於前輩하고 兼釐令改制之事라 故服勞尤在於一身이로소이다 雖蒙全度之恩하야 僅免譴訶之域이나 某於多故에 實以難支니이다 矧疾疢之交攻하고 且事爲之寖廢니잇가 伏望陛下는 昭其悃愊하시고 假以優游하사 使得休養於衰疲하야 以示保全於孤拙하소서

臣이 지난번에 표를 갖추어 올려서 중요한 정사를 관장하는 재상의 자리에서 解免해 주시기를 빌었는데, 允許하지 않는다고 손수 쓰신 조서를 받들게 되었습니다.

밝으신 군주께서 훈계하시는 말씀을 내려 주신 은총을 즉시 받들어 모셔야 마땅하나, 하찮은 사람의 어리석은 신념을 어찌 감히 애긍히 여겨서 윤허해 주시기를 바라겠습니까.

(中謝) 삼가 생각하옵건대 온갖 행위를 판단하고 규정하며 모든 일을 포괄하여 裁決하면서 원망을 받는 사람은 대체로 오래 버티기가 어려운 법이니, 수고롭게 복무하는 것만을 어찌 현명하다 할 수 있겠습니까. 중앙과 지방의 직무를 교대로 맡는 것이 선대부터 내려오는 옛 제도입니다. 더구나 노쇠하여 피곤해졌고 이에 어지럽고 혼미하기까지 함에야 어떠하겠습니까. 만약 이를 무릅쓰고 맡으면서 부끄러워하지도 않는다면, 반드시 엎어져서 없어져 버리고 구제받지 못하게 될 것입니다.

신은 밝으신 황상의 격려를 지나치게 받아 황궁의 관서에 올라 자리나 채우고 있습니다. 직명에 합당하게 실제로 일을 해야 마땅한데도 선배들에게 원한을 살 일을 특히 많이 하였으며, 잘못된 法令을 바꾸고 制度를 改革하는 일을 겸하다 보니 부지런히 종사하다가 범한 허물이 이 한 몸에 모이게 되었습니다.

비록 구제하여 보존해 주시는 은혜를 입어서 겨우 譴責당하는 처지는 면하였으나, 많은 사건에 얽혀들어서 실로 지탱하기가 어렵습니다. 더구나 온갖 질병까지 일제히 괴롭혀서 장차 하던 일을 점차 중단할 수밖에 없음에야 어떠하겠습니까.

엎드려 바라옵건대 폐하께서는 신의 진정한 뜻을 밝히 비추어 주셔서 물러나 한가히 노닐 수 있도록 허락해 주시고, 노쇠하고 병든 몸을 쉬면서 정양할 수 있게 해 주시어, 이로써 특별히 졸렬한 이 몸을 보전할 수 있게 해 주시옵소서.

1) 獨賢 : 혼자서만 나랏일에 수고롭게 종사한다는 말이다. 《詩經》〈小雅 北山〉에 "너른 하늘 아래가 왕의 땅 아닌 곳 없고, 땅을 따른 물가가 왕의 신하 아닌 자 없는데, 大夫가 均平치 못한지라 나만 종사하게 하여 홀로 어질다(수고롭다) 하는구나.〔溥天之下 莫非王土 率土之濱 莫非王臣 大夫不均 我從事獨賢〕"라고 한 데에서 유래한 말이다.

22. 乞退表二 물러나기를 청하는 表2

臣某는 言하노이다 近具表乞解機務로되 伏奉手詔未賜兪允者로소이다 聖恩所及에 有隆天重地之施하고 私義未安에 有深淵薄冰[1]之懼로소이다 (中謝) 竊惟成湯高宗之世엔 有若伊尹傅說之臣하야 其道則格于帝而無疑하고 其政則加乎民而有變하니이다 后惟時乂하고 相亦有終이러니 迨乎中世之陵夷하야 非復古人之髣髴하니이다 忠或不足以取信하니 而事事至於自明이요 義或不足以勝姦하니 而人人與之爲敵이니이다 以此乘權而久處하니 孰能持祿以少安이리잇가 此臣之慮危於居寵之時하야 而昧死有均勞之乞이온 況於抱病하야 浸以瘝官이니잇가 伏惟陛下는 道與日躋하시고 德侔乾覆하사 哀一夫之失所하시고 樂萬物之皆昌하시니이다 矧夫眷遇之優하야 旣已勤劬之久하니 宜蒙善貸하야 使獲曲全이니 賜其疲賤之身하사 假以安閒之地하소서 則敝車無用이나 猶可具於勞薪[2]이요 棄席[3]未忘이면 或再施於華幄이리이다

臣 某는 말씀을 올리나이다.

근자에 表를 갖추어 중요한 정무를 담당하는 직책에서 解免해 주시기를 빌었으나, 윤허하지 않는다고 손수 쓰신 조서를 받들게 되었습니다.

聖恩이 미치는 바가 드넓은 천지에 가득하게 베푸심이 있으나, 사사로운 생각이 편안하지를 못하여 깊은 못에 임하고 얇은 살얼음판을 건너는 듯 두려움을 갖게 되나이다.

(中謝) 삼가 생각하옵건대 殷나라 成湯과 高宗의 시대에는 伊尹과 傅說 같은 신하가 있었고, 그 道는 天帝를 감동시키기에 의심할 것이 없었고, 그 훌륭한 政事는 백성들에게 베풀고자 改革함이 있었습니다. 君主들은 오직 시대의 太平을 도모하였고, 재상들 또한 끝까지 섬김이 있었습니다.

中古시대의 쇠락함에 이르러서 옛 聖人과 같은 정치를 회복하지 못하여서, 忠誠이 신뢰를 얻기에 부족하게 되니 일마다 자신을 변명하는 지경에 이르게 되었고, 義理가 간사함을 억제하기에 부족하게 되니 사람마다 서로 敵이 되었습니다. 이 때문에 권세를 이용하여 오랫동안 지위를 누리려 하게 되었으니, 누구인들 祿位를 유지하면서 잠

시나마 편안할 수 있었겠습니까.

이에 신이 총애를 받으며 벼슬자리에 있을 때에 염려하고 위태롭게 여기면서, 고생을 두루 겪는다 해도 죽기를 무릅쓰려 하였던 것인데, 더구나 질병을 안고 있어서 차츰 직무를 펼칠 수 없음에야 더 말할 것이 있겠습니까.

엎드려 생각하옵건대 황제폐하께서는 지니신 道가 밝은 태양과 같으며 德은 하늘이 온 천하를 덮고 있는 것과 같습니다. 한 사람이 제자리를 찾지 못한 것을 불쌍히 여기시며 만물이 모두 함께 번창하게 됨을 기꺼워하십니다.

하물며 돌보아 優待하심을 넉넉하게 입어서 이미 부지런히 힘쓰기를 오랫동안 했음에야 어떠하겠습니까. 마땅히 너그러우신 施惠를 입어 여생을 온전히 보존할 수 있게 해 주시고, 파리하고 하찮은 이 몸이 물러남을 허락하시어 安閑한 경지에서 노닐 수 있도록 용인해 주십시오.

낡은 수레는 쓸모가 없으나 오히려 땔감으로 쓸 수가 있고, 버렸던 자리를 잊지 않으시면 혹 폐하의 帷幄에 다시 쓸 수가 있게 될 것입니다.

1) 深淵薄冰 : 조심스럽고 두려운 마음으로 모든 일을 신중하게 처리한다는 뜻이다. ≪詩經≫ 〈小雅 小旻〉에 "전전긍긍하여 깊은 못에 임한 듯이 하며 얇은 얼음을 밟는 듯이 한다.〔戰戰兢兢 如臨深淵 如履薄氷〕"라고 한 데서 유래한 말이다.

2) 勞薪 : 오래 사용한 나무 수레바퀴를 쪼개어 만든 땔감을 이른다. ≪世說新語≫ 〈術解〉에 "荀勗이 일찍이 晉 武帝의 연회석상에서 죽순과 밥을 먹다가 좌중의 사람들에게 말하길 '이것은 勞薪으로 불을 땐 것이오.'라고 하였다. 좌중의 사람들이 그 말을 믿지 않고 몰래 사람을 보내어 물어보게 했더니 정말로 오래된 수레바퀴를 사용한 것이었다.〔荀勗嘗在晉武帝坐上食筍進飯 謂在坐人曰 此是勞薪炊也 坐者未之信 密遣問之 實用故車脚〕"라고 보인다.

3) 棄席 : 버려진 功臣을 비유하는 말이다. ≪淮南子≫ 〈說山訓〉에 "晉 文公이 臥席 밑의 곰팡이가 난 시커먼 寢席을 버리자 咎犯은 사직하고 돌아갔다.〔文公棄荏席後黴黑 咎犯辭歸〕"라고 하였는데, 구범은 진 문공의 공신으로 진 문공이 寢席을 버리자 옛 신하를 버릴 것이라고 짐작하여 사직하였던 것이다.

23. 乞退表三* 물러나기를 청하는 表3

* 이 表는 本文에, '然四年黽勉'이라 한 것으로 보아, 參政이 된지 4년 후인 熙寧 6년(1073)에 지은 것으로 보인다.

此首는 別加慷慨奮勵矣라

이 표는 특별히 강개함과 떨쳐 격려하는 뜻이 더해졌다.

臣某는 言하노이다 伏奉聖旨令臣入見하야 赴中書供職者로소이다 螻蟻微誠에 屢關省覽하고 天地大德에 未賜矜從하시니이다 (中謝) 臣聞周之士也貴하고 秦之士也賤하며 周之士也肆하고 秦之士也拘[1)]라호이다 其縱之爲貴요 其拘之爲賤이니 賤故로 尙勢利而忘善惡하고 貴故로 尊行義而矜廉恥니이다 士知尊行義而矜廉恥면 宗廟社稷之安而天下自治也니이다 伏惟陛下는 言必稽堯舜하시고 動必憲文武하시니 故視遇天下之士하사 欲其貴不欲其賤하시고 欲其肆不欲其拘하시니이다

臣 某는 말씀을 올리나이다.

聖旨를 내려서 臣으로 하여금 宮에 들어와 謁見하도록 하시고 中書省에 나와서 직무에 복귀하도록 하신 명을 엎드려 받들게 되었습니다.

땅강아지나 개미 같은 미천한 사람의 誠意를 거듭 보살펴 주심을 받았으며, 천지와 같은 큰 덕을 지니고 계시면서도 辭任하고자 하는 뜻을 허락하지 않으셨습니다.

(中謝) 신이 들으니 "周나라의 士는 貴하게 예우를 받았고 秦나라의 士는 賤待를 받았으며, 周나라의 士는 얽매이는 일이 없었고 秦나라의 士는 制御를 받았다." 합니다. 그 얽매임 없음이 귀한 예우를 받게 된 것이고, 얽매임이 천대를 받게 된 것입니다. 천대받았기 때문에 권세와 이익을 숭상하게 되었고 선과 악의 판별에 관심을 두지 않게 되었으며, 귀한 대접을 받았기 때문에 正義의 실천을 존중하게 되었고 廉恥를 지키려고 신중히 처신하게 된 것입니다.

士가 정의의 실천을 높이 여기고 염치를 지키려고 신중히 처신하게 되면 宗廟社稷이

안정되고 天下가 잘 다스려지게 됩니다.

엎드려 생각하옵건대 폐하께서는 하시는 말씀은 반드시 堯임금과 舜임금을 상고하시고, 행동은 반드시 文王과 武王을 법으로 삼으십니다. 그러므로 천하의 士들을 대우하시되 귀하게 禮遇하고자 하시고 천대하고자 하지 않으시며, 자유롭게 활동하게 하시고 얽매어 제어하려 하지 않으십니다.

1) 周之士也貴……秦之士也拘 : ≪法言≫ 〈五百〉에 나오는 말이다.

臣以羈孤로 旁無佽助어늘 一言寤意하사 特見甄收로소이다 適遭欲治之盛時하야 實預扶衰之大義하니 事或乖於衆口나 而陛下力賜辯明하시고 言有逆於聖心이나 而陛下常垂聽納하시니이다 此臣所以履艱虞而不忌하고 服勤苦而不辭로소이다 雖百度搶攘하야 未就平成[1]之敍나 然四年黽勉하야 非無夙夜之勞로소이다 今特以心氣之衰疲와 目力之昏耗로 哀祈外補하야 冀幸小休어늘 而乾剛確然하사 莫可回奪하니 則是親値周家之忠厚하고 獨爲秦士之賤拘로소이다 事與願違하니 能無竊歎이며 理當情恕니 豈免上煩이리잇가 實望聖慈俯昭愚款하사 外賜優閑之地하시고 少安疾疢之身하소서 須其有瘳하야 乃責外效니 臣生當捐軀以報德하고 死當結草以酬恩하리이다

신은 타향에 寓居하는 외로운 사람으로 주변에 도와주는 이가 없었는데, 한마디 말씀을 올리니 깨달으시고 특별히 살펴 임용해 주시는 은혜를 입었습니다. 때마침 잘 다스리고자 하시는 盛世를 만나 실로 衰微해가는 시대를 일으켜 세우려 하는 大義에 동참하게 되었습니다. 일이 衆人들의 비판으로 혹 어그러지기도 하였으나 폐하께서 힘을 다하여 변호해 밝혀 주셨고, 아뢴 말씀이 聖心을 거스르는 것이 있어도 폐하께서는 항상 용납해 주셨습니다.

이것이 臣이 艱難 憂患을 겪으면서도 꺼리지 않고, 온갖 고난을 겪기를 사양하지 않았던 근본 이유입니다. 비록 여러 차례 분란을 겪게 되어, 천하가 평화로워지고 하늘의 뜻이 이루어지는〔地平天成〕 盛世의 具現은 성취하지 못하였으나, 4년 동안 진력하면서 아침 일찍부터 밤 늦게까지 노력을 다하지 않은 일이 없었습니다.

이제 특별히 心氣가 쇠약 피로해지고 視力이 혼미해져서 地方官으로 임명해 주시기를 간절히 기원하며 요행을 얻어 잠시 쉴 수 있게 되기를 바라는 것인데도, 폐하의 강

건하고 확고한 뜻을 돌이킬 수가 없으니, 이는 폐하께서는 친히 周나라의 忠厚함을 실천하시면서 臣은 홀로 秦나라의 士처럼 賤待받고 制御당하는 것입니다. 事態와 願하는 바가 서로 어긋나니 삼가 탄식하지 않을 수 있겠으며, 이치가 허물을 용서받기를 구해야 마땅하지만 어찌 황상을 번거롭게 함을 면할 수야 있겠습니까.

실로 성스럽고 자애로우신 마음으로 어리석은 신의 충정을 굽어 살피시고, 地方의 한가롭고 편안한 지역을 내려 주셔서, 병든 몸이 잠시나마 편히 지낼 수 있도록 해 주시옵소서. 행여 병이 치유되면 지방관으로서 나라를 위해 도움이 되도록 책임을 다하겠으며, 신은 살아서는 마땅히 목숨을 다 바쳐 은덕에 보답하고 죽어서는 마땅히 結草報恩하겠나이다.

1) 平成 : 地平天成의 줄임말로, 땅에는 水土가 평정되고 하늘에는 四時의 운행이 節序를 잃지 않아 모든 일이 순조롭다는 뜻이다. ≪春秋左氏傳≫ 文公 18년조에 "舜임금이 堯임금의 신하가 된 뒤에 八愷를 등용하여 后土를 주관해 다스리게 하고 百事를 헤아려 처리하게 하니, 모든 일이 適時에 처리되고 질서가 있어 天下가 평온해지고 하늘의 뜻이 이루어졌다.〔舜臣堯 擧八愷 使主后土 以揆百事 莫不時序 地平天成〕"라고 보인다.

24. 乞宮觀表一* 宮觀使로 나가게 해줄 것을 청하는 表1

* 宮觀은 宮觀使의 약칭으로, 당시 왕안석은 將相의 지위에서 물러나 虛職인 궁관사가 되어 政務에서 떠나고자 하여 熙寧 10년(1077)에 이 표를 올린 것이다.

臣某는 言하노이다 疏榮特異하니 敢忘圖報之忠이릿가 陳力弗能하니 當布可辭之義로소이다 (中謝) 伏念臣晩陪興運하야 久汚近司하야 戇愚弗逮於淸光하고 衰疾更成於瘝曠하니이다 苟免大訶之責이어늘 乃叨異數之加하야 授以戎旃하시고 班之宰席하시니이다 松楸舊國에 實使鎭臨하시니 蒲柳殘年에 足爲榮耀로소이다 顧在宣化承流之地요 方當循名責實之時로되 疲曳難支하야 顚隮可畏하니 仰祈睿眷하고 俯徇愚衷하노이다 幷解將相之官하시고 外除宮觀之任하사 託依田里하야 瞻守丘墳하소서 倘憑休養之私하사 終獲夷瘳之福이면 敢忘策勵리잇가 復誓糜捐하노이다

臣 某는 말씀을 올리나이다.

영예로운 職分을 내려준 것이 특별하였으니 감히 보답하고자 하는 忠心을 잊을 수가 있겠습니까만, 힘을 다해도 능력이 모자라니 사임해야 할 이유를 진술하여야 마땅합니다.

(中謝) 엎드려 생각하옵건대 신은 만년에 時運이 興盛하는 시기에 皇上을 보필하게 되었으나 오랫동안 가까이 모시면서 일을 그르쳤고, 우매함 때문에 맑으신 容顔을 뵙지 못하였으며, 노쇠와 질병으로 더욱 황폐해졌습니다. 가까스로 크게 꾸짖으심을 면하였고 외람되이 특수한 예우를 받게 되었으며, 節度使의 직분을 수여하시고 平章事로 일을 주재하는 班列에 오르게 하셨으며, 부모님의 묘가 있는 지역에서 鎭守하게 해 주셨으니, 浦柳처럼 쇠약해진 臣의 여생에 빛나는 영예가 되기에 충분합니다.

돌이켜보건대 펼치신 敎化가 널리 시행되는 땅에서 바야흐로 명을 따라서 책무를 실천해야 마땅할 때입니다. 노쇠하고 피곤한 몸으로 지탱하기 어려워 일을 그르칠까 두렵습니다. 우러러 명철하신 보살핌을 기원하노니 어리석은 신의 충정을 굽어 용납해 주시옵소서. 아울러 將相의 벼슬을 解免하시고 지방 宮觀使의 임무에 제수해 주시며, 田里에 의탁하여 부모의 墓所를 지킬 수 있도록 허락해 주시옵소서.

행여 쉬면서 療養할 수 있는 은혜를 베푸셔서 드디어 병을 치료하는 복을 얻게 된다면 감히 스스로를 책려함을 잊겠습니까. 다시 몸이 가루가 되도록 목숨 바칠 것을 맹세하나이다.

25. 乞宮觀表二* 宮觀使로 나가게 해줄 것을 청하는 表2

* 이 表는 上記 表一을 올렸으나 允許를 얻지 못하자 同年인 熙寧 10년(1077)에 재차 올린 것이다.

臣某는 言하노이다 近具奏하야 乞以本官外除一宮觀差遣호되 伏蒙聖慈特降中使하야 賜臣詔書不允者로소이다 天地至恩은 實知難報요 螻蟻微息이나 尙竊有懷로소이다 輒冒隆威하야 更輸危悃하노이다 伏念臣遭逢異甚이어늘 稱效蔑如하니 苟旅力之可陳이면 豈餘生之足惜이리잇가 顧以憂傷而至弊하고 重爲疢疾之所攖하니 倘假便州면 必負曠瘝之

責이요 過尸厚祿하니 更懷叨昧之慙이로소이다 伏望陛下는 本末燭知하시고 始終護念하사 俯徇籲天之懇하사 俾無累國之尤하소서 尙冀寧瘳하야 誓終糜殞하노이다

臣 某는 말씀을 올리나이다.

근자에 표를 갖추어 본래 맡은 관직에서 지방관의 하나인 宮觀使로 제수하여 差遣해 주시기를 청하였으나, 성스럽고 자애로우신 황상께서 특별히 宮中의 使者를 파견하여 臣에게 윤허하지 않겠다는 詔書를 내리시는 은혜를 입게 되었습니다.

天地와 같은 지극한 은혜는 실로 보답하기가 어렵다는 것을 알고, 땅강아지나 개미 같은 하찮은 존재이지만 오히려 삼가 감동하는 바가 있습니다. 이에 숭고한 尊嚴을 범하면서 다시 두려운 誠心을 아뢰나이다.

엎드려 생각하옵건대 신은 매우 특별한 보살핌을 입었으나 이에 상응하는 功效를 전혀 거두지 못하였으니, 진실로 온갖 노력을 다 펼칠 수 있다면 어찌 餘生이 족히 아까울 것이 있겠습니까. 돌이켜보건대 근심과 상심으로 지극히 피로한데다가 다시 重病까지 걸리게 되었으니 편리한 고을을 내려 주신다면 반드시 직분을 수행하지 못한 책임을 지게 될 것이요, 하는 일이 없이 지나치게 厚한 祿俸을 받고 있으니 더욱 참람하게 貪慾을 누리는 부끄러움을 갖게 됩니다.

엎드려 바라옵건대 폐하께서는 本末을 밝게 아시고 始終을 분명히 살피셔서, 하늘을 우러러 탄식하는 간절한 뜻을 굽어 허락하셔서, 신으로 하여금 나라에 罪科를 범하는 일이 없게 하소서. 그래도 병이 나아서 편안해지기를 바라면서, 몸이 가루가 되어 마칠 것을 맹세하나이다.

26. 乞宮觀表三 宮觀使로 나가게 해줄 것을 청하는 表3

臣某는 言하노이다 軺傳俯臨하고 璽書狎至하니 仰荷眷存之厚에 第懷感悸之深이로소이다 任有不勝하니 勉非所及이요 輒輸危懇하니 再冒天威로소이다 伏念臣久誤至恩에 難圖報稱하고 過尸榮祿에 易取災危니이다 力憊矣而弗支하고 氣喘焉而將蹶일새 窮閻掃軌하야 斯爲待盡之時요 幕府建旄가 豈曰養痾之地리잇가 所懼曠瘝之責하야 敢辭逋慢之誅하노이다 伏望陛下는 照以末光하시고 遂其微請하사 使壇陸之鳥로 無眩視之悲[1)]하시고 濠

梁之魚로 **有從容之樂**[2)]하소서 **庶蒙瘳復**이면 **更誓糜捐**하노이다

臣 某는 말씀을 올리나이다.

軺車를 탄 使者가 왕림하고 詔書가 연이어 이르렀으며, 우러러 돌보아 주시는 후한 뜻을 받게 되어 또한 감격하고 황공스러운 마음을 깊이 느끼게 됩니다. 임무는 감내하지 못함이 있는데 이는 노력을 해도 미칠 수 있는 것이 아니어서, 즉시 두렵고 간절한 뜻을 올려서 거듭 황상의 위엄을 범하였습니다.

엎드려 생각하옵건대 신은 그릇되게 오랫동안 지극한 은혜를 입었으나 알맞은 보답을 하기가 어려웠고, 자리나 채우고 있으면서 지나치게 榮譽로운 봉록을 누렸으니 위태로운 災殃을 겪는 것이 당연합니다.

기력은 困憊하여 지탱할 수가 없고 氣息을 헐떡이며 쓰러지게 되었습니다. 누추한 시골집에서 세상과의 왕래를 끊고 여생을 마치기를 기다려야 할 것이니, 지방 장관직의 담당을 어찌 병을 정양하는 지위라고 말할 수 있겠습니까. 持病으로 업무를 처리하지 못한 책임이 두렵기에 감히 업무를 태만하게 해서 받게 될 처형에서 벗어나고자 합니다.

엎드려 바라옵건대 폐하께서는 餘光을 내려 비추어 주셔서 신의 작은 청이 이루어지게 해 주소서. 깊은 숲 속에서 노닐어야 할 새로 하여금 번화한 세상에서 어지러움을 느끼는 슬픔이 없도록 해 주시고, 깊은 물 속에서 노니는 물고기가 두려움없이 조용히 지낼 수 있는 즐거움을 누리게 해 주소서.

행여 은혜를 입어 지병이 회복된다면 다시 목숨을 다 바쳐 보답할 것을 맹세하나이다.

1) 使壇陸之鳥 無眩視之悲 : 분수에 넘친 대우가 자신에겐 오히려 근심과 슬픔이 되니, 그런 근심과 슬픔에서 벗어나게 해달라는 뜻이다. ≪莊子≫ 〈至樂〉에 “옛날에 海鳥가 魯나라 國都의 郊外에 날아와 머물러 있었다. 이에 노나라 임금이 새를 맞이하여 묘당에서 酒宴을 베풀고, 九韶를 연주하여 음악으로 삼고, 太牢의 음식을 갖추어서 요리상을 차렸는데, 새는 마침내 눈이 어찔어찔해지고 두려워하고 슬퍼하여〔鳥乃眩視憂悲〕 감히 한 점의 고기도 먹지 못하고 감히 한 잔의 술도 마시지 못하다가 사흘 만에 죽고 말았다.……무릇 새를 기르는 방법으로 새를 기르는 자는, 마땅히 깊은 숲 속에 깃들게 하고 넓은 들판에 놀게 하며〔遊之壇陸〕 江湖에 떠다니게 하며 미꾸라지나 피라미를 먹게 하고, 자기와 부류가

같은 새들의 行列을 따라다니거나 함께 머물러 있게 하며, 있는 그대로 만족스럽게 지내면서 살게 해야 한다."라고 하였다.

2) 濠梁之魚 有從容之樂 : 사람은 저마다 자기에게만 마음이 맞고, 자기에게만 즐거운 일이 있음을 비유하는 말이다. ≪莊子≫ 〈秋水〉에 "莊子가 惠子와 함께 濠梁(濠水의 돌다리)에서 노닐고 있었는데〔遊於濠梁之上〕, 장자가 '피라미가 나와서 한가로이 놀고 있으니 이것이 바로 물고기의 즐거움일세.〔儵魚出遊從容 是魚之樂也〕'"라고 한 데에서 유래하였다.

27. 手詔令視事謝表 손수 詔書를 내려 일을 주재하도록 하신데 감사하는 表

中多感悟主上之言이라

글 가운데 군주를 감동시켜 깨닫게 할 만한 말이 많이 들어 있다.

臣某는 言하노이다 伏蒙宣示言者所奏하고 輒具箚子하야 乞博延公議하사 改用賢人이나 伏奉詔獎勵令視事如故者로소이다

臣 某는 말씀을 올리나이다.

言官이 上奏한 바를 알려주시는 글을 엎드려 받자옵고, 즉시 箚子를 갖추어 올려서 公議를 광범하게 청취하시어 신을 교체하고 그 자리에 賢人을 등용하시도록 요청하였으나, 오히려 詔書를 내려 격려하시며 전과 같이 일을 보라는 명을 받들게 되었습니다.

謗議升聞호되 已賴舜聰之豁達하고 懇誠上訴에 更煩周誥[1)]之丁寧하시니이다 竊以作威者는 主之權이요 待察者는 臣之禮니이다 蓋雖蒙非常之厚遇나 亦將避可畏之煩言이로소이다 臣志尙非高요 才能無異하니 舊惟所學之迂闊하야 難以趨時요 因欲自屛於寬閑하야 庶幾求志로소이다 惟聖人之時不可失이요 而君子之義必有行이라 故當陛下卽政之初하야 輒慕昔賢際可之仕[2)]하고 越從鄕郡하야 歸直禁林하니이다 或因勸講而賜留하시고 或以論思而請對하니 愚忠偶合하야 卽知素願之獲申하고 睿聖日躋하사 更懼淺聞之難副로소이다 重叨殊奬하야 忝秉洪鈞하니 所宜引分以固辭어늘 乃敢冒恩而輕就는 實恃明

主知臣之有素라 故以孤身許國而無疑니이다

비방하는 여론을 보고받으시고 이미 舜임금 같은 지혜와 총명으로 흉금을 널리 펴서 감싸주시는 은혜를 입었고, 간절하고 지성 어린 상소를 올리자 다시 周誥처럼 간절한 詔書를 내려 주셨습니다. 삼가 생각하옵건대 위엄으로 형벌을 시행하는 것은 君主의 權威이고, 심사를 기다리는 것은 臣下의 禮인 것입니다. 무릇 非常한 은혜를 입었다 해도 또한 두려워할 사람들의 번거로운 비평은 피해야 합니다.

臣은 뜻과 이상이 높지 않고 재능도 특이한 것이 없습니다. 과거에 배운 학문은 허황하고 迂闊하여 시대의 추이에 부응하기가 어려웠기 때문에 스스로 한가한 곳으로 물러나 행여 뜻을 구하려 하였습니다.

오직 聖人이 다스리는 시기는 잃어서는 안되고, 君子의 節義는 반드시 실천함이 있어야 합니다. 그러므로 폐하께서 즉위하셔서 정무에 임하신 초기에, 옛 賢人처럼 禮로써 대우할 관리를 戀慕하셔서, 고향의 고을에 있던 臣을 次序를 뛰어넘어 入侍하도록 하시고 宮禁의 翰林學士로 임명하셨습니다.

때로는 경전 강의를 위해 곁에 머물게 하셨고, 때로는 학문을 토론하고 문답하기 위하여 奏對하기를 청하기도 하였습니다. 어리석은 신의 충정이 皇上의 뜻과 합치되어 곧 평소의 소원을 펼칠 수 있음을 알았고, 賢哲하시고 성스러운 뜻을 날마다 추진하실 때에 천박한 견문으로 부응하기 어려워서 더욱 두려워하였습니다.

거듭 외람되게도 특별한 인정을 받았으나 황상의 치적을 욕되게만 하였습니다. 자신의 분수를 헤아려서 굳게 사양했어야 마땅한데도 감히 은혜 입은 것을 기화로 경솔하게 벼슬자리에 나아갔고, 실로 밝으신 군주께서 신을 알아주심이 오래되었음을 믿고, 그 때문에 외로운 신하로서 나라를 위해 헌신하기로 확고히 결심하였습니다.

1) 周誥 : ≪書經≫의 글 가운데 〈大誥〉, 〈康誥〉, 〈酒誥〉, 〈洛誥〉 등에 나오는 周나라 임금들의 誥命을 가리킨다. 여기서는 神宗이 내려준 詔書를 가리킨다.

2) 際可之仕 : 임금이 예의를 갖추어 대우해주면 그와 교제할 만하므로 떠나지 않고 벼슬살이를 하는 것을 이른다. ≪孟子≫ 〈萬章 下〉에 "孔子는 道를 행하는 게 가능한지를 보고 한 벼슬〔行可之仕〕이 있었으며, 交際가 가능한지를 보고 한 벼슬〔際可之仕〕이 있었으며, 임금이 賢人을 봉양하자 한 벼슬〔公養之仕〕이 있었다." 하였다.

人習玩於久安하고 吏循緣於積弊하야 窾言不忌하고 詖行無慙이로소이다 論善俗之方하야 始欲徐徐而變革하고 思愛日之義하야 又將汲汲於施爲하니이다 以物役己면 則神志有交戰之勞요 以道徇衆이면 則事功無必成之望이니이다 恐上辜於眷屬하야 誠竊幸於退藏이라가 猶貪仰附於末光하고 亦冀粗成於薄效하니이다 比聞獨斷하고 謂合僉言이로되 但輸承命之忠이어늘 遂觸招權之毁로소이다 因請避衆賢之路하고 庶以厭異議之人이러니 伏蒙皇帝陛下 敦大兼容하시고 淸明旁燭하사 賜之神翰하사 諭以至懷하시니이다 君臣之時는 嘗千載而難値니 天地之造를 豈一身之可酬리잇가 敢不自忘形迹之嫌하고 庶協神明之運이릿가

사람들은 오랫동안의 편안함을 습관적으로 즐기게 되었고, 관리들은 누적된 폐단을 인습적으로 따라 행하였으며, 공허한 말을 꺼리지 않았고 편파적인 부정행위를 부끄러워하지 않았습니다. 이에 선량한 風俗을 일으키는 방안을 논의하고 비로소 서서히 變革을 도모해야 하는데, 시일을 아낄 것을 생각하며 또한 화급하게 장차 시행하려 하였습니다.

타인에게 制御당하면 주저하며 결단을 하지 못하게 되고, 道를 실현하면서 衆意에 굴종하면 일의 功效가 반드시 이루어질 것이라는 기대를 할 수가 없게 됩니다. 皇上께서 臣을 보살피시는 허물을 범하실까 두려워하여 삼가 벼슬에서 물러나는 행운을 얻기를 진실로 바랐다가, 오히려 餘光을 베풀어 주심을 탐내고 우러러 따르며 또한 하찮은 功效나마 이룰 수 있게 되기를 기약하였습니다.

근래에 獨斷을 범한다는 소문이 났고 중인의 의견에 영합한다고 이르는데, 다만 명하신 것을 받들어 충실히 행할 뿐인데도 세력을 믿고 權勢를 자행한다는 비난을 받게 되었습니다. 그 때문에 여러 賢人들이 등용될 길을 열고자 피해 있기를 청하며, 행여 이로써 이의를 제기하는 사람들을 만족하게 하고자 하였습니다.

그런데 황제폐하께서는 돈후함과 관대함으로 아울러 용납해 주시고 맑고 밝으심으로 널리 비추어 주시며, 직접 조서를 내리셔서 지극한 포용력으로 깨우쳐 주셨습니다. 君臣 사이에 좋은 때를 만남은 일찍이 천년을 지나도 만나기가 어려운 것이니, 하늘과 땅 같은 큰 은덕을 어찌 이 몸이 다 보답할 수가 있겠습니까. 감히 스스로 자신의 處身

이 혐의로움을 잊고, 신명이 돕는 운세를 바라지 않을 수 있겠나이까.

28. 詔以所居園屋爲僧寺及賜寺額謝表* 거주하던 園屋을 僧寺로 만들도록 허락하고 편액을 하사한데 감사하는 表

* 이 表는 元豐 7년(1084) 6월에 자신이 살던 江寧府 上元縣에 일찍 죽은 아들 王雱의 冥福을 빌기 위한 僧寺를 짓고, 報寧禪院이라는 扁額을 하사받은 후 감사하는 뜻을 표한 것이다.

公之捨廬爲寺도 亦其鉤奇釣詭處라

公이 廬舍를 喜捨하여 僧寺로 삼은 것도 또한 기이한 것을 추구하고 괴이한 짓을 한 부분의 하나이다.

臣某는 言하노이다 基迹叢祠하야 冀鴻延於萬壽러니 錫名扁榜하시니 竊榮遇於一時로소이다 臣生乏寸長이어늘 世叨殊獎하니 賤息奄先於犬馬하고 頹齡俯迫於桑榆로소이다 獨念親逢에 莫有涓埃之補報요 永惟宏願에 豈忘香火之因緣[1)]이리잇가 伏惟皇帝陛下 俯徇祈誠하사 特加美稱하시니 所懼封人之祝을 終以堯辭[2)]하고 乃塵長者之園하야 遽如佛許[3)]하노이다 仰憑護念하야 誓畢熏修하노이다

臣 某는 말씀을 올리나이다.

叢林 속의 옛 神祀 자리에 터를 잡아 영구히 皇上의 만수무강을 기원하고자 했는데, 扁額을 써서 하사하시니 삼가 한 시대에 황상의 知遇를 받는 영광을 누리게 되었습니다.

신은 태어나서부터 한 치의 장점도 없는데 대대로 외람되게도 특수한 恩顧를 입었습니다. 천한 자식은 소신보다도 먼저 세상을 떠났고, 衰老한 나이는 목숨이 서산에 지는 해처럼 급박하게 되었습니다. 홀로 聖上의 政略을 친히 받들던 일을 생각하니, 하찮은 몸으로 보필하고 보답할 방도가 없어, 영원히 큰 소망을 생각하니 어찌 佛門과의 인연을 잊을 수 있겠습니까.

황제폐하께서는 간절한 기원을 허락해 주시는 은혜를 베풀어 주시고, 특별히 아름

다운 이름도 지어 주셨습니다. 두려운 바는 封人의 축원을 堯가 끝내 사절한 것처럼 현세의 富貴, 多男, 長壽를 떠나 담담히 살고자 하는 것이며, 給孤獨 長者와 祇陀太子가 황금과 園林을 喜捨하여 佛寺를 세우고 佛門에 歸依했듯이, 불문에 귀의하여 급거 부처의 자비를 받고자 합니다. 우러러 惡을 물리치고 善을 얻기를 유념하고, 佛前에 焚香하며 생을 마치기를 맹세합니다.

1) 豈忘香火之因緣 : 왕안석 자신은 불초하기 때문에 황상의 은혜에 보답할 수 없어, 불가와 인연을 맺어 부처께 황상의 치국과 강녕을 빌어 은혜에 보답하고, 아울러 일찍 죽은 아들의 명복도 빌겠다는 뜻이다.
2) 封人之祝 終以堯辭 : 봉인은 국경을 지키는 사람으로 옛날 華땅의 국경을 맡은 사람이 堯 임금에게 壽·富·多男의 세 가지로 축원하자, 요 임금이 "수하면 욕됨이 많고, 부하면 일이 많고, 다남하면 두려움이 많다." 하여 모두 사양했다. 이 내용은 ≪莊子≫ 〈天地〉에 보인다.
3) 塵長者之園 遽如佛許 : 인도의 給孤獨 長者가 석가모니에게 절을 지어 바치려고 祇陀太子를 찾아가 정원을 팔라고 하자, 태자가 농담으로 "그 땅에 황금을 깔아 놓으면 팔겠다." 하였는데, 이에 장자가 전 재산을 들여 그곳에 황금을 깔아놓자 태자가 감동하여 그곳에 절을 짓게 하였고, 기타태자도 절을 짓는 데 필요한 목재를 제공하였다는 고사가 있다. 그 때문에 이 정원을 祇樹給孤獨園이라 하였으며, 일반적으로 절의 異稱으로 쓰인다.

29. 依所乞私田充蔣山太平興國寺常住謝表* 私田을 蔣山 太平興國寺의 常住에 충당하기를 청한 것을 들어주신데 감사하는 表

* 이 表는 蔣山에 있는 太平興國寺에서 死亡한 父母와 아들 雱의 冥福을 빌 수 있도록, 私田을 시주하여 寺舍와 田地로 쓸 수 있게 해달라는 청을 皇上이 허락한 데 대하여 감사하는 뜻으로 올린 것이다.

臣某는 言하노이다 緣恩昧冒하야 方虞悤上之誅러니 加意畀矜하사 遂竊終天之幸이로소이다 伏念臣少嘗陘阨이라가 晩悞褒崇하니 榮祿雖多나 不逮養親之日하고 餘年向盡에 更爲哭子之人이로소이다 追營香火之緣하야 仰賴金繒之賜하니 尙復祈恩而不已하야 乃將

徼福於無窮이니이다 伏蒙陛下眷遇一於初終하고 愛恤兼夫存沒하사 特撓常法하사 俯成私求하시니이다 雖老矣無能하야 莫稱漏泉[1]之施나 若死而未泯이면 豈忘結草之酬리잇가

臣 某는 말씀을 올리나이다.

皇恩을 빙자하여 어리석은 짓을 하였으므로, 바야흐로 황상의 처벌을 받게 될까봐 두려워하였는데, 애긍히 여겨 허락해 주셔서, 삼가 죽을 때까지 행운을 누리게 되었습니다.

엎드려 생각하옵건대 신은 젊은 시절에 곤액을 겪다가 만년에는 당치 않게도 찬양을 받고 중용되게 되었습니다. 영예로운 봉록이 비록 많았지만 부모를 奉養할 기회는 없었으며, 여생이 다해가려 하는데 오히려 자식을 먼저 잃은 사람이 되었습니다.

太平興國寺와의 인연을 계속 이어가고자 금은과 비단을 하사하시기를 仰請하였는데, 이는 오히려 거듭 황상의 은혜에 보답하기를 기원한 것으로 장차 무궁토록 복을 구하고자 한 것입니다. 삼가 폐하의 보살핌을 始終如一하게 받았고, 애호해 주시고 가련히 여기심은 산 이에게나 죽은 이에게나 한결같으셔서, 특별히 常法을 바꾸면서까지 사사로운 청을 허락해 주셨습니다.

비록 老境에 이르렀으나 무능하여, 은택을 베풀어 주신데 알맞은 보답을 못하였으므로, 이 은혜는 죽어도 다 없어질 수가 없으니, 어찌 結草報恩할 마음을 잊을 수가 있겠습니까.

1) 漏泉 : 지붕이 새어 아래를 적신다는 뜻으로, 여기서는 황제의 恩澤이 아래로 베풀어진다는 뜻이다. ≪漢書≫ 〈嚴朱吾丘主父徐嚴終王賈傳〉에 "德澤을 위에서 밝히시어 하늘에서 비가 내리듯이 이르지 않은 곳이 없습니다.〔德澤上昭 天下漏泉 無所不通〕"라고 보인다.

30. 百寮賀復熙河路表* 百寮와 함께 熙河路를 회복한 것을 축하하는 表

* 이 表는 中唐代 이후 吐蕃에게 빼앗겼던 黃河와 湟水 유역(現 甘肅省中南部 및 青海 東北部)을 수복하고 이곳에 熙河路를 설치한 것을 百官들과 함께 축하하는 뜻으로 熙寧 6년(1073)에 올린 것이다.

覽子瞻所代張方平諫用兵書면 **則多涕洟**요 **覽荊公賀表**면 **又多矜奮**이라

蘇子瞻의 〈張方平을 대신해서 用兵하는 것을 간하는 글〉을 읽으면 눈물을 많이 흘리게 되고, 王荊公의 賀表를 읽으면 또한 긍지를 가지고 분발하려는 뜻을 많이 가지게 된다.

臣某等은 **言**하노이다 **伏覩修復熙河洮泯疊宕等州**하니 **幅員二千餘里**라 **斬獲不順蕃部一萬九千餘人**이요 **招撫大小蕃族 三十餘萬**이 **各降附者**로소이다

臣 某 등은 말씀을 올리나이다.

臣 등은 熙州, 河州, 洮州, 泯州, 疊州, 宕州 등을 恢復하여 疆域의 폭과 둘레가 2천여 리나 넓어졌고, 順從하지 않는 吐蕃族을 죽이고 사로잡은 것이 1만 9천여 인이며, 大小 蕃族을 招撫하여 降附한 者들이 30여 만에 이름을 目睹하게 되었습니다.

奮張天兵하야 **開斥王土**하니 **旌旆所指**에 **燕及氐羌**하고 **樓櫓相望**하야 **誕彌河隴**하니이다 **(中賀) 竊以三年鬼方之伐**은 **高宗所以濟時**[1]요 **六月玁狁之征**은 **宣王所以復古**[2]니 **政由人擧**[3]하고 **道與世升**이니이다 **伏惟皇帝陛下**는 **溫恭而文**하시고 **睿知以武**하사 **講周唐之百度**하시고 **拔方虎**[4]**於一言**하시니이다 **我陵我阿**[5]에 **旣飭膺揚之旅**하고 **實墉實壑**[6]에 **遂平鳥竄之戎**이로소이다 **用夏變夷**하야 **以今準古**하니 **是基新命**하야 **厥邁往圖**로소이다 **臣等均被明恩**하야 **具膺榮祿**하니 **接千歲之統**하사 **適遭會於斯時**일새 **上萬年之觴**하노니 **敢忽忘於故事**리잇가

天子의 군사들은 분발하여 천자의 영토를 확충 개척하였으며, 그들이 다다른 곳에 氐族과 羌族을 按撫시킴에 이르렀고, 敵情을 살피는 높은 樓臺가 연이어서 河西와 隴右에까지 미치게 되었습니다.

(中賀) 삼가 생각하옵건대 3년 동안 鬼方을 정벌한 것이 高宗이 세상을 구제하고 그 시대가 당면했던 문제를 해결할 수 있었던 원인이며, 6개월간 玁狁을 정벌한 것이 宣王이 옛 제도를 회복할 수 있었던 원인입니다. 훌륭한 정치는 인재들로 말미암아 잘 거행되었고 훌륭한 道는 세상과 더불어 발전하였습니다.

엎드려 생각하옵건대 폐하께서는 溫和함과 恭敬으로 文治를 베푸시고 현철하신 지혜로 武力을 발휘하셨으며, 周代와 唐代의 각종 제도를 익히시고, 方叔과 召虎 같은 賢臣의 한 마디 건의를 과단성있게 받아들였습니다. 敵軍이 우리의 丘陵에 군사를 펼치자 날랜 군사들을 정돈하여 물리쳤고, 城과 垓字를 정비하니 드디어 까마귀떼 흩어지듯 오랑캐가 평정되었습니다. 中華의 문화로 오랑캐들을 敎化하여 이제는 옛 법도를 지킬 수 있게 하였으며, 새로 명을 내리자 지난날의 원망에서 벗어나게 되었습니다.

臣 등은 모두 밝으신 은혜를 입어서 다 함께 영예로운 俸祿을 받게 되었고, 千秋 萬代의 統緖를 계승하셔서 바로 이런 太平盛世를 만나게 하셨으므로 萬壽無疆의 축배를 올리나니, 어찌 감히 옛 聖人의 制度를 그르치고 위배하는 일을 할 수 있겠습니까.

1) 三年鬼方之伐 高宗所以濟時：高宗은 殷王 武丁의 廟號이며, 鬼方은 殷·周시대 서북쪽에 있었던 종족 이름이다. ≪周易≫ 旣濟卦에 "高宗이 鬼方을 정벌하여 3년 만에 이겼으니, 小人을 쓰지 말아야 한다.〔高宗伐鬼方 三年克之 小人勿用〕" 라고 보인다.

2) 六月玁狁之征 宣王所以復古：宣王은 周나라의 왕이며, 玁狁은 고대 중국 북방의 소수민족으로 匈奴를 이른다고 한다. ≪詩經≫ 〈小雅 車攻〉의 毛序에 "〈車攻〉은 宣王이 옛날 제도를 회복함을 읊은 시이다. 宣王이 안으로 정사를 닦고 밖으로 夷狄을 물리쳐 文王과 武王의 국경을 회복하였다.〔車攻 宣王復古也 宣王 能內修政事 外攘夷狄 復文武之境土〕" 하였고, ≪詩經≫ 〈小雅 六月〉에 "六月에 서둘러서 戎車를 이미 정돈하며……玁狁이 심히 熾盛한지라 내 이 때문에 급하게 여기니 왕이 이에 出征하여 王國을 바로잡으라 하셨다.〔六月棲棲 戎車旣飭……玁狁孔熾 我是用急 王于出征 以匡王國〕" 하였다.

3) 政由人擧：훌륭한 군주와 훌륭한 신하가 있어야 政事가 잘 거행된다는 말이다. ≪中庸≫에 "文王과 武王의 정사가 方策에 펼쳐져 있으니, 그러한 사람이 있으면 그러한 정사가 거행되고, 그러한 사람이 없으면 그러한 정사가 종식된다.〔文武之政 布在方策 其人存則其政擧 其人亡則其政息〕"라고 보인다.

4) 方虎：周나라 宣王 때의 賢臣인 方叔과 召虎를 이르는데, 이 두 사람은 주나라의 中興을 도운 인물이다.

5) 我陵我阿：≪詩經≫ 〈大雅 皇矣〉에 "우리 높은 언덕에 올라가니 우리 구릉에 진을 치는 자가 없는지라 우리 구릉이요 우리 언덕이로다.〔陟我高岡 無矢我陵 我

陵我阿〕"라고 보인다.

6) 實墉實壑 : ≪詩經≫ 〈大雅 韓奕〉에 "실로 城을 쌓고 못을 파며 실로 이랑을 다스리고 賦稅를 받았다.〔實墉實壑 實畝實藉〕"라고 보인다.

31. 除雱正言待制謝表* 아들 雱이 正言 待制에 제수됨을 감사하는 表

* 이 표는 아들 雱이 熙寧 7년(1074)에 右正言 天章閣待制 兼 侍講에 임명되자 이를 감사하게 여겨 올린 것이다.

臣某는 **言**하노이다 **伏奉聖恩**하야 **除臣男雱右正言天章閣待制兼侍講**하시고 **特降中使宣諭**하사 **令便受告勅**하고 **不須辭免者**로소이다

臣 某는 말씀을 올리나이다.

엎드려 聖恩을 받아 臣의 아들 雱을 右正言 天章閣待制 兼 侍講에 除授하시고, 특별히 宮中의 使者를 보내어 宣諭하시며, 즉시 알려준 勅命을 따르고 辭免을 청하지 말 것을 명하셨습니다.

孚號[1]**明恩**은 **實由中出**하고 **美官要職**은 **弗以次加**하시니이다 **知榮耀之及私**나 **顧僭差而累國**하니 **雲天在望**에 **冰炭交懷**로소이다 **(中謝)** **臣出於羇窮**하야 **好是拙直**이라 **道常違俗**하니 **宜猰狗**[2]**之致妖**요 **才不逮人**하니 **何藿蠋之能化**[3]리잇가 **皇帝陛下** **收之末路**하시고 **付以繁機**하사 **距滔天之衆讒**하시고 **責經世之來效**하시니이다 **施及賤息**하야 **度越稠人**하시고 **延登朝行**하야 **使嗣講業**하니이라 **方仰陪於膝席**이라가 **俄中廢於䵷瘍**하니 **雖進趨之禮久妨**이나 **而問勞之恩狎至**로소이다 **莫知報稱**하야 **但負兢慙**이러니 **豈意眷憐**하야 **更加超擢**이릿가 **待制之爲職**은 **以陪侍禁嚴**이요 **正言之爲官**은 **以諫救遺失**이니이다 **承金華之舊學**[4]하고 **親玉色於燕朝**하니 **併叨殊私**하야 **甚駭群聽**이로소이다 **此蓋伏遇皇帝陛下** **攬取同智**하사 **無小大之遺**하시고 **搜揚衆材**하사 **無久近之間**이니이다 **苟或不肖**라도 **概嘗有聞**[5]이면 **必垂甄收**하사 **以示勸奬**하시니이다 **四方之訓于我**는 **無競維人**[6]이요 **多士之生斯時**하야 **不顯亦世**[7]로소이다 **永惟遭値**에 **孰與等夷**리잇가 **君臣以事道相求**는 **是惟希世**요 **父子**

以傳經見用은 **鮮或同時**니 **雖愧皐陶**[8]**濟美之材**나 **敢忘狐突**[9]**敎忠之義**리잇가

皇上께서 밝은 은혜를 베푸시는 詔書를 궁중의 사자를 통해 보내 주시고 아름답고 중요한 관직을 등급을 뛰어넘어 제수하셨습니다. 빛나는 영예가 저희 私家에 미침을 알겠으나, 僭濫하게도 次序를 뛰어넘어 제수된 것이 나라에 累를 끼치는 일이 될까봐 염려되고, 드높은 대궐을 바라보니 기쁨과 놀라움이 교차됩니다.

(中謝) 臣은 지방의 한미한 출신으로 졸렬 솔직함을 좋아하였고 간직한 道는 늘 습속과 어긋났는데, 한번 쓰고 버리는 芻狗처럼 쓸모없는 정책이 재앙을 불러 왔으며, 재능은 남을 따라가지 못하니 어찌 남을 변화시킬 수 있겠습니까.

황제폐하께서는 末年의 臣을 거두어 주시고 복잡한 機務를 맡기시고서, 하늘을 찌를 듯한 뭇 사람들의 讒訴를 막아 주시고 經世濟國의 功效를 이루도록 책무를 맡기셨습니다. 은혜를 베풀어 주심이 미천한 자식에게까지 미쳐서 각별히 보살펴 주시고, 이어 조정의 班列에 擢用하셔서 신의 임무를 계승하여 經筵에서 講讀하는 일을 맡기셨습니다. 또한 講經의 자리에 배석하게 하시고 얼마 후에는 정강이뼈에 생긴 종기로 인해 중도에 직무를 폐하니, 비록 조정에 나가서 謁見하는 예는 오랫동안 갖추지 못하였으나 위로하는 말씀을 내리신 은혜는 지극하셨습니다.

이에 보답할 방법을 알지 못하여 다만 조심스럽고 부끄러울 뿐이었는데, 哀矜히 여기시고 보살펴 주셔서 다시 등급을 뛰어넘어 발탁해 주실 줄이야 어찌 생각이나 했겠습니까. 待制의 직분은 皇上을 宮禁에서 모시는 것이고, 正言의 벼슬은 빠뜨렸거나 잘못된 誤謬를 諫하고 바로잡는 것입니다.

金華殿에서 옛 經史를 강독하심에 陪席하고 몸소 內殿에서 尊顔을 모시게 되었습니다. 아울러 분에 넘치게도 특별한 은총을 입어서 뭇사람들이 듣고는 몹시 놀라워하였습니다. 이는 아마도 황제폐하께서 참여하여 보좌하는 사람을 들어쓰는데 작건 크건 빠뜨림이 없게 하시는 은혜를 입게 되어서이고, 뭇 인물들을 찾아 발탁하심에 기간이나 친소에 구애받으심이 없으신 덕분입니다.

진실로 혹 不肖한 사람이라 해도 대체로 見聞한 바가 있으면 반드시 살펴보아 거두어 임용하셔서 勸勉 獎勵하시는 뜻을 보이셨습니다. 사방의 邊方 國家들이 우리나라에 歸順하는 것은 우리가 더 없이 굳세기 때문이고, 많은 賢士들이 이 시대에 태어나서 대대로 顯貴함을 누리게 되었습니다.

깊이 생각하옵건대 신이 받은 이 은총이 어느 누가 이와 같을 수 있겠습니까! 君主와 臣下가 大道에 종사하면서 서로 찾는 경우는 세상에 드문 일이고, 父子가 經傳 侍講에 등용되어 동시에 같은 일을 하는 것도 세상에 드문 일입니다. 비록 皐陶가 전임자의 장점을 이어받아 이를 더욱 빛나게 했던 것에 미치지 못함이 부끄럽지만, 어찌 狐突이 자식에게 忠義를 가르쳤던 義理야 잊을 수 있겠습니까.

1) 孚號：≪周易≫ 夬卦에 "夬는 王의 朝廷에서 드러냄이니, 至聖으로 號令하여 위태롭게 여기는 마음이 있게 해야 한다.〔夬 揚于王庭 孚號有厲〕"라고 한 데에서 유래하여, 군주의 號令과 詔命을 이르는 말이 되었다.
2) 芻狗：풀을 엮어 개 모양으로 만든 것이다. 옛날에 제사 지낼 때 썼으며, 제사가 끝나고 나면 버렸기 때문에, 소용 있을 때만 사용하고 소용 없을 때는 버리는 하찮고 무용한 물건을 비유하는 말로 쓰인다.
3) 何藿蠋之能化：藿蠋은 콩 벌레를 이르는 말이다. ≪莊子≫ 〈庚桑楚〉에 "재빨리 날아다니는 작은 벌은 커다란 콩 벌레를 부화시키지 못하고 작은 닭은 큰 고니의 알을 품지 못하지만, 큰 닭은 본디 그것을 할 수 있다.……지금 나는 재능이 작아서 그대를 교화시킬 수 없다.〔奔蜂不能化藿蠋 越鷄不能伏鵠卵 魯鷄固能矣……今吾才小 不足以化子〕"라고 하였다.
4) 金華之舊學：金華는 漢나라 때 未央宮 안에 있던 金華殿으로, 황제가 옛 經史를 講讀하는 것을 이른다. ≪漢書≫ 〈敍傳 上〉에 의하면 漢나라 成帝 때 鄭寬中과 張禹가 아침저녁으로 이곳에서 ≪尙書≫와 ≪論語≫를 進講하였다 한다.
5) 槪嘗有聞：≪莊子≫ 〈天下〉에 "彭蒙, 田騈, 愼到는 道를 알지 못했다. 비록 그러하나 개략적으로는 모두 일찍이 도가 무엇인지 들은 적이 있는 사람이다.〔彭蒙田騈愼到 不知道 雖然 槪乎 皆嘗有聞者也〕"라고 하였다.
6) 四方之訓于我 無競維人：≪詩經≫ 〈大雅 抑〉에 "더 없이 굳센 사람이면 四方이 그를 본보기로 삼는다.〔無競維人 四方其訓之〕"라고 하였다.
7) 不顯亦世：≪詩經≫ 〈大雅 文王〉에 "모든 周나라의 선비들 또한 대대로 드러나지 않을까.〔凡周之士 不顯亦世〕"라고 하였다.
8) 皐陶：舜임금 아래에서 刑罰을 담당하였던 賢臣이다.
9) 狐突：春秋時代 晉國의 大夫로 公子 重耳의 外祖父이다. 晉 懷公이 登位하여 重耳를 逐出하자 狐突의 아들 狐偃과 狐毛가 重耳를 따라 함께 秦으로 망명하였

다. 이에 晉 懷公이 狐突을 체포하고 아들을 돌아오게 하면 처형을 면해 주겠다고 하였으나 호돌은, "자식에게 모시는 주인에게 충성할 것을 가르쳤는데, 신이 불러들여서 전하를 섬기도록 한다면 이는 不忠을 가르치는 것입니다." 하며 거절하고 처형을 당하였다. 왕안석은 이 사례를 들어 狐突처럼 변함없이 충성을 다하도록 자식에게 가르치겠다는 뜻을 나타낸 것이다.

32. 進字說表* ≪字說≫을 撰進하며 올린 表

* ≪宋史≫ 〈王安石傳〉에, "왕안석이 ≪詩≫, ≪書≫, ≪周禮≫ 등을 새롭게 訓釋하자 이를 '新義'라 칭하며 學官에 頒布한 일이 있으며, 晩年에 金陵에 머물 때에 또 ≪字說≫을 지었다." 한 것이나, 그 외의 諸說로 보아, 本 ≪字說≫ 24卷은 宰相에서 물러나 있던 元豐 5년(1082)에 완성된 것으로 보이며, 이를 황제에게 올리면서 함께 올린 글이 이 表이다.

非表之四六常體나 **而說字處特雋**이라

表에 일반적으로 쓰이는 四六騈儷體로 짓지는 않았으나 文字에 대하여 설명한 부분이 특히 빼어나다.

臣某는 **言**하노이다 **竊以書用於世久矣**라 **先王立學以敎之**하고 **設官以達之**하며 **置使以喩之**하야 **禁誅亂名**하니 **豈苟然哉**리잇가 **凡以同道德之歸**하고 **一名法之守而已**라 **道衰以隱**하야 **官失學廢**하니이다 **循而發之**는 **實在聖時**하니 **豈臣愚憧**으로 **敢逮斯事**리잇가

臣 某는 말씀을 올리나이다.

삼가 생각하옵건대 글이 세상에 쓰여진 지가 오래되었습니다. 先王들은 學校를 세워 이를 가르쳤고, 官廳을 설치하여 이를 분명하게 통달하도록 하였으며, 담당자를 두어서 이를 曉諭하여 명칭을 어지럽히는 것을 금지하였으니, 어찌 구차히 영합하고자 하여 그렇게 한 것이었겠습니까. 대체로 이로써 道德의 歸着點을 동일하게 하고 名分과 法을 동일하게 지키도록 한 것일 따름입니다.

道가 쇠미해져서 드러나지 않게 되자 관청은 없어지고 학교는 폐지되었습니다. 이

道를 계승하여 드러낸 것은 실로 聖君이 다스리던 때였으니, 어찌 신같이 우매한 사람이 감히 이런 일에 끼어들 수 있겠습니까.

(中謝) 蓋聞物生而有情하고 **情發而爲聲**하니 **聲以類合**이면 **皆足相知**라호이다 **人聲爲言**하고 **述以爲字**하니 **字雖人之所制**나 **本實出於自然**이니이다 **鳳鳥有文**하고 **河圖有畫**[1]하니 **非人爲也**요 **人則效此**라 **故上下內外**와 **初終前後**와 **中偏左右**는 **自然之位也**오 **衡邪曲直**과 **耦重交析**과 **反缺倒仄**은 **自然之形也**오 **發斂呼吸**과 **抑揚合散**과 **虛實淸濁**은 **自然之聲也**오 **可視而知**하고 **可聽而思**는 **自然之義也**니이다 **以義自然**이라 **故僊聖所宅**이 **雖殊方域**하야 **言音乖離**하고 **點畫不同**이나 **譯而通之**는 **其義一也**니이다 **道有升降**하야 **文物隨之**하니 **時變事異**면 **書名或改**나 **原出要歸**는 **亦無二焉**이니이다 **乃若知之所不能與**하고 **思之所不能至**면 **則雖非卽此而可證**이나 **亦非捨此而能學**이니 **蓋唯天下之至神**이라야 **爲能究此**니이다

(中謝) 만물이 태어나면 情을 갖게 되고, 情이 밖으로 드러나면 聲이 되니, 그 聲은 同類끼리 同一하면 모두 서로 뜻을 이해할 수 있게 되는 것입니다. 사람의 聲은 말이 되고 이를 記述해 놓은 것이 字가 되었습니다. 文字는 비록 사람이 만든 것이지만 근본은 실로 자연에서 나온 것입니다.

봉황새의 깃털에는 무늬가 있고 河圖에는 畫이 있으니, 이는 사람이 만든 것이 아니요 사람은 이를 본받은 것일 뿐입니다. 그러므로 上下나 內外, 初終과 前後, 中偏과 左右는 자연히 이루어진 자리이고, 平衡과 기울어짐, 굽음과 곧음, 짝수와 홀수, 합침과 나눔, 反轉과 朽缺, 거꾸러짐과 기울어짐 등은 자연히 이루어진 모습이며, 펼침과 거두어들임, 내쉼과 들어마심, 억제와 선양, 합침과 흩어짐, 빔과 참, 맑음과 흐림 등은 자연히 이루어진 소리이고, 보면 알 수 있고, 들으면 생각할 수 있는 것은 자연히 이루어진 이치입니다.

이치가 저절로 그러하기 때문에 옛 聖人들은 사는 곳이 비록 지역이 달라서 소리의 음이 서로 어긋나고 문자의 점획이 같지 않다 해도 통역을 하면 서로 통하게 되는 것은 그 원리가 동일하기 때문입니다.

道는 발전하기도 하고 퇴보하기도 하는데, 禮樂制度는 그에 따르게 되며, 시대가 변

하고 일이 바뀌면 글과 이름도 혹 바뀌기도 하지만, 그 本原에서 나와 道의 核心으로 歸着되는 것은 또한 다르지 않습니다. 이에 만약 그들에게 가르쳐도 알려 줄 수가 없고 생각해도 같은 경지에 이를 수가 없으면, 비록 이를 근거로 하여 증명할 수 있는 것은 아니지만, 또한 이를 제외하고 배울 수 있는 것도 아닌 것입니다. 대체로 천하의 지극히 神妙한 智慧를 가진 자만이 이를 궁구할 수 있을 뿐입니다.

1) 河圖有畫 : 河圖는 伏羲氏 때 黃河에서 龍馬가 나왔는데, 그 등에 1에서부터 10까지의 그림이 그려져 있으므로 복희씨가 이것을 보고 ≪周易≫의 八卦를 그었다 한다.

伏惟皇帝陛下는 **體元用妙**하사 **該極象數**하시고 **稽古創法**하사 **紹天覺民**하시니이다 **乃惟玆學**이 **隕缺弗嗣**하사 **因任衆智**하사 **微明顯隱**하시니이다 **蓋將以祈合乎神旨者**는 **布之海內**나 **衆妙所寄**는 **窮之實難**이니이다 **而臣頃御燕閒**에 **親承訓勅**이나 **抱痾負憂**하야 **久無所成**이요 **雖嘗有獻**이나 **大懼冒浼**러니이다 **退復自力**하야 **用忘疾憊**하고 **咨諏討論**하며 **博盡所疑**하야 **冀或涓塵**이 **有助深崇**하야 **謹勒成字說二十四卷**하야 **隨表上進**하노이다

엎드려 생각하옵건대 황제폐하께서는 天地의 元氣를 근본으로 하시고 이를 신묘하게 운용하셔서, 萬物이 지니고 있는 原理에 두루 통달하시며, 옛 일을 上考하여 법을 만드시고, 天命을 계승하여 백성들을 教化하십니다.

이에 이 학문(文字學)이 沒落하고 缺失하여 계승이 되지 않았음을 유념하셔서, 그 때문에 여러 지혜있는 사람들에게 연구하도록 하여, 玄妙한 이치를 알아서 隱微한 것을 밝게 드러내도록 하셨습니다. 이에 장차 성스러운 皇上의 뜻에 부합하기를 기원하는 사람들이 천하에 널리 퍼지게 되었으나, 文字에 內含되어 있는 많은 隱微한 점은 끝까지 窮究하는 일은 실로 어려운 일입니다.

그리고 臣이 전에 皇上을 모시고 公務에 한가한 틈이 나자 친히 이를 연구해보도록 申飭하셨으나, 병이 든데다가 근심거리도 있어서 오랫동안 연구하지 못했습니다. 비록 前에 이미 이루어진 文字學에 대한 원고 일부를 바친 일이 있었으나 瑕疵를 犯할까봐 크게 두려워하였습니다. 물러나서는 질병과 피곤함을 잊고 더욱 연구에 매진하여 헤아려보고 토론하며 의심되는 점은 두루 궁구하기를 다하여, 혹 미천한 몸으로나마

힘을 다하여 深奧하시고 崇高하신 皇上께 도움이 있기를 기약하였습니다.

이에 삼가 ≪字說≫ 24卷을 편찬하여 表와 함께 올리나이다.

33. 除知制誥謝表* 知制誥에 제수됨을 감사하는 表

* 王安石이 知制誥에 除授되자 여러 차례 사양하다가 뜻을 이루지 못하고 이를 받아들이면서 嘉祐 6년(1061)에 올린 글이 이 表이다.

臣某는 言하노이다 今月初二日에 伏蒙聖恩賜臣誥勅하야 除臣知制誥者로소이다 高華之選은 欲報常艱이요 固陋之身은 以榮爲懼니이다 (中謝) 竊以自昔招智能之士하야 因使爲侍從之官하니 豈特賴其虛名이 謂能華國이리잇가 蓋將收其實用이라야 相與致君이온 矧號令文章之爲難이오 而討論潤色之所寄리잇가 苟失職不稱이면 則爲時起羞니이다 伏惟皇帝陛下는 躬上聖之姿하시고 撫久安之運하사 趣時有救弊之急하시고 守器有持盈之難하시니이다 當得俊良하야 使陪遺忘이면 則典司明命이니 出入禁門에 一有瘝官이면 尤爲累上이니이다 臣羈單賤士요 樸鄙常人이니 仕初有志於養親하야 學遂不專於爲己로소이다 比更煩使하시니 稍竊謬恩일새 內懷尸祿之慙하고 仰負食功之意니이다 又蒙採擢하야 以致超踰하니 蓋君之視臣이 不使同犬馬之賤[1)]하시니 則下之報上이 亦欲致岡陵之崇이니이다 況臣少習藝文하야 粗知名敎나 遭逢一旦에 度越衆人하니 唯當盡節於明時라 豈敢尙懷於私計리잇가

臣 某는 말씀을 올리나이다.

이달 초 2일에 성은을 베풀어 臣에게 勅書를 내리셔서, 신을 知制誥에 除授하시는 은혜를 입게 되었습니다.

顯貴한 직위에 등용됨에는 보답을 하기가 항상 어렵고, 고루한 몸은 영예로운 지위를 누리는 것이 두렵습니다.

(中謝) 삼가 생각하옵건대 예부터 지혜롭고 유능한 선비를 불러들여 侍從之官을 삼았으니, 어찌 단지 그 헛된 이름에 힘입은 사람이 나라를 빛낼 수 있다고 말할 수 있겠습니까. 대체로 장차 그 실제로 쓸 만한 인물을 거두어 들여야, 함께 도와서 국군을

聖明한 군주가 되게 할 수 있을 것입니다. 하물며 황제의 命을 발하는 문장도 짓기가 어려운데 知制誥의 討論하고 潤色하는 임무를 어찌 감당하겠습니까. 진실로 그 직분을 제대로 수행하지 못하게 되면 때때로 수치스러운 일을 자초하게 될 것입니다.

엎드려 생각하옵건대 황제폐하께서는 上聖의 성품을 지니시고 장기간 태평한 時運을 누리도록 鎭撫하고 계시는데, 시대를 따르는 데는 弊端을 救濟함에 급선무로 삼을 것이 있고 국가를 수호함에는 盛한 업적을 유지하기가 어려움이 있습니다. 마땅히 俊傑하고 어진 인물을 얻어서 가까이에서 모시면서 빠뜨린 것이나 잊은 것을 깨우치게 하면 聖明하신 皇上의 명령을 주관할 것이니, 宮禁에 출입하는 사람으로 한 명이라도 일을 그르치는 官吏가 있게 되면 군주에게 더욱 累가 되는 것입니다.

臣은 지방 출신의 미천한 선비이고 비루한 보통 사람이니, 벼슬한 처음에는 부모 봉양에만 뜻을 두었고 學問은 爲己之學을 오로지하지도 못하였습니다. 근자에 빈번하게 使者를 보내시니, 이는 입어서는 안 될 은혜를 입게 된 것이라 마음속에는 하는 일 없이 祿만 받는 부끄러움을 품게 되었으니, 이는 功臣에게 봉록을 지급하는 意義에도 맞지 않는 것입니다. 더구나 발탁됨이 次序를 뛰어넘음에 이르렀습니다.

대체로 皇上께서 臣을 보심이 犬馬처럼 천하게 여기지 않으시니, 신의 皇上께 대한 보답 또한 산이나 언덕처럼 높아야 합니다. 더구나 신은 젊어서 六藝의 글을 익혔으므로 명분에 합당한 禮敎에 대하여 대강은 알고 있다고 하나, 하루아침에 聖君을 만나 많은 사람을 뛰어넘어 발탁되었으니, 오직 밝은 시대에 忠節을 다 바쳐야 마땅합니다. 그러니 어찌 감히 오히려 사사로운 생각을 품을 수 있겠나이까.

1) 君之視臣 不使同犬馬之賤 : ≪孟子≫ 〈離婁 下〉에 "군주가 신하 보기를 개와 말처럼 하면 신하가 군주 보기를 國人(路人)과 같이 여긴다.〔君之視臣 如犬馬 則臣視君 如國人〕" 하였다.

34. 除翰林學士謝表* 翰林學士에 제수됨을 감사하는 表

* 이 表는 王安石이 治平 4년(1067)에 翰林學士에 除授받고 올린 것이다. 한림학사는 文學으로 皇帝를 侍從하는 신하로서, 內命詔勅을 담당하며 황제의 至近에서 密命을 들을 수 있는 자리이므로 權任이 極重한 지위였다.

內多散하야 非表常格이나 而中懷感動主上之言이라

文章속에 四六文이 아닌 散體가 많아서 表의 常格에는 어긋나나, 글 가운데 主上을 감동시킬 만한 말이 內含되어 있다.

臣聞人臣之事主엔 患在不知學術하고 而居寵有昧冒之心이요 人主之畜臣엔 患在不察名實하고 而聽言無惻怛之意라호이다 此有天下國家者 所以難於任使요 而有道德者 亦所以難於進取也니이다

신이 들으니 臣下가 군주를 섬김에 그 근심할 것은 학문을 알지 못하고서 총애를 누리면서 어리석음을 무릅쓰는 마음을 버리지 못하는 데 있고, 군주가 신하를 기름에 근심할 것은 名實을 제대로 살피지 못하고서 간절한 뜻이 없는 말을 들어줌에 있다고 하였습니다.

이것이 天下 國家를 소유한 사람이 일을 맡길 사람의 임용을 어렵게 여기는 所以이며, 道와 德을 소유한 사람이 또한 벼슬에 나아감을 어렵게 여기는 所以입니다.

學士職親地要하고 而以討論諷議爲官이니이다 非夫遠足以知先王하고 近足以見當世하며 忠厚篤實廉恥之操가 足以咨諏而不疑하고 草創潤色文章之才가 足以付託而無負면 則在此位爲無以稱이니이다 如臣不肖는 涉道未優하야 初無犖犖過人之才하고 徒有區區自守之善이로소이다 以至將順建明之大體하얀 則或疏闊淺陋而不知하고 加以憂傷疾病하야 久棄里閭하니 辭命之習을 蕪廢積年이로소이다 黽勉一州도 已爲忝冒어늘 禁林之選을 豈所堪任이리잇가 伏惟皇帝陛下는 躬聖德承聖緒하사 於群臣賢不肖를 已知考愼하시고 而於言也에 又能虛己以聽之라 故聰明睿智神武之實이 已見於行事하니이다 日月未久로되 而天下翹首企踵하야 以望唐虞成周之太平이로소이다 臣於此時에 實被收召하니 所以許國을 義當如何잇가 敢不磨礪淬濯已衰之心하고 紬繹溫尋久廢之學하야 上以備顧問之所及하고 下以供職司之所守리잇가

學士는 皇上을 가까이에서 모시는 직책으로 중요한 지위이고, 討論과 諷議를 담당

하는 관리입니다. 만약 멀리는 先王들의 업적을 충분히 이해하고 가까이는 當世의 일에 대하여 충분히 알며, 忠厚하고 篤實함과 廉恥를 지키려는 志操가 묻고 의논하여 계획을 세움에 족히 의심할 것이 없고, 詔書의 草藁를 작성하고 潤色할 수 있는 文章의 재능이 이런 일을 맡기기에 충분하여 어긋나는 일이 없는 인물이 아니라면, 이 지위에 있기에 적합하지 않습니다.

臣같이 못난 사람은 道理의 학습이 넉넉하지 못하고, 본시 뚜렷하게 남보다 뛰어난 才能이 없으며, 다만 변변치 못하게 자신의 信條를 지키는 일이나 잘할 뿐입니다. 형세에 따라 건의하고 밝힐 大體에 이르러서는 疏闊하고 淺陋하여 알지를 못하며, 이에 더하여 어머니의 사망과 질병으로 오랫동안 지방의 촌락에 버려져 있었으므로 詔令의 작성에 대한 공부는 여러 해 동안 중단하여 황폐해졌습니다. 지방의 한 고을에서 진력하고 있지만 이미 皇上께 累를 끼치고 있으니, 宮禁의 翰林으로 선발됨을 어찌 감내할 수 있겠습니까.

엎드려 생각하옵건대 황제폐하께서는 聖德을 몸에 지니시고 聖王을 이어 받아서, 여러 신하들의 잘나고 못남에 대하여 자세히 고찰하셔서 이미 알고 계시며, 諫言에 대해서는 또 마음을 비우고서 들어주고 계십니다. 그러므로 聰明과 叡智와 神武하신 실적이 이미 시행하신 일에 드러났습니다. 통치하신 기간이 길지 않으신데도 天下 사람들이 목을 길게 빼고 발꿈치를 들고서 堯임금, 舜임금 및 周公이 成王을 보좌하였던 太平盛世를 기대하고 있습니다.

臣이 이런 시기에 실로 부름을 받았으니 국가에 보답해야 할 바가 의리상 어떠해야 하겠습니까. 감히 이미 노쇠해진 마음이나마 갈고 닦아 奮起하여 精進하고, 오래 중단했던 學問이나마 端緖를 꺼내어 闡術하고 계속 익혀서, 위로는 皇上의 질문이 미칠 바에 대비하고 아래로는 담당 직무로 지켜야 할 바에 이바지하지 않을 수 있겠습니까.

35. 賀韓魏公啓* 韓魏國公이 사임하고 고향으로 돌아감을 축하하는 편지

* 이 글은 治平 4년(1067)에 魏國公 韓琦(1008~1075)가 宰相職에서 물러나 鎭安, 武勝軍 節度使 兼 判相州에 제수되어 고향인 相州로 돌아가게 된 것을 축하하고자 올린 것이다.

典刑之言이라

기본 법도에 딱 들어맞는 말이다.

伏審判府司徒侍中이 寵辭上宰하시고 歸榮故鄉하야 兼兩鎭之節麾하시고 備三公之典策하시니 貴極富溢이로되 而無充滿[1]之累하고 名遂身退而有褒加之崇하니 在於觀瞻에 孰不慶羨이리오

엎드려 살펴보건대 判府司徒侍中께서 皇上의 恩寵으로 宰相職을 사임하고 영예롭게 고향으로 돌아가셔서, 두 鎭의 節度使를 겸하시고 三公으로 임명하는 冊命을 받으셨으니, 貴함이 極에 達하고 富함이 넘쳐나는데도 가득차면 기울게 되는 허물이 없으며, 名聲을 이루고 몸이 물러나게 되었는데도 褒奬하고 官秩을 높여줌이 있으니, 우러러 바라보는 이들이 누구인들 慶賀하고 부러워하지 않을 수 있겠습니까.

1) 充滿 : ≪臨川集≫에는 '充滿'이 '亢滿'으로 되어 있다.

伏惟某官[1]은 受天間氣하야 爲世元龜[2]하니 誠節表於當時하고 德望冠乎近代로소이다 典司密命하고 總攬中權하야 毁譽幾至於萬端하고 夷險常持於一意라 故四海以公之用捨一時로 爲國之安危하니 越執鴻樞하야 遂躋元輔니이다 以人才未用爲大恥하고 以國本[3]不建爲深憂하며 言衆人之所未嘗하고 任大臣之所不敢하야 及臻變故에 果有成功하니이다 英宗以哀疚荒迷하고 慈聖以謙沖退託이어늘 內揆百官之衆하고 外當萬事之微하야 國無危疑하니 人以靜一하니이다 周勃霍光[4]之於漢에 能定策[5]而終以致疑하고 姚崇宋璟[6]之於唐에 善政理而未嘗遭變이로되 記在舊史하야 號爲元功이니이다 未有獨運廟堂하야 再安社稷하고 弼亮三世하야 敉寧四方하니 崛然在諸公之先하고 煥乎如今日之懿로소이다 若夫進退之當於義와 出處之適其時는 以彼相方에 又爲特美니이다 某久叨庇賴하야 實預甄收하야 職在近臣에 欲致盡規之義하고 世當大有에 更懷下比之嫌이로소이다 用自絶於高閎이나 非敢忘於舊德이러니 遡聞新命에 竊仰遐風하고 瞻望門闌에 不任鄉往之至로소이다

엎드려 생각하옵건대 某官께서는 하늘이 내려준 세상에 드문 氣質을 타고나셔서 세상의 吉凶을 占치는 元龜 같은 謀士가 되었으며, 충성스러운 節操는 當世에 드러났고 德望은 近代의 으뜸이 되었습니다. 황상의 密命을 주관하시고 中樞의 권한을 總攬하셨으며, 온갖 일에 대한 꾸짖음과 찬양을 모두 주재하고, 평탄한 일과 험난한 일을 한 뜻으로 처리하셨습니다.

그러므로 天下가 이 시대에 公을 쓰느냐 버리느냐에 따라 나라가 안정되느냐 위태로워지느냐가 결정되었습니다. 이에 顯要의 職을 맡아서 天子를 輔佐하는 일을 잘 수행하셨습니다. 인재가 임용되지 않음을 크게 부끄러워 하셨고 나라의 근본인 太子가 세워지지 않음을 깊이 근심하셨으며, 衆人이 일찍이 말하지 않았던 것을 말씀하시고 大臣들이 감히 맡고자 하지 않는 일을 맡으셨고, 變故가 발생하자 果斷性있게 처리하여 功을 이루셨습니다.

英宗께서 슬프게도 重患으로 昏迷해지시자 慈聖殿의 太后께서 謙虛하게 退讓하셨으므로, 안으로는 百官의 무리들을 관리하시고 밖으로는 온갖 일의 機微를 미리 처리하셔서 나라가 위태로워지거나 분열됨이 없게 하시니 사람들은 한결같이 鎭定되었습니다.

周勃과 霍光은 漢나라에서 국가를 안정시킬 정책을 시행하였으되 끝내는 疑惑을 惹起시켰고 姚崇과 宋璟은 唐나라에서 정치를 잘하여 變故를 만난 일이 없었으나 이들의 기록이 옛 역사에 남아 있어 부르기를 大功臣이라 하였습니다.

韓魏國公은 조정에서 獨裁的으로 정책을 운용하신 일이 없고, 두 차례나 社稷을 안정시켰으며, 세 皇帝를 信義로 보필하여 사방을 편안하게 鎭撫하셨으니, 그 功이 우뚝하게 여러 公의 앞자리에 있어, 마치 오늘에 행한 아름다운 덕행처럼 빛났습니다. 나가고 물러남이 의리에 맞도록 하신 것과, 出處가 그 時宜에 적합하셨던 것 같은 것은 다른 사람들이 서로 기준으로 삼을 만하여 더욱 아름다웠습니다.

某는 오랫동안 외람되게도 감싸 보호해 주심을 받아, 실로 불러들여 참여하게 하셔서 近臣의 職에 있으면서 힘을 다해 謀劃하는 의리를 이루고자 하였으며, 크게 번창하는 시대를 맞아서 某를 보살펴 비호해 주신다는 혐의를 받기도 하셨습니다. 그 때문에 顯貴하신 門戶에 스스로 발길을 끊었으나 옛날 베풀어 주신 은덕을 감히 잊지는 않았습니다.

멀리서 새로 임명되셨다는 소식을 듣고, 삼가 深遠한 敎化를 우러러보며, 높으신 어른이 계신 곳을 바라보면서 계신 곳을 향해 달려가고 싶은 지극한 마음을 감내할 수가 없습니다.

1) 某官 : 韓琦의 官職을 지칭하는 것이다. 애초에는 그의 관직명을 열거하였으나 文集 編纂時에 생략하고 某官이라 칭한 것이다.
2) 元龜 : 古代 占卜에 쓰였던 大龜이며, 여기서는 훌륭한 計策을 세우는 謀士를 지칭한다.
3) 國本 : 皇位의 계승자인 太子를 지칭한다.
4) 周勃霍光 : 周勃(?~B.C. 169)은 漢初의 大將으로 太衛가 되어 外戚 呂氏들을 誅殺하고 文帝를 迎立하는데 大功을 세웠으나 후에 叛逆을 도모한다는 모함을 받은 일이 있고, 霍光(?~B.C. 68)은 幼年에 즉위한 昭帝를 잘 보필하였고, 宣帝의 迎立에도 功을 세웠으나, 후에 專權을 自恣한다는 모함을 받은 일이 있다.
5) 定策 : 大臣들이 함께 의논하여 天子를 세우는 일을 가리키는데, 천자를 옹립한 뒤에 그 사실을 簡冊에 써서 宗廟에 고유한 데서 비롯된 말이다.
6) 姚崇宋璟 : 姚崇(650~721)은 唐 武則天, 睿宗, 玄宗朝의 宰相으로 큰 治績을 남겼고, 宋璟(663~737)도 요숭을 이어 재상이 되어 치적을 남겼다.

36. 上杭州范資政啓* 杭州 范資政에게 올린 편지

* 이 啓는 作者가 知鄞縣事에서 물러나 고향 臨川으로 돌아왔다가 다시 杭州(현재 浙江에 소속된 곳)를 지나면서 范仲淹(989~1052)에게 올린 것으로, 당시 정치가요 문학가인 범중엄이 知杭州로 있으면서 資政殿學士를 겸하였으므로 杭州 范資政이라 칭한 것이다.

某近遊浙壤할새 久揖孤風하고 當資斧[1)]之無容이나 幸曳裾[2)]之有地로소이다 粹玉之彩는 開眉宇以照人하고 縟星之文은 借談端而飾物하니이다 羈瑣方嗟於中路[3)]러니 逢迎下問於翹材하야 仍以安石之甥하고 復見牢之之舅[4)]로소이다 茲惟雅故에 少稔燕閒하니 言旋桑梓[5)]之邦에 驟感神麻之詠이니이다 寫吳綾之危思로되 未盡攀瞻이요 憑楚乙[6)]之孤風이나 但傷間闊이로소이다 恢台貫序는 虛白調神하니 禱頌之私를 不任下懇이로소이다

某가 근자에 浙江 땅을 遊歷하다가 孤高하신 風度와 品格에 오랫동안 두 손을 모아 예를 올렸고, 여비가 모자라 束脩의 禮도 못 올리면서도 요행히 계신 곳으로 달려가 貴門에서 뵐 수가 있었습니다. 純美한 玉 같은 모습으로 얼굴을 활짝 펴고 사람을 대하셨고, 화려한 별빛 같은 文章으로 대화를 이끌면서 다른 사람들을 文彩가 나게 하셨습니다. 곤경을 겪으며 길 가운데서 탄식하는 사람을 재능이 특출한 사람을 맞이한 듯이 안부를 물어 주셨으니, 곧 外孫 謝安石이 다시 外祖父 劉牢之를 뵌 듯합니다.

이에 평소 바라는 바를 생각하니 한가함의 즐거움에 조금 익숙하게 되었으며, 말씀이 고향 이야기로 바뀌자 갑자기 신령의 도움을 읊고 싶은 마음을 갖게 되었습니다. 吳 땅에서 나는 비단에 아름다운 戀慕之情을 그리려 하나 우러러 연모함을 다 표현할 수가 없고, 孤高하신 風度를 崇仰하는 마음을 편지로 전하려 하나 오랫동안 멀리 떨어져 있음이 마음 아픕니다. 풍부하고 광대하며 정연한 논리는 정신을 純淨하고 無欲하게 하며, 祈禱하며 頌祝하고자 하는 저의 간절한 心懷를 감내할 수가 없습니다.

1) 資斧 : 財貨와 器用을 이르는 말로, 여기서는 여비를 가리킨다. ≪周易≫ 巽卦 上九爻辭에, "物資와 도끼를 잃는다.〔喪其資斧〕"라고 보인다.

2) 曳裾 : 옷자락을 끈다는 뜻으로, 왕족이나 권세가의 집에 출입하여 출세하는 것을 말한다. ≪漢書≫ 〈鄒陽傳〉에 "고루한 마음을 꾸미려고만 들었다면, 어느 왕의 문에서인들 나의 긴 옷자락을 끌고 다닐 수 없었겠는가.〔飾固陋之心 則何王之門 不可曳長裾乎〕"라고 한 데에서 유래하였다.

3) 路 : 저본에는 '露'로 되어 있으나 ≪臨川集≫에 의하여 '路'로 바꾸었다.

4) 仍以安石之甥 復見牢之之舅 : 仍以安石 以下는 못난 사람이 한 시대에 명성을 떨치는 분을 뵙고 숭배지심을 갖게 되었다는 뜻으로, 安石은 東晉의 謝安(字 安石)을 지칭하고, 牢之는 훌륭한 外孫을 두었던 劉牢之를 지칭하는 듯하나, 出典을 명확히 밝힐 수가 없다.

5) 桑梓 : ≪詩經≫ 〈小雅 小弁〉의 "뽕나무와 가래나무도 반드시 공경한다.〔維桑與梓 必恭敬止〕"에서 따온 것으로, 桑과 梓는 家宅 주변에 심는 나무로, 後에는 故鄕을 지칭하게 되었다.

6) 楚乙 : 기러기를 뜻하며, 여기서는 편지라는 뜻으로 사용하였다. ≪南史≫ 〈顧歡

傳〉에 "옛날 기러기가 하늘 위를 날아갔는데 거리가 멀어 잘 보이지 않자, 越나라 사람은 오리〔鳧〕라 하고 楚나라 사람은 제비〔乙〕라 하였다. 사람은 초나라 사람, 월나라 사람이 제각각이지만 기러기는 하나일 뿐이다.〔昔有鴻飛天首 積遠難亮 越人以爲鳧 楚人以爲乙 人自楚越 鴻常一耳〕" 하였고, ≪漢書≫ 〈蘇武傳〉에 蘇武가 기러기의 발에 편지를 묶어 보냈다는 기록이 보인다.

宋大家王文公文抄 卷4

書

荊公之書는 多深思遠識하니 要之於古之道라 而其行文處는 往往遒以婉하고 鑱以刻하야 譬之入幽谷邃壑하야 令人神解而興不窮하니 中有歐蘇輩所不及處라

荊公의 글은 심오한 생각과 원대한 識見을 드러낸 것이 많고 옛 儒家의 도에 핵심을 두고 있으며, 文章을 운용한 부분에 왕왕 굳세면서도 아름답거나 예리하면서도 아로새길 만한 것이 있어서, 비유하자면 으슥하고 깊은 골짜기에 들어간 듯 사람들로 하여금 神妙한 깨달음을 느끼게 하면서 興趣가 다함이 없으니, 문장 가운데는 歐陽脩나 蘇軾의 무리가 미칠 수 없는 경지도 있다.

01. 上相府書* 재상에게 올린 편지

* 이 편지는 舒州通判으로 있었던 皇祐 3년(1051)에 宰相 文彦博에게 올린 것이다.

時荊公이 托爲擇便地以養母하니 其書之情旨가 深厚婉曲이라

당시에 荊公이 어머니 봉양에 편리한 땅을 택할 수 있도록 부탁한 것이니, 편지 속에 드러난 뜻이 深厚하고 婉曲하다.

某聞古者極治之時에 君臣施道以業天下之民하야 匹夫匹婦有不與其澤者면 爲之焦然恥而憂之하니이다 瞽聾侏儒도 亦各得以其材하야 食之有司[1)]하니 其誠心之所化가 至於牛羊之踐하고 不忍不仁於草木하니 今行葦之詩是也[2)]어든 況於所得士大夫也哉잇가 此其所以上下輯睦하야 而稱極治之時也니이다

某가 들으니, 옛적 천하가 지극히 太平했던 시대에는 임금과 신하가 道에 맞는 일을 행하면서 천하의 백성들을 위해 종사하였고, 일반 백성들 가운데 그 혜택을 입지 못한 사람이 있으면 그를 위해 애태우며 부끄럽게 여기고 근심하였다고 합니다.

소경과 귀머거리와 난쟁이도 또한 각기 그들의 능력에 맞는 일을 할 수 있도록 담당 관서에서 주선하여 먹고 살도록 하였고, 그 誠心에 감화된 바가 소나 양이 밟는 미물에까지 이르러 草木조차도 차마 사랑하지 않은 것이 없었으니, 지금 〈行葦〉의 詩에 쓰인 내용이 이를 표현한 것입니다. 하물며 士大夫가 얻은 벼슬이야 더 말할 것이 있겠습니까. 이것이 上下가 화목하여 天下가 지극히 태평했던 시대라고 일컫게 된 所以입니다.

1) 瞽聾侏儒……食之有司 : ≪禮記≫ 〈王制〉에 "벙어리, 귀머거리, 절름발이, 앉은뱅이, 다리 잘린 자, 난쟁이, 여러 雜技를 가진 자는 각각 그 재능에 따라 〈관청의 일을 시켜〉 먹고 살게 하였다.〔瘖聾跛躄斷者侏儒百工 各以其器食之〕"라고 보인다.

2) 其誠心之所化……今行葦之詩是也 : ≪詩經≫ 〈大雅 行葦〉에, "떨기져 자라는 길가의 갈대를 牛羊이여 밟지 말라. 떨기를 이루고 길게 자라 푸른 잎이 무성하게 하라.〔敦彼行葦 牛羊勿踐履 方苞方體 維葉泥泥〕"는 내용을 인용한 것이다.

伏惟閤下方以古之道로 施天下하야 而某之不肖로도 幸以此時竊官於朝하야 受命佐州[1]하니 宜竭罷駑之力하고 畢思慮하야 治百姓하야 以副吾君吾相於設官任材休息元元之意요 不宜以私慁上하야 而自近於不敏之誅니이다 抑其勢有可言하니 則亦閤下之所宜憐者로소이다 某少失先人[2]하고 今大母春秋高하시니 宜就養於家之日久矣라 徒以內外數十口로 無田園以託一日之命하고 而取食不腆之祿하야 以至於今不能也로소이다 今去而野處하야 念自廢於苟賤不廉之地하고 然後有以共裘葛具魚菽하야 而免於事親之憂면 則恐內傷先人之明하고 而外以累君子養完人材之德이니이다 濡忍以不去하고 又義之所不敢出也라 故輒上書闕下하야 願殯[3]先人之丘冢하고 自託於筦庫하야 以終犬馬之養[4]焉이로소이다

엎드려 생각하옵건대 閤下께서는 옛날의 道를 천하에 시행하셔서, 某 같은 못난 사

람도 요행으로 이런 시대에 조정의 벼슬을 얻었고, 命을 받아 고을을 다스리는 일을 보좌하게 되었으니, 마땅히 魯鈍한 말 같은 능력으로나마 힘껏 노력하고 思慮를 다하여 백성들을 다스려서, 이로써 우리 임금님과 우리 재상께서 官을 설치하고 才能있는 사람에게 임무를 맡기며 백성들을 편안히 쉴 수 있게 하신 뜻에 부응해야 하며, 私慾 때문에 윗분들을 근심하게 하고 스스로 밝고 지혜롭지 못하게 처신하여 罰받을 일을 가까이 하는 것은 옳지 않습니다. 그러나 그 형세가 하소연할 만한 일이 있으니 합하께서도 마땅히 가련하게 여기실 것입니다.

某는 어렸을 때에 先親이 돌아가셨고, 이제 할머니의 연세가 많으시니 의당 집으로 돌아가서 봉양해야 한다고 마음먹었던 날이 오래되었습니다. 다만 안팎의 식구가 수십 명이고 하루라도 목숨을 의탁할 만한 田園도 없어서 넉넉하지 못한 녹봉으로 생활하고 있으므로 지금에 이르도록 결행하지를 못하였습니다.

이제 벼슬에서 물러나 향리에서 살며 스스로 글 몇 줄을 읽은 것으로 벼슬을 얻어 비루하게 봉록이나 밝히면서 구차하게 살았던 것에서 벗어나기를 생각하고, 그런 연후에 조모께 계절에 맞는 의복과 소박한 음식이나 갖추어 제공해 드려서 조모를 섬기는 근심에서 벗어나고자 하였으나, 이는 안으로는 先親의 밝으심을 손상시키고 밖으로는 君子가 인재를 배양하여 완성하게 하는 덕에 누를 끼치게 될까하여 참고 따르면서 떠나지를 못하였고, 또한 의리상 감히 말을 꺼내지도 못하였습니다. 그 때문에 이제 곧바로 조정에 上書하여 선친의 무덤 가까이 가서 스스로 창고나 관리하는 미천한 관직을 맡고서 이로써 어버이를 봉양하며 생을 마치기를 원하는 것입니다.

1) 受命佐州 : 舒州의 通判에 임용된 것을 지칭한다.
2) 少失先人 : 王安石이 19세 되던 寶元 2년(1039)에 부친 王益이 死亡하였다.
3) 殯 : 여기서는 '옆', '가까이'〔濱〕의 뜻으로 쓰였다.
4) 犬馬之養 : 부모를 봉양하는 것을 겸손하게 이르는 말이다. ≪論語≫ 〈爲政〉에 "지금의 효라는 것은 能養(봉양을 잘함)이라고 이를 수 있다. 犬馬에게도 모두 길러줌이 있으니, 공경하지 않는다면 〈부모를 봉양함과 犬馬를 기름이〉 무엇이 다르겠는가.〔今之孝者 是謂能養 至於犬馬 皆能有養 不敬 何以別乎〕"라고 하였다.

伏惟閤下는 觀古之所以材讐聾侏儒之道하고 覽行葦之仁하야 憐士有好修之意者하고

不窮之於無所據以傷其操하야 使老者得養하소서 而養者雖愚無能하야 無報盛德이나 於以廣仁孝之政하야 而曲成士大夫爲子孫之誼는 是亦君子不宜得已者也니이다 黷冒威尊하니 不任惶恐之至로소이다

엎드려 생각하옵건대 閤下께서는 옛날 소경, 벙어리, 난쟁이도 그 능력에 맞게 썼던 도리를 고찰하시고 〈行葦〉의 어짊을 살피셔서, 선비가 修身 養德할 뜻을 가졌음을 가련히 여기시고, 경제적으로 의거할 바가 없어서 그 奉親의 절조를 상하게 된 사람을 곤궁에 처하지 않게 하셔서, 늙은 할머니로 하여금 봉양을 받을 수 있도록 해 주십시오. 봉양하는 사람이 비록 어리석고 무능하여 盛德에 보답할 길이 없지만, 仁孝의 政事를 넓게 펼치시어 士大夫가 자손된 도리를 曲盡하게 이룰 수 있도록 제도를 이끌어 주는 것 또한 재상께서 부득이 급박하게 해야 할 일인 것입니다.

위엄과 존귀함을 함부로 범하게 되어 지극히 惶恐스러움을 감내하지 못하겠나이다.

02. 上執政書* 執政에게 올린 편지

* 이 글은 嘉祐 2년(1057)에 執政官에게 올린 것으로, 執政은 당시 朝廷 行政의 中樞를 담당한 參知政事와 樞密院使 등을 칭하며, 當時의 참지정사는 王堯臣과 曾公亮이었고 樞密院使와 副使는 韓琦와 程戡이었다.

公不知時何官이나 其所欲은 辭京師千里之縣하고 却欲擇南州하야 以便祿養이라

공이 당시에 어떤 관직에 있었는지 알 수 없으나 그가 하고자 한 것은, 천자가 계신 수도를 떠나서 어머니 봉양에 편리한 남쪽 고을을 택하고자 한 것이다.

竊以方今仁聖在上하사 四海九州冠帶之屬으로 望其施爲以福天下者가 皆聚於朝廷이어늘 而某는 得以此時備使畿內하야 交遊親戚知能才識之士가 莫不爲某願하니 此亦區區者思自竭之時也니이다

삼가 생각하옵건대 바로 이 시대는 어질고 성스러운 황제께서 위에 계시어 천하 九州의 벼슬아치들로서 열심히 노력해서 천하를 복되게 하기를 바라는 자들이 모두 조정에 모여 있습니다. 그리고 某는 이런 시기에 畿內의 자리를 하는 일도 없이 맡고 있는데, 친구와 친척들 및 지혜와 재능이 있는 선비들이 某처럼 되기를 원하지 않는 이들이 없으니, 변변치 못한 사람으로서 스스로 힘을 다해 노력하기를 생각해야 할 때입니다.

事顧有不然者하니 **某無適時才用**하야 **其始仕也**에 **苟以得祿養親爲事耳**러니 **日月推徙**하야 **遂非其據**하니이다 **今親闈老矣**요 **日夜惟諸子壯大**로되 **未能以有室家**하고 **而某之兄嫂**는 **尙皆客殯而不葬也**하니 **其心有不樂於此**로소이다 **及今愈思自置江湖之上**하야 **以便昆弟親戚往還之勢**하야 **而成婚姻葬送之謀**라 **故某在廷二年**에 **所求郡以十數**하니 **非獨爲食貧而口衆也**요 **亦其所懷如此**니이다

그런데 상황이 그렇지 못한 것이 있으니, 某는 시대의 요구에 부응할 재능이 없어서, 처음 벼슬을 맡았을 때에 구차하게 祿俸을 받아서 부모의 봉양이나 일삼고자 했을 뿐이었는데, 그런데 세월이 바뀌어 끝내 그 목적도 이룰 수가 없게 되었습니다. 이제 어머니는 늙으셨고 밤낮으로 자식들은 장대해졌으나 아직 혼인을 하지 못하였으며, 某의 형과 형수가 모두 타향에서 사망하여 殯葬만 하였을 뿐 정식 장례를 치르지 못하였으므로 이 때문에 마음이 편하지 못합니다.

이에 이제는 스스로 江湖의 벼슬을 얻어서 형제 및 친척들과 왕래할 여건이 편리해져서 婚姻과 葬送의 일을 도모할 수 있게 되기를 더욱 생각하게 되었습니다. 그 때문에 某는 조정에 2년간 있는 동안에 지방의 郡으로 내보내 주기를 청한 것이 10여 회였으니, 봉록이 적고 가족이 많아서만이 아니고 또한 그 품은 뜻이 이와 같았기 때문이었습니다.

非獨以此也요 **某又不幸**하야 **今玆天被之疾**하야 **好學而苦眩**하니 **稍加以憂思**면 **則往往昏瞶不知所爲**로소이다 **以京師千里之縣**[1]에 **吏兵之衆**과 **民物之稠**로 **所當悉心力耳目**하야 **以稱上之恩施者**가 **蓋不可勝數**니이다 **以某之不肖**론 **雖平居無他**라도 **尙懼不給**이온

又況所以亂其心如此하고 而又爲疾病所侵乎잇가 歸印有司하고 自請於天子하야 以待放絀而歸田里가 此人臣之明義요 而某之所當守也니이다 顧親老矣어늘 而無所養은 勢不能爲也오 偸假歲月하야 饕祿賜以徼一日之幸하고 而不忖事之可否는 又義之所不敢爲니이다 竊自恕而求其猶可以冒者는 自非哀憐이니 東南寬閒之區의 幽僻之濱에 與之一官하야 使得因吏事之力하고 少施其所學하야 以庚祿賜之入이면 則進無所逃其辠요 退無所託其身이니 不惟親之欲有之而已니이다

이 때문만이 아니라 某는 또 불행하게도 이제 하늘로부터 병을 얻게 되어, 배우기를 좋아하기는 하지만 현기증으로 고생하고 있고, 약간이라도 마음에 번민할 일이 생기면 왕왕 정신이 혼미해져서 어찌해야 할 바를 모르게 됩니다.

千里 안에 있는 京師의 관할구역에는 관리와 군졸이 많고, 인민이 주밀하게 거주하고 있으므로, 心力과 耳目의 능력을 다하여, 皇上의 은혜로운 뜻에 부합하도록 시행해야 할 것이 이루 다 헤아릴 수가 없을 정도로 많습니다. 그런데 某처럼 못난 사람으로는 비록 일상의 평범한 일도 오히려 제대로 수행하지 못할까 두려운데, 하물며 그 마음이 어지럽기가 이와 같고 더구나 질병이 침노함에 있어서이겠습니까.

담당 관서에 직인을 돌려주고 스스로 천자께 辭免을 청하여, 방출되어 田里로 돌아가게 되기를 기다리는 것이 人臣으로서의 밝은 도리이고, 某가 마땅히 준수해야 할 바입니다.

돌이켜보건대 어머니께서 늙으셨는데도 봉양을 하지 못하는 것은 형세가 진실로 할 수가 없게 되어서입니다. 세월만 헛되이 보내면서 내려 주시는 俸祿만 탐하고 하루하루를 요행으로 버티면서 일의 옳고 그름을 헤아리지 않는 것은, 또한 의리상 감히 해서는 안될 일입니다.

삼가 스스로 용서하지 않고 오히려 무리하게 轉職을 추구하는 것은 스스로를 불쌍히 여겨서가 아닙니다. 동남쪽 寬閑한 구역 窮僻한 바닷가를 담당할 벼슬을 내려 주셔서 관리의 職務에 진력할 수 있게 해 주시고, 배운 바를 조금 시험해 볼 수 있도록 해 주셔서, 이로써 녹봉을 받아먹은 밥값이나 할 수 있게 해 주신다면 이는 나아가서는 그 죄를 회피할 수가 없고, 물러나서는 그 몸을 의지할 데가 없어서이니, 단지 어머니에 대한 바람만 이루고자 해서일 뿐이 아닙니다.

1) 京師千里之縣：古代에 天子의 도읍지 주변 천리의 땅을 칭한다. ≪詩經≫〈商頌 玄鳥〉에, "나라의 畿內 천리여, 백성들이 거주하는 곳이로다.〔邦畿千里 維民所止〕"라 한 邦畿千里가 이를 지칭하는 것이고, 古代에는 天子가 거처하는 곳을 縣이라 칭하기도 하였다.

蓋聞古者致治之世호니 自瞽矇昏聵侏儒籧篨戚施之人으로 上所以使之하야 皆各得盡其才요 鳥獸魚鼈昆蟲草木도 下[1]所以養之하야 皆各得盡其性而不失也하니이다 於是裳裳者華魚藻[2]之詩가 作於時而曰 左之左之에 君子宜之요 右之右之에 君子有之로다 惟其有之라 是以似之[3]라하니 言古之君子는 於士之宜左者로 左之하고 宜右者로 右之하야 各因其才而有之라 是以人人得似其先人[4]이니이다 又曰 魚在在藻하니 依于其蒲로다 王在在鎬하시니 有那其居라하니 魚者는 潛逃深渺之物일새 皆得其所安而樂하니 王이 是以能安其居也니이다 方今寬裕廣大하사 有古之道하시니 大臣之在內에 有不便於京而求出하고 小臣之在外에 有不便於身而求歸하니 朝廷未嘗不可요 而士亦未有以此非之者也로소이다

옛적 잘 다스려졌던 시대에 대하여 들어보니, 눈먼 사람, 귀먹은 사람, 난쟁이, 앉은뱅이, 곱사등이에 이르러서도 위에서 그들에게 일을 시켜 모두 각기 그 才能을 발휘할 수 있게 해 주었고, 새와 짐승, 물고기와 자라, 곤충, 草木들도 아래에서 그들을 길러 주어서 모두 각기 그들의 생을 영위하면서 생명을 잃지 않게 해 주었습니다.

이에 〈裳裳者華〉와 〈魚藻〉의 詩가 그 시대에 지어졌는데, 〈裳裳者華〉에 이르기를, "左輔가 보좌를 잘 하니 君子가 편안해지고, 右弼이 보좌를 잘 하니 군자가 이들을 登用하도다. 그들을 등용하였으므로 이 때문에 잘 이어받게 되었도다." 하였으니, 이는 옛날의 군자는 선비 가운데 左輔에 합당한 사람을 좌보로 삼고, 右弼에 합당한 사람을 우필로 삼아 각기 그 재능에 알맞게 등용하였으니, 이 때문에 사람마다 그 先人을 계승할 수 있었음을 가리키는 것입니다.

또 〈魚藻〉에 이르기를, "물고기는 마름풀 사이에 살면서 부들풀에 의지하고, 임금님은 豊鎬 땅에 사시면서 그 거처를 평안히 여기십니다." 하였으니, 이는 물고기가 도망쳐 숨을 곳은 깊고 은미한 곳에 있는 수초이기 때문에 그 편안한 곳을 얻어서 즐겁게

살고 있음을 나타낸 것이니, 王도 이 때문에 그 계신 곳에서 평안할 수 있었다는 것입니다.

바로 지금 廣大하게 寬容을 베푸시는 옛 도를 지니고 계시고, 大臣으로 京職에 있는 사람이 경직을 불편하게 여기게 되면 지방으로 나가기를 청하듯이, 小臣은 지방에 있으면서 몸에 불편함이 있어서 고향으로 돌아가기를 청하는 것입니다. 조정에서 이런 일을 일찍이 不可하다 한 일이 없고, 士들도 또한 이런 행위를 잘못이라고 한 일이 없습니다.

1) 下 : ≪臨川集≫에 의거하여 '下'자를 보충하였다.
2) 裳裳者華魚藻 : 〈裳裳者華〉는 ≪詩經≫ 〈小雅〉의 篇名이고, 〈魚藻〉도 역시 ≪詩經≫ 〈小雅〉의 편명이다.
3) 是以似之 : 似는 嗣의 借字이다.
4) 人人得似其先人 : 似는 嗣의 借字이다.

至於所以賜某者하야는 亦可謂周矣니이다 爲其貧也에 使之有屋廬而多祿廩하시고 爲其求在外而欲其內也하야 置之京師하사 而如其在外之求하시니이다 顧某之私를 不得盡聞於上이라 是以所懷齟齬而有不得也니이다 今敢盡以聞於朝廷하고 而又私布於執事矣니 伏惟執事는 察其身之疾하사 而從之盡其才하시고 憐其親之欲하사 而養之盡其性하야 以完朝廷寬裕廣大之政하시고 而無使裳裳者華 魚藻之詩作於時면 則非獨於某爲幸甚이니이다

某에게 뜻을 허락하심에 이르러서는 또한 이를 두루 온전하게 처리한 것이라 이를 만 합니다. 그 가난을 구제하기 위하여 屋廬를 소유하게 하시고 祿米를 많이 받게 하시고, 某가 지방에 있기를 구하였으나 皇上의 가까이에 두고자 하여 京師에 둠으로써, 某가 지방의 관직을 구한 것과 같게 해 주셨습니다.

돌이켜보건대 某의 개인적인 사정을 모두 皇上께 보고드릴 수가 없었기 때문에 某의 뜻이 제대로 전달되지 않아 이루지 못한 것이 있습니다. 이제 감히 조정에 이를 모두 아뢰고 또, 개인적인 형편을 執事께 호소하는 것입니다.

엎드려 생각하옵건대 執事께서는 제가 지닌 병을 살펴주시고, 그 재능에 맞는 사람

을 극진히 써야 한다는 뜻을 받아들이시고, 어머니를 모시려는 생각을 가련히 여기셔서 그 여생을 다 마칠 수 있도록 길러 주시어, 이로써 조정에서 광대하게 관용을 베푸시는 善政을 完遂하시고, 〈裳裳者華〉, 〈魚藻〉 같은 詩가 이 시대에는 지어지지 않게 하신다면, 유독 某만의 지극한 다행이 아니라 천하에도 큰 다행이 될 것입니다.

03. 上曾參政書* 曾 參政에게 올린 편지

* 이 上書는 嘉祐 3년(1058)에 提點江南東路刑獄에 除授된 후 당시 參知政事였던 曾公亮(999~1078)에게 올린 것으로, 어머니와 가족을 봉양할 가까운 곳으로 바꾸어 敍任해 줄 것을 청하는 편지이다.

與昌黎晨入夜歸書參이면 而其所占地步殊自遠大라

昌黎(韓愈)가 지은 〈晨入夜歸書(上張僕射書)〉와 참고하여보면 그 경지가 스스로 특별히 원대하다.

某聞호니 古之君子立而相天下면 必因其材力之所宜하고 形勢之所安하야 而役使之라 故人得盡其材하야 而樂出乎其時니이다 今也某는 材不足以任劇하고 而又多病하니 不敢自蔽하야 而數以聞執事矣로소이다 而閤下必欲使之察一道之吏하야 而寄之以刑獄之事하시니 非所謂因其材力之所宜也니이다 某親老矣요 有上氣之疾日久러니 比年엔 加之風眩하니 勢不可以去左右로소이다 閤下必欲使之奔走跋涉하야 不常乎親之側이면 非所謂因其形勢之所安也니이다 伏惟閤下는 由君子之道以相天下라 故某得布其私焉하노이다

某는 들으니 옛날의 君子는 벼슬길에 나아가 천하를 다스리는 재상이 되면 반드시 그 재주와 능력의 합당함과 形勢의 알맞음에 근거하여 일을 맡기고 부리므로, 사람들이 그 재능을 다 발휘할 수 있고, 그런 시대에 나아가 벼슬할 수 있음을 즐겁게 여긴다 하였습니다.

지금 某는 재능이 繁多한 일을 감당하기에 부족하고 또 병까지 많으니, 감히 이를

스스로 감추고 속일 수가 없어서 여러 차례 이를 執事께 보고하였습니다. 그러나 閤下께서는 기필코 한 道를 살피는 관직을 맡겨서 刑獄의 일을 담당하게 하려 하시니, 이는 이른바 그 재주와 능력의 알맞음에 근거하여 업무를 맡기고 부려야 한다는 것에 違背되는 일입니다.

某의 어머니는 年老한데다가 喘息을 앓은지 오래되었고, 근년에는 이에 더하여 어지럼증마저 심하여 형편상 곁에서 떠날 수가 없습니다. 閤下께서 반드시 산을 넘고 물을 건너면서 분주하게 각 지방을 돌아다니게 하여 어머니 곁에서 항시 병수발을 하지 못하게 하신다면, 이는 이른바 형세의 알맞음에 근거하여 일을 맡기고 부려야 한다고 한 것에 위배되는 일입니다.

엎드려 생각하옵건대 합하께서는 君子의 道를 준수하는 것을 기준으로 하여 천하를 다스리는 재상의 직무를 수행하고 계시므로, 그 때문에 개인적인 형편을 아뢰는 것입니다.

論者或以爲事君에 **使之左則左**하고 **使之右則右**하야 **害有至於死而不敢避**하고 **勞有至於病而不敢辭者**가 **人臣之義也**라하나 **某竊以爲不然**이라하노이다 **上之使人也**에 **旣因其材力之所宜**와 **形勢之所安**이면 **則使之左而左**하고 **使之右而右可也**니이다 **上之使人也**에 **不因其材力之所宜**와 **形勢之所安**이면 **上將無以報吾君**하고 **下將無以慰吾親**이어늘 **然且左右惟所使**면 **則是無義無命**이요 **而苟悅之爲可也**니이다 **害有至於死而不敢避者**는 **義無所避之也**요 **勞有至於病而不敢辭者**는 **義無所辭之也**니이다 **今天下之吏**는 **其材可以備一道**[1]**之使**요 **而無不可爲之勢**며 **其志又欲得此以有爲者**를 **蓋不可勝數**니 **則某之事**는 **非所謂不可辭之地**요 **而不可避之時也**니이다

비판하는 사람 중에는 간혹, 君主를 섬김에는 左輔를 시키면 좌보의 일에 충실하고 右弼을 시키면 우필의 일에 충실하며, 직무를 수행하다가 害를 입음이 죽음에 이르더라도 감히 회피하지 않고, 피로함이 병이 듦에 이르더라도 감히 사양해서는 안 되는 것이 人臣의 의무라고 주장하기도 하지만, 某는 그렇지 않다고 생각합니다.

윗분이 사람을 부릴 때에 이미 그 재주와 능력의 합당함과 형세의 알맞음에 근거하여 업무를 맡긴다면, 좌보의 적임자에게 좌보를 맡기고 우필의 적임자에게 우필을 맡

김이 옳습니다.

웟분이 사람을 부릴 때에 그 재주와 능력의 합당함과 형세의 알맞음에 근거를 두지 않는다면, 위로는 장차 친애하는 그대에게 業績을 아뢸 것이 없게 될 것이고 아래로는 장차 우리 어머니를 慰安할 수가 없을 것인데, 그런데도 좌보와 우필을 시키고자 생각하신다면 이는 義理와 天命을 무시하는 것이고 구차하게 잠시의 기쁨을 취하는 것만을 옳게 여기는 것입니다.

해를 입음이 죽음에 이르더라도 감히 회피하지 않는 것은 의리상 피할 곳이 없어서이고, 피로함이 병이 듦에 이르더라도 감히 사양하지 못하는 것은 의리상 사양할 수가 없어서인 것입니다.

지금 천하의 관리들 가운데 그 재능이 한 道를 맡겨 부릴 만하고, 이를 담당하지 못할 만한 정황이 없으며, 그 뜻이 또한 이런 지위를 얻어서 공을 세우고자 하는 사람은 이루 다 헤아릴 수가 없을 정도로 많습니다. 그러므로 某가 辭任하고자 하는 일은 이른바 사양해서는 안 될 지경이고 회피해서는 안 될 때입니다.

1) 一道 : 道는 唐代에 설치하였던 地方行政區域으로, 宋代의 路에 해당된다.

論者又以爲人臣之事其君과 **與人子之事其親**은 **其勢不可得而兼也**니 **其材不足以任事**하고 **而勢不可以去親之左右**면 **則致爲臣而養可也**라하나 **某又竊以爲不然**이라하노이다 **古之民也**는 **有常産矣**로되 **然而事親者 猶將輕其志**하고 **重其祿**은 **所以爲養**이니이다 **今也**엔 **仕則有常祿**이나 **而居則無常産**이어늘 **而特將輕去其所以爲養**이면 **非所謂爲人子事親之義也**니이다 **且某之材**는 **固不足以任使事矣**나 **然尙有可任者**하니 **在吾君與吾相處之而已爾**요 **固不可以去親之左右矣**나 **然任豈有不便於養者乎**잇가 **在吾君與吾相處之而已爾**니이다

비판하는 자들 가운데는 또 人臣이 되어 그 군주를 섬기는 것과 자식이 되어 그 어버이를 섬기는 것은 형편상 아울러 할 수가 없다고 하면서, 그 재능이 직무를 담당하기에 부족하거나 형편이 부모님의 곁을 떠날 수가 없다면, 신하로서 맡게 된 벼슬에서 물러나서 부모를 봉양함이 옳다고 주장하기도 하는데, 某는 이것 또한 그렇지 않다고 생각합니다.

옛날의 백성들은 항구적인 생업을 가지고 있었는데도 어버이를 모시는 사람이 오히려 그 志向을 가벼이 여기고 그 俸祿을 중히 여긴 것은 어버이를 봉양하기 위한 까닭에서 였습니다. 지금은 벼슬을 하면 일정한 祿俸이 있으나 물러나게 되면 항구적인 생업이 없으면서도, 특히 어버이를 봉양하는 녹봉을 가볍게 여겨 이를 버린다면, 이는 이른바 사람의 자식이 되어 어버이를 섬겨야 하는 의리를 어기는 것입니다.

또한 某의 재능이 본시 현재의 직무를 담당하기에는 부족하지만 그러나 오히려 합당하게 담당할 만한 것이 있으니, 친애하는 그대와 친애하는 재상께서 어떻게 조처하시느냐에 달려 있을 뿐이며, 진실로 부모의 곁을 떠날 수가 없다 해도 벼슬을 맡는 것이 어찌 봉양하는 데에만 불편함이 있겠습니까. 친애하는 그대와 친애하는 재상의 조처 여하에 달려있을 뿐입니다.

然以某之賤으로 未嘗得比於門牆[1)]之側이어늘 而慨然以鄙樸之辭로 自通於閣下之前하야 欲得其所求로소이다 自常人觀之면 宜其終齟齬而無所合也로되 自君子觀之하고 由君子之道以相天下면 則宜不爲遠近易慮하고 而不以親疏改施니이다 如天之無不燾하야 而施之各以其命之所宜하고 如地之無不載하야 而生之各以其性之所有하소서 彼常人之情의 區區好忮而自私하야 不恕己以及物者는 豈足以量之邪잇가

그리고 某는 賤陋한 사람으로 높으신 어르신의 門下에서 가까이 모시며 가르침을 받을 수가 없었으므로, 慨然히 鄙陋하고 雜駁한 글을 스스로 합하의 앞에 올려서 원하는 바를 이루고자 하는 것입니다.

보통 사람들의 관점으로 살펴본다면 끝내 서로 어긋나서 합치됨이 없음이 당연하지만, 君子의 관점에서 살펴본다면 군자의 道를 준수하는 것을 기준으로 하여 천하의 재상 노릇을 한다면 멀리 있거나 가까이 있거나 배려를 다르게 해서는 안 되고 친한 사람과 소원한 사람에게 베푸는 일이 차이가 있지 않아야 마땅합니다.

마치 하늘이 감싸 비추어 주지 않는 곳이 없듯이 각기 그 타고난 재능에 합당하게 베풀어 주시고, 마치 땅이 실어주지 않는 것이 없듯이 각기 그 타고난 天性대로 생을 영위할 수 있게 해 주십시오. 저 일반 사람의 생각으로 區區하게 원망하기를 좋아하고 사사로운 뜻을 채우려 하며 자신의 처지를 미루어서 남에게 미치지 못하는 사람이야

어찌 족히 이를 헤아릴 것이 있겠습니까.

1) 門牆 : 師長之門을 뜻한다. ≪論語≫ 〈子張〉에, "〈비유하자면 나(子貢)의 담장은 어깨에 미칠 만하여 집안의 아름다움을 엿볼 수 있지만〉 공자님의 담장은 몇 길이나 되도록 높아서 그 문을 통하여 안으로 들어가지 못한 사람은 종묘의 아름다움과 백관의 풍부함을 알 수가 없다.〔夫子之牆數仞 不得其門而入 不見宗廟之美 百官之富〕"라고 한 데서 유래한 말로, 존경의 표시로 쓰인 것이다.

伏惟閤下는 **垂聽而念焉**하사 **使天下士無復思古之君子**하야 **而樂出乎閤下之時**하고 **而又使常人之觀閤下者**로 **不能量也**시면 **豈非君子所願而樂者乎**잇가 **冒黷威尊**하니 **不任惶恐之至**로소이다

엎드려 바라옵건대 閤下께서는 보살펴 들어주시고 유념해 주셔서 천하의 士들로 하여금 다시는 옛날의 君子를 그리워함이 없게 해주시고, 합하께서 다스리는 시대에 태어났음을 즐겁게 여기게 하시며, 또한 보통 사람으로 합하를 관찰하는 이들로 하여금 그 넓으신 도량을 헤아릴 수가 없도록 해 주십시오. 그렇게 된다면 어찌 이것이 군자들이 바라고 즐겁게 여기는 바가 아니겠습니까. 존귀하신 위엄을 함부로 더럽힌 듯하여 지극히 황공스러움을 감내하지 못하겠나이다.

04. 上杜學士書* 杜 學士에게 올린 편지

* 이 글은 王安石이 벼슬길에 올라 知鄞縣事로 있을 때에, 兩浙轉運使인 그의 上官 杜杞가 河北轉運使로 轉任하게 된 것을 축하하는 편지로, 慶曆 8년(1048)에 지은 것이다.

語意遒勁이라

語意가 굳세다.

竊聞受命改使河北[1)]하니 **伏惟慶慰**로소이다 **國家東西南北**이 **地各萬里**요 **統而維之**에 **止十八道**[2)]니이다 **道數千里**로되 **而轉運使**[3)]는 **獨一二人**이요 **其在部中**에 **吏無崇卑**히 **皆**

得按擧하니 雖將相大臣이 氣勢烜赫하고 上所尊寵이라도 文書指麾에 勢不得恣하고 一有罪過면 糾詰按治하야 遂行不請이니이다 政令有大施舍면 常咨而後定하고 生民有大利害면 得以罷而行之니이다 金錢粟帛과 倉庾庫府와 舟車漕引을 凡上之人이 皆須我主出하니 信乎라 是任之重也여

삼가 河北路의 轉運使로 직임을 바꾸는 皇命을 받으셨다는 소식을 듣고 엎드려 경하드립니다. 국가가 동서남북으로 땅이 각기 만 리이고, 포괄하여 묶어놓은 행정구역이 18道에 이릅니다. 한 道가 수천 리를 관할하지만 轉運使는 오직 한두 사람뿐이고 官衙의 안에서 관원들은 높은 사람이나 낮은 사람이나 모두 살펴서 뽑아 쓸 수가 있습니다.

한 路의 수장이 비록 將相이나 大臣으로 명성과 기세가 성하고 皇上의 존중과 총애를 받는다 해도, 轉運使가 문서를 보고하고 지휘함에 그 권세를 믿고 으스댈 수가 없고, 하나라도 罪過가 있게 되면 조사하고 심문하여 조치를 취하게 되고, 마침내는 상급기관의 훈시를 받들어 행하는데 참여할 수가 없게 만듭니다. 政令 가운데 크게 시행하거나 폐지할 일이 있으면 늘 한 路의 전운사에게 諮問한 이후에 결정하고, 生民에게 크게 利害가 걸린 일은 전운사가 害를 제거하고 행할 수가 있습니다.

金錢, 穀食, 옷감과 각종 창고, 배와 수레로 漕運하는 일을 무릇 윗자리에 있는 사람들이 모두 우리 主君(杜杞)을 기다려서 시행하니, 정말이로다! 그 임무가 중대함이여.

1) 河北 : 河北路를 지칭한다. 지금의 河北省과 山東省 및 河南省의 황하 이북 대부분이 管轄地域이었다.
2) 十八道 : 곧 十八路로서 天禧 4年(1020)에 전국을 18路로 나누었다.
3) 轉運使 : 한 路의 財政, 邊防, 刑獄, 官吏監督 등의 임무를 띤 중요한 자리로서, 朝廷의 參政이나 文武重臣이 兼掌함이 관례였다.

而河北은 又天下之重處니 左河右山[1]하고 强國之與隣[2]하니 列而爲藩者는 皆將相大臣이요 所屯은 無非天下之勁兵悍卒이니 以惠則恣하고 以威則摇니이다 幸時無事라도 廟堂之上은 猶北顧而不敢忽이요 有事면 雖天子라도 其憂未嘗不在河北也니이다

그리고 河北路는 또한 천하의 중요한 곳으로 왼쪽에는 黃河를, 오른쪽에는 太行山

을 끼고 있으며 强國 契丹과 이웃하고 있고, 이곳에 들어서서 지키며 울타리 노릇을 하는 사람들은 모두가 將相과 大臣들이고, 이곳에 주둔하고 있는 軍士들은 천하의 굳센 병사와 용맹한 군졸이 아닌 이들이 없어서, 사랑으로 대하면 방자해지고 위엄으로 대하면 동요하여 불온한 짓을 합니다.

다행히 전쟁이 없는 때라도 조정에서는 오히려 북쪽 邊防에 관심을 가지면서도 감히 이곳을 소홀하게 대처하지 못하고, 전쟁이 있게 되면 비록 天子라 해도 그 근심이 河北지방의 防禦에 있지 않은 때가 없었습니다.

1) 左河右山 : 河는 黃河를, 山은 太行山을 지칭한다.

2) 强國之與隣 : 河北路의 北部는 契丹과 境界를 接하고 있었다.

今執事按臨東南이 無幾何時하야 浙河東西十有五州之吏士民이 未盡受察하고 便宜當行하야 而害之可除去者를 猶未畢也어늘 而卒然擧河北以付執事하니 豈主上與一二股肱之臣이 不惟付予必久而後에 可要以效哉잇가 且以爲世之士大夫는 無足寄以重이요 獨執事爲能當之耳니이다

이제 執事께서 東南지방을 按撫해 다스리신 지 얼마 되지 않았으므로 浙江의 동쪽과 서쪽 15州의 吏와 士와 백성들이 아직 보살핌을 끝까지 다 받지를 못하였고, 公的으로 편리하고 私的으로 마땅하여 해야 할 일과 제거해야 할 해로운 일을 아직 모두 완료하지 못하였습니다.

그런데 갑자기 河北 땅을 執事께 맡겼으니, 이것이 어찌 主上과 한두 近臣들이 직책을 부여한 지 반드시 오래된 이후에야 그 효험을 얻을 수 있는 지역이라고 생각하지 않아서였겠습니까. 또한 세상의 士大夫 가운데 重任을 맡기기에 충분한 사람이 없고, 오직 執事만이 이를 감당할 수 있을 뿐이라고 여겨서였을 것입니다.

伏惟執事는 名行於天下하고 而材信於朝廷하야 而處之宜하니 必有補於當世라 故雖某蒙恩德最厚라가 一日失所依據而釋然於心이나 不敢恨望은 唯公義之存而忘所私焉일새니이다

엎드려 생각하옵건대 執事께서는 명성이 천하에 널리 퍼졌고, 조정으로부터 유능한

재목으로 인정을 받고 있으며, 일처리를 합당하게 하니, 반드시 이 시대에 도움이 있을 것입니다. 그러므로 某가 비록 은덕을 입음이 가장 후하였다가 어느 날 갑자기 의지할 분을 잃어서 버림받은 듯한 마음이 들기도 하지만, 감히 원망할 수 없는 것은 오직 公的인 義理를 고려하고 私的인 所望은 잊어야 하기 때문입니다.

05. 上杜學士言開河書* 杜 學士에게 물길을 터놓았음을 아뢰는 편지

* 이 글은 왕안석이 知鄞縣事로 있으면서 水利를 改修한 내용을 上官인 杜杞에게 보고하고, 아울러 水利를 興修할 것을 건의한 편지로, 慶曆 7년(1047)에 올린 것이다.

行文은 婉而曲하고 論利害處는 簡而悉이라

文章의 흐름은 아름다우면서도 자상하고, 利害를 논한 곳은 간결하면서도 할 말은 다하였다.

十月十日에 謹再拜奉書運使學士閣下하노이다 某愚不更事物之變이어늘 備官節下하야 以身得察於左右하니 事可施設이면 不敢因循苟簡하야 以孤大君子推引之意니 亦其職宜也니이다

10월 10일에 삼가 두 번 절하고 運使學士閣下께 글을 올리나이다. 어리석은 某는 세상 물정을 겪어보지 못하였고 휘하에서 벼슬하며 자리만 채우고 있으나, 몸소 주변을 살펴보아 시행할만한 일이 있으면 감히 머뭇거리거나 경망하게 급히 처리하여 大君子께서 이끌어 주시는 뜻에 허물이 되는 일을 하려 하지는 않았으니, 이는 또한 마땅히 해야 할 직분이었습니다.

鄞之地邑이 跨負江海하야 水有所去라 故人無水憂로되 而深山長谷之水가 四面而出하고 溝渠澮川이 十百相通이니이다 長老言錢氏[1)]時에 置營田吏卒하야 歲浚治之하니 人無旱憂하야 恃以豐足이라하니이다 營田之廢가 六七十年에 吏者因循하고 而民力不能自并

하야 向之渠川이 稍稍淺塞하고 山谷之水는 轉以入海하야 而無所瀦하니이다 幸而雨澤時至라도 田猶不足於水어늘 方夏歷旬不雨면 則衆川之涸을 可立而須라 故今之邑民이 最獨畏旱이어늘 而旱輒連年하니 是皆人力不至요 而非歲之咎也니이다

鄞縣의 地理形勢와 居住地가 강과 바다에 걸쳐 있어서 강물이 지나가는 곳이므로 사람들이 가뭄 걱정은 하지 않아도 됩니다. 그러나 깊은 산 긴 골짜기의 물이 사방에서 솟아 나와서 수많은 시냇물과 도랑물이 서로 통하고 있습니다. 長老들이 전하는 말에, 錢氏가 다스리던 吳越시대에는 營田과 吏卒을 두어 매년 浚渫작업을 하였으므로 인민이 가뭄을 걱정하지 않고 풍년이 들 것을 믿게 되었다고 합니다.

營田이 폐지되고 60~70년이 지나자 관리들은 우물쭈물 현상유지에 급급하였고, 人民들의 능력으로는 스스로 조직을 만들어 처리하지 못하였으므로, 농토 사이를 흐르던 지난날의 도랑들이 차츰 土砂가 쌓여서 얕아지고 막히게 되었고, 산골짜기를 흐르는 물은 곧바로 휘돌아 바다로 흘러 들어가서 農用水로 저장되는 일이 없게 되었습니다. 요행히 비가 제때에 내리면 농토에 물이 부족하지 않았으나, 여름철이 되어 열흘이 지나도록 비가 내리지 않으면 여러 냇물이 말라버리는 것을 우두커니 서서 바라보며 비가 내리기를 기다릴 뿐이게 되었습니다.

그 때문에 지금 고을의 人民들은 가뭄을 가장 두려워하게 되었으나 가뭄은 해마다 이어지고 있습니다. 이는 모두가 사람들의 노력이 지극하지 않아서이지 自然災害 때문이 아닙니다.

1) 錢氏 : 五代시대 蘇州 남동부와 浙江 지역에 건립된 吳越國(908~978)을 말한다.

某爲縣於此에 幸歲大穰하니 以爲宜乘人之有餘하야 及其暇時에 大浚治川渠하야 使有所瀦면 可以無不足水之患하니이다 而無老壯稚少히 亦皆懲旱之數러니 而幸今之有餘力하니 聞之에 翕然皆勸趨之하야 無敢愛力이니이다 夫小人은 可與樂成이나 難與慮始[1]니 誠有大利면 猶將強之어든 況其所願欲哉리오 竊以爲此亦執事之所欲聞也로소이다

某가 이곳의 知縣이 되자 요행히 큰 풍년이 들었으므로, 마땅히 인민들이 넉넉해진 기회를 타서 농한기에 냇물과 도랑을 크게 浚渫하여 물을 축적해 놓는다면 물이 부족해지는 걱정은 없게 할 수 있다고 생각했습니다. 늙은이나 청장년이나 어린이를 막론

하고 또한 모두가 가뭄이 드는 해를 괴로워하였는데, 다행히 금년에는 여유가 있었으므로, 이를 듣고는 한 뜻으로 모두가 격려하고 달려가서 감히 노력을 아끼는 이가 없었습니다.

대체로 일반 百姓들은 일이 이루어진 것을 함께 즐길 수는 있으나, 처음 계획을 세울 때에 참여하게 하기는 어려우니, 진실로 큰 이익이 된다면 오히려 이를 강제로 시킬 수도 있는 것인데, 하물며 그들이 하고자 하고 원하는 바이겠습니까. 이 또한 執事께서 듣고자 하시는 바라고 생각합니다.

1) 夫小人……難與慮始 : 이 내용은 ≪史記≫ 〈商君列傳〉에, "대저 백성들을 처음에 계책을 세울 때에 참여하게 하기는 어려우나 이루어진 일을 함께 즐길 수는 있다.〔夫民難與慮始 而可與樂成〕"라고 보인다. 이곳에 쓰인 小人은 일반 백성을 지칭하는 것이다.

伏惟執事는 **聰明辨智**하사 **天下之事**를 **悉已講而明之矣**요 **而又導利去害**를 **汲汲若不足**하니이다 **夫此最長民之吏當致意者**라 **故輒具以聞州**하고 **州旣具以聞執事矣**니이다 **顧其**厝**事之詳**은 **尙不得徹**하야 **輒復條件以聞**하노니 **唯執事**는 **少留聰明**하사 **有所未安**이어든 **敎而勿誅**하시면 **幸甚**이로소이다

엎드려 생각하옵건대 執事께서는 풍부한 才智로 事理를 분명하게 분별하시고, 천하의 일에 대하여 이미 분명히 알아서 모두 대책을 講究하고 계시며, 또 백성들을 利로운 방향으로 인도하고 害를 제거하시기를 마치 不足하게 한 듯이 急迫하게 추진하십니다. 이는 백성을 이롭게 기르는 牧民官으로서는 가장 유의해야 할 일이어서, 즉시 갖추어 州에 보고하였고, 州에서는 이미 이를 갖추어 執事께 보고드린 것입니다.

돌이켜보건대 일을 처리한 상세한 내용은 오히려 철저하게 세세히 아뢸 수가 없어서, 每件마다 항목별로 축약하여 보고하오니, 오직 執事께서는 잠시 밝으신 지혜로 살펴보셔서, 온당하지 못한 점이 있거든 가르쳐 주시고 罰을 내리지 않으신다면 심히 다행으로 여기겠나이다.

06. 上郎侍郎書* 郎 侍郎에게 올린 편지

* 이 글은 知鄞縣事가 된 이듬해에 郎 侍郎에게 올린 것으로, 郎 侍郎은 郎簡(975~1063)을 지칭한다. 그가 尙書工部侍郎으로 致仕하였으므로 郎 侍郎이라 指稱한 것이다.

一通問書 自不可及

일반적인 한 통의 문안편지로는 미칠 수 없는 경지의 글이다.

某는 啓하노이다 昔者에 幸以先人之故로 得望步趨하고 伏蒙撫存敎道를 如親子姪이로소이다 而去離門牆이 凡五六年이어늘 一介之使와 一書之問을 不徹於隷人之聽[1)]하니 誠以苛禮不足報盛德이요 空言不能輸欲報之實이니 顧不知執事察不察也로소이다

某는 아뢰나이다.

지난 날 先親의 장례를 도와주신 연고로 어르신을 뵐 수 있었고, 감싸 보살펴 주시고 가르쳐 인도하시기를 마치 친 子姪처럼 해 주시는 은혜를 입었습니다. 그 후 門下를 떠나서 5, 6년 사이에는 한 사람의 심부름꾼도, 한 통의 문안편지도 올리지를 못했는데, 진실로 煩碎한 예절로는 盛德을 보답하기에 부족하고, 빈 말로는 보답하고자 하는 實狀을 전할 수가 없어서였으니, 다만 執事께서 이를 살펴 주실지 살펴 주시지 않으실지 알지 못하겠나이다.

1) 隷人之聽 : 여기서 隷人은 상대방의 下人을 이르는 말로, 상대방을 恭敬하는 뜻을 보이기 위해 상대방의 下人에게 말을 들려준다 한 것이다.

去年得邑海上하야 塗當出越하야 而問聽之繆에 謂執事在焉이러니 比至越而後에 知車馬在杭이로소이다 行自念父黨之尊이요 而德施之隆이어늘 去五六年而一書之不進하고 又望門不造하니 雖其心之勤企而欲報者猶在나 而執事之見察을 其可必也리잇가 且悔且恐하야 不知所云이로소이다 輒試陳不敏之罪於左右나 顧猶不敢必左右之察也러니 不

圖執事遽然貶損手敎하시고 重之蜀牋兗墨之賜하시며 文辭反復하야 意指勤過하시니 然後知大人君子의 仁恩溥博하야 度量之廓大如此로소이다 小人은 無狀하야 不善隱度하고 妄自悔恐하야 而不知所以裁之也니이다 一官自縶하야 勢不得去하니 欲趨而前이나 其路無由니이다 唯其思報하야 心尙不怠하노이다

지난해에 바닷가 고을인 鄞縣을 맡게 되었을 때에, 가는 길이 越州를 통과하게 되어 執事께서 그곳에 계시니 뵙고 문안을 올릴 수 있으리라고 잘못 생각하였다가, 월주에 가까이 이른 이후에야 執事께서 杭州에 계심을 알게 되었습니다.

스스로 생각해 보니 바로 아버지 年輩의 존귀한 어른이시고 은덕을 베푸심이 융숭하셨는데 5, 6년이 지나도록 편지 한 장 올리지 않고 또 문하에 찾아가 뵙지도 않았으니, 비록 마음으로 절실하게 생각하고 보답하고자 함이 있었다 해도 執事의 보살핌을 받을 것을 期必할 수 있겠습니까. 이에 한편으로는 뉘우치고 한편으로는 한탄하면서 말씀드릴 바를 알지 못하겠나이다.

이에 오로지 執事께 不敏했던 죄를 말씀 올리면서도, 오히려 執事께서 반드시 이를 살펴 주시리라고 감히 기대하지도 못하게 되었습니다.

그런데 뜻밖에 황공스럽게도 執事께서 손수 쓰신 가르침을 주시는 편지와, 이에 더하여 蜀 땅에서 생산된 아름다운 종이와 兗 땅에서 제조한 좋은 먹까지 보내주셨습니다. 보내주신 글에 거듭 지극히 은근하신 뜻을 전해 주시니, 비로소 大人 君子께서 베푸신 사랑과 은혜가 끝없이 넓으시고 도량의 광대하심이 이와 같음을 알게 되었습니다.

소인은 보잘 것 없어서 헤아리기를 잘 하지 못하고 망연히 뉘우치고 두려워하면서 어찌할 바를 알지 못하겠습니다. 하나의 관직에 스스로 얽매여서 형편상 떠날 수가 없으니, 달려가 뵙고자 해도 방법이 없어서 오직 은혜를 갚을 것을 생각하며, 그 마음만은 오히려 게을리 하지 않을 것을 다짐하나이다.

07. 上田正言書* 田 正言에게 올린 편지

* 이 편지는 왕안석이 簽書淮南路判官이 되어 治所인 揚州에 있던 慶曆 2년(1042) 이후에 正言 田況(1005~1063)에게 올린 것이다. 正言은 朝廷의 得失

을 諫하는 일을 담당한 中書省의 屬官이다.

直而不阿하야 義形於辭라

정직하고 아부함이 없어서 正義가 문장에 드러나 있다.

正言執事여 某는 五月還家라가 八月抵官하니 每欲介西北之郵布一書하야 道區區之懷라가 輒以事廢로이다 揚은 東南之吭也라 舟輿至自汴[1]者가 日十百數일새 因得問汴事與執事息耗甚詳하니 其間薦紳道執事介然立朝하야 無所跛倚라하니 甚盛甚盛이로소이다

正言 執事님, 某는 5월에 집에 돌아왔다가 8월에 임지에 부임하였습니다. 번번이 서북쪽 京師로 향하는 郵使를 통하여 區區한 뜻을 말씀드리고자 하였으나 곧 사정이 생겨서 중단하였습니다.

揚州는 地理의 形勢가 東南方의 목구멍 같은 곳이고 汴京으로부터 오는 수레와 선박이 하루에 수십 내지 백대 정도 되기 때문에 汴京의 일과 執事에 대해 물으면 좋은 소식이나 나쁜 소식이나 매우 자세히 알 수가 있습니다. 그 사이에 조정의 관리들이 執事께서는 바르고 꿋꿋하게 조정에서 처신하여 어느 한쪽에 치우치심이 없다고 말하니, 매우 훌륭하시고 매우 훌륭하십니다.

1) 汴 : 汴京으로 宋의 수도이며, 지금의 河南 開封이다.

顧猶有疑執事者하니 雖某亦然이로이다 某之學也에 執事誨之하시고 進也에 執事獎之하시니 執事知某不爲淺矣니이다 有疑焉이어늘 不以聞이면 何以償執事之知哉잇가 初에 執事坐殿廡下하야 對方正策[1]에 指斥天下利害하야 奮不諱忌하니이다 且曰 願陛下行之하사 無使天下로 謂制科[2]爲進取一塗耳라하시니 方此時에 窺執事意면 豈若今所謂擧方正者 獵取名位而已哉잇가 蓋曰 行其志云爾니이다

다만 執事를 의심하는 사람이 있는데, 비록 某라도 또한 그럴 수 밖에 없습니다. 某의 학문은 집사께서 가르쳐 주신 것이고, 관직에 나아간 것도 執事께서 권장하고 도와주신 것이니, 執事께서 某를 알고 계심이 얕고 좁다고 할 수 없습니다. 의심스러운 일

이 있는데도 알려 드리지 않는다면 어떻게 執事의 알아주심에 보답할 수 있겠습니까.

처음 執事께서 宮殿의 廊屋 아래에 앉아서 賢良方正科의 시험과목인 對策에 대하여 말씀하실 때에 천하의 이해에 대해 지적하고 꾸짖으시는데 분연히 거리낌이 없으셨습니다.

또 그 자리에서 말씀하시기를, "원하건대 폐하께서 인재를 선발하는데 천하 사람들로 하여금 부정기시험인 制科가 官職으로 진출하는 한 방법이 된다고 여기게 하지 마십시오." 하셨는데, 바로 이때의 執事의 생각을 헤아려보면, 어찌 오늘날 이른바 현량방정과라는 것이 명예와 지위만을 취하는 것이라고 지적한 것일 뿐이겠습니까. 아마도 그 뜻을 행해야 된다고 말씀하신 것일 것입니다.

1) 對方正策 : 方正은 賢良方正科의 略稱이고, 對策은 일종의 시험방법으로 각종 政事에 대하여 질문하고 그에 답한 것으로 우열을 판정하는 것이다.
2) 制科 : 당시의 과거시험에는 常科와 制科가 있었다. 常科는 定期的으로 보는 과거시험이고, 制科는 황제의 특명으로 부정기적으로 시행하는 과거시험이다.

今聯諫官하야 **朝夕耳目天子行事**하시니 **卽一切是非**를 **無不可言者**하니 **欲行其志**인댄 **宜莫若此時**니이다 **國之疵**와 **民之病**이 **亦多矣**니 **執事亦抵職之日久矣**니이다 **向之所謂疵者**를 **今或痤然若不可治矣**요 **向之所謂病者**를 **今或痼然若不可起矣**어늘 **曾未聞執事建一言寤主上也**하니 **何向者指斥之切而今之疏也**잇고 **豈向之利於言**이러니 **而今之言不利耶**잇가 **豈不免若今之所謂擧方正者 獵取名位而已邪**잇가 **人之疑執事者以此**니이다

이제 諫官의 一員이 되었으므로 朝夕으로 天子께서 행하시는 일을 듣고 보게 되셨으니, 곧 天子께서 행하시는 모든 일에 그릇됨이 있으면 말씀을 못 올릴 것이 없게 되었습니다. 이에 그 뜻을 실현하고자 하는데 지금같이 좋은 때가 없습니다. 나라에 그릇됨이 있게 되면 백성들의 병 또한 많아지게 되는데, 집사께서 그 직분을 담당한지가 또한 오래되었습니다.

지난날의 이른바 그릇됨이라는 것이 지금은 혹 곪아 터져서 치료할 수가 없고, 지난날의 이른바 병이라는 것이 지금은 혹 고질병이 되어서 몸을 일으킬 수가 없는 지경이

되었는데도 일찍이 집사께서 한 말씀이라도 건의하여 주상을 깨우쳤다는 말을 들어 본 적이 없습니다.

어찌하여 지난날에는 지적하고 꾸짖기를 간절하게 하다가 지금은 소홀하게 하는 것입니까. 어찌하여 지난날에는 말을 그렇게 잘하시다가 지금은 말을 못하십니까. 어찌하여 지금의 이른바 賢良方正科에 합격한 자가 명성과 지위를 얻음에 그칠 뿐인 것과 같음을 면하지 못하는 것입니까. 사람들이 집사를 의심하는 것이 바로 이 때문입니다.

爲執事解者 或曰 造辟而言에 **詭辭而出**[1]이라하니 **疏賤之人**이 **奚遽知其微哉**리오하니 **是不然矣**니이다 **傳所謂造辟而言者**는 **迺其言則不可得而聞也**나 **其言之效**는 **則天下斯見之矣**어늘 **今國之疵**와 **民之病**은 **有滋而無損焉**하니 **烏所謂言之效邪**잇가

執事를 위해 해명하는 사람이 혹 말하기를, "'임금을 온전하게 바로잡기 위해 하는 말은 진실하지 않은 말이라도 좋다.'는 말이 있으니, 관계가 소원하고 지위가 낮은 사람이 어찌 그 深奧하고 隱微한 뜻을 알겠는가." 하는데, 이는 그렇지 않습니다.

≪穀梁傳≫에서 말한 바, "임금을 온전하게 바로잡기 위해 하는 말"이라는 것은, 곧 그 말은 백성들이 들을 수는 없지만 그 말의 효과는 온 천하 사람들이 이를 볼 수 있는 것입니다. 지금 나라의 그릇됨과 백성들의 病은 점점 늘어날 뿐이고 줄어들지 않고 있으니, 이른바 그 말의 효과라는 것이 어디에 있습니까.

1) 造辟而言 詭辭而出 : 이 내용은 ≪春秋穀梁傳≫ 文公 6年條에 보인다.

復有爲執事解者하야 **曰 蓋造辟而言之矣**로되 **如不用何**오하니 **是又不然**이니이다 **臣之事君**에 **三諫不從則去之 禮也**[1]니 **執事對策時**에 **常用是著于篇**하니이다 **今言之而不從**이 **亦當不翅三矣**니 **雖惓惓之義**에 **未能自去**나 **孟子不云乎**잇가 **有言責者**는 **不得其言則去**[2]라하시니 **盍亦辭其言責邪**잇고

다시 執事를 위해 해명하는 사람이 있어서 말하기를, "아마도 임금을 온전하게 바로잡기 위해 말을 하기는 하였을 터인데 들어주지 않으시니 어찌하겠는가." 하는데, 이 또한 그렇지 않습니다.

신하가 군주를 섬김에 세 번을 간해도 들어주지 않으면 벼슬에서 물러나는 것이 예

법에 맞는 일입니다. 執事께서 책문에 대답할 때에도 늘 이를 글로 밝혔었으니, 이제 말씀을 올려도 들어주시지 않은 것이 또한 세 번뿐만이 아니니, 떠나도 됩니다. 비록 삼가고 조심하는 의리로 스스로 떠날 수가 없으나, 孟子가 말하지 않았습니까? "諫言을 할 책임이 있는 사람은, 그가 한 말을 들어주지 않으면 떠나야 한다."라고. 그러니 어찌 또한 간언을 할 책임을 회피할 수 있겠습니까?

1) 臣之事君……禮也 : ≪禮記≫ 〈曲禮 下〉에, "신하된 자의 禮는 공개적으로 간하지 않으며, 세 번 간해도 들어주지 않으면 벼슬에서 물러난다.〔爲人臣之禮 不顯諫 三諫而不聽 則逃之〕" 하였다.
2) 有言責者 不得其言則去 : ≪孟子≫ 〈公孫丑 下〉에 보인다.

執事不能自免於疑也必矣니 **雖堅强之辯**이라도 **不能爲執事解也**니이다 **迺如某之愚**론 **則願執事不矜寵利**하고 **不憚誅責**하야 **一爲天下昌言**하야 **以寤主上**하시고 **起民之病**하며 **治國之疵**하야 **蹇蹇一心**을 **如對策時**면 **則人之疑**는 **不解自判矣**리니 **惟執事念之**하소서 **如其不然**이면 **願賜教答**하노이다 **不宣**[1]하노이다

執事께서 스스로 의심을 모면할 수 없음이 분명하니, 비록 억지로 변명을 한다 해도 執事를 의혹에서 벗어나게 할 수가 없을 것입니다.

이에 某의 어리석은 생각으로는, 執事께서 皇上의 恩寵과 利益을 자랑스럽게 여기지 마시며, 꾸짖음과 처형당함을 두려워 마시고, 한 번 천하 사람들을 위해 거리낌 없이 直言을 해서 主上을 깨우쳐 주시고, 백성들을 병에서 일어나게 함과 나라의 그릇됨을 바로잡을 忠誠 正直한 한결같은 마음을 策問에 응답할 때와 같게 하기를 바랍니다.

그렇게 된다면 사람들의 의혹을 解明하지 않아도 저절로 시비가 바르게 드러날 것이니, 집사께서는 이를 유념하시옵소서.

만약 제가 올린 말씀이 옳지 않다면, 가르쳐 인도하는 회답을 내려 주시기 바라며, 드릴 말씀을 다 올리지 못하고 마치나이다.

1) 不宣 : 일일이 자세히 말씀을 올리지 못한다는 뜻으로, 편지의 말미에 常用하는 語句이다.

唐荊川曰 歐公上范司諫書는 婉而切하고 荊公與田正言書는 直而勁이라

唐荊川(唐順之)은, "歐公(歐陽修)의 〈上范司諫書〉는 아름다우면서 간절하고, 荊公의 與田正言書는 곧으면서 굳세다."라고 평하였다.

08. 上田正言第二書* 田 正言에게 올린 두 번째 편지

* 이 편지는 慶曆 3년(1043)에 올린 것이다.

某聞호니 公卿大夫才名與寵이 兼盛於世면 必有大功以宜之요 否則君子撝之니이다 執事는 姿略이 穎然出常士之表하야 應進士中甲科하고 擧方正爲第一하야 將朝車通擧刺史事하고 又陳善策하야 得璽書召하니 名與寵이 不已兼盛於世邪잇가 所未較著者는 功爾니이다

某가 들으니, "公卿大夫로 才名이 뛰어나면서 아울러 寵愛를 當世에 盛하게 받았으면, 반드시 그에 합당한 큰 공이 있어야 하고, 그렇게 하지 못하면 君子는 그 자리에서 물러난다." 하였습니다.

執事께서는 儀表와 方略이 일반 선비들보다 빼어나게 뛰어나서, 進士試에 응시하여 甲科로 합격하셨고, 賢良方正科에 응시하여 1위를 하셨으며, 조정에서 내려준 수레를 타고 通判의 직임을 담당하면서, 또한 좋은 방책을 진술하니, 詔書를 내려 중앙으로 불러들이는 영예를 얻게 되었습니다. 그러니 才名과 寵愛를 당세에 이미 성하게 아울러 받은 것이 아니겠습니까. 비교하여 드러낼 수 없는 것은 그에 합당한 功績을 세우지 못한 것뿐입니다.

本朝太祖는 武靖天下하시고 眞宗은 以文持之[1)]하시며 今上은 接祖宗之成하사 兵不釋翳[2)]者 蓋數十年이니 近世無有也로되 所當設張之具는 猶若闕然이로소이다 重以羌酋[3)]梗邊하야 主上方覽衆策以濟之하시니 天下擧首戴目하야 屬心執事者를 難以一二計니이다 爲執事議者曰 朝廷藉不吾以宜어든 且自贊以植顯效하야 酬天下屬己之意니 矧上惓惓然命之乎잇가 此固策大功之會也로다하고 抑聞之호니 嶢嶢者易缺하고 皦皦者易汚라하니

執事才名與寵은 **可謂易汚易缺者**니 **必若策大功**이라야 **適足宜之而已**니 **可無茂邪**잇가

本朝는 太祖께서 武力으로 천하를 평정하시고, 眞宗께서 文治로 이를 유지하셨으며, 지금의 皇上께서는 祖宗들이 이루어 놓으신 업적을 이어받아서 무력을 사용하지 않고 평화를 유지한 기간이 수십 년이니, 근세에는 없었던 좋은 일이지만, 마땅히 설치하여 시행해야 할 制度를 갖추는 일은 아직도 모자람이 있습니다. 더구나 오랑캐인 夏나라의 酋長이 변경에서 버티고 있고, 주상께서는 바야흐로 여러 계책을 보아서 이를 해결하고자 하시고 계시니, 온 천하 사람들이 머리를 쳐들고 우러러보며 執事에게 기대하는 마음을 가진 자를 한둘로 헤아리기 어렵습니다.

執事를 위해 말하는 사람들이, "조정에서 만약 나를 적합하지 않다고 여겨 중용하지 않거든 우선 스스로 현저한 공훈을 세워서 천하 사람들이 자기에게 기대하는 뜻에 보답해야 하니, 더구나 今上께서 간곡하게 명하신 일이야 더 말할 것이 있겠는가. 이는 진실로 큰 공훈을 簡冊에 올릴 기회이다."라고 하고, 또한 들으니, "剛直한 사람은 허물어지기 쉽고 淸白한 사람은 더럽혀지기 쉽다." 하였습니다.

이로 본다면 집사의 才名과 寵愛는 쉽게 더럽혀지고 쉽게 허물어질 수 있다고 말할 수 있으니, 반드시 큰 공이 간책에 기록할 만하고 기대에 부응하기를 합당하게 해야 할 뿐이니, 열심히 노력하지 않을 수 있겠습니까.

1) 以文持之 : 저본에는 '文'자 앞에 '以'자가 없는데, ≪臨川集≫에 의거하여 보충하였다.
2) 兵不釋翳 : 釋翳는 解翳와 같으며, 翳는 병기를 보관하는 일종의 가리개이다. ≪國語≫ 〈齊語〉에 "갑옷은 갑옷집에서 풀려나오지 않았고, 무기들은 무기집에서 풀려나오지 않았다.〔甲不解櫜 兵不解翳〕" 하였다.
3) 羌酋 : 오랑캐의 추장이라는 뜻으로, 趙元昊가 夏나라의 황제가 되어 宋에 대항한 것을 지칭한다.

恭惟旦暮輔佐天子秉國事인댄 **修所當設張之具**하고 **復邊人於安**하야 **稱主上所以命之之意**하고 **使天下擧首戴目者**로 **盈其願而退**면 **則後世之書**에 **可勝傳哉**잇가 **董仲舒**[1]**有是才名**이나 **顧不獲此寵**하고 **公孫季**[2]**有此寵**이나 **不成此功**하니 **有此寵而成此功者**는

宜在執事요 **不宜在它**니이다 **草鄙之人**이 **不達大誼**하야 **辱奬訓之厚**하니 **敢不盡愚**리잇가

삼가 생각하옵건대 아침저녁으로 천자를 보좌하며 國事를 관장하는 분이라면, 마땅히 설치해야 할 制度를 잘 이루고 邊境에 거주하는 사람들을 다시 안정시켜서, 주상께서 명하신 뜻에 부응하고, 고개를 쳐들고 우러러보는 천하 사람들로 하여금 원하는 바를 만족하게 이루었다고 여겨 물러가게 해야 하나니, 그렇게 한다면 後世의 기록에 이를 이루 다 전할 수가 있겠습니까.

董仲舒는 재능과 명성이 있었지만 돌아보건대 이런 총애는 얻지를 못하였고, 公孫季는 이런 총애는 받았지만 이런 공훈은 이루지 못하였으니, 이런 총애를 받으면서 이런 공훈을 이룬 사람을 꼽는다면 집사에게만 합당하지 다른 사람에게는 합당하지 않습니다.

草野에 있는 鄙陋한 사람으로 大義에 통달하지 못하여 권면하고 이끌어 주신 두터운 뜻을 욕되게 하고 있으니, 감히 어리석은 생각이나마 말씀을 다 올리지 않을 수 있겠습니까.

1) 董仲舒 : 董仲舒(B.C. 179~B.C. 104)는 前漢의 學者로 武帝에게 훌륭한 對策을 여러 차례 건의하였으나 廢黜되거나 下獄당하는 困厄을 겪었다.
2) 公孫季 : 公孫弘(B.C. 200~B.C. 121)으로 季는 그의 字이다. ≪春秋公羊傳≫의 저자로, 황제의 총애를 받아 丞相에 오르고 平津侯에 封해졌으나, 猜忌와 報復을 일삼았고 治績을 남기지 못하였다.

09. 上運使孫司諫書* 運使 孫 司諫에게 올린 편지

* 이 편지는 王安石이 知鄞縣事가 된 지 2년 되는 皇祐 元年(1049)에 右司諫 兩浙轉運使 孫甫(998~1057)에게 올린 것이다.

以一縣吏로 **而能直民之利害於運使如此**라

한 縣의 吏로서 백성의 利害를 運使에게 直言한 말이 이와 같다.

伏見閤下令吏民出錢購人捕鹽하니 **竊以爲過矣**라하노이다 **海旁之鹽**은 **雖日殺人而禁**

之라도 勢不止也어늘 今重誘之使相捕告면 則州縣之獄必蕃하고 而民之陷刑者將衆하야 無賴姦人이 將乘此勢하야 於海旁漁業之地에 搔動艚戶하야 使不得成其業이리이다 艚戶失業이면 則必有合而爲盜하야 賊殺以相仇者하리니 此不可不以爲慮也니이다

엎드려 뵈옵건대, 閤下께서 관리와 백성들에게 명하여 사사로이 소금을 생산 판매한 사람을 현상금을 거두어 내걸고 잡아들이도록 하시는데, 삼가 이는 잘못된 일이라고 생각합니다. 바닷가에서 사사로이 소금을 생산하는 것은 비록 날마다 사람을 죽이면서 금지한다 해도 형편상 막을 수가 없습니다.

이제 거듭 그들을 유도하여 서로 고발하게 하고 잡아들인다면, 州와 縣에 설치한 감옥은 반드시 죄수들로 가득 차게 될 것이고, 백성들 가운데 죄에 빠지는 사람이 장차 많아질 것이며, 無賴하고 간사한 사람들이 장차 이 기회를 타고 못된 짓을 하여, 바닷가에서 배를 타고 漁業에 종사하는 백성들을 동요시켜서 그들의 생업을 잃게 할 것입니다. 배를 타고 어업에 종사하는 사람들이 생업을 잃게 되면, 반드시 모여 도둑떼가 되어 서로 해치고 죽이며 원수가 될 것이니, 이런 상황을 염려하지 않을 수가 없습니다.

鄞於州爲大邑이요 某爲縣於此兩年에 見所謂大戶者는 其田多不過百畝요 少者는 至不滿百畝니 百畝之直는 爲錢百千이요 其尤良田은 乃直二百千而已니이다 大抵數口之家의 養生送死가 皆自田出이요 州縣百須도 又出於其家니이다 方今田桑之家에 尤不可時得者 錢也어늘 今責購而不可得이면 則其間必有鬻田以應責者리이다 夫使良民으로 鬻田以賞無賴告訐之人은 非所以爲政也니이다 又其間에 必有扞州縣之令而不時出錢者요 州縣不得不鞭械以督之리니 鞭械吏民하야 使之出錢하야 以應捕鹽之購는 又非所以爲政也니이다

鄞 땅은 州의 큰 縣이고, 某가 이곳의 知縣事로 일한 지가 2년이 되었는데, 이른바 大戶를 보면 그 농토가 많다 해도 100畝를 초과하지 않고 적은 戶는 100畝를 채우지 못하고 있습니다. 100畝의 가치는 돈으로 100緡쯤 되고, 가장 좋은 토지도 그 가치가 200緡쯤 될 뿐입니다. 대체로 식구가 數名인 집의 산 사람의 생활과 죽은 이의 장례를

위한 비용이 모두 농토의 수입에서 나옵니다. 州와 縣의 각종 수요에 충당하는 비용 또한 그 농가에서 징수한 것들입니다.

지금 농사와 養蠶에 종사하는 집에서 때맞추어 얻을 수 없는 것이 돈입니다. 그런데 이제 현상금을 내도록 책임을 지워도 낼 수가 없게 되면, 그 사이에 반드시 농토를 팔아서 책임에 부응하려는 사람이 있게 될 것입니다. 양민에게 농토를 팔게 하여 그 돈으로 무뢰한 고발인에게 상을 주는 것은 政事의 올바른 처리가 못 됩니다.

또한 그러는 사이에 州와 縣의 令을 어기고 때맞추어 돈을 납부하지 않는 자가 반드시 생기게 될 것이고, 그러면 州와 縣에서는 부득불 잡아다가 채찍을 치며 독려하게 될 것이며, 관리와 백성을 잡아 채찍을 치며 돈을 내게 해서, 이로써 不法으로 소금을 제조 판매한 이를 잡는 현상금에 충당하게 하는 것 또한 정사의 올바른 처리가 못됩니다.

且吏治宜何所師法也잇고 必曰 古之君子니 重告訐之利以敗俗하야 廣誅求之害하고 急較固之法하야 以失百姓之心하고 因國家不得已之禁하야 而又重之는 古之君子蓋未有然者也니이다 犯者不休하고 告者不止호되 糶鹽之額은 不復於舊리니 則購之勢는 未見其止也리이다 購將安出哉잇가 出於吏之家而已나 吏固多貧而無有也요 出於大戶之家而已니 大家將有由此而破産失職者리니 安有仁人在上하야 而令下有失職之民乎잇가 在上之仁人有所爲면 則世輒指以爲師라 故不可不愼也니이다 使世之在上者로 指閤下之爲此而師之면 獨不害閤下之義乎잇가 上好是物이면 下必有甚者[1]니 閤下之爲方爾면 而有司或以謂將請於閤下하야 求增購賞하야 以勵告者라 故某竊以謂閤下之欲有爲를 不可不愼也라하노이다

또한, "관리들이 다스릴 때에 무엇을 본받을 기준으로 삼아야 마땅할까요?" 하면 반드시 말하기를, "옛날의 君子를 본받아야 한다." 할 것입니다. 약점을 들춰내어 고발하고 받는 이익을 중히 여겨서 良俗을 무너뜨리고, 강제로 징수하는 폐해를 넓히며 專賣法의 집행을 급선무로 여겨서 이 때문에 백성들의 마음을 잃고, 국가가 어쩔 수 없이 금지하는 일을 근거로 하여 이를 더욱 엄중하게 처리하는 것은, 옛날의 군자들이라면 아마도 그런 일은 하지 않았을 것입니다.

犯法者는 없어지지 않고, 고발하는 자도 줄어들지 않으며, 私鹽의 판매 액수는 옛 제도(즉 專賣하는 소금의 이익)로 되돌아가지 않을 것이니, 그렇다면 포상금을 징수하는 형세도 중단될 수가 없습니다. 그 포상금은 어디에서 징수할 것입니까?

관리의 집에서 내도록 하려 해도 관리들 중에는 본시 가난한 사람이 많아서 소유한 재산이 없으니 큰 農家에서 내도록 해야 할 뿐인데, 그렇게 되면 큰 농가 중에는 이 때문에 파산하여 失職하는 자가 생기게 될 것입니다. 어찌 어진 사람이 윗자리에 있으면서 아랫사람으로 하여금 失職하는 백성이 생기도록 할 수 있겠습니까.

윗자리에 있는 어진 사람이 행하는 바가 있으면, 세상에서는 이런 분을 지칭하여 스승이라 하나니, 그 때문에 조심하지 않을 수가 없는 것입니다. 세상의 윗자리에 있는 사람들에게 閤下께서 이런 조치를 행한 것을 따라서 본받게 한다면, 특히 합하의 義理를 해치게 되지 않겠습니까?

윗자리에 있는 분이 이런 조처를 좋아하면 아랫자리에 있는 사람 중에는 반드시 더 심하게 하는 자가 나오게 됩니다. 閤下께서 행하시는 방도가 이와 같으면 담당관서에서는 아마도 포상금액을 더욱 많이 징수하여 密告하는 자들을 격려해야 한다고 閤下에게 청할 생각을 하는 일이 있게 될 것입니다. 그 때문에 某는 삼가 閤下께서 하고자 하시는 일을 신중히 처리하지 않으면 안된다고 여기는 것입니다.

1) 上好是物 下必有甚者 : ≪禮記≫ 〈緇衣〉에 "아랫사람이 윗사람을 섬길 때는 그가 내린 명령을 따르지 않고 그가 행한 행동을 따르나니, 윗사람이 이런 것을 좋아하면 아랫사람 중에는 반드시 〈좋아하는 것이 윗사람보다〉 더 심한 사람이 있게 마련이다. 그러므로 윗사람은 좋아하거나 싫어하는 것을 신중하게 하지 않으면 안되니, 그것은 백성들의 師表가 되기 때문이다.〔下之事上也 不從其所令 從其所行 上好是物 下必有甚者矣 故上之所好惡 不可不愼也 是民之表也〕"라고 보인다.

天下之吏가 不由先王之道하고 而主於利면 其所謂利者는 又非所以爲利也요 非一日之積也니 公家日以窘하고 而民日以窮而怨하리이다 常恐天下之勢가 積而不已하야 以至於此하노니 雖力排之나 已若無奈何어늘 又從而爲之辭면 其與抱薪救火로 何異리잇가 竊獨爲閤下惜此也하노이다 在閤下之勢엔 必欲變今之法하야 今如古之爲는 固未能也니 非不能也요 勢不可也니이다 循今之法而無所變이 有何不可완대 而必欲重之乎잇가

천하의 官吏들이 先王의 道를 근거로 삼지 않고 財利를 중히 여긴다면, 그 이른바 利라는 것이 또한 진정한 이익이 되지 않을 것이고, 이런 폐단이 하루의 積習으로 그치지 않게 될 것이니, 官廳은 날로 窘塞해지고 백성들은 날로 困窮해져서 원한을 품게 될 것이므로, 천하에 이런 형세가 끊임없이 쌓여서 이런 지경에 이르게 될까봐 늘 두려워하는 바입니다.

비록 이런 상황을 극력 피하려 한다 해도 이미 어찌 할 수가 없게 되자, 또 이어서 변명이나 하는 것은 섶을 안고서 불을 끄려 하는 것과 무엇이 다르겠습니까? 삼가 합하를 위하여 유독 이를 애석하게 여기는 바입니다.

閤下의 權勢로는, 반드시 현재의 법을 바꾸어 현재를 옛날처럼 하고자 하는 것은 본시 할 수가 없으니, 하지 않는 것이 아니라 현재의 형편상 할 수 없는 것입니다. 지금의 法을 따르고 변경하지 않는 것이 무슨 불가한 일이 있기에, 기필코 더욱 엄중하게 施行하고자 하시는 것입니까.

伏惟閤下常立天子之側하야 而論古今所以存亡治亂하고 將大有爲於世하야 而復之乎二帝三代[1)]之隆이어늘 顧欲爲而不得者也니 如此等事를 豈待講說而明이리잇가 今退而當財利責하니 蓋迫於公家用調之不足하야 其勢不得不權事勢而爲此하야 以紓一切之急也니이다 雖然이나 閤下亦過矣니 非所以得財利而救一切之道니이다 閤下於古書에 無所不觀하니 觀之於書하야 以古已然之事驗之면 其易知較然이니 不待某辭說也니이다 枉尺直尋而利[2)]라도 古人尙不肯爲어늘 安有此而可爲者乎잇가

엎드려 생각하옵건대 합하께서는 늘 천자의 측근으로 계시면서 古今의 興亡과 治亂에 대하여 論하셔서, 장차 세상에 크게 업적을 남기셔서 二帝와 三代의 興隆한 治世를 회복하려 하였는데 다만 이런 일은 하고자 하였지만 이루지 못한 것이니, 이런 일들이 어찌 講說을 기다려서야 밝혀지는 것이겠습니까.

이제는 물러나셔서 財務의 책임을 맡고 계신데, 아마도 공공기관의 비용에 충당할 租稅의 不足에 쫓겨서 형편상 어쩔 수 없이 權道로 이런 조치를 취하면서, 임시로 급한 불을 끄려 하신 듯합니다.

비록 그럴 수도 있으나 閤下 또한 잘못이 있으시니, 재정상의 이익을 얻는 것이 일

체의 폐단을 구제하는 方道가 될 수 없기 때문입니다. 합하께서는 옛 典籍에 대하여 열람해 보지 않은 것이 없으신데, 전적의 열람을 통하여 옛날에 이미 일어났던 일로써 징험해 본다면 뚜렷이 쉽게 알 수 있을 것이니, 某의 설명을 기다리실 것도 없습니다. 一尺을 굽히면서 一尋(八尺)을 펴듯이 조금 손실이 있으면서 크게 이익을 얻는 바가 있는 일도 옛 현인들은 오히려 하려 하지 않았으니, 어찌 이런 일을 할 수 있겠습니까?

1) 二帝三代：二帝는 唐堯와 虞舜을, 三代는 夏, 殷, 周를 지칭한다.
2) 枉尺直尋而利：≪孟子≫ 〈滕文公 下〉에, "또한 대저 한 자를 굽혀서 한 길을 펼치는 것은 이로움을 말한 것이다. 만약 이로움만 추구한다면 한 길을 굽혀 한 자를 펴서 이로움이 있더라도 또한 하겠는가.〔且夫枉尺而直尋者 以利言也 如以利 則枉尋直尺而利 亦可爲與〕"를 인용한 것이다.

今之時는 士之在下者가 浸漬成俗하야 苟以順從爲得하고 而上之人도 亦往往憎人之言하야 言有忤己者면 輒怒而不聽之라 故下情不得自言於上하고 而上不得聞其過하야 恣所欲爲로소이다 上可以使下之人自言者는 惟閤下요 其職不得不自言者는 某也니 伏惟留思而幸聽之하소서 文書雖已施行이나 追而改之 若猶愈於遂行而不反也니이다 干犯云云하노이다

이 시대는 士로서 아랫자리에 있는 사람은 구차하게 順從하는 것이 得이 된다고 여기는 것이 차츰 習俗을 이루게 되었고, 윗자리에 있는 사람 또한 왕왕 바른말 하는 사람을 미워하기도 해서, 말이 자기의 뜻에 거스르는 것이 있으면 곧 성을 내고 이를 들으려 하지 않게 되었습니다. 그러므로 아랫사람은 자신의 생각을 윗사람에게 말하지 못하고 윗사람은 자신의 허물을 들을 수가 없게 되어, 방자하게 하고 싶은 대로 하고 있습니다.

윗자리에 있으면서 아랫사람으로 하여금 자신의 생각을 말할 수 있게 하는 분은 오직 閤下뿐이고, 그 직책상 자신의 뜻을 말하지 않을 수 없는 사람은 바로 某뿐이니, 엎드려 바라옵건대 관심을 가지고 들어주시면 다행이겠습니다. 명령하신 문건이 비록 이미 시행되고 있다 해도, 遡及하여 바꾸는 것이 오히려 그대로 진행하며 되돌리지 않

는 것보다는 나을 듯합니다.

무례를 犯함을 무릅썼나이다. 云云.

10. 上凌屯田書 代人作* 凌 屯田에게 올린 편지(남을 대신하여 짓다)

* 이 글은, 어떤 사람이 凌屯田에게 조부와 부친의 장례비용을 도와 달라고 청하는 편지를 대신 써준 것으로, 凌屯田은 屯田員外郎 凌景陽을 지칭한다.

類昌黎書라

昌黎(韓愈)의 문장과 유사하다.

兪跗[1]는 **疾醫之良者也**라 **其足之所經**과 **耳目之所接**에 **有人於此**하야 **狼疾焉而不治**면 **則必欿然以爲己病也**오 **雖人也**라도 **不以病兪跗焉則少矣**니이다 **隱而虞兪跗之心**컨대 **其族婣舊故有狼疾焉**이면 **則何如也**잇가 **末如之何**하야 **其已**잇가 **未有可以治焉而忽者也**니이다

兪跗는 병 치료를 잘했던 사람입니다. 그의 발이 경유한 곳과 귀와 눈으로 듣고 본 것 가운데, 치명적인 중병에 걸려 치료가 불가능한 사람이 있으면, 반드시 근심하면서 자신이 그 병에 걸리게 한 것처럼 생각하였습니다. 비록 유부가 병을 치료하였으나 낫지 않은 사람이 있다할지라도 유부를 탓하지 않았습니다.

유부의 마음으로 돌아가서 가만히 생각해 본다면, 그 친인척이나 친구 가운데 치명적인 병에 걸린 이가 있다면 이를 어떻게 조처해야 하겠습니까. 어찌할 수가 없다고 하여 그치고 말겠습니까. 치료할 수 있는데도 소홀히 하는 사람은 없습니다.

1) 兪跗 : 전설에 등장하는 黃帝시대의 良醫이다. ≪史記≫ 〈扁鵲列傳〉에 의하면, 湯藥으로 병을 치료하지 않고 手術의 방법으로 치료하였다고 전해진다.

今有人於此하니 **弱而孤**하고 **壯而屯蹶困塞**하야 **先大父棄館舍于前**하고 **而先人從之**로되 **兩世之柩**를 **窶而不能葬也**니이다 **嘗觀傳記**라가 **至春秋過時而不葬**[1]과 **與子思所論未**

葬不變服[2)]하야는 **則戚然不知涕之流落也**하니이다 **竊悲夫古之孝子慈孫**이 **嚴親之終**에 **如此其甚也**로소이다 **今也乃獨以窶故**로 **犯春秋之義**하고 **拂子思之說**이면 **鬱其爲子孫之心而不得伸**이 **猶人之狼疾也**니 **奚有間哉**리잇가

이제 여기에 있는 사람은 어려서 孤兒가 되었고, 장년이 되어서는 온갖 시련을 겪고 군색하게 지내며, 할아버지가 전에 돌아가시고 아버지도 이어 돌아가셨는데, 가난 때문에 두 분의 관을 埋葬할 수가 없습니다.

일찍이 전해오는 기록을 살펴보다가 ≪春秋≫에 '葬禮를 지낼 때가 지났는데도 장례를 치루지 못하였다.'는 내용과, 子思가 論한 바 '장례를 치루지 못하였으므로 喪服을 바꿀 수 없다.'는 내용에 이르러서는 戚然히 나도 모르게 눈물이 흘러내렸습니다. 옛날의 孝子와 慈孫은 嚴親의 사망을 슬퍼하며, 이와 같이 심히 중시하였습니다.

그런데 지금 유독 가난 때문에 ≪春秋≫에 기록된 의리를 범하고 子思의 주장에 위배되는 짓을 한다면, 자손의 마음에 恨이 맺혀서 풀지 못하는 것이 마치 사람에게 치명적인 병이 든 것과 같을 것이니 무슨 차이가 있겠습니까.

1) 過時而不葬 : ≪春秋公羊傳≫ 隱公 2年條에, "장례기간이 지났는데도 기간에 맞추어 장례를 지내지 않았으면 장례를 지낼 수 없다고 이른다.〔過時而不日 謂之不能葬也〕"라 하였다. 고대에는 신분에 따라 殯을 하고 장례를 기다리는 기간을 天子는 七月, 諸侯는 五月, 大夫는 三月, 士는 踰月 등으로 엄격하게 규정하여, 이 기간을 채우지 않으면 다음 단계의 절차를 행할 수가 없었다.

2) 與子思所論未葬不變服 : 孔子의 8세손인 孔鮒가 지은 ≪孔叢子≫ 〈抗志第十〉에, "文子가 묻기를, '상을 당하여 옷을 바꾸어 입은 연후에 下葬을 한다고 하였으니, 그 옷은 어떤 옷입니까?' 하니, 子思가 대답하기를, '삼년상에 아직 下葬을 하지 못하였으면 옷을 바꾸어 입을 수가 없으니, 바꾸어 입는 일이 어찌 있겠는가?' 하였다.〔文子曰 喪服既除 然後 乃葬 則其服 何服 (子思)答曰 三年之喪 未葬 服不變 除何有焉〕"라고 보인다. 子思는 孔子의 孫으로 名은 伋이다. 일찍이 ≪子思≫ 23篇을 지었다 하나 현재는 傳하지 않는다.

伏惟執事는 **性仁而躬義**하사 **憫艱而悼厄**하시니 **窮人之俞跗也**며 **而又有先人一日之雅**요 **某之疾**은 **庶幾可以治焉者也**니이다 **是敢不謀於龜**하고 **不介於人**하야 **跋千里之途**하고

犯不測之川[1]하야 **而造執事之門**하니 **自以爲得所歸也**니이다 **執事其忽之歟**잇가

엎드려 생각하옵건대 執事께서는 性品이 인자하시고 몸소 의리를 실천하시어 어려운 일에 처한 사람을 애긍히 여기시고 재앙에 빠진 사람을 가련하게 여기고 계시니, 곤궁한 사람에게는 兪跗와 같은 분인데다가, 저의 先親과는 친분이 있었던 사이이시니, 某의 困苦를 다행히 해결해 주실 수 있으리라고 봅니다.

이에 감히 거북에게 吉凶을 물어보지도 않고 남의 소개도 받지 않고, 천리 먼 길과 위험한 물을 무릅쓰고 달려와 집사의 문 앞에 당도하였으니, 이렇게 하면 도와주심을 얻을 수 있으리라고 스스로 생각했기 때문입니다. 집사께서는 이를 소홀하게 처리하시겠습니까.

1) 不測之川 : ≪戰國策≫ 〈魏三策〉에, "이제 어떤 사람이 臣에 대하여 말하기를, '헤아릴 수 없는 깊은 못에 들어가게 되면 반드시 벗어나야 한다.' 하였습니다.〔今有人謂臣曰 入不測之淵而必出〕"라고 한 데서 나온 말로, 深淵을 指稱하며 위험한 곳을 뜻하기도 한다.

11. 上人書* 어떤 사람에게 올린 편지

* 이 편지는 王安石이 文學의 本質과 修飾에 대해 자신의 견해를 밝히고, 이를 피력한 雜文 10篇을 함께 올리면서 質正을 바라는 글로, 편지를 받는 대상자가 누구인지와 편지를 쓴 시기가 언제인지는 未詳이다.

嘗謂文者는 **禮敎治政云爾**이니 **其書諸策而傳之人**호되 **大體**는 **歸然而已**라하고 **而曰 言之不文**이면 **行之不遠云者**[1]어늘 **徒謂辭之不可以已也**라하면 **非聖人作文之本意也**니이다

일찍이 이르기를, "文章이란 禮儀敎化와 政事를 다스리는 것이니, 그것이 典籍에 기록되어 있어서 사람들에게 전해 오는데, 그 큰 근원은 여기에 귀착될 뿐이다."라고 하였으며, "말을 문장으로 드러내지 않으면 멀리까지 전해질 수 없다."고 말하기도 하였습니다. 다만, "文章은 짓지 않을 수가 없는 것이다."라고 한 것은, 그것이 聖人이 문장을 짓는 본의는 아니기 때문입니다.

1) 言之不文 行之不遠云者 : ≪春秋左氏傳≫ 襄公 25年條에, "仲尼(孔子)가 말하기를, 옛 기록에 '말로써 뜻을 충분히 드러내고 글로써 말을 충분히 드러낸다. 말이 없다면 누가 그가 품은 뜻을 알겠는가. 말이 글로 드러내기에 부족하면 전해짐이 원대해질 수 없다.〔仲尼曰 志有之 言以足志 文以足言 不言 誰知其志 言之無文 行而不遠〕' 하였다."고 한 것을 인용한 것이다.

自孔子之死久에 韓子[1]作하니 望聖人於百千年中에 卓然也요 獨子厚[2]名與韓竝이나 子厚非韓比也라 然其文卒配韓以傳하니 亦豪傑可畏者也로소이다 韓子嘗語人以文矣하야 曰 云云[3]이라하고 子厚亦曰 云云이라하니 疑二子者는 徒語人以其辭耳요 作文之本意는 不如是其已也니이다 孟子曰 君子는 欲其自得之也니 自得之면 則居之安하고 居之安이면 則資之深하며 資之深이면 則取諸左右에 逢其原[4]이라하니 孟子之云爾는 非直施於文而已나 然亦可託以爲作文之本意니이다

孔子께서 사망하시고 오랜 세월이 지난 후에 韓子(韓愈)가 일어나서 수백 수천 년 쇠미했던 가운데 성인을 본받고자 하심이 특별히 뛰어났고, 유독 柳子厚만이 韓子와 이름이 나란하였으나, 子厚는 韓子와 비교가 되지 않습니다. 그러나 그의 文章이 끝내 韓子와 짝이 되어 나란히 전해졌으니, 그 또한 豪傑로서 畏敬할 만한 사람입니다.

韓子는 일찍이 사람들에게 문장에 대하여 말하기를, "……云云" 하였고, 子厚 또한 말하기를, "……云云" 하였는데, 이는 아마도 두 분이 사람들에게 다만 그 문장의 꾸밈만을 말한 것일 뿐이요, 문장을 짓는 본의는 이와 같음에 그칠 뿐이 아닐 것입니다.

孟子는 말하기를, "君子는 道의 本源을 스스로 터득하여 본성 가운데 저절로 존재하게 하려 하는데, 이런 경지를 얻게 되면 삶이 편안해지고, 삶이 편안해지면 추구하여 도달한 경지가 심오해지며, 추구하여 도달한 경지가 심오해지면 左에서 추구하든 右에서 추구하든 모두 道의 本源을 만날 수 있게 된다." 하였는데, 맹자가 이와 같이 말한 것은, 문장만을 곧바로 지적한 것은 아니지만, 그러나 또한 여기에 문장을 짓는 본래의 의의를 붙여 놓았다고 할 수 있습니다.

1) 韓子 : 唐代의 大文豪 韓愈(768~824)를 지칭한다. 儒學을 숭상하고 佛教를 배격하였으며, 스스로 孔孟의 道統을 계승했다고 자부하였다.

2) 子厚 : 唐代의 文學家 柳宗元(773~819)의 字이다. 韓愈와 함께 古文運動을 唱導하였다.

3) 云云 : 文集의 編纂時에 일상적으로 쓰는 말이나 引用한 말을 생략하고 '云云'으로 대체하는 경우가 많다.

4) 孟子曰……逢其原 : ≪孟子≫ 〈離婁 下〉에 보인다. 原文은 '君子' 아래에, '深造之以道' 다섯 자가 있다.

且所謂文者는 **務爲有補於世而已矣**요 **所謂辭者**는 **猶器之有刻鏤繪畫也**니이다 **誠使巧且華**라도 **不必適用**이요 **誠使適用**이라도 **亦不必巧且華**니 **要之**컨대 **以適用爲本**이요 **以刻鏤繪畫爲之容而已**니이다 **不適用**이면 **非所以爲器也**니 **不爲之容**이 **其亦若是乎**잇가 **否也**라 **然容亦未可已也**로되 **勿先之**가 **其可也**니이다

또 이른바 文章이라는 것은 세상에 도움이 있게 하는데 힘쓸 뿐인 것이고, 이른바 문장의 修飾이라는 것은 그릇에 조각과 그림이 있는 것과 같은 것입니다. 진실로 공교롭고 화려하더라도 반드시 그릇을 사용하기에 적합한 것은 아니고, 진실로 사용하기에 적합하더라도 또한 반드시 공교롭고 화려하게 꾸며야 할 필요는 없는 것입니다. 요컨대 사용하기에 적합하게 하는 것이 근본이 되고, 조각과 그림을 가하는 것은 표면의 장식에 불과할 뿐인 것입니다. 적합하게 쓸 수 없는 것은 그릇의 本質에 위배되는 것인데, 표면 장식을 하지 않는 것도 이처럼 그릇이 되는 본질에 위배되는 것이겠습니까? 아닙니다. 그러나 표면의 장식 또한 아니할 수는 없는 것이지만, 이를 쓰임에 적합하게 하는 것보다 앞세우지는 말아야 하는 것입니다.

某學文久에 **數挾此說以自治**하니 **始欲書之策而傳之人**하고 **其試於事者**는 **則有待矣**하니 **其爲是非邪**잇가 **未能自定也**로소이다 **執事**는 **正人也**라 **不阿其所好者**일새 **書雜文十篇**하야 **獻左右**하노니 **願賜之敎**하사 **使之是非有定焉**하소서

某는 文章을 배우는 오랜 기간 동안 자주 이 주장을 근거로 하여 자신을 수양해 왔습니다. 처음에는 이런 주장을 서책에 기록하여 사람들에게 전하려 하였고, 실제로 일을 추진하면서 시험해 보려는 것은 아직 기다리고 있으니, 그것이 옳은 일인지 그른

일인지를 스스로 결정할 수가 없어서입니다.

執事께서는 正道를 걷는 분이셔서 개인적으로 좋아하는 바에 사사로이 치우치지 않으실 분이므로, 雜文 10篇을 기록하여 올리오니 가르침을 내려주셔서 옳고 그름을 判定할 수 있게 해주시기를 바라나이다.

唐荊川曰 半山文字는 其長이 在遒緊이라

唐荊川(唐順之)이 말하기를, "半山(왕안석의 號)의 문장은 그 장점이 굳세면서도 잘 짜여진데 있다." 하였다.

12. 與參政王禹玉書* 參政 王禹玉에게 보낸 편지

* 이 글은 熙寧 6년(1073) 왕안석이 여러 차례 表를 올려 宰相職에서 물러나기를 奏請하자, 神宗은 參知政事 馮京과 王珪를 보내어 不許하는 喩旨를 전하게 하였는데, 이에 사임을 허락해 주도록 주청해 주기를 王珪(1019~1085)에게 요청한 것이며, 王珪의 字가 禹玉이므로 王禹玉이라 稱한 것이다.

以公受主上之深知로되 猶慄慄戰懼若此라

公은 주상의 깊은 알아줌을 입었으면서도 오히려 떨며 두려워함이 이와 같았다.

某는 啓하노이다 繼蒙賜臨하사 傳喩聖訓하시니 徬徨踧踖하야 無所容措로소이다 某羈孤無助라가 遭値大聖하야 獨排衆毁하시고 付以宰事하시니 苟利於國이면 豈辭糜殞이리잇가

某는 올립니다.

前任者에 이어 枉臨하셔서 聖上께서 훈계하시는 말씀을 전해 주시니 송구스럽고 당황스러워서 몸둘 바를 모르겠습니다. 지방 출신의 외로운 사람으로 돕는 이가 없었는데, 크게 성스러우신 皇帝께서 다스리는 시대를 만나게 되어 홀로 많은 사람들의 비방을 물리치시고 재상의 직무를 맡기셨으니, 진실로 나라에 이익이 되는 일이라면 어찌 죽음인들 사양하겠습니까.

顧自念行不足以悅衆하야 而怨怒實積於親貴之尤하고 智不足以知人하야 而險詖常出於交游之厚[1)]로소이다 且據勢重而任事久하니 有盈滿之憂요 意氣衰而精力弊하니 有曠失之懼로소이다 歷觀前世大臣하니 如此而不知自弛하고 乃能終不累國者는 蓋未有也니이다 此某所以不敢逃逋慢之誅하고 欲及辠戾未積하야 得優游里閭하야 爲聖時知止不殆[2)]之臣하야 庶幾天下後世에 於上拔擢任使를 無所譏議니이다

스스로 돌이켜 생각해보건대 제가 한 행위는 많은 이들을 기쁘게 하기에 부족하여 원망과 노여움이 皇上의 근친과 고관들에게 쌓여 갔으며, 지혜는 사람들의 알아줌을 받기에 부족하여 친교가 두터웠던 사람들에게서 陰險하고 邪僻한 인물로 늘 排斥을 받았습니다. 또한 세력이 많음에 기대어 재상의 직무를 오랫동안 담당하여 가득차면 기울어지게 되는 災殃에 빠지게 되었고, 意氣는 쇠약해지고 精力은 피곤해져서 일을 그르칠까봐 두려움을 가지게 되었습니다.

以前 시대의 大臣들을 두루 살펴보니, 이와 같은 처지에 있으면서 스스로 물러날 줄 몰랐던 사람으로, 끝까지 국가에 累를 끼치지 않았던 사람은 있은 일이 없습니다. 이것이 某가 감히 태만하고 不敬하다는 꾸짖음을 피하지 않고 罪過가 누적되지 않도록 하여 고향마을로 돌아가 편안히 노닐면서 太平聖代에 그만둘 때를 알아서 위험에 빠지는 일을 피할 줄 아는 신하가 되고자 하는 所以입니다. 이렇게 물러나서 행여 天下後世에 皇上께서 발탁하여 직무를 맡기셨던 일에 대하여 비난하고 비판하는 바가 없게 하고자 하는 것입니다.

1) 智不足以知人 而險詖常出於交游之厚 : 王安石과 친교가 두터웠다가 變法에 대한 견해의 차이 때문에 반목하고 서로 적대시한 대표적 인물이 司馬光과 呂公著이다.

2) 知止不殆 : ≪老子≫에 "만족할 줄을 알면 욕되지 않고, 그칠 줄을 알면 위태롭지 않으니, 장구할 수 있다.〔知足不辱 知止不殆 可以長久〕"라고 보인다.

伏惟明公은 方佐佑大政하사 上爲朝廷公論하시고 下及僚友私計하시니 謂宜少垂念慮하사 特賜敷陳하소서 某旣不獲通章表하니 所恃는 在明公一言而已니이다 心之精微는 書不能傳하니 惟加憫察하시면 幸甚이로소이다 不宣하노이다

엎드려 생각하건대 현명하신 公께서 때마침 큰 政事를 輔弼하시며, 위로는 조정의 公論을 이끄시는 일부터 아래로는 僚友들의 개인적인 일의 해결에 이르기까지 미치고 계시니, 생각하건대 마땅히 某에게도 조금 은혜를 베풀어 염려해 주셔서 특별히 황상께 일일이 말씀을 해주시는 은혜를 내려 주시기 바랍니다. 某는 이미 皇上께 章表를 올릴 수 없으니, 믿는 바는 현명하신 公의 한마디 말씀뿐입니다.

마음에 품은 세세한 일들은 편지로는 전할 수가 없으니, 오직 憐憫의 마음으로 살펴 주신다면 심히 다행이겠습니다. 아뢸 말씀을 일일이 다 드리지 못하옵니다.

13. 與馬運判書* 馬 運判에게 보낸 편지

* 이 편지는 知鄞縣事로 있던 慶曆 7년(1047)에 전국적으로 旱魃이 심하여 凶年이 들자, 江淮荊湖兩浙制置發運判官 馬遵에게 올려서 그 해결책을 제시한 것이다. 運判이라 한 것은 上記 官職名을 略稱한 것으로, 判官은 節度使나 觀察使를 보좌하는 官員이다.

論理財가 **是荊公本色**이라

理財에 대하여 論한 것이 바로 荊公의 本色이다.

運判閤下 比奉書卽蒙寵答하야 **以感以怍**러니 **且承訪以所聞**하니 **何閤下逮下之周也**잇가

運判 閤下께 올립니다.

근자에 편지를 올리자 즉시 은혜로운 답장을 받았기에 감격스럽기도 하고 또한 부끄럽기도 하였는데, 또 이어서 見聞한 바에 대한 의견을 물으시니, 어쩌면 그다지도 閤下께서 아랫사람에게 은혜를 두루 베푸십니까?

嘗以謂方今之所以窮空은 **不獨費出之無節**이요 **又失所以生財之道故也**라하노이다 **富其家者**는 **資之國**이요 **富其國者**는 **資之天下**니 **欲富天下**인댄 **則資之天地**니이다 **蓋爲家者**가 **不爲其子生財**로되 **有父之嚴而子富焉**[1]이면 **則何求而不得**이릿가 **今闔門而與其子市**하고 **而門之外莫入焉**이면 **雖盡得子之財**라도 **猶不富也**리이다 **蓋近世之言利雖善**

矣나 皆有國者資天下之術耳요 直相市於門之內而已니 此其所以困與인저 在閣下之明에 宜已盡知나 當患不得爲耳니 不得爲면 則尙何賴於不肖者之言耶니잇가

일찍이 생각하기를, 바로 이 시대에 窮乏하게 된 이유는 다만 비용의 지출에 節制가 없어서 일 뿐만 아니라, 또한 財貨를 생산하는 方道의 根本을 잃었기 때문이기도 하다고 보았습니다. 그 집안을 부유하게 하는 것은 나라에서 얻은 것이고, 그 나라를 부유하게 하는 것은 천하에서 얻은 것이니, 천하를 부유하게 하려면 온 천지에서 얻어야 합니다.

가정을 이끄는 사람이 그 子孫을 위해 재화를 생산하지 않는다 해도, 아비가 재화 생산의 원칙을 엄격하게 지킴이 있으면 자손은 부유해질 것이니, 그렇게 된다면 무엇을 추구한들 이룰 수 없겠습니까. 이제 문을 닫고 그 자식과 함께 賣買를 하면 문 밖에 있는 사람은 들어올 수가 없게 될 것이니, 그렇게 되면 자식의 재물을 다 차지한다 해도 오히려 부유해질 수가 없습니다.

대체로 근세에 이익에 대한 이론이 비록 훌륭하다 해도, 이는 모두가 나라를 소유한 사람이 천하에서 빼앗아 오는 방법에 관한 것일 뿐이어서, 이는 바로 닫혀있는 문 안에서 서로 장사를 하는 것과 같을 뿐이니, 이것이 바로 곤궁하게 된 원인인 것입니다! 현명하신 閣下께서는 마땅히 이를 이미 다 알고 계시겠지만, 어떻게 해결할 수가 없어서 근심할 뿐이라고 주장하실 것인데, 어쩔 수가 없다면 오히려 어찌하여 이 못난 사람의 말에 依據할 것이 있겠습니까.

1) 有父之嚴而子富焉 : 이곳에서 말한 아비와 자식은, 군주와 백성을 比喩的으로 표현한 것이다.

今歲東南에 饑饉如此하고 汴水[1]又絶하니 其經畫이 固勞心이니이다 私竊度之컨대 京師兵食宜窘이요 新蒭百穀之價亦必踴이니 以謂宜料畿兵之駑怯者就食諸郡이면 可以舒漕輓之急이라하노이다 古人論天下之兵호되 以爲猶人之血脈하야 不及則枯요 聚則疽라하니 分使就食도 亦血脈流通之勢也니 儻可上聞行之否잇가

금년에 이처럼 동남지방에 기근이 들었고 汴京으로 통하는 물길마저 끊겼으니, 대책을 세우고 경영하시느라 마음고생이 많을 것입니다. 제가 개인적으로 이 문제를 헤

아려 보아도 首都의 武器와 식량이 당연히 窘塞해졌을 것이고, 땔감, 가축사료, 각종 곡물 등의 물가도 또한 반드시 騰貴하였을 것입니다. 이 때문에 首都에 주둔한 병사 가운데 老弱者를 헤아려서 여러 郡으로 나아가 얻어먹게 하면 水路와 陸路로 식량을 運送하는 다급한 상황을 풀 수 있으리라고 생각합니다.

옛 사람들은 天下의 軍士에 대하여 論할 때에, 이는 사람의 血脈과 같아서, 피가 흐르지 못하면 마르게 되고, 한 군데 모여 엉기게 되면 독한 腫氣로 변한다고 여겼습니다. 그러니 각 지방에 분산시켜서 식사를 해결하게 하는 것도 또한 血脈을 유통시키는 하나의 방법이 될 것이니, 혹시 皇上께 보고하여 시행할 만하지 않겠습니까.

1) 汴水 : 江蘇省 揚州에서 汴京(現 河南省 開封)으로 통하는 運河를 지칭한다.

14. 與王子醇書* 王子醇에게 보낸 편지

* 이 편지는 熙寧 6년(1073) 2월에 王韶(字 子醇. 1030~1081)이 羌族이 거주하는 河州(現 甘肅省 一圓)지방을 수복하고 熙河路를 설치한 후에 보낸 것으로, 羌族을 武力으로 억압하지 말고 仁愛로 鎭撫할 것을 권고한 것이다.

此는 **荊公**이 **指揮王韶**하야 **措處西羌處**라

이 글은 荊公이 王韶를 지휘하여 西羌에 대하여 措處한 내용이다.

某는 **啓**하노라 **得書**하니 **喩以禦寇之方**이라 **上固欲公毋涉難冒險**하고 **以百全取勝**하시니 **如所喩**면 **甚善甚善**이로다

某가 아룁니다.

편지를 받아보니, 침략을 방어하는 방책을 말한 것이었습니다. 皇上께서 진실로 公이 어려움을 겪으며 모험을 감행하지 말고 여러 가지 安全策을 강구하여 승리를 취하기를 바라셨는데, 공이 말한 것과 같이 된다면 매우 좋고 매우 좋은 일입니다.

方今熙河[1]**所急**은 **在修守備**하야 **嚴戒諸將勿輕擧動**이라 **武人**은 **多欲以討殺取功爲事**하니 **誠如此而不禁**이면 **則一方憂未艾也**리라 **竊謂公厚以恩信撫屬羌**[2]하야 **察其材者**

收之爲用이로라 今多以錢粟으로 養戍卒이면 乃適足備屬羌爲變하야 而未有以事秉常董氈[3)]也리라 誠能使屬羌爲我用이면 則非特無內患이요 亦宜賴其力以乘外寇矣라 自古以好坑殺人은 致畔하고 以能撫養은 收其用하니 皆公所覽見이로다 且王師는 以仁義爲本이니 豈宜以多殺斂怨耶리오 喩及青唐[4)]이 旣與諸族作怨하니 後無復合은 理固然也라 然則近董氈하야 諸族事定之後에 以兵威臨之하고 而宥其罪하야 使討賊自贖하고 隨加厚賞이면 彼亦宜遂爲我用하야 無復與賊合矣리라 與討而驅之와 使堅附賊爲我患은 利害不侔也로다 事固有攻彼而取此者하니 服誠能挫董氈이면 則諸羌自服하리니 安所事討哉리오

바로 지금 熙河路의 급선무는 수비에 힘쓰는데 있으므로, 여러 장수들이 경거망동하지 않도록 엄히 경계해야 합니다. 武人들 중에는 敵軍을 誅殺하는 것으로 功을 세우기를 일삼고자 하는 사람이 많은데, 진실로 이와 같이 하는 것을 금하지 않는다면 그 지방의 근심거리는 그칠 날이 없을 것입니다.

公께서는 은혜와 신의를 후하게 베풀어서 歸附한 羌族들을 鎭撫하고 능력있는 사람을 살펴서 거두어 등용하고 계시리라고 생각합니다. 지금 화폐와 곡식을 많이 들여서 국경을 수비할 군졸을 양성하여, 이에 드디어 귀부한 강족의 변고에 대비하기에 충분하게 되었고, 秉常이나 董氈이 변란을 일으키는 일도 없게 되었습니다. 진실로 귀부한 강족을 우리나라를 위해 활용할 수 있게 된다면, 다만 內患만 없게 할 뿐이 아니라 또한 그들의 힘을 이용하여 外寇를 방어하는 데에도 마땅하게 될 것입니다.

예부터 사람을 산 채로 묻어 죽이기를 좋아하는 사람은 배반을 초래하였고, 감싸 길러줄 수 있었던 사람은 그들을 거두어 쓸 수 있었으니, 이는 모두 公께서 역사를 통해 보아오신 바입니다. 또한 天子의 군사는 仁義로 근본을 삼나니, 어찌 많이 죽여서 원한을 쌓게 하는 일이 합당하겠습니까.

青唐이 이미 여러 部族들과 원한을 맺었으니 뒤에 다시 합하지 못할 것이라고 언급한 일은 이치로 보아 본시 당연합니다. 그렇다면 董氈을 가까이하여 여러 부족의 일이 평정된 뒤에 군사력으로 위엄을 보이고, 그런 후에 그들의 죄를 용서하면서 그들로 하여금 적을 토멸하는 것으로 스스로 속죄하게 하고 업적에 따라서 후한 상을 내린다면, 저들 또한 드디어 우리의 쓰임이 됨을 마땅하게 여겨서 다시는 적들과 결합하는 일이

없게 될 것입니다.

歸附한 자들과 함께 토벌하여 적을 몰아내는 것과, 귀부한 자들이 적과 굳게 한편이 되어 우리의 근심거리가 되는 것은 국가에 이롭고 해로움이 동일하지 않습니다. 일이 진실로 저쪽을 공격하여 이쪽을 빼앗는 경우가 있으니, 복속시켜서 진실로 董氈을 회유하여 복종시킬 수 있게 된다면, 여러 羌族들은 자진하여 복속하게 될 것이니, 어찌 토벌을 일삼을 것이 있겠습니까?

1) 熙河 : 熙河路를 말하는 것으로, 現 青海 東北部와 甘肅 中南部 지방에 설치하였던 地方行政區域이다.
2) 屬羌 : 이미 歸附하여 宋에 所屬된 羌族으로, 이곳에서 지칭한 羌은 現 甘肅·青海 境內에 거주하던 吐蕃族을 말한다.
3) 秉常董氈 : 秉常은 夏나라 惠宗(1060~1086)의 이름이다. 宋에 사로잡혔다가 후에 復位하였다. 董氈(?~1086)은 吐蕃族의 추장으로, 代代로 宋의 爵位를 받았고, 宋이 西夏를 정벌할 때에 功을 세워 武威郡王에 책봉되었다.
4) 青唐 : 董氈이 거느린 部族을 지칭한다.

又聞屬羌經討者는 既亡蓄積하고 又廢耕作하야 後無以自存이라하니 安得不屯聚爲寇하야 以梗商旅往來리오 如募之力役及伐材之類하야 因以活之면 宜有可爲니 幸留意念恤하노라 邊事難遙度이라 想公自有定計리니 意所及을 嘗試言之로라 春暄에 爲國自愛하라 不宣하노라

또 들으니 歸附하였던 羌族으로서 토벌에 참여했던 자는 이미 축적된 양식이 없고 더구나 農事까지 짓지 못하게 되어 이후에는 自立할 수가 없게 되었다 하니, 어찌 모여서 도둑떼가 되어서 장사하러 다니는 사람의 물건을 약탈하여 왕래를 끊어놓지 않을 수 있겠습니까?

만약 그들을 모집하여 官府의 일을 시키고 木材를 벌채하게 하여 이로써 생계를 도모하게 한다면, 이 사태의 해결에 적절할 듯하니, 그들을 救恤하는 데에 관심을 기울이기 바랍니다.

邊防의 일을 멀리 떨어져 있는 사람은 헤아리기가 어렵습니다. 상상하건대 公께서는 스스로 정한 계책이 있으실 것이지만, 생각한 바를 시험삼아 말씀드려본 것입니다.

봄 날씨가 따뜻한데 나라를 위해 自重自愛하십시오. 드릴 말씀을 다 올리지 못합니다.

15. 上邵學士書* 邵 學士에게 올린 편지

* 이 편지는 治平 4년(1067)頃에 寶文閣 學士인 邵必에게서 그가 撰한 ≪復鑑湖記≫와 그의 장인인 蔣堂(980~1054)의 詩集 ≪樂安公詩≫를 받고 감사의 뜻을 전하면서 아울러 文學에 대한 견해를 밝힌 것이다.

仲詳足下[1)]**數日前**에 **辱示樂安公詩石本**과 **及足下所撰復鑑湖記**하니 **啓封緩讀**에 **心目開滌**이라 **詞簡而精**하고 **義深而明**하니 **不候按圖**로되 **而盡越絶之形勝**이요 **不候入國**이로되 **而熟賢牧之愛民**하니 **非夫誠發乎文**하고 **文貫乎道**[2)]하야 **仁思義色**[3)]이 **表裏相濟者**면 **其孰能至於此哉**리오 **因環列書室**하고 **且欣且慶**하니 **非有厚也**요 **公義之然也**라

仲詳 足下께 올립니다.

數日 前에 ≪樂安公詩≫의 石印刻本 및 足下께서 편찬하신 ≪復鑑湖記≫를 보내주셨는데, 봉투를 열고 천천히 읽어보니 마음과 눈이 시원하게 열리는 듯하였으며, 문장은 간략하면서도 정밀하고 뜻은 심오하면서도 명쾌하였습니다.

지도로 그린 것을 살피지 않았는데도 越 땅 변방의 중요한 地勢와 優美한 풍경을 자세히 알게 되었고, 그 城 안에 들어가 살피지 않았는데도 賢明한 牧使가 백성들을 사랑함을 熟知하게 되었으니, 精誠이 문장으로 발현되고 文章이 道와 貫通하고 있으며, 仁義에 바탕을 둔 思想과 表現의 겉과 속이 서로 보완하지 않는다면, 그 누가 이런 경지에 이를 수 있겠습니까?

그 때문에 書室에 빙 둘러 나열해놓고 한편으로는 기뻐하며 한편으로는 慶賀하고 있으니, 후한 은혜 때문이 아니라 公義上 그렇게 하는 것입니다.

1) 仲詳足下 : 仲詳은 邵必의 字이다. 足下는 편지를 보낼 때에 윗사람이나 同輩間에 부르는 敬稱이다.

2) 文貫乎道 : 文章이 道와 서로 貫通한다는 의미로서, 唐 李漢의 〈昌黎先生集序〉에, "문장은 道를 꿰는 그릇이다. 이 道를 깊이 깨닫지 못하고서 지극한 경지에 이른다는 것은 있을 수가 없다.〔文者 貫道之器也 不深於斯道 有至焉者 不也〕"라

고 한 데서 따온 말이다.

3) 仁思義色 : 思想感情과 言行表現이 모두 仁義에 合致됨을 뜻한다.

某嘗患近世之文이 **辭弗顧於理**하고 **理弗顧於事**하야 **以襞積故實爲有學**하고 **以雕繪語句爲精新**하니 **譬之擷奇花之英**하야 **積而玩之**면 **雖光華馨采**하야 **鮮縟可愛**라도 **求其根柢濟用**이면 **則蔑如也**라

某는 일찍이 근심하기를, 近世의 文章이 文辭는 論理를 고려하지 않고 논리는 실제적인 事實을 고려하지 않아 문장을 複雜하고 重複되게 구성하고 典故의 出處나 따지는 것을 學識이 풍부한 것으로 여기고, 語句를 아로새기고 교묘하게 꾸며놓은 것을 精巧하고 淸新하다고 여기니, 이는 譬喩하건대 기이한 꽃나무의 꽃을 꺾어다가 쌓아놓고 玩賞하게 되면, 비록 빛나고 화려하게 향기를 풍겨서 어여쁜 모습이 사랑할 만하겠지만, 그 근저를 탐구하고 활용하는 데는 쓸모가 없는 것과 같습니다.

某幸觀樂安足下之所著하니 **譬由笙磬**[1]**之音**과 **圭璋**[2]**之器**가 **有節奏焉**하고 **有法度焉**하야 **雖庸耳**라도 **必知雅正之可貴**하고 **溫潤之可寶也**로다 **仲尼曰 有德**은 **必有言**[3]이라하시고 **德不孤**라 **必有隣**[4]이라하시니 **其斯之謂乎**인저

某는 다행하게도 樂安公과 足下께서 著述하신 것을 열람할 수 있었으니, 이는 譬喩하건대 笙簧과 石磬으로 연주하는 음악이 節奏에 합당함이 있고, 圭와 璋 등 美玉으로 만든 그릇이 法度에 맞음이 있어서, 비록 어리석은 사람의 귀이지만 반드시 雅正한 음악만이 존귀한 것이고 온윤한 玉그릇만이 보배가 됨을 알게 된 것과 같습니다.

仲尼께서 말씀하시기를, "德이 있는 사람은 반드시 그 덕을 말로 드러냄이 있다." 하셨고, "德이 있는 사람은 외롭지 않다. 반드시 同志가 있게 된다." 하셨으니, 이를 이르는 것이라고 봅니다.

1) 笙磬 : 笙은 일종의 管樂器이고, 磬은 돌로 만든 打樂器를 말한다.

2) 圭璋 : 圭와 璋은 모두 美玉을 지칭한다.

3) 仲尼曰……必有言 : 이 내용은 ≪論語≫ 〈憲問〉에 보인다.

4) 德不孤 必有隣 : 이 내용은 ≪論語≫ 〈里仁〉에 보인다.

昔昌黎爲唐儒宗이로되 得子壻李漢하고 然後其文益振하며 其道益大라 今樂安公의 懿文茂行은 超越朝右[1]어늘 復得足下以宏識淸議하야 相須光潤이라 苟力而不已하야 使後之議者로 必曰 樂安公은 聖宋之儒宗也니 猶唐之昌黎나 而勳業過之라하고 又曰 邵公은 樂安公之壻也니 猶昌黎之李漢이나 而器略過之라하면 則韓李蔣邵之名이 各齊驅竝驟하야 與此金石之刻으로 不朽矣리니 所以且欣且慶者는 在於玆焉이로라

옛적 昌黎(韓愈)는 唐代 儒學의 宗師였지만, 사위인 李漢이 그의 문집을 편찬해 廣布하자, 그런 연후에야 그의 문장은 더욱 떨쳐지고 그의 道는 더욱 광대하게 퍼지게 되었습니다. 이제 樂安公의 優美한 文章과 盛德에 맞는 行實은 조정의 고관들을 초월하게 되었으며, 이에 다시 足下의 광범한 학식과 분명한 正論을 얻게 되어, 서로 어울려서 휘황한 광채를 발하게 되었습니다.

진실로 이와 같은 노력을 중단하지 않으신다면, 후세의 평하는 사람들로 하여금 반드시, "樂安公은 聖스러운 宋나라 儒學의 宗師로서 唐나라의 昌黎와 같지만 그 功績은 그보다도 뛰어나다."라고 評하게 할 것이고, 또 評하기를, "邵公은 樂安公의 壻郞으로서 昌黎의 壻郞 李漢과 같은 역할을 하였지만 그 재능과 방략은 그보다도 뛰어났다." 할 것이니, 韓, 李, 蔣(蔣堂), 邵(邵必)의 명성이 각기 나란하여 함께 널리 퍼지고, 이 金石에 새겨놓은 글과 함께 영원히 없어지지 않게 될 것입니다.

某가 한편으로는 기뻐하며 한편으로는 慶賀하는 이유가 바로 여기에 있습니다.

1) 超越朝右 : '超'는 저본에 '起'로 되어 있는데 ≪臨川集≫에 의거하여 바로잡았다.

郡庠拘率에 復偶足下有西笑之謀[1]하야 未獲親交談議일새 聊因手書하야 以道欽謝之意하고 且賀樂安公之得人也하노라

지방 庠序의 교육에 얽매어 있는 견문이 좁은 사람으로서, 京城에서 활용할 足下의 큰 계책은 접하게 되었으나, 직접 사귀면서 담소하고 의론할 기회를 얻지 못하여, 손수 써서 올린 편지를 통하여 존경과 감사의 뜻을 말씀드리고 아울러 樂安公께서 훌륭한 인물을 얻으신 것을 축하드립니다.

1) 復偶足下有西笑之謀 : 저본에는 '偶'字 앞에 '復'字가 없는데, ≪臨川集≫에 의거하여 보충하였다. 西笑之謀는 桓譚의 ≪新論≫ 〈祛蔽〉에, "사람들이 장안의 음악을 듣게 되면 문 밖으로 나아가 서쪽 장안을 향하여 웃는다.〔人聞長安樂 則出門西向而笑〕" 한 데서 인용한 것으로, 서쪽에 있는 長安을 바라보며 帝都에서 뜻을 펴기를 바란다는 의미이다.

宋大家王文公文抄 卷5

書

01. 與王深甫書* 王深甫에게 보낸 편지

* 이 편지는 慶曆 6年 頃에 王回(1023~1065)에게 보낸 것으로, 王回의 天民과 大人에 대한 견해의 그릇된 점을 지적한 것이다. 왕회의 字가 深父인데 이 편지에서 深甫라 한 것은 '父'와 '甫'가 모두 男子의 美稱으로 서로 융통하여 쓸 수 있는 字이기 때문이다.

分段辨에 却自有一種沈著之識이라

문단을 나누어 分辨한 곳에 스스로 일종의 침착한 識見이 드러나 있다.

某는 拘於此하야 鬱鬱不樂하니 日夜望深甫之來하야 以豁吾心이라가 而得書하니 乃不知所冀로라 況自京師去潁이 良不遠하고 深甫家事에 會當有暇時어늘 豈宜愛數日之勞하야 而不一顧我乎아 朋友道喪이 久矣나 此吾於深甫에 不能無望也로라

某는 이곳에서 얽매어 지내면서 가슴속에 답답하게 뭉친 憤懣으로 즐겁게 지내지를 못하니, 深甫께서 오셔서 내 마음을 풀어 주시기를 밤낮으로 기대하고 있었는데, 편지만을 받게 되니 기대하던 바에 크게 어긋나게 되었소.

더구나 京師에서 潁州까지의 거리가 멀지 않고, 심보께서는 집안의 일을 처리하면서 가끔 한가한 때도 있을 터인데, 어찌하여 數日의 수고를 아껴서 나를 한번 찾아주지 않는 것이오? 朋友間의 道가 없어진 지 오래되었으나 이 사람은 심보에게 바람이 없을 수가 없소.

向說天民할새 與深甫不同하야 雖蒙丁寧相敎나 意尙未能與深甫相合也로라 深甫曰 事

君者는 以容於吾君爲悅하고 安社稷者는 以安吾之社稷爲悅하며 天民者는 以行之天下하야 而澤被於民爲達[1]이니 三者는 皆執其志之所殖而成善者也로되 而未及乎知命하니 大人則知命矣라하니라

지난번 天理에 밝은 賢者 즉 天民에 대하여 토론할 때에 深甫와 견해가 같지 않아서, 비록 진정어린 가르침을 받았으나, 의견이 아직도 심보와 서로 합치될 수가 없다오.

深甫께서는, "君主를 섬기려 하는 사람은 내 군주에게 용납됨을 기쁘게 여기고, 社稷을 안정시키려 하는 사람은 내 나라의 사직을 편안하게 하는 것만을 기쁘게 여기며, 天民은 天下에 뜻을 펴서 백성들에게 恩澤을 입힘을 顯達한 것으로 여겨야 하오. 이 세 가지 일을 하는 사람은 모두 그 목표로 수립한 바를 집행하여 善을 이룬 者이지만 天命을 아는 수준에는 미치지 못하였으니, 大人은 天命을 아는 사람이오." 하셨소.

1) 事君者……而澤被於民爲達 : ≪孟子≫ 〈盡心 上〉에 나오는 말을 약간 바꾸어 인용한 것으로, ≪孟子≫의 本文은 "군주를 섬기려 하는 사람이 있으니, 군주를 섬기게 되면 용모를 꾸미고 기뻐하는 者이다. 社稷을 안정시키려 하는 신하가 있으니, 社稷을 안정시키는 것을 기쁨으로 여기는 자이다. 天民이 있으니, 이를 천하에 행할 만한 때가 이른 후에 행하는 자이다. 지극한 경지에 이른 大人이 있으니, 자신을 바르게 해서 그 德化가 萬物을 바르게 하는 자이다.〔有事君人者 事是君 則爲容悅者也 有安社稷臣者 以安社稷爲悅者也 有天民者 達可行於天下 而後行之者也 有大人者 正己而物正者也〕"로 되어 있다.

某則以謂善者는 所以繼道而行之라야 可善者也니 孔子曰 智及之하며 仁能守之하며 莊以涖之오도 動之不以禮면 未善也[1]라하시고 又曰 武는 盡美矣나 未盡善也[2]라하시니 孔子之所謂善者如此하니 則以容於吾君爲悅者는 未可謂能成善者也요 亦曰容而已矣니라 以容於吾君爲悅者는 則以不容爲戚이요 安吾社稷爲悅은 則以不安爲戚이라 吾身之不容과 與社稷之不安은 亦有命也어늘 而以爲吾戚이면 此乃所謂不知命也니라 夫天民者는 達可行於天下하고 而後行之者也라 彼非以達可行於天下爲悅者也니 則其窮而不行也어늘 豈以爲戚哉리오 視吾之窮達하야 而無悅戚於吾心은 不知命者면 其何能如此리오 且深甫謂以民繫天者하야 明其性命莫不稟於天也라하니 有匹夫求達其志於天下하야 以

養全其類하니 **是能順天者**라 **敢取其號亦曰天民**가 **安有能順天而不知命者乎**아

某는, 善者는 道를 계승하여 실천하기를 잘 할 수 있는 사람이라고 생각하오. 孔子께서 말씀하시기를, "智慧가 그 지위에 이를 만하고 仁으로 이를 지킬 수 있으며 威嚴으로 臨한다 해도 행위가 禮에 합치되지 않는다면 善하다 할 수 없다." 하셨고, 또 말씀하시기를, "武樂은 지극히 아름답기는 하나 지극히 善하지는 않다." 하셨소.

공자께서 말씀하신 善者는 이와 같은 사람이니, 나의 君主에게 용납됨을 기쁘게 여기는 사람을 이른바 善을 잘 이룬 사람이라 할 수가 없으므로, 또한 구차하게 용납만 받았을 뿐이라고 말한 것이오. 내 군주에게 용납됨을 기쁘게 여기는 사람은 용납되지 못함을 슬프게 여겨 근심할 것이고, 내 사직을 편안히 함을 기쁘게 여기는 사람은 편안하게 하지 못함을 슬프게 여겨 근심할 것이오. 내 몸이 용납되지 못함과 사직이 편안하지 못함은 또한 命에 달려있는 것인데, 이 때문에 내가 슬퍼하고 근심한다면, 이는 곧 이른바 天命을 알지 못하는 것이오.

대체로 天民은, 기회가 이르러서 천하에 뜻을 펼칠 만하게 된 이후에 行하는 사람이니, 그런 사람은 기회가 이르러서 천하에 뜻을 펼치게 된 것을 기쁘게 여기는 사람이 아니오. 그러므로 뜻을 얻지 못하여 실행할 수가 없게 되었다 해도 어찌 이 때문에 슬퍼하는 일이 있겠소. 내가 窮困하게 되거나 기회를 얻게 된 일이 내 마음을 슬프게 하거나 기쁘게 함이 없는 境地를, 天命을 알지 못한다면 어찌 이와 같은 경지에 도달할 수가 있겠소.

또 심보께서는 백성들은 天道와 서로 연관되어 있어서, 그들의 性命이 하늘에서 稟賦받지 않은 것이 없다고 하셨소. 보통 사람도 그의 뜻이 天下에 이루어져서 이로써 그 同類들을 감싸 길러서 保全하게 되기를 추구함이 있는데, 이는 天命에 順應하는 사람이니, 감히 그 이름을 취하여 또한 天民이라 말할 수 있겠소? 어찌 天命에 따를 수 있으면서 天命을 모르는 자가 있을 수 있겠소.

1) 孔子曰……未善也 : ≪論語≫ 〈衛靈公〉에 보인다.
2) 又曰……未盡善也 : ≪論語≫ 〈八佾〉에 보인다.

深甫曰 安有能視天以去就호되 **而德顧貶於大人者乎**아하니 **某則以謂古之能視天以**

去就로되 其德貶於大人者有矣라하노니 卽深甫所謂管仲이 是也라 管仲은 不能正己者也[1)]라 然而至於不死子糾而從小白은 其去就可謂知天矣니 天之意는 固常甚重其民이라 故孔子善其去就하사 曰 豈若匹夫匹婦之爲諒也하야 自經於溝瀆而莫之知也[2)]리오하시니 此乃吾所謂德不如大人이로되 而尙能視天以去就者라하노라

深甫께서는, “하늘의 뜻에 맞게 나가거나 물러날 수 있으면서 德이 大人보다 뒤떨어지는 자가 어찌 있을 수 있겠는가?” 하였소. 그러나 某는 옛날에 하늘의 뜻에 맞추어서 나가거나 물러날 수 있었으면서도 그 德이 도리어 大人보다 뒤떨어지는 사람이 있었다고 생각하는데, 곧 심보께서 말씀하였던 管仲이 이런 사람이오. 관중은 자신의 사상과 언행을 바르게 지키지 못했던 사람이오. 그러나 公子 糾와 함께 죽지 않고 公子 小白을 따른 것에 이르러서는, 그 取함과 버림이 천명을 알았다고 말할 수 있소.

하늘의 뜻은 예부터 항상 그 百姓들을 심히 중하게 여기므로 孔子께서 그가 취하고 버린 것을 좋게 여기셔서, “어찌 匹夫匹婦가 행하는 忠義처럼 행동하여, 田野나 봇도랑에서 스스로 목숨을 끊어 알아주는 사람이 아무도 없는 행위를 하겠는가.” 하셨으니, 이런 사람이 곧 내가 이른바 德은 大人만 못하면서도 오히려 하늘의 뜻에 맞추어서 去就를 결정할 수 있었던 사람인 것이오.

1) 管仲 不能正己者也 : ≪呂氏春秋≫에, “管仲이 鮑叔과 南陽에서 장사를 할 때에 이익을 분배하게 되면 관중이 포숙을 속이고 자신이 더 많이 차지하였다.〔管仲與鮑叔同賈南陽 及分財利 而管仲常欺鮑叔 多自取〕”라고 한 것 등을 근거로 하여, 자신의 행실을 바르게 하지 못했던 사람이라고 한 것이다.

2) 豈若匹夫匹婦之爲諒也 自經於溝瀆而莫之知也 : 이 내용은 ≪論語≫ 〈憲問〉에 보인다.

深甫曰 正己以事君者는 其道足以致容而已니 不容은 則命也라 何悅於吾心哉리오 正己而安社稷者는 其道足以致安而已니 不安은 則命也라 何悅於吾心哉리오 正己以正天下者는 其道足以行天下而已니 不行은 則命也라 何窮達於吾心哉리오하니 某則以謂大人之窮達에 能이라도 無悅戚於吾心이오 不能이라도 毋欲達이라 孟子曰 我四十에 不動心[1)]이라하시고 又曰 何爲不豫哉리오 然而千里而見王은 是予所欲也어니와 不遇故로 去

豈予所欲哉리오 **王庶幾改之**를 **予日望之**[2)]하노라하시니 **夫孟子**는 **可謂大人矣**로되 **而其言如此**하니 **然則所謂無窮達於吾心者**는 **殆非也**니 **亦曰無悅戚而已矣**니라

深甫께서는, "자신을 바르게 지켜서 君主를 섬기는 사람은 그 道가 군주의 용납을 받기에 충분하게 할 뿐이고, 용납되지 못함은 곧 운명이겠지만, 그것이 어찌 내 마음에 기쁨이 될 것이 있겠는가? 자신을 바르게 지켜서 社稷을 편안하게 하는 사람은 그 道가 편안함을 이루기에 충분하게 할 뿐이고, 편안함을 이루지 못함은 곧 운명이겠지만, 그것이 어찌 내 마음에 기쁨이 될 것이 있겠는가? 자신을 바르게 지켜서 이로써 天下를 바로잡는 사람은 그 道가 천하에 실천하기에 충분하게 할 뿐이고, 실천되지 않는 것은 곧 운명이겠지만, 그것이 어찌 내 마음에 窮함과 達함을 의식하게 하겠는가?" 라고 말씀하셨소.

某는 생각하기를, 大人의 窮達에 대한 태도는, 잘되어도 내 마음에 기쁨이나 슬픔이 없고 잘못되어도 현달을 추구하고자 함이 없는 것이오.

孟子께서 말씀하시기를, "나는 四十이 되자 窮達에 마음이 동요되지 않게 되었다." 하시고, 또 말씀하시기를, "어찌 편안하게 지내려 하지 않았겠는가? 그런데도 千里를 찾아와서 王을 뵌 것은 나에게 하고자 하는 바가 있어서였는데, 알아줌을 얻지 못했기 때문에 떠나게 된 것이니, 이것이 어찌 내가 하고자 한 바였겠는가? 王이 행여 마음을 바꾼다면 나는 날마다 이를 기다리겠노라." 하셨는데, 대저 孟子는 대인이라 말할 수 있는데도 그 말씀이 이와 같았소.

그렇다면 이른바 내 마음에 窮達에 대한 관심이 없다는 것은 아마도 잘못된 것이니, 또한 窮하건 達하건 마음에 기쁠 것도 슬플 것도 없을 뿐이라고 해야 할 것이오.

1) 孟子曰……不動心 : 이 내용은 ≪孟子≫ 〈公孫丑 上〉에 보인다.

2) 又曰……予日望之 : 이 내용은 ≪孟子≫ 〈公孫丑 下〉에, "대저 尹士가 어찌 나를 이해하겠는가. 천리를 찾아와서 王을 만난 것은 나에게 하고자 하는 바가 있어서였는데, 알아줌을 받지 못했기 때문에 떠난 것이 어찌 내가 하고자 하는 바였겠는가. 내가 어쩔 수 없어서였으니, 내가 사흘을 묵고서 晝를 떠나면서 마음속으로는 오히려 너무 빨리 떠난다고 여겼고, 王이 행여 마음을 바꾸기를 기대하였으니, 왕이 만약 마음을 바꾸었다면 반드시 나를 되돌아오게 하였을 것이다. 〔夫尹士惡知予哉 千里而見王 是予所欲也 不遇故去 豈予所欲哉 予不得已也 予三

宿而出晝 於予心猶以爲速也 王庶幾改之 王如改諸 則必反予〕" 한 부분을 축약하여 표현한 것이다.

深甫曰 惟其正己而不期於正物이라 是以使萬物之正焉이라하니 某以謂期於正己而不期於正物이라야 而使萬物自正焉이라하면 是는 無治人之道也니 無治人之道者는 是老莊之爲也라 所謂大人者 豈老莊之爲哉리오 正己不期於正物者非也요 正己而期於正物者도 亦非也라 正己而不期於正物은 是無義也요 正己而期於正物은 是無命也니 是謂大人者 豈顧無義命哉리오

深甫께서는, "오직 자신을 바르게 지킬 뿐이요 남을 바로잡는 것은 기대하지 않아서 이 때문에 만물을 바르게 할 수 있다."라고 말씀하셨소.

某는 생각건대, 자기를 바르게 지키기를 기약하면서 타인을 바로잡기를 기대하지 않고 모든 사람들로 하여금 스스로 바르게 하도록 한다면 이는 백성을 다스리는 道가 없는 것이니, 백성을 다스리는 도를 무시하는 것은 老莊思想家들의 주장이오. 이른바 大人이라는 사람이 어찌 노장사상가들의 주장을 따르겠소.

자기만을 바르게 지키면서 타인을 바로잡기를 기약하지 않는 것은 잘못이고, 자기를 바르게 지키면서 타인을 바로잡기를 期必하는 것도 또한 잘못이오. 자신만을 바르게 지키면서 타인을 바로잡음은 기약하지 않는 것은 義理가 없는 것이고, 자기를 바르게 지키면서 타인을 바로잡기를 기필하는 것은 天命을 무시하는 것이오. 대인이라고 이르는 사람이 어찌 의리와 천명을 무시하는 일을 고려하겠소.

揚子曰 先自治而後治人之 謂大器[1)]라하니 揚子所謂大器者는 蓋孟子之謂大人也라 物正焉者는 使物取正乎我而後能正이니 非使之自正也라 武王曰 四方有辠無辠는 惟我在하니 天下曷敢有越厥志[2)]리오하시니 一人橫行於天下를 武王이 恥之하시니 孟子所謂武王이 一怒而安天下之民[3)]이라 不期於正物而使物自正이면 則一人橫行於天下호되 武王無爲怒也니 孟子沒에 能言大人而不放於老莊者는 揚子而已니라 深甫嘗試以某之言으로 與常君[4)]論之하니 二君猶以爲未也어든 願以教我하노라

揚子는 말하기를, "먼저 자신을 다스리고 그런 후에 타인을 다스리는 사람을 큰일을

담당할 만한 그릇이라 이른다." 하였는데, 양자가 이른바 큰일을 담당할 만한 그릇이라는 것은 대체로 孟子께서 말씀하신 大人인 것이오. 백성이 바르게 된다는 것은, 백성들로 하여금 나의 바름을 모범으로 삼아 따르게 한 이후에야 바르게 될 수 있다는 것이니, 그들을 스스로 바르게 하도록 한 것이 아니오.

武王께서 말씀하시기를, "천하 사람들의 善과 惡이 모두 나로 말미암아 이루어진 것이니, 천하 사람들이 어찌 감히 그 뜻을 뛰어넘음이 있으리오." 하셨으니, 천하에 한 사람(殷의 末王인 暴君 紂를 지칭함)이 천명을 따르지 않고 멋대로 날뛰는 것을 무왕께서는 부끄럽게 여기신 것이오. 맹자께서 말씀하신바, "武王께서 한번 怒하시자 천하의 백성들이 편안해졌다." 하신 것이 천하 사람을 바로잡기를 期必하지 않고 그들로 하여금 스스로 바르게 되도록 한 것이라면, 한 사람이 천하에서 멋대로 날뛴다 해서 무왕께서 그 때문에 노하여 군사를 일으키지는 않았을 것이오.

맹자께서 歿하신 후 大人에 대한 설명을 잘해서 老莊思想으로 放縱해 지는 것을 막은 사람으로는 揚子가 있을 뿐이오.

심보께서 일찍이 某의 주장에 대하여 常君과 함께 비판하시면서, 두 분께서 오히려 그렇지 않다고 여기셨으니, 이를 저에게 가르쳐 주시기 바라오.

1) 揚子曰……謂大器 : 이 내용은 揚雄이 지은 ≪法言≫ 〈先知〉에 보인다.
2) 武王曰……天下曷敢有越厥志 : 이는 ≪尙書≫ 〈泰誓 上〉과 ≪孟子≫ 〈梁惠王 下〉에 보이는데, ≪孟子≫와 ≪尙書≫의 내용이 약간 다르다.
3) 武王 一怒而安天下之民 : 이 내용은 ≪孟子≫ 〈梁惠王 下〉에 보인다.
4) 常君 : 常秩(1019~1077)을 지칭하며, 寶文閣待制를 역임하였다.

02. 與王逢原書* 王逢原에게 보낸 편지

* 이 편지는 ≪臨川集≫에 수록된 王令(1032~1059)에게 보낸 7편의 편지 중 첫 번째의 것으로, 嘉佑 2년(1057) 5월 왕안석이 知常州가 되어 王令이 머물고 있던 潤州를 지나면서 보낸 것이다. 왕령의 詩에, '蒼生을 위해 눈물을 흘리게 됨을 탄식한다.〔歎蒼生垂淚〕'라 한 것을 비판하며 君子는 자신을 수양하여 그 뜻을 蒼生에게 펼치되 그것의 실현 여부는 命에 달려 있는 것이므로 歎息하거나 근심할 필요가 없다는 견해를 밝힌 것이다.

論出處에 亦有根據라

벼슬에 나아가고 물러남에 대하여 논한 부분에 또한 근거가 있다.

某는 頓首逢原足下하노라 比得足下於客食中하야 窘窘相造謝나 不能取一日之閑하야 以與足下極所欲語者어늘 而舟卽東矣라

某는 逢原 足下에게 머리를 조아리며 이 편지를 올립니다.

근자에 足下께서 旅舍에 寄居하시는 중에 만나 급박하게 서로 인사를 올리기는 하였으나, 하루 동안의 시간도 낼 수가 없어서 족하와 나누고자 하는 말을 다 하지 못하였는데, 제가 탄 배는 이미 동쪽으로 떠나버렸소.

間閱足下之詩라가 竊有疑焉하니 不敢不以告로다 足下詩에 有歎蒼生淚垂之說[1])하니 夫君子之於學也에 固有志於天下矣라 然先吾身而後吾人이니 吾身治矣면 而人之治不治는 係吾得志與否耳라 身猶屬於命이어니 天下之治를 其可以不屬於命乎아 孔子曰 不知命이면 無以爲君子[2])라하시고 又曰 道之將行也歟도 命也요 道之將廢也歟도 命也[3])라하시니 孔子之說이 如此어늘 而或以爲君子之學이 汲汲以憂世者는 惑也라 惑於此하야 而進退之行이 不得於孔子者有之矣라 故有孔不暇暖席之說[4])이니라 吾獨以聖人之心은 未始有憂니라 有難予者曰 然則聖人은 忘天下矣오하야늘 曰 是不忘天下也라하니라 否之象曰 君子以儉德避難하야 不可榮以祿[5])이라하고 初六曰 拔茅茹라 以其彙로 貞吉이라하니 象曰 拔茅貞吉은 志在君也라하니 在君者는 不忘天下者也요 不可榮以祿者는 知命也니라 吾雖不忘天下나 而命不可必合이니 憂之인들 其能合乎아 易曰 遯世無悶과 樂天知命[6])이 是也라 詩三百의 如栢舟北門之類[7])는 有憂也라 然仕於其時하야 而不得其志하니 不得以不憂也어니와 仕不在於天下國家와 與夫不仕者는 未始有憂니 君子陽陽考槃[8])之類是也니라 借有憂者도 不能奪聖人不憂之說이니 孟子曰 伊尹은 視天下匹夫匹婦有不被其澤者면 若己推而納之溝中[9])이라하니 可謂憂天下也라 然湯聘之한대 猶囂囂然曰 我處畎畝之間하야 以樂堯舜之道[10])라하니 豈如彼所謂憂天下者의 僕僕

自枉而幸售其道哉리오 又論禹稷顔回同道하야 曰 鄕隣에 有鬪者어든 被髮纓冠而救之면 則惑也[11]라하니 今窮於下하야 而曰 我憂天下라하고 至於慟哭者면 無乃近救鄕隣之事乎아 孔子所以極其說於知命不憂者는 欲人知治亂有命하야 而進不可以苟니 則先王之道得伸也니라 世有能諭知命之說이로되 而不能重進退者有矣니 由知及之오도 仁不能守之也니라

근간에 족하의 詩를 열람해보고, 內心에 의문이 생겼으므로 감히 알려주지 않을 수가 없소. 족하의 詩에 '蒼生을 위해 눈물을 흘리게 됨을 탄식한다.'는 말이 있는데, 대저 君子가 학문을 함에 있어서 본시 목표가 天下의 濟度에 있는 것이오. 그리고 먼저 내 몸을 수양한 이후에 우리 백성을 다스릴 수 있으므로, 내 몸이 수양되었다 해도 백성들을 다스릴 수 있을 수도 있고 다스릴 수 없을 수도 있는 것은, 내가 뜻을 실현할 기회를 얻느냐 얻지 못하느냐에 달려 있을 뿐이오. 내 몸도 오히려 命에 매어있는 것이니, 천하를 다스림이 命에 달려 있지 않을 수 있겠소?

孔子께서 말씀하시기를, "命을 알지 못하는 사람은 君子라 할 수가 없다." 하셨고, 또 말씀하시기를, "道가 장차 행해지게 되는 것도 命이고, 道가 장차 행해지지 않게 되는 것도 命이다." 하셨소. 孔子의 주장이 이와 같은데, 혹 君子가 닦는 학문이 세상의 근심에 汲汲해한다면 이는 미혹된 것이라고 생각하오. 이런 일에 미혹되어 벼슬에 나가고 물러나는 행위가 孔子의 주장과 합치되지 않는 사람이 있었으므로, "공자께서는 앉은 자리가 따뜻해질 겨를이 없었다.〔孔不可暖席〕"라는 말이 있게 된 것이오. 나는 홀로 聖人의 마음에는 애당초 근심이 있지 않다고 생각하오.

나의 이런 주장을 비판하는 사람이, "그렇다면 聖人은 천하에 대한 관심을 잊어버리고 지내는가?" 하기에, 대답하기를, "이렇게 하는 것이 천하에 대한 관심을 잊지 않은 것이오." 하였소.

≪周易≫ 否卦의 象辭에 이르기를, "君子는 閉塞된 時期에는 節儉하는 德行으로 危難을 피하고, 영화로운 지위에 올라 厚한 祿을 받는 것을 옳지 않게 여긴다." 하였고, 그 初六 爻辭에, "띠풀의 뿌리가 서로 당기며 지하에 어려 있듯이, 나아가지 않고 正道만을 지키기를 同類들과 함께 한다면 바르고 吉하게 된다." 하였으며, 그 象辭에, "나아가지 않고 正道를 固守함이 바르고 吉한 것은, 뜻이 君主에게 있어서이다." 하였으

니, 뜻이 군주에게 있다는 것은 천하에 대한 관심을 잊지 않은 것이며, 영화로운 지위에 올라 후록을 받는 것을 불가하게 여기는 것은 命을 아는 것이오.

내가 비록 천하에 대한 관심을 잊지 않고 있다 해도 命이 반드시 그에 부합하는 것은 아니니, 이를 근심한다고 해서 부합하게 되겠소? ≪周易≫에 이르기를, "속세를 떠나 은둔하여 지내면서 번민함이 없다." "天道의 운행을 즐기고 性命을 自然에 맡기므로 근심함이 없다." 한 것이 이를 말하는 것이오.

≪詩經≫ 詩 三百篇 가운데 〈柏舟〉, 〈北門〉 같은 類에는 근심함이 있소. 그러나 그 당시에는 벼슬을 하고 있으면서 그 뜻을 이루지 못하였으므로 이를 근심하지 않을 수 없어서였을 뿐이오. 벼슬을 함이 천하 국가를 위함에 있지 않거나 아예 벼슬을 하지 않는 사람은 애당초 근심할 일이 없었으니, 〈君子陽陽〉, 〈考槃〉 등이 이런 類의 詩들이오. 설령 근심함이 있는 詩들도 聖人은 근심함이 없었다는 주장을 반박하는 근거는 될 수가 없소.

孟子께서 말씀하시기를, "伊尹은 天下의 뭇 庶民들 가운데 그 恩澤을 입지 못한 사람을 보게 되면, 마치 자기가 떠밀어서 도랑 가운데 빠지게 한 것처럼 여겼다." 하였으니, 天下에 대하여 근심하였다고 말할 만하오. 그러나 湯王이 伊尹을 초빙하였을 때에 오히려 安閒 無慾한 태도로 말하기를, "나는 농토 사이에서 농사짓고 살면서 堯舜의 道를 즐기고 있노라." 하였으니, 어찌 저 이른바 천하를 근심하는 자라 하고, 자신은 분주하게 그릇된 일을 행하면서 그 道를 실현하기를 희구하는 자와 같을 수 있겠소?

또한 禹와 稷과 顔回의 道가 같았음을 주장하면서, "이웃 마을에 싸우는 사람이 있는데, 머리를 풀어헤치고 갓끈을 늘어뜨리고 가서 구해 주는 것은 잘못된 행위이다." 하셨으니, 이제 아랫자리에서 궁곤하게 지내면서, "나는 천하의 일을 근심하고 있다." 라고 말하면서 통곡을 하는 자가 있다면, 이웃 마을의 일에 참견하려는 사람과 유사하지 않겠소?

공자께서 천명을 알아서 근심하지 않는다는 주장을 극진하게 하신 所以가 사람들로 하여금 天下의 治亂에 命이 있으므로 벼슬에 나아감을 구차하게 추구해서는 안 됨을 알게 하고자 해서였으니, 그렇게 한다면 先王의 道가 펼쳐질 수 있을 것이오. 세상에는 知命에 대한 이론은 명료하게 알고 있으면서도 進退를 신중하게 하지 못하는 사람도 있고, 智慧는 이에 미치면서도 仁으로 이를 지킬 수 없는 사람도 있소.

1) 有歎蒼生淚垂之說 : 王令의 〈贈王平甫〉 詩의 末聯에, "丈夫의 나가고 물러남을 어디에 비교하랴. 蒼生의 곤고를 아파하며 그들 위해 눈물 흘리네.〔丈夫出處誠何較 却痛蒼生爲淚垂〕"라 하였다. 王平甫는 왕안석의 동생 王安國을 이른다.

2) 孔子曰……無以爲君子 : ≪論語≫ 〈堯曰〉에 보인다.

3) 又曰……命也 : ≪論語≫ 〈憲問〉에 보인다.

4) 有孔不暇暖席之說 : 班固의 〈答賓戲〉에 '孔席不暖'이라 하였다.

5) 否之象曰……不可榮以祿 : 否之象은 ≪周易≫ 否卦의 徵兆, 象徵을 말하며, 이 두 句는 否卦에 대한 孔穎達의 疏에, "君子는 이렇게 否塞한 때에는 節儉으로 德을 삼아서 危難을 피해야 하고, 그 몸을 영화롭게 하여 幸位에 머물러서는 안 된다.〔君子於此否塞之時 以節儉爲德 辟其危難 不可榮華其身 以居幸位〕"라 한 말을 축약한 것이다.

6) 易曰……樂天知命 : 遯世無悶은 ≪周易≫ 乾卦 卦辭에, 樂天知命은 ≪周易≫ 〈繫辭 上〉에 있는 말이다.

7) 詩三百 如栢舟北門之類 : 詩三百은 ≪詩經≫을 지칭한다. ≪詩經≫에 수록된 詩가 305首이므로 그 成數만을 들어서 三百이라 칭한 것이다. 〈柏舟〉와 〈北門〉은 ≪詩經≫ 〈國風 邶風〉에 수록된 篇名이다. 〈柏舟〉는 여인이 가족의 반대로 사랑하는 사람과 혼인할 수 없음을 슬퍼한 詩이고, 〈北門〉은 忠臣이 그 뜻을 실현할 수 없게 되었음을 노래한 시이다.

8) 君子陽陽考槃 : 〈君子陽陽〉은 ≪詩經≫ 〈國風 王風〉의 篇名이고, 〈考槃〉은 ≪詩經≫ 〈國風 衛風〉의 篇名이다.

9) 孟子曰……若己推而納之溝中 : ≪孟子≫ 〈萬章 上〉에 "생각하기를 천하의 백성들이 匹夫와 匹婦라도 堯舜의 혜택을 입지 못하는 자가 있으면, 마치 자신이 그를 밀어 도랑 가운데로 들어가게 한 것같이 여겼다.〔思天下之民 匹夫匹婦 有不被堯舜之澤者 若己推而內之溝中〕"라고 보인다.

10) 然湯聘之……以樂堯舜之道 : 이 내용은 ≪孟子≫ 〈萬章 上〉에, "湯王이 사람을 보내어 예물을 바치며 초빙하자, 안한한 모습으로 말하기를, '내가 어찌 탕왕의 예물 때문에 움직이겠는가. 내가 어찌 농촌에 은둔하려 해서였겠는가. 이렇게 하여 堯舜의 道를 즐겼을 뿐이다.' 하였다.〔湯使人以幣聘之 囂囂然曰 我何以湯之聘幣爲哉 我豈若處畎畝之中 由是以樂堯舜之道哉〕"라고 한 말을 縮約한 것이다.

11) 又論禹……則惑也 : 이 내용은 ≪孟子≫ 〈離婁 下〉에, "맹자께서 말씀하기를,

'禹와 稷과 顔回는 같은 道를 지녔던 분들이다. 禹는 천하에 물에 빠진 사람이 있으면 자기가 빠지게 한 것처럼 생각했고, 稷은 천하에 굶주리는 사람이 있으면 자기가 굶주리게 한 것처럼 생각하였다. 이 때문이 이와 같이 급하게 그들을 구제하려 하였으니, 禹와 稷과 顔子가 입장이 서로 바뀌었으면 모두 그렇게 하였을 것이다. 이제 같은 방안에 있는 사람이 싸운다면 그를 구하고자 비록 머리를 풀고 갓끈을 매지 않고 구해도 좋지만, 자기가 사는 고장 사람이 싸운다고 머리를 풀고 갓끈을 매지 않고 찾아가 말리는 것은 잘못된 것이니, 이런 경우에는 문을 닫고 집안에 있으면서 못본체 해도 좋은 것이다.' 하였다.〔禹稷顔回同道 禹思天下有溺者 由己溺之也 稷思天下有飢者 由己飢之也 是以如是其急也 禹稷顔子 易地則皆然 今有同室之人鬪者 救之 雖被髮纓冠而救之 可也 鄕隣有鬪者 被髮纓冠而往救之 則惑也 雖閉戶 可也〕"라고 한 말을 축약한 것이다.

始得足下文하고 **特愛足下之才耳**러니 **旣而見足下衣刓屨缺**호되 **坐而語**에 **未嘗及己之窮**하고 **退而詢足下**하니 **終歲食不葷**호되 **不以絲忽妄售於人**하니 **世之自立如足下者有幾**오 **吾以謂知及之**오도 **仁又能守之**[1]라 **故以某之所學**으로 **報足下**하노라

처음 足下의 편지를 받고는 특별히 족하의 재능을 아꼈을 뿐이었는데, 그런 후에 족하가 해진 옷을 입고 찢어진 신을 신고 있으면서도 앉아서 대화를 할 때에 일찍이 자신의 窮困에 대하여 언급한 일이 없음을 보았고, 물러나서 족하를 살펴보니 일 년 내내 소박한 음식을 먹되 털끝만큼도 남에게 함부로 잘 보이려 아첨하거나 자랑하지 않았소. 세상에 스스로 군건한 뜻을 세운 분으로 족하 같은 사람이 몇이나 되겠소. 나는 그 때문에, 지혜로운 경지에 도달하였고 仁德은 또한 이 信條를 지킬 수 있는 분이라고 생각하여, 某가 배워 알고 있는 바를 足下께 알려드리는 것이오.

1) 知及之 仁又能守之 : 이 내용은 ≪論語≫ 〈衛靈公〉에 보인다.

03. 與趙卨書* 趙卨에게 보낸 편지

* 이 편지는 熙寧 4년(1071)에 右司諫 直龍圖閣 權知延州로 있던 趙卨(1027~1091)에게 보낸 것으로, 西夏에서 요구하는 通好를 허락하되, 이를

위한 盟約은 신중하게 맺도록 권고하는 내용이다.

中多持重處하니 亦合兵機라

이 글 가운데는 신중함을 유지한 곳이 많으니, 또한 軍事의 機要에 합치되는 것들이다.

某는 啓하노라 議者多言 遽欲開納西人이면 則示之以弱하야 彼更倔強이라하나 以事情料之컨대 殆不如此로다 以我衆大로 當彼寡小어늘 我尙疲弊厭兵이면 卽彼偸欲得和를 可知니라 我深閉固距하야 使彼不得安息이면 則彼上下忿懼하니 幷力一心하야 致死於我리니 此彼所以能倔強也어니와 我明示開納이면 則彼孰敢違衆首議하야 欲爲倔強者리오 就令有敢如此면 則彼擧國皆將德我而怨彼리니 孰肯爲之致死리오 此所以怒我而怠寇也니 老子曰 抗兵相加면 哀者勝矣[1)]라하니 此之謂也니라

某가 아룁니다.

비판자들이 대부분 말하기를, "西夏 사람들이 通好를 허락해 달라고 청하는 요구를 允許한다면 우리의 弱함을 보여서 저들을 혹 더욱 사납게 만들 것이다."라고 하니, 事理를 근거로 헤아려 본다면 아마도 이같이 되지는 않을 듯합니다. 우리의 많은 군대로 저들의 적은 군대를 상대하는데도 우리가 오히려 피폐해지고 전쟁에 염증을 느끼게 되었다면, 저들도 암암리에 평화를 얻고자 하고 있을 것임을 알 만합니다.

우리가 關門을 단단히 닫고 통호를 굳게 거부하여 저들로 하여금 편안히 쉴 수가 없게 한다면, 저들은 통치자와 백성들이 모두 분개하고 두려워하며 한 마음으로 힘을 다해 우리와 죽기를 각오하고 싸우려 할 것이니, 이는 저들을 더욱 억세게 만드는 원인이 되는 것입니다. 우리가 通好를 받아줄 뜻을 분명히 보여 준다면, 저들 중에 누가 감히 衆意로 前에 의논하여 결정한 일을 어기고 사납게 공격하려는 자가 있겠습니까.

곧 과감하게 이와 같이 통호할 수 있게 해 준다면 저들은 온 나라 사람들이 우리의 恩德을 고마워하고 사납게 공격하려 했던 자들을 원망하게 될 것이니, 그렇게 된다면 누가 이 때문에 목숨을 걸고 우리와 싸우려 하겠습니까. 이런 方略이 바로 우리 쪽의 사기를 드높이고 적의 기세를 풀어지게 하는 것이니, 老子가 말하기를, "군사를 동원

하여 서로 싸우게 되면 애긍히 여겨 관용을 베푸는 쪽이 이기게 된다." 한 것이 이를 이르는 것입니다.

1) 老子曰……哀者勝矣 : 이 내용은 ≪老子≫ 第69章을 인용한 것이다.

至於開納之後에 與之約和는 乃不可遽니 遽則彼將驕而易我라 蓋明示開納이면 所以怠其衆而紓吾患이요 徐與之議면 所以示之難而堅其約이니라

通好의 관문을 열어 준 후에 그들과 和約을 맺는 것은 급할 것이 없으니, 급하게 서둘면 저들이 驕狡해져서 우리를 깔보게 될 것입니다. 대체로 관문을 열고 통호를 받아 줄 것을 분명하게 보여 준다면 그들의 긴장을 늦추어서 우리의 근심거리가 사라지게 될 것이고, 그들과의 교섭을 서둘지 않고 천천히 하면 交涉의 어려움을 보여주어 그 약정을 성실하게 지키게 될 것입니다.

聖上恐龍圖[1]未喩此指라 故令以書具道前降指揮하시니 如西人有文字하야 詞理恭順이면 卽與收接聞奏하고 宜卽明示界上하야 使我吏民與彼로 擧國皆知朝廷之意니라

聖上께서는 直龍圖閣께서 이 취지를 충분히 이해하지 못하였을까 걱정하시기 때문에 문서에 이 사실을 갖추어 설명하고 지휘하는 詔書를 내려 보냈던 것입니다. 만약 西夏에서 보낸 문서가 있어서 글의 논리가 恭順하면 즉시 접수하여 皇上께 보고하시고, 즉시 국경지대에 분명하게 게시하여 우리의 吏民과 저들로 하여금 擧國的으로 朝廷의 뜻을 모두 알도록 함이 마땅할 것입니다.

1) 龍圖 : 宋代 皇宮의 閣名인 龍圖閣의 簡稱으로, 皇帝의 御書 및 文集과 典籍, 圖畵 등을 收藏한 곳이다. 淸貴한 文臣 가운데서 선발하여 이곳에 入直하도록 하였고, 그를 直龍圖閣이라 칭하였다. 여기서는 趙禼을 가리킨다.

04. 與祖擇之書* 祖擇之에게 보낸 편지

* 이 편지는 왕안석이 26歲時인 慶曆 6년(1046)에 提點淮南廣東刑獄 廣南轉運使 祖無擇(字 擇之. 1006~1085)이 그가 지은 文章을 보기를 원하자 몇 편의 문장

과 함께 올린 것이다.

荊公每以爲文之旨 如此라 故其所見이 遠이라

荊公이 글을 짓는 취지가 번번이 이와 같았기 때문에 그 식견의 원대함이 드러났다.

治敎政令이 聖人之所謂文也니 書之策하고 引而被之天下之民하야 一也라 聖人之於道也에 蓋心得之하야 作而爲治敎政令也면 則有本末先後를 權勢制義하야 而一之於極하니 其書之策也는 則道其然而已矣라

政治 敎化와 각종 政令이 聖人이 말씀하신바 文章이니, 이를 簡冊에 기록하고 이를 인용하여 천하의 백성들에게 미치게 하여, 동일한 基準을 갖게 하는 것입니다. 聖人이 道를 마음속에 터득하고 이를 制度化하여 정치 교화와 각종 정령을 만들게 되면, 根本되는 일과 枝葉적인 일, 앞서 할 일과 뒤에 할 일 등을 형세를 헤아려 합당하게 제정하여 최고의 準則에 歸一되게 하니, 이를 簡策에 기록하는 것은 道가 이와 같아서일 뿐입니다.

彼陋者는 不然하야 一適焉이라가 一否焉하야 非流焉則泥하고 非過焉則不至요 甚者는 置其本하고 求之末하며 當後者를 反先之하야 無一焉不誖於極이라 彼其於道也에 非心得之也니 其書之策也 獨能不誖耶아 故書之策而善하고 引而被之天下之民호되 反不善焉은 無矣니라

저 淺陋한 사람들은 그렇지가 않아서, 어느 때에는 옳다 하였다가 어느 때에는 그르다 하고, 휩쓸리지 않으면 얽매이고, 지나치지 않으면 모자랍니다. 심한 사람은 그 根本이 되는 일은 방치하고 枝葉的인 일만 추구하며, 마땅히 뒤에 해야 할 일을 도리어 먼저 하여, 어느 한 가지도 최고의 準則에 어그러지지 않는 것이 없습니다. 저들은 道에 대하여 마음속에 터득한 것이 없으니, 그들이 서책에 기록해 놓은 것이 최고의 준칙에 위배되지 않을 수가 있겠습니까. 그러므로 簡冊에 기록해 놓은 것이 善하고, 이런 방향으로 이끌어서 천하 백성들에게 그 感化가 미치게 하는데도, 도리어 不善하게

되는 일은 있을 수가 없는 것입니다.

二帝三王은 **引而被之天下之民而善者也**요 **孔子孟子**는 **書之策而善者也**니 **皆聖人也**라 **易地則皆然**이니라

二帝와 三王은 이런 방향으로 이끌어서 천하 백성들에게 그 感化가 미치게 하기를 잘한 사람들이고, 孔子와 孟子는 이를 書冊에 기록하기를 잘한 사람들이므로, 모두 같은 聖人들이고 그들의 입장이 바뀌었더라도 모두 그렇게 하였을 것입니다.

某生十二年而學하야 **學十四年矣**니 **聖人之所謂文者**에 **私有意焉**이나 **書之策則未也**로라 **間或悱然動於事而出於詞**하야 **以警戒其躬**이나 **若施於友朋**은 **褊迫陋庳**하야 **非敢謂之文也**러니 **乃者**에 **執事欲收而敎之使獻焉**하니 **雖自知明**이나 **敢自蓋邪**아 **謹書所爲書序原說**[1] **若干篇**하고 **因敍所聞與所志**하야 **獻左右**하노니 **惟賜覽觀焉**하라

某는 태어난 지 12년이 되자 공부를 시작하여 이제 배운 지 14년이 되었으니, 聖人의 이른바 文章이라는 것에 대하여 개인적으로 생각한 것은 있으나 이를 서책에 기록하지는 않았습니다. 간혹 어떤 일 때문에 慷慨하게 마음이 격동한 것을 文詞로 표현하여 이로써 자신을 경계하기는 하였으나, 朋友에게 써주었던 것 같은 것은 心胸과 見聞이 狹隘하여 감히 이를 文章이라 이를 수가 없습니다.

近者에 執事께서 거두어 가르침을 주시고자 하여 이를 바치라고 하시니, 비록 자신의 부족함을 분명히 알고 있지만 감히 스스로 숨겨 감출 수가 있겠습니까. 이에 삼가 제가 지은 書, 序, 原, 說 등 若干篇을 기록하고, 이어서 들은 바와 희망하는 바를 기술하여, 左右에 바치오니 閱覽해 주시기를 바라나이다.

1) 書序原說 : 書·序·原·說 등은 모두 文體名이다. 書는 政事에 대한 견해를 진술한 것이고, 序는 작품의 主旨나 著作經過 등을 서술한 것이며 멀리 떠나는 사람에게 권면의 뜻으로 지어주는 글도 역시 序라 하였고, 原은 事物의 本源을 考究하는 것이고, 說은 어떤 理致나 主張을 闡述한 글이다.

05. 請杜醇先生入縣學書* 杜醇선생에게 縣學에 들어와 스승이 되어 주기를 청하는 편지

* 이 편지는 왕안석이 知鄞縣事가 된 이듬해인 慶曆 8년(1048)에 縣에 학교를 세우고, 杜醇에게 縣學의 스승이 되어 학생들을 가르쳐 주기를 정중하게 요청한 것이다.

公令鄞에 其尊師如此라

公이 鄞縣의 知事로 있을 때에 그 스승을 尊崇함이 이와 같았다.

人之生久矣라 父子夫婦兄弟賓客朋友其倫也니 孰持其倫고 禮樂刑政文物數制事爲[1] 其具也니이다 其具孰持之오 爲之君臣하야 所以持之也니 君不得師면 則不知所以爲君이요 臣不得師면 則不知所以爲臣이니 爲之師 所以幷持之也니이다 君不知所以爲君하고 臣不知所以爲臣이로되 人之類其不相賊殺以至於盡者는 非幸歟잇가 信乎其爲師之重也여

사람이 세상에 살아온 지가 오래 되었습니다. 父子・夫婦・兄弟・賓客・朋友가 倫常이니, 倫常을 지탱하는 것은 무엇입니까. 禮樂・刑政・文物・數制・事爲가 그 기구이니, 그 기구는 누가 주재합니까. 君臣의 제도를 두어 이를 주재하는 근본으로 삼습니다. 君主가 스승을 얻지 못하면 군주 노릇하는 근본을 알지 못하게 되고, 臣下가 스승을 얻지 못하면 신하 노릇하는 근본을 알지 못하게 됩니다. 스승을 두는 것이 君과 臣 모두의 근본이 됩니다.

군주가 군주 노릇하는 근본을 알지 못하고, 신하가 신하 노릇하는 근본을 알지 못하는데도, 인류가 서로 해치고 죽여서 멸종됨에 이르지 않는다면, 이는 요행이 아니겠습니까. 정말이로군요! 그 스승삼음의 중요함이.

1) 禮樂刑政文物數制事爲 : 禮樂은 禮節과 音樂을, 刑政은 刑法과 政令을, 文物은 禮樂의 制度와 貴賤의 등급을, 數制는 숫자와 布帛의 廣狹을, 事爲는 百工의 技

藝를 지칭하는 것이다.

古之君子는 尊其身하야 恥在舜下라 雖然이나 有鄙夫問焉而不敢忽하고 斂然後其身하야 似不及者라 有歸之以師之重而不辭하야 曰 天之有斯道에 固將公之호되 而我先得之하니 得之而不推餘於人하야 使同我所有면 非天意니 且有所不忍也라하니이다

옛날의 君子는 자신을 존귀하게 여겨서 舜임금의 아래에서 臣下 노릇 하는 것도 부끄럽게 여겼습니다. 비록 그러하나 鄙淺한 사람이 묻는 일이 있어도 감히 함부로 대하지 않고, 자신을 檢束하여 공손히 하기를 마치 그 사람에 미치지 못하는 것 같이 하였습니다.

존귀한 스승에게 공훈을 돌리기를 사양하지 않으면서, "하늘에 이 道가 있고, 본시 이를 공포하려 하는데, 내가 이를 먼저 터득하였고, 터득하고서 다른 사람들에게 충분하게 전수하여 나와 함께 소유하게 하지 않는다면, 이는 하늘의 뜻이 아니니, 이런 일은 또한 차마 하지 못할 바가 있다." 하였습니다.

某得縣於此踰年矣라 方因孔子廟爲學하야 以敎養縣子弟하노니 願先生은 留聽而賜臨之하야 以爲之師면 某與有聞焉호리이다 伏惟先生은 不與古之君子者異意也면 幸甚이로소이다

某가 이 縣을 다스리게 된 것이 1년이 넘었습니다. 마침 孔子의 祠堂을 학교로 만들었으므로 여기에서 현의 자제들을 가르쳐 배양하고자 합니다. 바라옵건대 선생께서 요청을 들어 주실 뜻을 가지시고 왕림하여 스승이 되어 주신다면 某는 기쁘게 가르침을 듣겠습니다. 엎드려 생각하옵건대 선생께서는 옛날의 君子와 다른 생각을 갖지 않으신다면 매우 다행이겠습니다.

06. 請杜醇先生入縣學書二 杜醇선생에게 縣學에 들어와 스승이 되어주기를 청하는 편지2

二書文詞는 竝入雅調라

두 편지의 文詞가 모두 우아한 格調가 담겨져 있다.

惠書는 何推褒之隆而辭讓之過也잇고 仁人君子는 有以教人이면 義不辭讓을 固已爲先生道之니이다 今先生이 過引孟子柳宗元之說[1)]하야 以自辭하시니 孟子謂 人之患在好爲人師者는 謂無諸中而爲有之者니 豈先生謂哉잇가 彼宗元은 惡知道리오 韓退之毋爲師면 其孰能爲師리오 天下士將惡乎師哉잇가

은혜롭게 보내 주신 편지에 어쩌면 그다지도 성하게 찬양해 주시고, 과도하게 사양하셨습니까. 仁人이나 君子는 남을 가르칠 기회가 있게 되면 의리상 사양해서는 안 됨을 선생께 이미 말씀드린 일이 있습니다. 그런데 이제 선생께서는 孟子와 柳宗元의 說을 지나치게 인용하면서 스스로 사양하시고 계십니다.

孟子께서 말씀하기를, "사람들의 근심거리는 남의 스승 되기를 좋아하는 데에 있다." 한 것은, 胸中에 간직한 學問도 없으면서 간직하고 있는 듯이 행세하는 자를 이른 것이지, 어찌 先生 같은 분을 이르는 것이겠습니까. 그리고 저 柳宗元이야 어찌 道를 아는 사람이겠습니까. 韓退之께서 스승이 될 수 없다면 그 누가 스승이 될 수 있겠습니까. 천하의 선비들이 장차 어디에서 스승을 구하겠습니까.

1) 過引孟子柳宗元之說 : 이곳의 孟子之說은 ≪孟子≫ 〈離婁 上〉의 '人之患在乎爲人師'라 한 말을 뜻하고, 柳宗元之說은 唐代의 저명한 문학가 柳宗元(773~819)이 평생 남의 스승 되기를 원하지 않아서 〈答嚴厚與論師道書〉 등 여러 문장에서 이런 태도를 드러낸 것을 말하는 것이다.

夫謗與譽는 非君子所䘏也요 適於義而已矣이다 不曰適於義하고 而唯謗之䘏이면 是는 薄世終無君子니 唯先生圖之하소서 示詩는 質而無邪하야 亦足見仁人之所存이니 甚善甚善이로소이다

대저 誹謗과 讚美는 君子가 돌아보고 근심할 바가 못 되고, 오직 道義에 맞게 처신할 뿐입니다. 도의에 부합되게 할 뿐이라고 말하지 않고 오직 비방에만 신경을 쓴다면 이는 풍속이 천박한 시대에 끝내 君子는 존재하지 않게 될 것이니, 오직 선생께서는 이를 유념해 주시옵소서.

보여주신 詩는 質朴하고 純正하며 邪氣가 없어서, 또한 仁人이 간직하고 계신 뜻을

알기에 충분하니, 매우 좋고 매우 좋습니다.

07. 答曾公立書* 曾公立에게 보낸 답서

* 이 편지는 熙寧 2년(1069) 왕안석의 건의로 시행하게 된 青苗法에 曾伉(字 公立)이 반대하면서, 백성들에게 은혜를 베풀려면 6개월에 20%의 이자를 받는 것을 더 낮추거나 아예 없애거나 꾸어주는 것이 아닌 증여가 낫다고 주장한 편지를 熙寧 3년(1070)에 받고, 이를 반박하는 答狀이다.

荊公所自見이 如此라

荊公이 스스로 드러낸 뜻이 이와 같다.

某는 啓하노라 示及青苗事하니 治道之興이면 邪人不利하니 一興異論이면 群聾和之하나니 意不在於法也라 孟子所言利者는 爲利吾國이요 利吾身耳[1)]니 至狗彘食人食則檢之하고 野有餓莩則發之[2)] 是所謂政事니라 政事는 所以理財니 理財乃所謂義也라 一部周禮[3)]에 理財居其半하니 周公豈爲利哉리오 姦人者 因名實之近而欲亂之하야 以眩上下하니 其如民心之願에 何리오

某가 올립니다.

보내 주신 편지에 青苗法에 관하여 언급하셨습니다. 천하를 잘 다스릴 수 있는 道가 흥기하면 邪惡한 사람에게는 불리하게 됩니다. 그러므로 한번 이에 반대하는 주장이 일어나면 우매한 무리들이 이에 附和雷同하게 되는데, 그들의 의도는 治法에 있는 것이 아닙니다. 孟子께서 말씀하신바 利라는 것은 내 나라만을 이롭게 하고 나 자신만을 이롭게 하는 것일 뿐입니다. 부자집에서 개나 돼지에게 사람이 먹을 음식을 먹이면 이를 단속하고, 들판에 굶어죽은 시체가 널려 있으면 창고를 열어 이를 救恤하는 것, 이것이 이른바 政事입니다.

政事란 財貨를 잘 관리하는 것이니, 財貨를 잘 관리하는 것이 곧 이른바 道義에 합당한 것입니다. ≪周禮≫에는 재화의 관리에 관한 내용이 그 반을 차지하고 있으니, 周公이 어찌 이익만을 위하여 그렇게 써놓은 것이겠습니까. 간악한 사람들이 명분과

실리를 가깝게 한다는 것을 근거로 재화의 관리에 대한 정책을 어지럽혀서 통치자와 백성들을 현혹시키려 하니, 그것이 民心이 원하는 바와 어찌 부합될 수가 있겠습니까.

1) 孟子所言利者……利吾身耳 : 이 내용은 ≪孟子≫ 〈梁惠王 上〉에 맹자가 양혜왕과 대화한 내용을 축약한 것으로, 맹자의 본뜻은 仁義를 강구해야 하고 利를 추구해서는 안된다고 한 것이다. 그런데 왕안석은 利에 대하여 새롭게 해석하여, ≪臨川集≫에는 爲利吾國의 밑에 注를 달아서 '如曲防遏糴'이라고 풀이하였다. 이는 爲利吾國의 뜻을 국경에서의 교역을 막고 이웃나라에서 우리의 곡식을 수입해 가는 것을 불허하여 내 나라의 이익만 도모한다는 의미로 풀이한 것이다.
2) 至狗彘食人食則檢之 野有餓莩則發之 : 이에 대한 내용은 ≪孟子≫ 〈梁惠王 上〉에 보인다.
3) 周禮 : 原名이 ≪周官≫으로, 周公이 지었다고 전해지고 있으나 實은 劉歆의 作으로 보고 있으며, 漢末에 經의 하나로 인정하였다.

始以爲不請이나 **而請者不可遏**이요 **終以爲不納**이나 **而納者不可却**이라 **蓋因民之所利而利之**하니 **不得不然也**라 **然二分**은 **不及一分**하고 **一分**은 **不及不利而貸之**니 **貸之不若與之**라하나 **然不與之而必至於二分者**는 **何也**오 **爲其來日之不可繼也**라 **不可繼**면 **則是惠而不知爲政**이니 **非惠而不費之道也**라 **故必貸**나 **然而有官吏之俸**과 **輦運之費**와 **水旱之逋**와 **鼠雀之耗**하니 **而必欲廣之**하야 **以待其饑不足而直與之也**인댄 **則無二分之息**이면 **可乎**아 **則二分者**는 **亦常平**[1]**之中正也**니 **豈可易哉**아 **公立更與深於道者論之**면 **則某之所論**이 **無一字不合於法**이요 **而世之譊譊者**는 **不足言也**라 **因書示及**하노니 **以爲如何**오

처음에 絶糧期에 꾸어 주기를 청하지 않을 것이라고 여겼는데 청하는 사람이 많아서 막을 수가 없게 되었고, 후에는 반환하지 않을 것이라고 여겼는데 반환하는 사람을 막을 수가 없게 되었습니다. 대체로 백성들이 이롭게 여기는 바를 근거로 하여 그들을 이롭게 한 것이므로 그렇게 되지 않을 수가 없었던 것입니다.

"그러나 二分의 利息을 받는 것은 一分의 이식을 받는 것만 못하고, 一分의 이식을 받는 것은 이식을 받지 않고 貸與하는 것만 못하며, 貸與하는 것은 그냥 주는 것만 못

하다." 하셨는데, 그러나 그냥 주지 않고 반드시 二分의 利子를 받기에 이른 것은 무엇 때문이겠습니까. 그렇게 하면 후일에 계속하여 시행할 수가 없게 되기 때문입니다.

계속 시행할 수가 없게 되면 이것은 은혜를 베풀 줄만 알고 政事의 올바른 처리는 알지 못하는 것이니, 은혜를 베풀면서 재정도 낭비하지 않는 방법이 못 됩니다. 그러므로 반드시 貸與해 주는 방법을 쓰는 것입니다. 그리고 관리들의 祿俸, 수레로 실어 나르는 비용, 홍수나 한발로 갚을 수 없게 된 사람들의 逃亡, 참새나 쥐가 소모시킴 등이 있으니, 반드시 이 제도를 확대하여 식량부족으로 굶주리는 이들에 대비하여 직접 지급하려 한다면, 二分의 이식을 받지 않고 할 수 있겠습니까. 그렇다면 二分의 이식은 常平倉에서 곡가의 폭등이나 폭락을 막아 평준하게 하는 中正한 제도이니, 이를 어찌 변경할 수 있겠습니까.

公立께서 다시 治道에 深奧한 사람과 함께 따져보신다면, 某가 주장하는 것이 한 字도 治法에 부합하지 않는 것이 없을 것이고, 세상에서 떠들썩하게 비판하는 자들에 대하여는 족히 말할 것도 없습니다. 보내주신 편지의 내용을 근거로 하여 언급하였는데 이를 어떻게 생각하시는지요?

1) 常平 : 穀價의 登落을 막아 平準化하기 위하여 설치하였던 常平創 제도를 지칭하는 것이다.

08. 答司馬諫議書* 司馬 諫議에게 보낸 답서

* 司馬光(1029~1086)은 熙寧 3년(1070) 2월에 왕안석의 건의로 시행한 新法을 반대하는 3300餘 字로 된 長文의 편지를 왕안석에게 보내었고, 왕안석도 이에 답장을 보낸 일이 있으나 이 답장은 現傳하지 않는다. 이 편지는 사마광의 第2信에 대한 答信이다. 사마광은 왕안석의 新法에 반대한 舊法黨의 核心人物이면서 著名한 史學者로, 당시에 翰林學士 兼 右諫議大夫로 있었으므로 司馬諫議라 칭한 것이고, 本文에서 指稱한 君實은 사마광의 字이다.

荊公之愎而自用이 所以自誤라

荊公의 强愎함과 자기 고집을 꺾지 않은 것이, 자신을 그르친 근본 원인이다.

某는 **啓**하노라 **昨日蒙教**하고 **竊以爲與君實**로 **游處相好之日久**로되 **而議事每不合**하니 **所操之術**이 **多異故也**라 **雖欲强聒**이나 **終必不蒙見察**이라 **故**로 **略上報**하고 **不復一一自辨**하노라 **重念蒙君實視遇厚**하고 **於反覆不宜鹵莽**이라 **故今具道所以**하야 **冀君實或見恕也**하노라

某는 올립니다.

지난날 깨우쳐주시는 편지를 받고, 삼가 君實과 교유하고 지내면서 서로 가까이 지낸 날이 오래되었지만 議論하는 일이 번번이 서로 합치되지 않는다고 여기게 되었으니, 信操로 삼는 學術이 서로 많이 다르기 때문입니다. 비록 귀가 따갑도록 힘껏 주장하였으나, 끝내 전혀 살펴주시는 은혜를 입지 못하였습니다. 그 때문에 간략하게 답장을 올리고, 일일이 다시 스스로 변명하지는 않겠습니다.

君實께 厚한 禮遇를 받았음을 유념하고, 반복하는 서신에 魯鈍하고 거친 말씀을 올리는 것은 합당하지 않으므로, 이제 그 근본이 되는 核心만을 자세히 말씀드리면서, 君實께 혹여나 용납됨이 있게 되기를 기대합니다.

蓋儒者所爭이 **尤在於名實**하니 **名實已明**이면 **而天下之理得矣**라 **今君實所以見教者**는 **以爲侵官生事征利拒諫**하야 **以致天下怨謗也**[1]라

대체로 儒者들이 다투는 바는, 가장 중요한 것이 名分과 實際에 관한 것이니, 명분과 실제가 이미 분명해졌다면 天下의 公理를 얻게 된 것입니다.

이제 君實께 지적을 받은 것은 해당관서의 고유업무를 침범한 것〔侵官〕, 모든 생민들에게 예부터 내려오는 常法을 따르지 않게 하여 끊임없는 분란을 조성한 것〔生事〕, 財政을 三司에 맡기지 않고 制置三司條例司를 별도로 세워 각기 奸巧한 지혜로 私利를 다투면서 祖宗의 舊法을 바꾸게 한 것〔征利〕, 비판하는 사람을 받아들이지 못하고 성내어 꾸짖고 축출한 것〔拒諫〕 때문에 천하의 원망과 비방을 초래하였다는 것입니다.

1) 今君實所以見教者……以致天下怨謗也 : 사마광이 왕안석에게 보낸 첫 번째 편지

에, '侵官'에 대하여, "대저 해당관서의 일을 침범하는 것은 정사를 어지럽히는 것인데, 介甫(왕안석의 字)는 다시 이를 정치의 한 방법으로 여겨서 우선적으로 시행하고 있다.〔夫侵官 亂政也 介甫更以爲治術而先施之〕" 하였고, '生事'에 대하여는, "이제 介甫가 政事를 주재하면서 祖宗의 舊法을 모두 바꾸어서 먼저 해야 할 일을 뒤로 미루고, 높여야 할 일은 낮추며, 오른쪽으로 돌려야 할 일은 왼쪽으로 돌리며, 이루어야 할 일은 허물어뜨리고, 버려야 할 일은 취하면서, 부지런히 하루 종일 힘쓰면서 밤에 이르도록 쉴 줄을 모르니, 위로는 조정으로부터 아래로는 농촌에 이르기까지, 그리고 안으로는 수도로부터 밖으로는 천하에 이르기까지 士, 吏, 兵, 農, 工, 商, 佛, 道 등 모든 계층이 한 사람도 옛 것을 이어받아 正常을 지키지 못하면서 어지럽고 번잡하게 동요하여 편안하게 지내지를 못한다.〔今介甫爲政 盡變更祖宗舊法 先者後之 上者下之 右者左之 成者毁之 棄者取之 矻矻焉窮日力 繼之以夜而不得息 使上自朝廷 下及田野 內起京師 外周四海 士吏兵農工商僧道 無一人得襲古而守常者 紛紛擾擾 莫安其居〕" 하였으며, '征利'에 대하여는, "財利에 관한 업무를 三司에 맡기지 않고 자신이 다스리며, 별도로 制置三司條例司를 설치하고 文章에 능한 사람과 財利에 밝은 사람을 모두 모아들여서 그들로 하여금 이익을 강구하게 하며……이렇게 되자 이익에 대하여 말하는 사람들이 모두 팔을 걷어붙이고 둘러서서 나서기를 경쟁하고 간교한 지혜를 다투며 祖宗의 舊法을 변경하였다.〔財利不以委三司而自治之 更立制置三司條例司 聚文章之士及曉財利之人 使之講利……於是言利之人 皆攘臂環視 衒鬻爭進 各鬪智巧 以變更祖宗舊法〕" 하였고, '拒諫'에 대하여는, "혹 약간이라도 이견을 드러내거나 新法의 불편함을 약간이라도 말하는 사람이 있으면 개보는 곧바로 발끈 화를 내면서 꾸짖어 모욕을 가하기도 하고, 위에 일러바쳐서 내쫓기도 하면서 말을 끝까지 다할 기회도 주지 않는다. 밝으신 황제의 관용이 이와 같은데 介甫는 諫言을 막음이 이와 같으니 용서하는 마음이 부족한 것이 아닌가.〔或見小異 微言新令之不便者 介甫輒艴然加怒 或詬罵以辱之 或言於上而逐之 不待其辭之畢也 明主寬容如此 而介甫拒諫乃爾 無乃不足於恕乎〕" 하면서, "이에 士大夫들이 복종하지 않게 되었고, 농민과 상인이 직업을 잃게 되었으므로 비방이 비등하고 원망하고 탄식하는 사람들이 길에 가득하게 되었다.〔於是士大夫不服 農商喪業 故謗議沸騰 怨嗟盈路〕" 하였다.

某則以謂受命於人主하야 議法度而修之於朝廷하고 以授之於有司는 不爲侵官이요 擧先王之政하야 以興利除弊는 不爲生事요 爲天下理財는 不爲征利요 闢邪說하고 難壬人은 不爲拒諫이며 至於怨誹之多하얀 則固前知其如此也로라 人習於苟且 非一日이니 士大夫多以不恤國事하고 同俗自媚於衆爲善이로되 上乃欲變此어시늘 而某不量敵之衆寡하고 欲出力助上以抗之하니 則衆何爲而不洶洶然이리오 盤庚之遷에 胥怨者民也오 非特朝廷士大夫而已로되 盤庚不爲怨者故로 改其度[1)]하고 度義而後動하니 是而不見可悔故也라 如君實責我以在位久하야 未能助上大有爲하야 以膏澤斯民은 則某知罪矣나 如曰 今日當一切不事事하고 守前所爲而已라하면 則非某之所敢知로라 無由會晤하니 不任區區向往之至로다

某는 君主에게서 命을 받아 法度를 議論하고 이를 朝廷에서 修正하여 담당관서에 내려 보내 시행하게 하는 것은 해당관서의 고유업무를 침범하는 侵官이 아니고, 先王이 시행하였던 政事를 다시 일으켜서 이로써 이익을 늘리고 폐단을 제거하는 것은 常法을 따르지 않게 하여 분란을 일으키는 生事가 아닙니다. 天下를 위하여 財貨를 관리하는 것은 간교한 지혜를 다투며 私利만을 추구하는 征利가 아니고, 邪惡한 주장을 물리치고 奸邪한 사람을 내보낸 것은 비판하는 사람을 꾸짖고 축출한 拒諫이 아니라고 생각합니다. 원망과 비방이 많이 일어난 데 이른 것에 대하여서는 진실로 먼저 이와 같을 줄을 알고 있었습니다.

사람들이 계속 그릇된 일에 익숙해진 것이 어제 오늘에 일어난 것이 아니니, 사대부들 가운데 많은 이들이 國事를 염려하지 않고 세속적 견해에 동화되어 스스로 대중에 영합하는 것을 善으로 여기고 있습니다. 君主께서 이를 변혁하고자 하시어 某는 반대파의 많고 적음을 헤아리지 않고 힘을 다해 군주를 도와 이들과 맞서고자 하고 있으니, 대중들이 어찌 떠들썩하게 동요하지 않을 수 있겠습니까.

盤庚이 遷都하려 할 때에 서로 모여서 원망한 자들이 백성들이었고, 유독 朝廷의 士大夫에 그칠 뿐이 아니었지만, 盤庚은 원망하는 사람 때문에 既定 計劃을 바꾸지는 않았고, 義理에 맞는가를 헤아린 이후에 실천하였으니, 이 때문에 후회할 만한 일이 드러나지 않았습니다.

만약 君實께서 내가 재상의 지위에 오래 있으면서 군주께서 크게 도모하시는 일을

제대로 보좌하여 이 백성들에게 은택을 입히지 못하고 있다고 꾸짖으신다면 某가 그 잘못을 인정하겠지만, 만약 이제 일체의 업무를 담당하고 있으면서 일을 하지 않고 전부터 해오던 일만을 묵수하고 있다고 말씀하신다면, 이런 비판은 某가 감히 알 바가 아닙니다.

서로 만날 기회가 없으므로, 지난날의 지극하셨던 보살핌을 감내하지 못하겠나이다.

1) 盤庚之遷……改其度 : ≪尙書≫ 〈盤庚〉에, "반경이 이미 다섯 번이나 천도한 일이 있는 수도를 다시 鎬 땅의 殷으로 옮기려 하니 백성들이 서로 모여서 원망하였다.〔盤庚五遷 將治鎬殷 民咨胥怨〕" 하였다. 반경은 商의 國君으로 商湯의 九世孫이다. 즉위한 후 首都 商(현 河南 商丘)이 地勢가 옹색하고 토지가 척박하여 敎化를 행하기가 어렵다고 보아 백관들과 백성들의 반대를 무릅쓰고 鎬京으로 천도를 강행하였다.

09. 答孫元規大資書* 孫元規 大資에게 보낸 답서

* 이 편지는 왕안석이 知鄞縣事가 된 직후인 慶曆 7년(1047)에, 鄞縣에 別業을 소유하고 있던 당시의 권력자 孫元規가 부당한 요구를 하는 편지를 보내오자, 權臣의 요구와 國法 사이에서 난처해진 자신의 처지를 완곡하게 표현한 답신이다. 孫元規(996~1066)는 進士에 오른 후 好色과 放縱에 빠져서 士節을 지키지 않았으나 용맹함과 直言으로 이름이 났으며, 樞密院副使를 역임하였던 인물로 資政殿 大學士를 지내었으므로 이를 簡稱하여 大資라 한 것이다.

遒宕이라

문장이 굳세고 호방하다.

某는 不學無術하고 少孤以賤하야 材行無可道요 而名聲不聞於當世하니 巨公貴人之門에 無可進之路요 而亦不敢輒有意於求通이라 以故로 聞閣下之名於天下之日久로되 而獨未嘗得望履舃[1)]於門이로소이다 比者得邑海上하야 而聞左右[2)]之別業이 實在敝境이나 猶不敢因是以求聞名於從者러니 卒然蒙賜敎督하니 讀之에 茫然不知其爲媿且恐也로이다

某는 배우지 못하여 學術과 技藝도 없으며 어려서 부친을 여의고 미천하게 지내어 재능과 덕행에 말할 만한 것이 없어서 당세에 명성이 알려지지 않았으므로, 큰 인물이나 권세있는 분들의 門下에 나아갈 수 있는 길이 없었고 또한 감히 곧바로 通交를 추구할 뜻도 없어서, 이 때문에 천하에 널리 퍼진 閣下의 명성을 들은 지 오래 되었으나, 홀로 일찍이 문하에서 존안을 뵐 기회를 얻지 못하였습니다.

근자에 해변의 한 고을을 다스릴 수 있게 되어 각하의 별장이 제가 관할하는 지역 안에 있다고 들었지만, 오히려 감히 이 때문에 각하께 이름을 아뢰기를 청하지 못하고 있었는데, 갑자기 보내 주신 教導하고 督促하시는 편지를 받으니, 이를 읽고서 부끄럽고 황공함을 금할 길이 없어 茫然할 뿐입니다.

1) 履舃 : 발바닥이 홑겹인 것을 履라 하고, 두 겹인 것을 舃이라 하는데, 履舃은 書信에서 상대방을 높이는 말로 자주 사용된다. '足下'와 같은 뜻이다.
2) 左右 : 존경을 나타내어 상대방을 직접 일컫지 않고 그 휘하의 사람을 대신 일컫는 말이다. 아래의 從者도 같은 의미로 사용한 것이다.

伏惟閣下의 危言讜論과 流風善政은 簡在天子之心하고 而諷於士大夫之口하니 名聲之盛과 位勢之尊은 不宜以細故로 苟自貶損이니이다 今咳唾之餘를 先加於新進之小生하니 疑左右者之誤요 而非閣下之本意也라 以是로 不敢卽時報謝하야 以忤視聽하고 以累左右하야 而自得不敏之誅하니 顧未嘗一日而忘拜賜也로소이다

엎드려 생각하옵건대 각하의 정직하고 곧은 말과 대대로 전해오는 善政의 기풍은 天子의 마음에 큰 인상을 남겼고 士大夫들의 입에서 念誦되어 名聲이 盛하시고 威勢가 드높으시니, 자질구레한 일 때문에 자신을 함부로 폄하하시는 것은 마땅하지 않습니다.

이제 훌륭하신 분께서 名文章의 편지를 새로 官界에 진출한 小生에게 먼저 보내셨으니, 보좌하는 자들의 착오이지 각하의 본의가 아닐 것입니다. 이 때문에 감히 즉시 답장을 올리지 못하여 뜻을 거스르고 각하에게 누를 끼쳐 스스로도 불민한 죄를 얻게 되었으나, 돌이켜보건대 단 하루도 내려주신 가르침에 감사드림을 잊은 일이 없습니다.

今玆使來하야 又拜敎之辱하니 然後知閣下眞有意其存之也호이다 夫禮之有施報[1)]니 自敵以下不可廢어든 況王公大人而先加禮新進之小生이어늘 而其報謝之禮缺然者久之하니 其爲非也大矣니이다 雖聰明寬閎으로 其有以容而察於此나 而獨區區之心은 不知所以裁焉이로소이다

오늘 보내 주신 사람을 통하여 못난 사람이 가르침을 받은 연후에야 각하께서 진실로 뜻을 두신 바가 무엇인지를 알게 되었습니다. 대저 禮는 베풂이 있으면 보답이 있어야 하니, 敵을 제외하고는 이 예법을 廢해서는 안 됩니다. 더구나 王公이신 大人께서 먼저 새로 벼슬자리에 오른 小生에게 禮를 표하셨는데, 이에 보답하고 감사를 드려야 할 일을 빠뜨린 지가 오래되었으니 그 잘못됨이 크옵니다.

비록 총명하시고 크게 너그러우신 마음으로 이를 용납해 주시고 살펴주신다 해도 유독 못난 마음으로는 어찌 裁決해야 좋을지 알지 못하겠나이다.

1) 夫禮之有施報 : ≪禮記≫ 〈曲禮 上〉에, "가장 훌륭한 것은 덕을 귀히 여기는 것이고, 그 다음은 베풂음이 있으면 보답에 힘쓰는 것이니, 禮는 주고 받음을 높이 여긴다.〔太上貴德 其次務施報 禮尙往來〕"라 하였는데, 이곳에서는 이를 축약하여 인용한 것이다.

10. 答曾子固書* 曾子固에게 보낸 답서

* 王安石이 벼슬에서 물러나 江寧에서 지낼 때에 노쇠하여 병이 많아지자 佛經을 즐겨 읽었는데, 元豐 5년(1082)에 曾鞏도 모친상으로 강녕에 머물면서 왕안석에게 불경 읽기를 중단하라고 권하자, 이를 반박하는 답신을 보낸 것이 이 편지이다. 曾鞏(1019~1083)은 字를 子固라 하였고, 當時의 대표적인 古文家로 唐宋八大家의 한 사람이다.

不放倒地步라

자기의 견해를 바꾸지 않았다.

某는 啓하노라 久以疾病不爲問하니 豈勝鄕往이리오 前書에 疑子固於讀經有所不暇라 故

語及之러니 **連得書**에 **疑某所謂經者佛經也**하고 **而教之以佛經之亂俗**이라 **某但言讀經**이어늘 **則何以別於中國聖人之經**고 **子固讀吾書每如此**하니 **亦某所以疑子固於讀經**에 **有所不暇也**로라

某가 올립니다.

오랫동안 질병 때문에 問候를 드리지 못하였으니, 어찌 달려가고픈 마음을 금할 수가 있겠습니까.

지난번 편지에 子固께서 經을 읽을 시간이 없다고 한 것을 의심하기에, 그 때문에 그에 대하여 언급했던 것입니다. 이어서 편지를 받아보니, 某가 이른바 經이라고 한 것을 佛經으로 의심하시고, 佛經은 풍속을 어지럽히는 것이라고 깨우쳐 주셨습니다. 某가 다만 經을 읽었다고 말했을 뿐인데, 어찌하여 이를 中國 聖人의 經과는 별도의 것으로 보셨습니까. 子固께서 저의 편지를 읽으심이 매양 이와 같으므로, 또한 某가 子固께서 經을 읽을 겨를이 없다고 하신 것을 의심하는 것입니다.

然世之不見全經久矣라 **讀經而已**면 **則不足以知經**이라 **故某自百家諸子之書**로 **至於難經素問本草諸小說**[1]히 **無所不讀**하고 **農夫女工**에 **無所不問**하니 **然後於經**에 **爲能知其大體而無疑**라

그러나 세상 사람들이 완전한 經書를 보지 못한 지가 오래되었습니다. 經만을 읽는데 그친다면 經을 이해하기에 부족하게 됩니다. 그 때문에 某는 諸子百家의 書로부터 ≪難經≫, ≪素問≫, ≪本草≫ 및 여러 小說에 이르기까지 읽지 않은 것이 없으며, 의문이 있으면 農夫나 女工에게도 묻지 않은 일이 없습니다. 그런 후에야 經에 대하여 그 要旨를 알 수 있게 되어 의심이 없어졌습니다.

1) 至於難經素問本草諸小說 : ≪難經≫은 越人 扁鵲이 지었다고 전해지는 醫書로 2卷 81篇으로 되어 있다. ≪素問≫은 ≪黃帝素問≫의 簡稱으로 漢醫學 최초의 이론서이며 24권 81편으로 되어 있다. ≪本草≫는 ≪神農本草經≫의 약칭으로 3권으로 되어 있다. ≪小說≫은 현대의 소설개념과는 다른 것으로 ≪漢書≫ 〈藝文志〉에, "小說의 類에 속하는 것은 대체로 稗官이 수집한 것에서 나온 것들로 거리에서 떠드는 말이나 길을 오가며 들은 것들로 지은 것이다.〔小說家者類 蓋

出於稗官 街談巷語 道聽塗說者之所造也〕" 하여, 雜文을 概括 總稱하여 小說이라 한 것이다.

蓋後世學者는 與先王之時異矣니 不如是면 不足以盡聖人故也라 揚雄雖爲不好非聖人之書[1)]나 然於墨晏鄒莊申韓[2)]에 亦何所不讀이리오 彼致其知而後讀[3)]하니 以有所去取라 故異學不能亂也요 惟其不能亂이라 故能有所去取者 所以明吾道而已니라

대체로 후세의 학자들은 先王의 시대 사람들과는 다르니, 이와 같이 하지 않으면 聖人을 끝까지 이해할 수가 없기 때문입니다. 揚雄이 비록 聖人이 아닌 사람의 글은 좋아하지는 않았지만, 그러나 墨子, 晏子, 鄒衍, 莊子, 申不害, 韓非子에 대하여 또한 어느 것인들 읽지 않은 것이 있었습니까?

저 揚雄은 善惡 吉凶의 근본을 안 이후에 그들의 글을 읽었으므로, 그들의 글 가운데 취할 것과 버릴 것을 알고 있어서, 그 때문에 異端의 학문이 그를 어지럽힐 수가 없었습니다. 이단이 그를 어지럽힐 수가 없었으므로 참고할 것과 무시할 것을 알 수 있게 된 것이,우리 道(儒家의 道)를 밝히는 근거가 된 것입니다.

1) 揚雄雖爲不好非聖人之書 : ≪漢書≫ 〈揚雄傳〉에, "여러 典籍을 두루 읽어서 보지 않은 책이 없으며……聖人과 哲人의 글이 아니면 좋아하지 않았다.〔博覽無所不見……非聖哲之書不好也〕"라 하였다.

2) 墨晏鄒莊申韓 : 墨은 墨翟(B.C. 478?~B.C. 392?)이 지은 ≪墨子≫를, 晏은 晏嬰(?~B.C. 500)이 지은 ≪晏子春秋≫를, 鄒는 鄒衍이 지은 〈終始〉 〈大聖〉 등을, 莊은 莊周가 지은 ≪莊子≫를, 申은 申不害(?~B.C. 337)가 지은 ≪申子≫를, 韓은 韓非(B.C. 280?~B.C. 233)가 지은 ≪韓非子≫를 지칭한다.

3) 彼致其知而後讀 : 彼는 揚雄을 지칭한다. ≪大學≫에, '致知在格物'이라 하였고, 鄭玄의 注에, "앎이 지극함에 이른다는 것은 善惡과 吉凶의 원인과 결과를 아는 것이다.〔致知 知善惡吉凶之所終始〕" 하였는데, 이 句는 이를 인용한 것이다.

子固視吾所知 爲尙可以異學亂之者乎면 非知我也라 方今亂俗은 不在於佛이요 乃在於學士大夫 沈沒利欲하야 以言相尙하야 不知自治而已니 子固以爲如何오 苦寒에 比日侍奉하니 萬福自愛하라

子固께서 제가 善惡 吉凶의 근본에 대하여 알고 있는 것이 오히려 異端의 학문 때문에 어지러워질 수 있다고 보신다면, 이는 저를 이해하지 못하시는 것입니다. 지금 이 시대의 어지러워진 풍속은 그 원인이 佛教에 있는 것이 아니요, 곧 學士 大夫들이 利慾의 추구에 빠져서 이를 서로 찬양하며 자신의 德性을 수양할 줄을 알지 못하는 데에 있습니다. 子固께서는 이에 대하여 어떻게 생각하십니까.

날씨가 혹독하게 추운데, 연일 侍奉 중에 있으니 自重自愛하시고 萬福이 깃드시기를 기원합니다.

11. 答李資深書* 李資深에게 보낸 답서

* 이 편지는 왕안석이 첫 번째 재상에서 물러나 江寧에 있을 때인 熙寧 7년(1074)에, 李定(字 資深, 1028~1087)이 자신이 추진했던 新法을 비판하는 편지를 보낸데 대하여 뜻을 굽힐 수 없다는 확고한 의지를 밝힌 것이다.

其器識이 **自深遠**이라

그 局量과 識見이 스스로 深遠하다.

某는 **啓**하노라 **辱書勤勤**하야 **教我以義命之說**하니 **此乃足下忠愛於故舊**하야 **不忍捐棄**하고 **而欲誘之以善也**니 **不敢忘不敢忘**이로다

某는 올립니다.

보내 주신 편지가 정성스럽고 간절하여 義理와 天命에 관한 설명으로 나를 깨우쳐 주셨는데, 이는 곧 足下께서 옛 친구에 대한 誠心과 愛情을 차마 포기할 수가 없어서 善으로 인도하려 하신 것이니, 감히 잊을 수가 없고 감히 잊을 수가 없습니다.

雖然이나 **天下之變故多矣**라 **而古之君子**는 **辭受取舍之方不一**하야 **彼皆內得於己**면 **有以待物**이요 **而非有待乎物者也**니 **非有待乎物**이라 **故其迹時若可疑**요 **有以待物**이라 **故其心未嘗有悔也**니라 **若是者 豈以夫世之毀譽者**로 **槩其心哉**리오 **若某者**는 **不足以望此**나 **然私有志焉**이로되 **顧非與足下久相從而熟講之**하니 **不足以盡也**로다 **多病無聊**하니

未知何時得復晤語요 書不能一一하니 千萬自愛하라

비록 그러하기는 하나 天下에 變故는 많고, 옛날의 君子는 사양함과 받아들임 취함과 버림의 방법이 동일하지 않아서, 저들은 모두 마음속에 자신의 主觀이 확립되면 이를 근거로 하여 타인에게 표시함은 있지만, 타인의 뜻에 依附해 따르는 사람은 없었습니다. 타인에게 依附함이 있지 않았으므로 그의 행위가 때로는 의심받을 만한 점이 있기도 하였지만, 확립된 주관을 가지고 타인을 대하였으므로 그 마음에 뉘우칠 것이 없었습니다. 이와 같은 사람이 어찌 세상 사람들의 칭찬과 비난 때문에 그 마음에 制約을 받겠습니까.

某 같은 사람은 이런 경지에 오르기를 바라기에는 부족하지만, 그러나 마음속에 그와 같이 하고자 하는 뜻은 가지고 있습니다. 돌이켜보건대 足下와 더불어 오랫동안 서로 만나서 상세한 討論을 하지 못하였으므로, 서로 극진하게 이해하기에 부족한 점이 있습니다.

병이 많고 무료하게 지내면서, 어느 때에나 다시 만나 정다운 대화를 나눌 수 있을지 알 수가 없고, 편지로는 일일이 다 말씀을 올릴 수가 없으니, 부디 自重自愛하십시오.

12. 答王深甫書* 王深甫에게 보낸 답서

* 이 편지는 왕안석이 提點江南東路刑獄으로 있을 때인 嘉祐 3년(1058)경에, 자신이 처리한 조치에 대한 비난이 있자, 이를 변호하며 자신의 소신을 밝힌 것이다. 王深甫는 앞에 나온 王回를 이른다.

所見亦是所爲요 辨處亦委婉이라

품은 見解가 또한 행위로 드러나고, 解明한 부분도 또한 부드럽고 함축성이 있다.

某는 學未成而仕하고 仕又不能俛仰以赴時事之會하야 居非其好하고 任非其事하며 又不能遠引以避小人之謗讒하니 此其所以爲不肖而得辠於君子者니 而足下之所知也로다 往者에 足下遽不棄絶하고 手書勤勤하야 尙告以其所不及하니 幸甚 幸甚이로다 顧私

心尙有欲言하니 未知可否나 試嘗言之호리라

某는 제대로 배우지도 못하였으면서 벼슬길에 올랐고, 벼슬하면서는 또 時事에 맞추어서 굽혔다 폈다 하지를 못하였고, 앉아 있는 자리는 좋아하는 곳이 아니었고 담당한 일은 적합한 업무가 아니었으며, 또한 小人들의 참소와 비방에서 멀리 벗어나 피할 수도 없었으니, 이것이 못난 사람이 되어서 君子들에게 죄를 짓게 된 所以임을 足下께서도 아시는 바입니다.

지난날에 족하께서 이러한 저를 바로 포기하시지 않고, 손수 쓰신 정성스러운 편지를 보내시어 오히려 그 모자란 점을 알려 주셨으니, 매우 감사하고 매우 감사합니다. 이에 개인적으로 아직도 드리고자 하는 말씀이 있으니, 그것이 옳은지 그른지는 알 수가 없으나 그래도 말씀을 올려보겠습니다.

某嘗以謂古者至治之世라야 然後備禮而致刑이라 不備禮之世에 非無禮也나 有所不備耳오 不致刑之世에 非無刑也나 有所不致耳라 故某於江東에 得吏之大辠하야 有所不治하고 而治其小辠하니 不知者는 以謂好伺人之小過하야 以爲明이라하고 知者는 又以爲不果於除惡하야 而使惡者로 反資此以爲言이라하니라 某乃異於此하니 以爲方今之理勢는 未可以致刑이니 致刑則刑重矣하야 而所治者少하고 不致刑則刑輕矣하야 而所治者多하니 理勢固然也라 一路數千里之間에 吏方苟簡自然하야 狃於養交取容之俗이어늘 而吾之治者五人에 小者는 罰金하고 大者는 纔絀一官하니 而豈足以爲多乎아 工尹商陽은 非嗜殺人者로되 猶殺三人而止하니 以爲不如是면 不足以反命[1)]이니 某之事도 不幸而類此로다 若夫爲此紛紛하야 而無與於道之廢興은 則旣亦知之矣로되 抑所謂君子之仕行其義者에 竊有意焉하노니 足下以爲如何오

某는 일찍이, 옛적 太平盛世가 이루어진 이후에야 禮儀는 두루 갖추어지고 刑罰은 周密해졌다고 생각하였습니다. 禮義가 두루 갖추어지지 않았던 시대에는 예의가 없었던 것이 아니라 단지 두루 갖추어지지 않은 바가 있었을 뿐이고, 형벌이 주밀하지 못하였던 시대에는 형벌제도가 없었던 것이 아니라 단지 주밀하지 못한 바가 있었을 뿐이었습니다. 그러므로 某가 江東에 있을 때에 관리들이 큰 죄를 범하였는데도 治罪하

지 않음이 있고, 작은 죄를 범한 사람은 치죄함이 있음을 알게 되었습니다.

이를 알지 못하는 사람은, '남의 작은 過失을 잘 엿보는 것을 밝게 잘 살피는 것으로 여긴다.'고 하고, 이를 아는 사람이라 해도 '惡을 제거하는데 과단성이 없어서 악한 자들로 하여금 도리어 이를 빌미로 삼아서 변명을 할 수 있게 한다.'고 하였습니다. 某는 곧 이들과는 달라서 方今의 형세가 刑罰을 주밀하게 할 수가 없게 되었다고 여깁니다. 형벌이 주밀해지면, 형벌은 엄중해지지만 형벌로 다스릴 자는 적어지고, 형벌이 주밀해지지 못하면, 형벌은 가벼워지지만 형벌로 다스릴 자는 많아지나니, 事理의 추세가 본시 그런 것입니다.

한 路 수천 리 사이에, 官吏들의 경솔하고 소략한 행동이 자연스러워졌고, 私益을 위해 서로 교제하며 朋黨을 이루어 자신의 평안을 도모하는 일이 일상적인 습속이 되었습니다. 그리고 제가 治罪한 사람이 다섯 명인데, 죄가 작은 사람은 벌금을 부과했고 죄가 큰 사람은 관직에서 축출하였을 뿐이니, 이를 어찌 이를 많은 사람을 치죄하였다고 할 수 있겠습니까.

工尹 商陽은 사람 죽이기를 좋아하는 사람이 아니었는데, 오히려 세 사람을 죽이고 그쳤으니, 이와 같이 하지 않았다면 復命을 하기에 부족하다고 여겨서였습니다. 某가 治罪한 일도 불행한 일이기는 하나 이와 유사한 것이었습니다.

만약 이 때문에 어지럽게 떠들어대면서 道의 興廢에 관계됨이 없다고 여긴다면, 이미 또한 이를 알고 있는 것입니다. 더구나 이른바 君子가 벼슬하여 그 義理를 실천하는 것에 삼가 뜻을 두고 있으니, 足下께서는 이를 어떻게 생각하시겠습니까.

1) 工尹商陽……不足以反命 : ≪禮記≫ 〈檀弓 下〉에, "百工의 우두머리인 商陽이 陳棄疾과 함께 吳나라 군사를 추격하여 가까이 이르게 되자, 陳棄疾이 工尹 商陽에게 이르기를 '왕의 일로 싸우는 것이니 그대는 활을 잡는 것이 좋겠소.' 하였다. 활을 잡자 '그대는 쏘시오' 하니, 쏘아서 한 사람을 죽이고 활을 활집에 넣었다. 또 적 가까이 이르자 똑같은 말을 하니, 다시 두 사람을 쏘아 죽였다. 한 사람을 죽일 때마다 그 눈을 감고 수레를 멈추게 하고서는, '朝廷에 참여하지도 않고 연회에 끼지도 않는 사람이니 세 명을 죽였으면 또한 돌아가 復命하기에 충분하다.' 하였다. 孔子가 평하기를, '사람을 사살하는 가운데도 禮를 갖추었도다.' 하셨다.〔工尹商陽與陳棄疾追吳師 及之 陳棄疾謂工尹商陽曰 王事也 子手弓而可

手弓 子射諸 射之 斃一人 韔弓 又及 謂之 又斃二人 掩其目 止其御曰 朝不坐 燕不與 殺三人 亦足以反命矣 孔子曰 殺人之中 又有禮焉]"라고 한 말을 축약하여 인용한 것이다.

自江東으로 **日得毁於流俗之士**나 **顧吾心未嘗爲之變**하니 **則吾之所存**이 **固無以媚斯世**하야 **而不能合乎流俗也**라 **及吾朋友亦以爲言**하니 **然後怵然自疑**하고 **且有自悔之心**이로라 **徐自反念**하니 **古者一道德以同天下之俗**엔 **士之有爲于世也**면 **人無異論**이러니 **今家異道**에 **人殊德**하고 **又以愛憎喜怒**로 **變事實之傳而傳之**하니 **則吾友庸詎非得於人之異論變事實之傳**하고 **而後疑我之言乎**아 **況足下知我深**하고 **愛我厚**하야 **吾之所以日夜向往而不忘者**니 **安得不嘗試言吾之所自爲**하야 **以冀足下之察我乎**리오 **使吾自爲如此而可以無辠**면 **固大善**이니 **卽足下尙有以告我**하야 **使釋然知其所以爲辠**면 **雖吾往者已不及**이나 **尙可以爲來者之戒**라 **幸留意以報我**하야 **無忽**이어다

江東에 근무할 때부터 날마다 低俗한 士들의 비방을 받았지만, 돌이켜보건대 저의 마음이 일찍이 그 때문에 바뀐 일이 없으니, 제가 한 일이 본시 이 시대의 世俗에 아첨을 하지 않아서 世俗에 합치될 수가 없었던 것입니다. 저의 朋友들 또한 이 문제를 언급한 이후 두려운 듯 스스로 의심하고, 또 스스로 뉘우치는 마음을 갖게 되었습니다.

천천히 스스로 거듭 생각해보니, 옛적 道와 德을 한결같게 하여 천하의 풍속을 통일한 때에는, 士가 세상을 위하여 하는 일이 있게 되면 異議를 제기하는 사람이 없었는데, 지금은 집집마다 사람마다 道와 德에 대한 생각이 다르고, 또한 愛憎과 喜怒 때문에 전해오는 사실을 바꾸어 전파하였으니, 저의 붕우인들 어찌 사람들의 異論과 전해오는 事實이 바뀐 것을 들은 이후에도 저의 말을 의심하지 않을 수 있겠습니까. 더구나 足下께서는 저를 알고 계심이 깊고 저를 사랑함이 두터우시므로 제가 이 때문에 밤낮으로 바라보며 잊지 못하는 것이니, 어찌 일찍이 제가 스스로 한 일에 대하여 말씀을 올려서 족하께서 저를 살펴 주시기를 바라지 않을 수 있겠습니까.

가령 제가 스스로 한 일이 이와 같으므로 죄 될 것이 없다면 진실로 크게 좋은 일이고, 곧 족하께서 과거에 저에게 알려주신 일이 있듯이 저로 하여금 그것이 罪가 되는 所以를 분명하게 알게 해 주신다면, 비록 제가 지나간 일은 바로잡을 수가 없으나 오

히려 앞으로의 경계로 삼을 수 있을 것입니다. 제게 이를 알려주실 뜻을 지니시고 이에 소홀함이 없으시면 다행이겠습니다.

13. 答李秀才書* 李 秀才에게 보낸 답서

* 이 편지는 母喪을 당하여 江寧에서 服喪했던 때와 그 후 江寧에 閑居했던 기간에 門徒를 받아들인 일이 있는데, 그때에 李某가 門人이 되어 배우기를 청하는 편지를 보내자 이에 답한 것이다. 이 편지에 秀才라 한 것은 讀書人이라는 뜻으로 쓴 것이다.

言雖短이나 而所思遠이라

말은 짧지만 생각하는 바는 원대하다.

昨日蒙示書하고 今日又得三篇詩하니 足下少年이어늘 而已能如此하니 輔之以良師友하야 而爲之不止면 何所不至리오 自涇至此가 蓋五百里요 而又有山川之阸이어늘 足下樂從所聞하야 而不以爲遠하니 亦有志矣로다

지난날 보내 주신 편지를 받았는데, 오늘 또 세 편의 詩를 받아보게 되었소. 足下께서는 나이가 젊은데도 이미 이와 같을 수 있으니, 훌륭한 師友의 도움을 받고 詩文 짓기를 중단하지 않는다면 어느 경지인들 이르지 못할 것이 있겠소. 涇縣에서 이곳에 이르기까지가 五百里나 되고 또한 산천이 가로막고 있는데도, 족하께서 이름난 사람 따르기를 좋아하여 거리의 遠近을 따지지 않으니, 또한 훌륭한 목표를 가졌다 할 것이오.

然書之所願은 特出於名하니 名者는 古人欲之나 而非所以先이라 足下之才로 力求古人之所汲汲者而取之면 則名之歸를 孰能爭乎아 孔子曰 君子去仁이면 惡乎成名[1)]고하시니 古之成名은 在無事於文辭어늘 而足下之於文辭에 方力學之而未止也하니 則某之不肖는 何能副足下所求之意邪아

그러나 편지를 통하여 원하는 것은 단지 이름을 드러내는 것이었소. 이름이 나는 것

은 옛사람도 원했던 것이지만 이를 우선으로 하지는 않았소. 족하의 재능으로 옛사람들이 급선무로 여겼던 것을 힘써 추구하여 이를 얻게 된다면 名聲을 얻게 됨을 누가 능히 다툴 수가 있겠소.

孔子께서는, "君子가 仁을 버린다면 어떻게 이름을 이룰 수 있으리오." 하셨으니, 옛사람들은 이름을 이루기 위하여 詩文에 종사하는 일이 없었는데, 족하께서는 시문 짓는 일에 대하여 지금 열심히 배우기를 그치지 않고 있소. 그러니 某처럼 못난 사람이 어찌 족하께서 추구하고자 하는 뜻에 부합할 수가 있겠소이까.

1) 孔子曰……惡乎成名 : 이 내용은 ≪論語≫ 〈里仁〉에 보인다.

14. 答韶州張殿丞書* 韶州 張 殿丞에게 보낸 답서

* 이 편지는 殿中司의 丞으로 韶州에 差遣되어 있던 張某(名 및 生涯 未詳)가 왕안석의 선친 王益이 知韶州事로 있을 때에 많은 치적을 남겼으면서도 史傳에 오르지 못한 점을 안타까워하는 편지를 보낸 데 대하여 고마움을 표한 답신이다.

中多名言이라

글 가운데 名言이 많다.

某는 **啓**하노라 **伏蒙再賜書**하니 **示及先君韶州之政**[1]에 **爲吏民稱誦**이 **至今不絶**하고 **傷今之士大夫不盡知**하며 **又恐史官不能記載**하야 **以次前世良吏之後**라

某가 올리나이다.

엎드려 두 번째 보내 주신 서신을 받자오니, 先親께서 韶州를 다스리실 때에 관리와 백성들에게 稱誦을 받음이 지금까지도 끊이지 않는다고 말씀하시고, 지금의 士大夫들이 이를 다 알지 못하는 것을 슬퍼하셨으며, 또 史官이 前世 良吏들의 뒤에 기록하여 배열하지 못할까 하고 걱정하셨습니다.

1) 示及先君韶州之政 : 王安石의 父 王益은 天聖 8년(1030)에 殿中丞으로 知韶州事를 역임하였다.

此皆不肖之孤가 言行不足信於天下하야 不能推揚先人之功緖餘烈하야 使人人得聞知之니 所以夙夜愁痛하야 疚心疾首而不敢息者 以此也라 先人之存에 某尙少하야 不得備聞爲政之跡이나 然嘗侍左右하야 尙能記誦敎誨之餘니이다 蓋先君所存은 嘗欲大潤澤於天下하야 一物枯槁를 以爲身羞러니라 大者를 旣不得試하시고 已試乃其小者耳요 小者도 又將泯沒而無傳하니 則不肖之孤의 罪大釁厚矣라 尙何以自立於天地之間耶리오 閤下勤勤惻惻하야 以不傳爲念하니 非夫仁人君子의 樂道人之善이면 安能以及此리오

이는 모두가 못난 자식이 言行이 天下의 信賴를 받기에 부족하여, 先親께서 남기신 功績을 推崇해 드날려서 사람마다 이를 듣고 알게 할 수가 없어서이니, 밤낮으로 근심하고 마음 아파하며 괴로워하고 걱정하기를 감히 그칠 수가 없는 것이 바로 이 때문입니다.

先親께서 생존해 계실 때에는 某가 아직 어렸으므로, 政務를 처리하신 業績을 두루 갖추어 듣지 못하였습니다. 그러나 일찍이 곁에서 모시면서 오히려 가르쳐 주신 것들을 기억하고 암송할 수는 있었습니다.

대체로 先親께서 간직하셨던 뜻은, 일찍이 천하 사람들을 크게 潤澤하게 하고자 하시어 한 사람이라도 혜택을 받지 못하는 이가 있다면 이를 자신의 부끄러움으로 여기셨습니다. 품고 계신 큰 뜻을 시험해 보실 기회가 없었으므로 시험해보신 것은 곧 작은 일 뿐이었고, 그 작은 일조차도 묻히고 없어져서 전해지지 않게 되었으므로 이 못난 자식의 죄는 크고 허물은 중하니, 그런데도 어찌 天地 사이에서 스스로 떳떳이 서 있을 수가 있겠습니까.

閤下께서 측은하게 여기시는 간절한 至誠으로 선친의 업적이 전해지지 않음을 염려해 주시니, 仁人 君子로서 다른 사람의 長點을 말하기 좋아하는 분이 아니라면 어찌 이런 경지에 이를 수 있겠습니까.

自三代之時로 國各有史하니 而當時之史는 多世其家하야 往往以身死職하야 不負其意하니 蓋其所傳을 皆可考據니라 後旣無諸侯之史하고 而近世엔 非尊爵盛位면 雖雄奇儁烈하야 道德滿衍이라도 不幸不爲朝廷所稱이면 輒不得見於史요 而執筆者 又雜出一時之貴人이라 觀其在廷論議之時하면 人人得講其然不로되 尙或以忠爲邪하고 以異爲同

하야 誅當前而不慄하고 訕在後而不羞하야 苟以饜其忿好之心而止耳라 而況陰挾翰墨하야 以裁前人之善惡하야 疑可以貸褒하고 似可以附毁하니 往者不能訟當否요 生者不得論曲直하야 賞罰謗譽를 又不施其間이라 以彼其私면 獨安能無欺於冥昧之間邪아 善旣不盡傳이요 而傳者도 又不可盡信이니 如此면 唯能言之君子 有大公至正之道하야 名實足以信後世者 耳目所遇를 一以言載之면 則遂以不朽於無窮耳리라

三代시대부터 나라마다 각기 史官을 두었고, 當時의 史官은 世襲하는 경우가 많았으며, 往往 직무의 충실한 수행을 위하여 죽음을 무릅쓰고 그 뜻에 위배되는 일을 하지 않았음은, 전해오는 기록을 통하여 모두 고증할 수가 있습니다. 後世에 諸侯國에 史官이 없게 되면서부터, 근세에는 尊貴한 爵位나 높은 지위에 있는 사람이 아니면 비록 크게 傑出하고 剛直하며 도덕이 충만하여 널리 알려진 사람이라 해도, 불행하게도 조정의 칭찬을 받지 못하면 史書에 기록됨을 볼 수 없게 되었고, 史筆을 잡는 사람도 당시의 고관 중에서 일정한 기준이 없이 선발하고 있습니다.

그 인물이 朝廷에서 論議할 때에 관찰해 보면, 사람마다 그 옳고 그름을 밝힐 수가 있는데도, 오히려 더러는 忠誠을 사악하다 하고 다른 것을 같다고 하며, 죽을 죄가 앞에 있어도 두려워하지 않고 誹謗하는 말이 뒤에 있어도 부끄러워하지 않으면서, 구차하게 그들의 분한 마음과 좋아하는 마음을 만족시키는데 그칠 뿐이고, 더구나 암암리에 필묵을 잡고 前代 사람들의 善惡을 함부로 裁斷하기도 합니다. 褒揚하기에는 의문이 생기고 비난하기에 합당할 듯하면, 이미 사망한 사람은 합당했는가 부당했는가를 따져서는 안 되고, 살아있는 사람도 그 곡직을 따져서는 안 되며, 賞주고 罰주고 비난하고 칭찬하는 일을 또 그 사이에서 시행할 수가 없는 것입니다. 그런 일들을 개인적 견해에 따라서 행한다면 어찌 신령들을 기망하는 일이 되지 않을 수 있겠습니까?

善한 행실이 이미 모두 전해지지도 않았고, 전해진 것도 다 믿을 수가 없습니다. 이와 같다면 오직 말을 바르게 할 수 있는 君子로서, 크게 公正하고 지극히 바른 道를 지니고 名聲과 實相이 후세 사람들의 신뢰를 받기에 충분한 사람이, 눈으로 보고 귀로 들은 것을 한번 그 말을 史傳에 실어 놓으면, 드디어 무궁토록 없어지지 않게 되는 것입니다.

伏惟閣下는 於先人非有一日之雅라 餘論所及이 無黨私之嫌하니 苟以發潛德爲己事

하야 **務推所聞**하야 **告世之能言而足信者**하야 **使得論次以傳焉**이면 **則先君之不得列於史官**이 **豈有恨哉**리오

엎드려 생각하옵건대 閣下께서는 先親과는 하루 이틀 친교를 맺었던 사이가 아닙니다. 廣博한 識見으로 언급하신 것이 黨派나 개인적 親分 때문이라는 혐의가 없으시니, 진실로 묻혀있는 美德의 發掘을 자신의 임무로 여기셔서 알게 된 바를 받들어 칭찬하기에 힘쓰시면서, 세상에서 말을 잘하고 신뢰를 받기에 족한 사람에게 알려 주어 그로 하여금 論定해 編次하여 傳하게 하신다면 先親께서 비록 史官의 기록에 나열될 수 없게 된다 해도 어찌 여한이 있겠나이까.

15. 答徐絳書* 徐絳에게 보낸 답서

* 徐絳으로부터 道를 깨우쳐 주기를 바라는 편지를 받고, 그 답서로 보낸 것이 이 편지이다. 徐絳은 어떤 인물인지 未詳이다.

荊公每以古人得道之至者로 **相磨切**이 **如此**라

荊公이 매양 道를 지극하게 터득한 옛사람을 표준으로 삼아 切磋琢磨함이 이와 같았다.

某는 **啓**하노라 **某**는 **鄙朴**하야 **未嘗得邂逅**러니 **而蒙以書辱於千里之遠**하니 **固已幸甚**이로다 **足下求免於今之世**하고 **而求合於古之人**하며 **不以問世之能言**하고 **而欲有取於不肖**하니 **此某之所以難於對也**로라

某가 올립니다.

某는 비루하고 질박한 사람이라 일찍이 뵈올 기회가 없었는데, 천리나 멀리 떨어져 있으면서 보내 주신 편지를 받게 되니 진실로 큰 행운을 입은 것입니다. 足下께서는 이 시대의 俗見에서 벗어나서 옛사람과 부합되기를 추구하시며, 이에 대하여 세상의 말 잘하는 사람에게 묻지 않고 이 못난 사람에게서 찾고자 하시니, 이것이 某가 대답을 올리기 어려운 所以입니다.

自生民以來로 爲書以示後世者는 莫深於易이니 易之所爲作은 不出足下之所求라 文王以伏羲爲未足以喻世也라 故從而爲之辭하고 至於孔子之有述也하야는 蓋又以文王爲未足[1]이라 此皆聰明睿智하야 天下至神이로되 然尙於此不能以一言盡之하사 而患其喻之難也온 況以區區之中材로 而遇變故之無窮하니 其能皆有所合하야 而卒以自免乎리오 雖能有所合하야 而有以自免이라도 其可以易言而遽曉乎아 此某夙夜勉焉호되 而懼終不及者也니 其能遽有以進左右者乎아

인류가 살아온 이래로부터 글을 지어서 후세에 보여준 것으로 ≪周易≫보다 深奧한 것은 없으니, ≪周易≫이 지어진 연유는 족하께서 추구하는 바에서 벗어나지 않습니다.

文王께서는 伏羲氏가 지어놓은 八卦가 세상을 깨우치기에 충분하지 못하다고 여겨서 그 때문에 이어서 부연 설명을 하신 것입니다. 孔子께서 十翼을 서술함에 이르러서는 대체로 문왕께서 지으신 것만으로는 또한 충분하지 못하다고 여긴 것입니다.

이들은 모두가 聰明叡智하시고 천하에 지극히 神明하신 분들인데도 오히려 이 진리를 한마디 말로써 다 포괄할 수가 없다고 여기시고 세상 사람들을 깨우치기 어려움을 근심하셨는데, 더구나 하찮은 보통 사람으로 무궁한 변고를 만났으니, 어찌 능히 모두 眞理에 부합하게 하여 끝내는 스스로 世俗에서 벗어나게 할 수가 있겠습니까. 비록 진리에 부합하는 바가 있고 스스로 세속에서 벗어남이 있다 해도, 그것을 이해하기 쉽게 설명하고 곧바로 깨닫게 할 수가 있겠습니까.

이것이 某가 아침 일찍부터 밤늦게까지 노력하면서도 끝내 그 경지에 도달하지 못함을 두려워하는 일이니, 어찌 능히 이로써 주변 사람들을 곧바로 깨우칠 수가 있겠습니까.

1) 蓋又以文王爲未足 : 易은 ≪周易≫을 지칭하며, 周易의 八經卦는 伏羲가 짓고, 六十四卦를 文王이 지었으며, 周公이 卦辭와 爻辭를 짓고, 孔子가 十翼을 지었다고 전해오는데, 이곳에서는 이를 요약하여 설명한 것이다. 十翼은 ≪周易≫에 대한 열 편의 부연 설명으로 〈彖傳〉 上・下, 〈象傳〉 上・下, 〈繫辭傳〉 上・下, 〈文言傳〉, 〈說卦傳〉, 〈序卦傳〉, 〈雜卦傳〉 등을 이른다.

然學者는 患其志之不同하고 而有志者는 欲其爲之不已라 某與足下는 幸志同矣니 如

爲之不已하고 他日邂逅하야 得各講其所聞하고 擇其可以守之면 庶其卒將有得焉이리라 蓋古之人其成이 未嘗不以友者니 此亦區區有望於君子也라

그러나 學者는 그 지향하는 목표가 같지 않음을 근심하고, 목표를 세운 사람은 그것을 실현하고자 끊임없이 노력해야 합니다. 某와 足下는 다행하게도 지향하는 목표가 동일하니, 만약 이를 실현하기 위한 노력을 중단하지 않고 후일에 서로 만나서 각기 그 깨달은 바를 설명하고 그 옳은 것을 취택하여 이를 지킬 수 있게 된다면, 아마도 끝내는 얻는 것이 있게 될 것입니다.

대체로 옛사람들도 그 뜻을 이룸에 朋友의 도움을 받지 않은 사람이 없었으니, 이 또한 하찮은 이 사람이 君子이신 그대에게 바라는 바입니다.

16. 答段縫書* 段縫에게 보낸 답서

* 段縫으로부터 당시 古文의 大家인 曾鞏을 비난하는 편지를 받고, 이를 반박하는 답서로 보낸 것이 이 편지이다. 段縫이 어떤 인물인지는 未詳이다.

婉曲多波瀾이라

글이 완곡하면서도 곡절이 많다.

段君足下 某在京師時에 嘗爲足下道曾鞏善屬文이나 未嘗及其爲人也러니 還江南하야 始熟而慕焉友之하고 又作文粗道其行호라 惠書以所聞으로 詆鞏行無纖完하니 其居家에 親友惴畏焉하야 怪某無文字規鞏하고 見謂有黨하니 果哉라 足下之言也여

段君足下에게 올립니다.

某가 京師에 있을 때에 일찍이 足下에게 曾鞏이 글을 잘 짓는다고 말한 일이 있으나, 그 사람의 됨됨이에 대하여는 언급한 일이 없습니다. 江南으로 돌아와 비로소 친숙해져서 戀慕하며 친구로 지내고 있고, 또한 글을 지어서 그의 行實에 대하여 대충 말한 일이 있습니다.

보내 주신 편지에, 소문 들은 것을 가지고 曾鞏의 행실에 세밀하고 완숙한 아름다움

이 없다고 비난하셨습니다. 그가 집에 거처할 때에 친우들은 그를 두려워하면서 某가 증공에게 편지를 보내어 잘못을 고치도록 말하지 않음을 괴이하게 여기고 편당한다는 말을 듣기까지 하였습니다. 足下의 말씀이 참으로 果敢함이 있으시군요!

鞏固不然하다 **鞏**의 **文學論議**는 **在某交游中**에 **不見可敵**하니 **其心勇於適道**하야 **殆不可以刑禍利祿**으로 **動也**라 **父在困厄中**[1]할새 **左右就養**에 **無虧行**하고 **家事銖髮以上**을 **皆親之**하니 **父亦愛之甚**하야 **嘗曰 吾宗敝**로되 **所賴者**는 **此兒耳**라하니 **此某之所見也**니 **若足下所聞**은 **非某之所見也**니라 **鞏在京師**에 **避兄而舍**는 **此雖某**라도 **亦辠之也**니 **宜足下深攻之也**로다 **於辠之中**에 **有足矜者**로되 **顧不可以書傳也**오 **事固有迹**이나 **然而情不至是者**하니 **如不循其情而誅焉**이면 **則誰不可誅邪**아 **鞏之迹**이 **固然邪**아 **然鞏爲人弟**하야 **於此不得無過**라 **但在京師時**에 **未深接之**하고 **還江南**하야 **又既往**은 **不可咎**니 **未嘗以此**로 **規之也**니라 **鞏果於從事**하고 **少許可**하야 **時時出於中道**하니 **此則還江南時**에 **嘗規之矣**니 **鞏聞之**하고 **輒瞿然**하니라 **鞏固有以教某也**하니 **其作懷友書兩通**하야 **一自藏**하고 **一納某家**하야 **皇皇焉求相切劘**하니 **以免於悔者**를 **略見矣**[2]니라 **嘗謂友朋過差**라도 **未可以絶**이요 **固且規之**니 **規之**하야 **從則已**요 **固且爲文字**하야 **自著見然後已邪**는 **則未嘗也**로라 **凡鞏之行**은 **如前之云**이요 **其既往之過**도 **亦如前之云而已**니 **豈不得爲賢者哉**아

鞏은 본시 그런 사람이 아닙니다. 鞏의 文學과 議論은 某가 교유하고 있는 사람들 가운데 그에 필적할 만한 사람을 본 일이 없습니다. 그의 마음은 道統을 따르기에 용감하여, 아마도 刑禍나 利祿으로는 동요하게 할 수가 없을 것입니다.

父親이 困厄을 당하고 계실 때에 모시고 봉양하는데 欠缺이 될 만한 행위가 없었고, 집안일을 하면서 一銖와 一髮 이상을 모두 직접 처리하였습니다. 父親 또한 그를 매우 아끼셔서, 일찍이 말씀하시기를, "우리 宗族이 피폐해졌으니 의뢰할 사람은 오직 이 아이뿐이다."라고 하셨는데, 이는 某가 직접 본 일이고, 足下께서 들으신 일 같은 것은 某가 본 바와는 다릅니다.

鞏이 京師에 있을 때에 형을 피하여 머물렀다 하는데, 이 일은 비록 某라도 또한 그를 꾸짖어야 할 것이니, 足下께서 심히 공격하시는 것이 당연합니다. 꾸짖는 가운데에도 同情하고 哀矜히 여기기에 족한 것이 있으니, 다만 이를 글로 전할 수는 없는 일입

니다. 그 일이 본시 증거가 있다 해도, 그런데도 마음이 足下께서 지적한 지경에 이른 것은 아니니, 만약 그 마음을 따져보지 아니하고 꾸짖는다면 누구인들 꾸짖지 않을 수가 있겠습니까. 鞏이 행한 자취가 본시 그러했던 것인가요? 그렇다면 鞏이 남의 아우가 되어서 이렇게 한 일에 대하여는 허물이 없을 수 없습니다.

다만 京師에 있을 때에는 깊이 접촉한 일은 없고, 江南으로 돌아와서는 또 이미 지나간 일을 꾸짖는 것이 옳지 않으므로, 일찍이 이를 사리를 따져 말리지 않은 것입니다.

鞏은 일처리에 과단성이 있고 남의 의견에 동의하는 일이 드물어 때때로 中道에서 벗어나는 일이 있으므로, 이에 대하여는 강남으로 돌아왔을 때에 사리를 따져 충고한 일이 있으니, 鞏이 듣고는 즉시 두려워하며 반성하였습니다.

鞏은 본시 某를 教導한 일이 있으니, 그가 지은 〈懷友書〉 두 통 가운데 하나는 스스로 간직하고 하나는 某의 집으로 보내 주어서, 간절하게 서로 切磋琢磨하여 이로써 뉘우칠 일에서 벗어날 것을 추구하려는 뜻을 대략 드러내었습니다. 일찍이 이르기를 朋友에게 과실이 있다 하여 絶交해서는 안 되고, 진실로 또한 사리를 따져 충고를 해야 한다고 했습니다. 충고를 따르면 그만이고, 따르지 않으면 진실로 자신의 뜻을 글로 드러내어 보내 준 이후에야 그만둔다고 한 것은 아직 실천하지를 못하였습니다.

무릇 鞏의 행실은 앞에서 언급한 바와 같고, 이미 지난날에 있었던 과실도 또한 앞에서 언급한 것과 같을 뿐이니, 이 정도의 일로 어찌 賢者가 될 수 없겠습니까.

1) 父在困厄中 : 왕안석이 撰한 〈太常博士曾公(即 曾鞏의 父인 易占)墓誌銘〉에, "信州의 知事인 錢仙芝란 자가 玉山縣(信州의 관할이고 曾鞏의 父親이 知事로 있던 縣임)에 부당한 요구를 하자 曾公이 들어주지 않으니 곧 公을 誣告하였다. 관리가 公을 誣告한 이유를 알아내니 錢仙芝는 어사의 출동을 청하였다. 이때에 전선지는 뒤를 봐주는 사람이 있었으므로, 비록 공을 무고한 무고죄가 성립되어 죄를 받게 되었지만, 공도 또한 끝내 博士의 벼슬을 잃고 고향으로 돌아가 벼슬을 하지 못한 것이 12년이었다.〔知信州錢仙芝者 有所丐於玉山 公不與 即誣公 吏治之 得所以誣公者 仙芝則請出御史 當是時 仙芝蓋有所挾 故雖坐誣公抵罪 而公亦卒失博士 歸不仕者十二年〕" 한 것을 지칭하는 것이다.

2) 鞏固有以教某也……略見矣 : 이에 대한 내용은 曾鞏이 王安石에게 보낸 〈懷友一

首寄介卿〉에 자세히 보인다.

天下에 愚者衆하고 而賢者希하야 愚者固忌賢者하고 賢者又自守하야 不與愚者合하니 愚者加怨焉이라 挾忌怨之心이면 則無之焉而不謗하나니 君子之過於聽者는 又傳而廣之라 故賢者嘗多謗하니 其困於下者尤甚하야 勢不足以動俗하고 名實未加於民하며 愚者易以謗하고 謗易以傳也라 凡道鞏之云云者는 固忌固怨固過於聽者也라 家兄未嘗親鞏也는 顧亦過于聽耳[1]어늘 足下乃欲引忌者怨者過於聽者之言하야 縣斷賢者之是非하니 甚不然也로다 孔子曰 衆好之라도 必察焉이요 衆惡之라도 必察焉[2]이라하시고 孟子曰 國人皆曰可殺이라도 未可也요 見可殺焉하고 然後殺之[3]라하시니 匡章은 通國以爲不孝로되 孟子獨禮貌之[4]는 以爲孝[5]라 孔孟所以爲孔孟者는 爲其善自守하고 不惑於衆人也니 如惑於衆人이면 亦衆人耳니 烏在其爲孔孟也리오 足下姑自重하야 毋輕議鞏하라

천하에 어리석은 사람은 많고 현명한 사람은 드물며, 愚者는 본시 賢者를 기피하고, 賢者는 또 자신의 信條를 固守하여 愚者와 迎合하려 하지 않으므로, 愚者들이 더욱 원망하게 됩니다. 꺼리고 원망하는 마음을 지니고 있으면 비방하지 않는 일이 없게 되니, 君子 중에 소문을 잘못 들은 자가 또 그것을 전하여 확대시킵니다.

그러므로 賢者들은 늘 비방을 받음이 많고, 아랫자리에 있으면 더욱 심하게 困苦를 겪게 되므로, 形勢가 풍속을 변화시키기에 부족하게 되고, 명분과 실제에 있어 백성들을 감화시킬 수가 없게 되며, 愚者들은 이를 비방하기가 쉽고, 비방은 전파되기가 쉽습니다.

무릇 鞏에 대하여 이러쿵 저러쿵 말하는 자들은 본시 그를 꺼리고 원망하며 소문을 잘못 들은 사람들입니다. 鞏의 家兄이 鞏을 친애한 일이 없다는 것도 돌이켜보건대 또한 잘못 들은 것일 뿐인데, 足下께서 곧 꺼리는 사람, 원망하는 사람, 잘 못 들은 사람의 말을 인용하여, 賢者의 옳고 그름을 그릇되게 판단하시니, 매우 잘못된 일입니다.

孔子께서 말씀하시기를, "大衆이 그를 좋아해도 반드시 살펴보고, 대중이 그를 미워해도 반드시 살펴보아야 한다." 하셨고, 孟子께서 말씀하시기를, "나라 사람들이 모두 죽여야 한다고 말해도 죽이는 것이 옳지 않고, 죽여야 할 罪狀을 직접 본 연후에 그를

처형해야 한다." 하셨으며, 匡章에 대하여 나라 사람들이 모두 不孝하다 하였으나, 맹자께서 홀로 예로써 대한 것은 효자로 여겼기 때문입니다.

孔子와 孟子가 孔子와 孟子가 된 근본 원인은, 그들이 善을 스스로 固守하고, 衆人의 주장에 迷惑당하지 않았기 때문입니다. 만약 衆人의 주장에 迷惑당했다면 그 또한 衆人의 한 사람일 뿐이니, 어찌 孔子와 孟子 같은 성인이 될 수 있었겠습니까.

足下께서는 먼저 自重하시고 鞏을 함부로 批判하지 마십시오!

1) 家兄未嘗親鞏也 顧亦過于聽耳 : 이 두 구는 저본에 없는 것을 ≪臨川集≫에 의거하여 보충하였다.
2) 孔子曰…… 必察焉 : ≪論語≫ 〈衛靈公〉에 보인다.
3) 孟子曰……然後殺之 : ≪孟子≫ 〈梁惠王 下〉에 보인다.
4) 匡章……孟子獨禮貌之 : ≪孟子≫ 〈離婁 下〉에, "公都子가 묻기를, '匡章을 온 나라 사람들이 모두 불효한 사람이라 하는데 선생께서는 그와 교유하시고 또 예를 갖추어 대해 주시니 무엇 때문인지 감히 묻겠습니다.'〔公都子曰 匡章 通國皆稱不孝焉 夫子與之遊 又從而禮貌之 敢問何也〕" 한 것을 축약하여 인용한 것이다.
5) 以爲孝 : 이 3자는 저본에 없는 것을 ≪臨川集≫에 의거하여 보충하였다.

17. 答楊忱書* 楊忱에게 보낸 답서

* 楊忱(1024~1062)이 親交 맺기를 원하는 편지를 보내자 이에 답한 것이 이 편지이다. 王安石이 지은 〈大理寺丞楊君墓誌銘〉에 그의 행적이 상세히 기술되어 있다.

初交而其言遒切이 如此하니 可誦이라

처음 사귀는 사이이면서 그 말의 꿋꿋하고 간절함이 이와 같으니, 읽을 만하다.

承賜書하야 屈欲交之하니 不知其爲懼與媿也라가 已又喜焉호라 聞君子者는 仁義塞其中하야 澤於面하고 浹於背하며 謀於四體하야 而出於言하나니 唯志仁義者라야 察而識之耳라

하니 **然尙有其貌濟**나 **其言**匱하고 **其言濟**나 **其實**匱**者**는 **非天下之至察**이면 **何與焉**이리오

보내 주신 편지를 받아보니, 이 못난 사람과 사귀고자 하셨으므로, 저도 모르는 사이에 두려움과 부끄러움을 느끼다가, 그리고는 다시 기뻐하게 되었습니다.

君子는 仁義가 가슴속에 가득 차 있어서, 그것이 얼굴을 윤택하게 하고, 등으로 젖어들며, 四肢의 활동도 이에 합치되어, 이것이 말로 드러나니, 오직 仁義에 뜻을 둔 사람만이 이를 살펴서 이해하게 될 뿐이라고 들었습니다. 그러나 오히려 그 容貌는 美好하나 그 말은 貧乏하기도 하고, 그 말은 美好하나 그 행실은 貧乏한 사람도 있으니, 천하에 지극히 밝게 살필 수 있는 사람이 아니라면 어찌 이에 대응할 수 있겠습니까.

某嘗竊觀호니 **古之君子所以自爲者**는 **顧而自忖其中則**欿**然**이라 **又思昔者得見於足下**컨대 **俯數刻爾**니 **就使其中有絶於衆人者**라도 **亦未嘗得與足下言也**어늘 **足下何愛而欲交之邪**아 **或者**焯**然察其有似邪**아 **夫顧而自忖其中則**欿**然**이요 **其爲貌言也 乃有以召君子之愛**하니 **宜乎不知其爲懼與媿也**로다

某가 前에 삼가 관찰해 보니, 옛날의 君子로서 스스로 노력한 사람은, 돌이켜 자신의 마음을 헤아려 보고는 자신을 부족하다고 여겼습니다. 또 과거에 足下를 뵈었을 때를 생각하니, 접견해 주신 시간이 數刻(數十分) 뿐이었으니, 가령 그 마음속에 보통 사람보다 뛰어난 것이 있는 자라 하더라도, 또한 족하와 대화를 나누지 못하였는데, 족하께서는 어느 면을 사랑하셔서 이 못난 사람과 사귀려 하시는지요. 혹 제가 다른 사람보다 빼어난 부분이 있다고 생각하시기 때문이신가요.

대저 스스로 속에 품은 마음을 돌이켜 헤아려 보아도 부족함이 많은데, 그 容貌와 言語가 곧 君子의 사랑을 불러들임이 있게 되었으니, 저도 모르게 두려움과 부끄러움을 느끼게 되는 것이 당연합니다.

然而足下自許不妄交면 **則其交之也 固宜相切以義**하야 **以就其人材而後已爾**니 **則某也甚有賴**하니 **其爲言也**를 **可以已邪**아

그러나 足下께서 함부로 어지럽게 사귀지 않음을 스스로 인정하신다면, 그 사귐이

진실로 서로 義로써 切磋琢磨해야 마땅하고, 이로써 그 사람의 德과 才能을 이루어 준 이후에야 그만둘 뿐인 것입니다. 그러므로 某는 의지할 바가 있게 된 것이니 그에 대해 말하는 것을 멈출 수가 있겠습니까.

18. 答張幾書* 張幾에게 보낸 답서

* 張幾는 어떤 인물인지 未詳이다.

亦有深思라

이 글에도 또한 깊은 思想이 內含되어 있다.

張君足下 某常以今之仕進은 **爲皆詘道而信身者**러니 **顧有不得已焉者**하니 **捨爲仕進**이면 **則無以自生**이라 **捨爲仕進而求其所以自生**이면 **其詘道有甚焉**하니 **此固某之亦不得已焉者**라 **獨嘗爲進說**[1)]하야 **以勸得已之士焉**하니 **得已而已焉者**를 **未見其人也**로라

張君 足下에게 올리나이다.

某는 항상 지금 벼슬자리에 진출한 사람들은 모두 道義를 굽히고 자신의 생계나 도모하는 사람들이라고 여겼는데, 돌이켜보건대 이를 그만둘 수가 없는 것은, 벼슬살이를 중단하면 스스로 생계를 도모할 수가 없기 때문입니다. 벼슬살이를 그만두고서 자신의 생계를 도모하게 되면 道義를 굽힘이 더욱 심하게 되기도 하므로, 이것이 某가 또한 그만둘 수 없는 이유인 것입니다.

이에 특히 과거에 〈進說〉을 지어서 이로써 道義를 固守하며 벼슬에 나가지 않을 수 있는 선비를 격려하기도 하였으나, 도의를 고수함이 벼슬에 나가지 않을 수 있는 지경에 이르렀는데도 나가지 않는 사람을 본 일이 없습니다.

1) 進說 : ≪唐宋八大家文抄 王安石≫ 卷10에 수록되어 있다.

不圖今此而得足下焉하니 **足下恥爲進士**하고 **貴其身而以自娛於文**하야 **而貧無以自存**하니 **此尤所以爲難者**로다 **凡今於此**에 **不可毋進謁也**니 **況如某少知義道之所存乎**아 **今**

者足下乃先貶損而存之하고 賜之書하야 詞盛指過하니 不敢受而有也로라 惟是不敏之罪에 不知所以辭하야 敢布左右하노니 惟幸察之而已니라

그런데 뜻밖에도 이제 이런 소신을 실천하는 足下를 보게 되었습니다. 족하께서는 벼슬에 나감을 부끄럽게 여기시고, 그 몸을 바르게 지킴을 귀하게 여기며 스스로 글짓기를 즐기시지만, 가난함은 자신의 생존이 불가능할 정도이시니, 이런 처신은 더욱 어려운 일이라고 여기는 바입니다. 무릇 이제 이런 소신을 실천하시는 분은 당연히 찾아가 뵙지 않을 수 없는데, 하물며 某처럼 義와 道의 존재를 알기에 부족한 사람이야 어떠하겠습니까.

이제 족하께서 먼저 자신을 낮추고 存問을 하시며 편지를 보내셔서 성대한 말씀으로 지나치게 찬미해 주시니, 감히 받아들여 간직할 수가 없나이다. 오직 민첩하게 예를 올리지 못했던 죄 때문에 변명할 바를 알지 못하여 감히 좌우에 아뢰오니, 이를 살펴 주신다면 다행이겠습니다.

19. 答錢公輔學士書* 學士 錢公輔에게 보낸 답서

* 왕안석이 錢公輔의 請을 받고 그 父母의 墓誌銘을 지어 주자, 전공보는 그 내용의 일부에 불만을 품고 일부를 增損해 주도록 청하는 편지를 보내었다. 왕안석은 이를 거절하면서 增損이 不可한 이유를 설명한 答信이 이 편지로, 皇祐 6년(1054)에 지은 것으로 보인다.

比蒙以銘文見屬하니 足下는 於世爲聞人이라 力足以得顯者銘父母어늘 以屬於不腆之文은 似其意非苟然이라 故輒爲之而不辭호라 不圖乃猶未副所欲하야 欲有所增損하니 鄙文自有意義하야 不可改也라 宜以見還하고 而求能如足下意者爲之耳니라

근자에 銘文을 지어 달라는 부탁을 받게 되었는데, 足下께서는 세상에 널리 알려진 분이시니 顯達한 사람이 지은 父母 墓碑의 銘文을 얻을 능력이 충분하신데도, 글솜씨가 시원치 않은 사람에게 부탁하신 것은 그 뜻이 되는 대로 건성건성하지 않고자 하는 데 있는 듯하여, 그 때문에 즉시 지어 드리고 사양하지 않았던 것입니다.

그런데 뜻밖에도 오히려 드러내고자 하는 뜻에 부합하지 못해서 增損을 加하기를

원하고 계시니, 못난 사람의 비루한 글이지만 나름대로의 意義를 지니고 있어서 고치는 일은 불가하므로 되돌려 보내고 족하의 뜻에 맞게 지을 수 있는 사람을 찾아서 짓는 것이 마땅할 것입니다.

家廟를 以今法準之면 恐足下未得立也[1]니 足下雖多聞이나 要與識者講之하라 如得甲科爲通判하고 通判之署에 有池臺竹林之勝이나 此何足以爲太夫人之榮이완대 而必欲書之乎아 貴爲天子하고 富有天下라도 苟不能行道면 適足以爲父母之羞니 況一甲科通判이리오 苟粗知爲辭賦[2]면 雖市井小人이라도 皆可以得之니 何足道哉며 何足道哉리오 故銘以謂閭巷之士 以爲太夫人榮은 明天下有識者 不以置悲歡榮辱於其心也어늘 太夫人能異於閭巷之士하야 而與天下有識同하니 此其所以爲賢而宜銘者也라 至於諸孫하야는 亦不足列이니 孰有五子而無七孫者乎아 七孫業之有可道면 固不宜略이나 若皆兒童이라 賢不肖를 未可知어늘 列之면 於義何當也오 諸不具道하노니 計足下當與有識者講之하라 南去愈遠하니 君子 惟順愛自重이니라

家廟에 대하여 지금 시행되고 있는 法을 기준으로 하여 衡量해 본다면, 아마도 足下께서는 가묘를 세울 수가 없을 것입니다. 足下께서 비록 아는 것이 많으시지만, 識者들과 이에 대해 토론해 보시기 바랍니다.

만약 進士試에 甲科로 합격하여 通判이 되셨고, 통판께서 근무하던 官署에 경치가 좋은 池臺와 竹林이 있다 해도, 이것이 어찌 족히 太夫人의 영예가 될 것이 있기에 기필코 銘文에 수록하고자 하시는 것입니까. 貴하기는 天子가 되고 富하기는 天下를 소유했다 해도 진실로 道를 실천할 수 없다면 바로 부모의 부끄러움이 되기에 족한데, 하물며 甲科에 합격했던 一個 通判이야 더 말할 것이 있겠습니까. 진실로 辭나 賦를 대강 지을 줄 알게 되면 비록 市井의 小人輩들도 모두 甲科에 합격하여 通判이 될 수는 있는 것이니, 어찌 족히 말할 것이 있겠습니까. 어찌 족히 말할 것이 있겠습니까.

그 때문에 銘文에 "閭巷之士들이 太夫人의 영예로 여겼다."라고 말한 것은, 天下의 有識者들은 閭巷之士와는 달리 通判 정도의 小吏직을 얻고 잃음으로 인하여 그 마음 속에 悲歡과 榮辱으로 여기지는 않는다는 것을 밝힌 것으로, 태부인께서도 여항지사들의 생각에 동의하시지 않으시고 천하의 유식자들과 뜻을 같이하셨으니, 이것이 현

명하신 所以이고 銘文에 수록되어야 마땅한 것입니다.

여러 孫子들에 이르러서는 또한 銘文에 나열하는 것이 마땅하지 않으니, 누구인들 아들 다섯에 일곱 손자를 두지 않은 이가 있겠습니까. 일곱 손자들이 하는 일에 칭찬할 만한 것이 있으면 명문에 생략하는 것이 본시 마땅하지 않겠지만, 만약 모두가 어려서 현명한지 못났는지를 알 수가 없는데도 이를 나열해 놓는다면 이것이 어찌 의리상 합당한 일이겠습니까. 다른 모든 일은 다 말씀드리지 않겠으니, 족하께서 마땅히 有識者들과 상의해 보시기를 바랍니다.

남쪽으로 더욱 멀리 떠나 있으니, 君子께서는 오직 愼重하게 自愛하시고 自重하시기를 빌 뿐입니다.

1) 家廟……恐足下未得立也 : 당시의 제도에 의하면 正一品 平章事 以上은 四廟(4代祖까지 사당에 모심)이고, 樞密使 節度使 등은 모두 三廟를 세울 수 있으나, 그 외의 관리들은 廟보다 한 등급 낮은 寢에서 제사를 지내게 되어 있었다.

2) 辭賦 : 文體名으로, 모두 楚辭에서 發源하였으나 辭는 一種의 詩이고 賦는 韻이 있는 文이다. 辭와 賦 모두 聲調와 排比鋪陳을 講究하는 것이 그 특징이다.

20. 答陳梠書* 陳梠에게 보낸 답서

* 陳梠가 老子와 莊子에 대한 자신의 견해를 언급한 편지를 왕안석에게 보내자, 이에 대해 자신의 견해를 밝힌 것이 이 편지이다. 陳梠가 어떤 인물인지는 未詳이다.

言老莊處도 亦已見其大端이라

노자와 장자에 대하여 언급한 곳에도 또한 이미 큰 根源이 드러나 있다.

某는 啓하노라 伏蒙不遺不肖하야 而身辱先之하고 示之文章하야 使得窺究其所蘊하고 又取某所以應見問者하야 序而存之하야 以寵其行하니 足下之賜過矣라 不敢當也로다 某懦陋淺薄하야 學未成而仕하니 其言行이 往往背戾於聖人之道하야 擯而後復者 非一事也라 自度尙不足與庸人爲師어든 況如足下之材良俊明에 安能一有所補邪아 雖然이나

足下過聽하고 所序而存者는 或非某所聞於師友之本指也니 則義不得默而已니라

某가 올리나이다.

이 못난 사람을 잊지 않으시고 몸을 낮추어 먼저 편지를 보내 주시고, 지으신 문장을 보여 주셔서 그 蘊蓄하신 뜻을 엿볼 수 있게 해 주셨으며, 또한 某가 질문한 일에 응답을 주시면서 그 뜻까지 敍述해 주셨고 떠나는 사람에게 詩文을 지어 주기도 하셨습니다. 足下께서 내려 주신 은혜가 過分해서 감히 감당할 수가 없습니다.

某는 게으르고 고루하고 천박하여 학문이 미처 이루어지기도 전에 벼슬길에 올랐으니, 그 言行이 往往 聖人의 道에 어긋남이 있어서 排斥당해 쫓겨났다가 그 후에 다시 되돌아오곤 한 것이 한두 번이 아니었습니다. 스스로 헤아려 보건대 庸劣한 사람의 스승이 되기에도 오히려 부족한데, 하물며 足下처럼 재능이 우수하고 빼어나게 明達한 분에게 어찌 한 가지라도 도움이 될 것이 있겠습니까.

비록 그러하나 족하께서 잘못 들으시고 그 뜻을 서술하여 물으신 것 가운데는 더러 某가 師友에게 들은 本旨와는 어긋나는 것이 있으니, 義理上 말하지 않고 가만히 있을 수가 없습니다.

莊生之書[1)]에 其通性命之分하야 而不以死生禍福으로 累其心은 此其近聖人也니 自非明智면 不能及此니라 明智矣요 讀聖人之說이라야 亦足以及此니라 不足以及此어늘 而陷溺於周之說이면 則其爲亂大矣니라 墨翟은 非亢然詆聖人而立其說於世하니 蓋學聖人之道로되 而失之耳요 雖周亦然이니라 韓氏作讀墨[2)]하고 而又謂子夏之後 流而爲莊周[3)]라하니 則莊墨은 皆學聖人이나 而失其源者也라 老莊之書具在하니 其說未嘗及神仙이요 唯葛洪爲二人作傳以爲仙[4)]이어늘 而足下謂老莊潛心於神仙하야 疑非老莊之實이라 故嘗爲足下道此니라 老莊雖不及神仙하고 而其說亦不皆合於經이나 蓋有志於道者라 聖人之說은 博大而閎深하야 要當不遺餘力以求之니 是二書를 雖欲讀이나 抑有所不暇니라 某之所聞이 如此하니 其離合于道는 惟足下自擇之하라

莊生의 글에 性命의 分數에 精通하여 死生과 禍福에 그 마음이 얽매임이 없다고 한 것은, 이런 경지는 聖人에 가까운 것이니 스스로 明哲한 智慧를 가진 자가 아니면 이에 미칠 수가 없는 것입니다. 명철한 지혜를 가지고서 聖人의 말씀을 읽은 사람이라야 또한 족히 이런 경지에 이를 수 있게 됩니다. 이런 경지에 이르기에 부족하면서 莊周

의 논리에 빠지게 되면, 세상을 크게 어지럽히게 됩니다.

墨翟도 무례하게 성인을 비방하면서 세상에 자신의 학설을 내세웠던 것이 아니고, 대체로 성인의 道를 배우기는 하였으되 잘못 배운 것일 뿐이었습니다. 莊周도 또한 그런 사람입니다. 韓氏가 〈讀墨子〉를 지었고, 그리고 또 子夏의 학설이 그 후에 流傳되어 莊周의 학설이 되었다고 말하였으니, 莊周와 墨翟은 모두 聖人의 학설을 배우기는 하였으되 그 根源을 잘못 이해한 것입니다. 老子와 莊子의 글이 모두 남아있고, 그 학설에 일찍이 神仙에 대하여 언급한 일이 없습니다. 다만 葛洪이 두 사람을 빙자하여 傳을 지어서 〈神仙傳〉이라 한 것일 뿐입니다. 그런데 足下께서는 老子와 莊子가 神仙에 潛心하였다고 말하면서, 이는 노자와 장자의 實相이 아니라고 의심하였으므로, 그 때문에 일찍이 족하를 위하여 이에 대하여 말씀을 드렸던 것입니다. 노자와 장자의 주장이 비록 신선을 언급하지는 않았고, 그 학설이 또한 모두 經에 합치되지는 않지만, 그들도 모두 道에 뜻을 두었던 사람들입니다. 聖人의 주장은 廣大하고 深遠하므로 응당 모든 힘을 다하여 이를 탐구해야 하나니, 이 때문에 ≪老子≫와 ≪莊子≫ 두 책을 비록 읽고자 하나 또한 그럴 겨를이 없는 것입니다.

某가 듣고 아는 바는 이와 같으니, 그것이 道에 합치되는지 안 되는지는 오직 足下께서 스스로 判斷하여 擇하시기 바랍니다.

1) 莊生之書 : ≪莊子≫를 지칭한다.

2) 韓氏作讀墨 : 唐代의 韓愈가 〈讀墨子〉 한 편을 지었는바, 내용의 핵심은 孔子와 墨子의 說 대부분이 서로 같음을 밝힌 것이다.

3) 流而爲莊周 : 韓愈의 〈送王秀才序〉에, "대체로 공자의 제자 子夏의 학문을 그 후에 계승한 사람이 田子方이고, 전자방 이후에는 그 학문이 흘러가서 莊周가 있게 되었다.〔盖子夏之學 其後有田子方 子方之後 流而爲莊周〕" 하였다. 이 말은 莊子도 墨子와 한가지로 聖人의 학문을 배웠다는 주장이다.

4) 唯葛洪爲二人作傳以爲仙 : 葛洪(284~364)은 ≪老子≫와 ≪莊子≫를 바탕으로 하여 神仙導引法을 밝힌 ≪抱朴子≫를 지었다. 당시 世人들은 그의 道를 天師道라 칭하였다.

宋大家王文公文抄 卷6

序

01. 周禮義序[*] ≪周禮義≫의 序文

* 王安石의 新法이 朝廷의 百官들과 地方官들의 강한 반대에 봉착하였는바, 그들의 반발의 근거가 신법이 儒家의 經傳에 위배된다는 것이었다. 이에 왕안석을 대표로 하는 新法派는 神宗의 庇護下에 ≪詩經≫, ≪尙書≫, ≪周禮≫ 등 대표적인 儒家의 전적을 新法派의 논리에 맞게 재해석하고, 이를 통하여 舊法派의 논리를 차단하고자 하였다. 이에 왕안석의 주도로 上記 三經을 재해석한 ≪三經新義≫를 熙寧 8년(1075)부터 國子監에서 교육하고 과거시험에 출제하도록 하였다.

本 〈周禮義序〉는 과거 周公이 편찬하였다고 전해지고 고대의 행정조직과 업무에 관한 기록인 ≪周禮≫(일명 周官)를 再訓釋한 것으로, 이를 황제께 올리면서 그 편찬 경위를 서술한 것이다.

序는 文體의 一種으로, 작품의 主旨와 敍述經過 등을 陳述한 것으로, 他人의 著作에 대하여 소개하거나 평가한 글도 序라 칭하였고, 後代에는 작별할 때에 勸勉하는 뜻으로 지어 준 글도 序(送序)라 칭하였다.

荊公所自喜在讀周禮하야 而其相業所卒自誤處도 亦在周禮라

荊公이 스스로 좋아한 것이 ≪周禮≫를 읽는데 있었고, 그가 宰相으로 있을 때에 드디어 스스로 잘못을 범하게 된 것도 또한 ≪周禮≫를 誤用한데 있었다.

士弊於俗學이 久矣라 聖上閔焉하사 以經術造之하사 乃集儒臣하야 訓釋厥旨하야 將播之校學하실새 而臣某實董周官[1)]하시다

선비들이 세속적인 학문만을 탐구하는 폐단에 빠진 지 오래되었는데, 聖上께서 이를 번민하시어 經學의 연구로 되돌리고자 儒臣들을 모아서 그 뜻을 訓釋하여 이를 학교에 전파하게 하시면서, 臣 某에게는 ≪周官≫의 訓釋을 담당 감독하게 하셨습니다.

1) 周官 : 漢代에 ≪周禮≫가 처음 나왔을 때의 명칭으로, ≪尙書≫의 〈周官〉과 혼동할 염려가 있으므로 ≪周官經≫으로 개칭하였다가, 前漢末 劉歆이 이를 經에 나열하면서 禮에 소속시켰으므로, 그때부터 ≪周禮≫라 칭하게 되었다.

惟道之在政事에 **其貴賤有位**하고 **其後先有序**하며 **其多寡有數**하고 **其遲數有時**라 **制而用之**는 **存乎法**하고 **推而行之**는 **存乎人**하니 **其人足以任官**하고 **其官足以行法**은 **莫盛乎成周之時**[1]요 **其法可施於後世**하고 **其文有見於載籍**은 **莫具乎周官之書**라 **蓋其因習以崇之**하고 **賡續以終之**하야 **至於後世**하얀 **無以復加**하니 **則豈特文武周公之力哉**[2]리오 **猶四時之運**에 **陰陽積而成寒暑 非一日也**라

생각하옵건대 道를 政事에 적용함에 있어서, 貴하고 賤한 等級에 맞는 자리가 있고, 먼저 할 것과 뒤에 할 것에는 順序가 있고, 많이 할 것과 적게 할 것에는 數量이 있으며, 빠르게 할 것과 늦게 할 것에는 때가 있는 법입니다. 이를 제정하여 적용하는 것은 法에 달려 있고, 이를 추진하여 시행하는 것은 사람에 달려 있습니다.

그 인물이 벼슬을 담당하기에 족하고, 그 벼슬이 法을 시행하기에 족하게 된 것은 成周의 시대보다 더 융성한 때가 없었으며, 그 법을 후세에 시행할 수 있고 그 기록을 典籍에서 볼 수 있는 것으로는 ≪周官≫의 기록보다 더 잘 갖추어진 것이 없습니다.

대체로 그런 것들이 慣例化되면서 尊崇되었고, 시대를 이어오면서 완성되어 후세에 이르러서는 다시 더 보탤 것이 없게 된 것이지, 어찌 유독 文王, 武王, 周公의 힘만에 의해서였겠습니까. 네 계절이 운행하며 陰氣와 陽氣가 蓄積되어서 날씨가 추웠다 더웠다 하는 것처럼 하루 이틀 사이에 이루어진 것이 아닙니다.

1) 成周之時 : 成周는 본래 西周의 東都였던 洛邑을 지칭하였으나, 이를 周公이 경영했던 것으로 전해지면서 周公이 成王을 보좌하여 이룩한 隆盛한 시대를 지칭하게 되었다.

2) 豈特文武周公之力哉 : ≪周禮≫를 文王, 武王, 周公 등이 지었다는 주장을 왕안

석이 부인하였듯이, 現今의 학자들도 그들의 作으로 인정하지 않고 있다.

自周之衰로 以至于今히 歷歲千數百矣라 太平之遺迹이 掃蕩幾盡하야 學者所見이 無復全經하니 於是時也에 乃欲訓而發之라 臣誠不自揆나 然知其難也하니 以訓而發之之爲難이면 則又以知夫立政造事에 追而復之之爲難이라 然竊觀聖上致法就功하사 取成於心하시고 訓迪在位하야 有馮有翼[1]하시며 亹亹乎鄕六服承德[2]之世矣라 以所觀乎今으로 考所學乎古컨대 所謂見而知之者[3]를 臣誠不自揆하고 妄以爲庶幾焉이라 故遂昧冒自竭하야 而忘其材之弗及也라

周나라가 쇠망하고부터 現今에 이르기까지 천 수백 년이 지났고 太平時代의 남은 자취도 거의 다 없어져서, 學者들이 다시는 온전한 경전을 볼 수가 없게 되었으므로 이 시대에 訓釋하고 크게 發揚하고자 하게 된 것입니다. 臣은 진실로 자신의 역량을 헤아릴 줄도 모르지만, 그 일이 어려운 일임은 알고 있습니다. 이를 訓釋하고 널리 펼치는 것이 어려운 일이라면, 이를 정치에 적용하고 일을 시행하고자 옛 制度를 상고하여 복원시키는 것도 어려운 일임을 더욱 잘 알고 있습니다.

그러나 삼가 관찰하옵건대 聖上께서 法을 제정하고 功業을 이루시어 마음속에 학문을 이루시고, 벼슬자리에 있는 사람들을 가르치고 계도하여 근거로 삼을 곳이 있어서 補益함이 있게 하시며, 부지런히 遠近의 모든 지방이 恩德을 이어받을 수 있는 세상을 지향하도록 힘쓰셨습니다.

지금에 관찰한 바로써 옛 경전의 학문을 고찰해 보니, 이른바 '직접 보고서 안다.'는 것을 臣은 진실로 스스로의 역량을 헤아리지 못하고 건방지게도 이에 가깝다고 여겼습니다. 그러므로 그 재능이 미치지 못함을 잊고 드디어 어리석음을 무릅쓰고 노력을 다 기울였습니다.

1) 有馮有翼 : 이에 대한 내용은 ≪詩經≫ 〈大雅 卷阿〉에 보인다.

2) 六服承德 : 周代에 王畿를 사방 1천 리로 하고, 그 바깥 5백 리마다 구역을 정해서 侯服, 甸服, 男服, 采服, 衛服, 蠻服의 六服이 있었다. ≪尙書≫ 〈周書 周官〉에 "六服의 여러 제후들이 덕을 받들지 않는 자가 없었다.〔六服群辟 罔不承德〕" 라고 보인다.

3) 所謂見而知之者 : 見而知之는 시간적인 거리가 멀지 않아서 직접 보고서 아는 자라는 뜻으로, ≪孟子≫ 〈盡心 下〉에 보인다.

謹列其書爲二十有二卷하니 **凡十餘萬言**이라 **上之御府**하고 **副在有司**하야 **以待制詔頒焉**이라 **謹序**하노이다

삼가 그 글을 22卷에 배열하니, 모두 十餘萬言에 이르게 되었습니다. 이를 御府(宮中의 圖書와 秘記를 수장하는 관서)에 바치고 副本은 담당 기관에 남겨 두고서, 皇帝의 명으로 반포하기를 기다리고 있습니다.

삼가 이로써 序에 대하나이다.

02. 書義序* ≪書義≫의 序文

* ≪書義≫는 ≪三經新義≫의 하나로서, ≪新經尙書≫, ≪新經書義≫라고도 칭한다. 이를 실제로 撰한 사람은 王安石의 아들 王雱이며, 총 13권으로 되어 있는데, 현재는 전해지지 않는다.

按二序하니 **皆公應詔爲之者**라 **其辭簡**호되 **而其法度**는 **自典則**이라

두 편의 序를 고찰해보니, 모두 공이 皇上의 명에 응하여 지은 것들이다. 그 文章이 간략하면서도 그 법도는 스스로 모범이 될 만하다.

熙寧二年에 **臣某以尙書入侍**[1)]하야 **遂與政**하고 **而子雱實嗣講事**[2)]러니 **有旨**하야 **爲之說以獻**하고 **八年**에 **下其說太學**하야 **班焉**[3)]이라

熙寧 2년(1069)에 臣 某는 ≪尙書≫를 侍講한 것이 계기가 되어 闕內에서 皇上을 모시면서 政事에 참여할 수 있었고, 臣의 자식 雱이 經筵에서 講述하는 일을 이어받았으며, 황상의 지시가 계시면 講論한 學說을 글로 정리하여 올리기도 하였는데, 8년(1075)에는 그 글을 太學으로 내려 보내 학생들에게 나누어 주고 가르치게 하셨습니다.

1) 以尙書入侍 : 왕안석이 神宗을 위하여 ≪尙書≫를 侍講했던 것을 지칭한다.
2) 子雱實嗣講事 : 이 句는 왕안석의 아들 王雱이 부친을 이어서 侍講을 담당하였던 것을 지칭한다.
3) 八年……班焉 : ≪宋史≫ 〈選擧志 三〉에, 황제께서 일찍이 왕안석에게 말씀하시기를, "지금 經傳에 대한 설명이 사람마다 다르니 어찌 道德을 통일시킬 수가 있겠는가. 卿이 註釋한 經傳을 반포하여 배우는 사람들이 하나의 학설로 귀일하게 하라.〔帝嘗謂王安石曰 今談經者人人殊 何以一道德 卿所著經 其以頒行 使學者歸一〕" 하였으므로 熙寧 8년에 왕안석의 ≪書義≫, ≪詩義≫, ≪周禮義≫를 ≪三經新義≫라 命名하여 學館에 반포하였다 하였다.

惟虞夏商周之遺文[1]이 **更秦而幾亡**[2]이라가 **遭漢而僅存**하니 **賴學士大夫誦說**하야 **以故不泯**이나 **而世主莫或知其可用**이라 **天縱皇帝大知**하사 **實始操之以驗物**하시고 **考之以決事**러시니 **又命訓其義**하야 **兼明天下後世**하실새 **而臣父子以區區所聞**으로 **承乏與榮焉**이라 **然言之淵懿**어늘 **而釋以淺陋**하고 **命之重大**어늘 **而承以輕眇**하니 **玆榮也 祇所以爲愧也歟**인저 **謹序**하노이다

삼가 생각하옵건대 虞, 夏, 商, 周시대에 남긴 글인 ≪尙書≫가 秦나라의 焚書를 겪으면서 거의 없어졌다가 漢나라에 이르러서야 겨우 남아있게 된 것은, 學士 大夫들 가운데 그 글을 암송하는 사람이 있었던 데에 힘입어서 그 때문에 泯滅하지 않게 되었으나, 그 시대의 君主 가운데는 그 학문의 효용을 알지 못하는 이도 있었습니다.

하늘이 皇上께 큰 지혜를 부여하사, 진실로 비로소 이 학설을 근거로 하여 사물을 궁구하시고, 이 학설을 참고하여 事案을 결정하셨습니다. 그리고 그 뜻을 訓釋하고 겸하여 천하 후세에 밝힐 것을 명하셔서, 臣 父子가 변변히 아는 것도 없으면서 빈 자리를 이어받아 영예로운 일에 참여하였습니다. 그러나 글의 내용이 深奧하고 아름다운데도 이를 淺薄하고 固陋하게 訓釋하였고, 명하신 일이 중대한 것인데도 가볍고 하찮은 식견 때문에 받들기를 제대로 하지 못하였으니, 이러한 영예로운 일이 다만 부끄러움만 될 뿐이옵니다.

삼가 이로써 序에 대하나이다.

1) 惟虞夏商周之遺文：이는 ≪尙書≫에 수록된 〈虞書〉, 〈夏書〉, 〈商書〉, 〈周書〉를 지칭한다.
2) 更秦而幾亡：秦始皇의 焚書로 儒家 經傳이 거의 없어졌던 것을 지칭한다.

03. 詩義序* ≪詩義≫의 序文

* ≪詩義≫도 또한 王安石이 주도하여 편한 ≪三經新義≫의 하나로서, 本 序는 이를 완성한 후 왕안석이 그 편찬동기와 과정 등을 서술한 글이다. ≪詩義≫는 왕안석의 아들인 王雱이 그 文辭를 訓釋하고 왕안석이 그 意義를 해설한 것이나, 현재는 失傳되어 그 全貌를 파악할 수가 없다.

自是作家之文이라

이는 작가의 文學理論이 담겨있는 글이다.

詩三百十一篇은 其義具存하고 其辭亡者는 六篇而已[1)]라 上旣使臣雱으로 訓其辭하시고 又命臣某等하야 訓其義하시니 書成에 以賜太學하야 布之天下하시고 又使臣某爲之序라 謹拜手稽首하고 言曰

≪詩經≫의 詩 311篇은 그 意義가 모두 남아 전해오고 있으며, 그 文辭가 없어진 것은 6篇뿐입니다. 皇上께서 臣 王雱 등으로 하여금 그 文辭를 訓釋하게 하시고, 다시 臣 某 等에게 명하셔서 그 意義를 설명하도록 하셨으며, 冊이 완성되자 이를 太學에 내려 보내어 天下에 廣布하도록 하시고, 또 某에게 그 序文을 쓰도록 명하셨습니다. 이에 臣은 두 손 모아 절을 올리고 머리를 조아리며 아래와 같이 쓰나이다.

1) 其辭亡者 六篇而已：今本 ≪詩經≫에 수록된 詩는 305篇이고, 詩의 題目만 傳해오는 것이 〈南陔〉, 〈白華〉, 〈華黍〉, 〈由庚〉, 〈崇丘〉, 〈由儀〉 등 6篇임을 말한다.

詩는 上通乎道德하고 下止乎禮義라 放其言之文하야 君子以興焉하고 循其道之序하야 聖人以成焉이라 然以孔子之門人에 賜也商也 有得於一言[1)]이어늘 則孔子悅而進之하

시니 蓋其說之難明이 如此하니 則自周衰로 以迄于今히 泯泯紛紛이 豈不宜哉리오

《詩經》은 위로는 道德에 이르게 하고, 아래로는 禮義에 머물게 합니다. 말을 아름답게 수식한 것을 본받아 君子들이 이에 鼓舞되었고, 그 道의 次序를 좇아서 聖人이 이로써 이루어졌습니다. 그럼에도 孔子의 弟子로는 賜(子貢)와 商(子夏)만이 《詩經》에 있는 한 마디 말을 겨우 깨닫게 되었을 뿐이지만 공자께서 기뻐하시며 찬양하셨습니다. 대체로 그 말의 밝히기 어려움이 이와 같으니, 周나라가 쇠망한 후 지금에 이르기까지 뒤얽혀서 어지러워진 것이 어찌 당연하지 않겠습니까.

1) 賜也商也 有得於一言 : 《論語》 〈學而〉에, "子貢이 말하기를, '《詩經》에서 자르듯이 쪼듯이 다듬듯이 갈 듯이 한다고 이른 것이 이를 말하는 것입니까?' 하니, 공자께서, '賜와는 비로소 詩에 대하여 함께 토론할 수 있도다.'〔子貢曰 詩云 如切如磋 如琢如磨 其斯之謂與 子曰 賜也 始可與言詩已矣〕" 하였고, 《論語》 〈八佾〉에, "子夏가 묻기를 '아리따운 웃음 보조개가 어여쁘고, 아리따운 눈 눈동자가 선명하도다. 바탕이 이루어진 이후에 문채나게 하도다 한 것은 무엇을 이르는 것입니까?' 하니, 공자께서, '그림을 그리는 일은 바탕을 희게 한 이후에 한다는 것이다.' 하시니, 다시 묻기를, '禮는 忠信의 바탕이 이루어진 후의 일이라는 것이군요.' 하니, 공자께서, '나를 감발시키는 사람이 商이로다! 비로소 함께 詩를 토론할 만하게 되었도다.' 하셨다.〔子夏問曰 巧笑倩兮 美目盼兮 素以爲絢兮 何謂也 子曰 繪事後素曰 禮後乎 子曰 起予者 商也 始可與言詩已矣〕" 한 것을 引用한 것이다. 賜와 商은 孔子의 弟子로, 賜는 端木賜를 칭하며 字를 子貢이라 하였고, 商은 卜商으로 字를 子夏라 하였다.

伏惟皇帝陛下는 內德純茂하사 則神罔時恫하고 外行恂達하사 則四方以無侮라 日就月將하야 學有緝熙于光明하시니 則頌之所形容[1)]이 蓋有不足道也라 微言奧義를 旣自得之하시고 又命承學之臣하사 訓釋厥遺하야 樂與天下共之라 顧臣等所聞은 如爝火焉이니 豈足以賡日月之餘光이리오 姑承明制하야 代匱而已라

엎드려 생각하옵건대 皇帝陛下께서는 품으신 德이 순수하고 크게 아름다우시어 神의 슬픔이 없어졌고, 겉으로 드러나는 행실이 通達하셨으므로 四方의 나라들이 감히 함부로 깔보지 못하게 되었습니다. 날로 나아가며 달로 진전하여 닦으신 학문이 깊고

넓게 축적되어 光明한 경지에 이르게 되었으므로, 頌에 형용한 것이 말로 표현하기에 부족함이 있습니다. 隱微한 말과 奧妙한 의의를 이미 스스로 터득하시고, 다시 皇上의 학문을 이어받은 신하에게 명하셔서 그 빠뜨린 것을 설명하고 해석하게 하여, 그 즐거움을 천하와 더불어 함께 나누고자 하셨습니다.

다만 臣 등이 알고 있는 知識은 작은 횃불과 같으니, 어찌 皇上의 해와 달과 같은 풍부한 광채를 이어받아 따르기에 족하겠습니까. 그러니 우선 밝으신 명을 받들어서 황상을 대신하여 모자란 부분을 보완하였을 뿐입니다.

1) 頌之所形容 : 〈毛詩序〉에 "頌은 盛德의 形容을 찬미하여 그 成功을 神明에게 고한 것이다.〔頌者 美盛德之形容 以其成功告於神明者也〕"라고 보인다.

傳[1)]에 **曰 美成在久**라하니 **故棫樸之作人**은 **以壽考爲言**[2)]하니 **蓋將有來者焉**하야 **追琢其章**하야 **纘聖志而成之也**어늘 **臣衰且老矣**로되 **尙庶幾及見之**라 **謹序**하노이다

옛 典籍에 전해오기를, "훌륭한 일을 이루어 놓으면 오래가게 된다." 하였으며, 그 때문에 ≪詩經≫ 〈大雅 棫樸〉에서는 사람의 훌륭한 재능이 이루어지면 이 때문에 長壽하게 된다고 말한 것입니다. 대체로 장차 뒤에 올 사람이 정성을 다해 아름다운 玉璋을 갈고 닦아 寶器를 만들 듯이 인재를 배양하고 성스러운 文王의 뜻을 계승하여 완성해야 할 것인데, 臣은 氣力이 衰하고 늙었는데도 오히려 다행하게도 이를 보게 됨에 이르렀나이다.

삼가 이로써 序를 삼나이다.

1) 傳 : ≪莊子≫ 〈人間世〉를 지칭한다.
2) 故棫樸之作人 以壽考爲言 : ≪詩經≫ 〈大雅 棫樸〉에, "周나라 왕이 오래 산 것은 어찌 인재를 육성하였기 때문이 아니겠는가.〔周王壽考 遐不作人〕"라 한 말을 인용한 것이다. 周 文王은 97세를 살았다 한다.

04. 熙寧字說序* ≪熙寧字說≫의 序文

* 이 序는 卷3의 〈進字說表〉와 동시에 지은 것이다. ≪唐宋八大家文鈔 校注集評≫에는 '熙寧' 2字가 빠져 있다.

所見遠而語亦莊이라

드러낸 견해가 遠大하고 문장 또한 莊嚴하다.

文者는 奇偶剛柔雜比以相承이 如天地之文이라 故로 謂之文이오 字者는 始於一二하야 而生生至於無窮이 如母之字子라 故로 謂之字라 其聲之抑揚開塞과 合散出入과 其形之衡從曲直과 邪正上下와 內外左右가 皆有義하야 皆本於自然하니 非人私智所能爲也라 與夫伏羲八卦[1]와 文王六十四[2]로 異用而同制하야 相待而成易하니 先王以爲不可忽하고 而患天下後世失其法이라 故三歲一同[3]하야 同之者로 一道德也하시니라 秦燒詩書하고 殺學士하며 而於是時에 始變古而爲隸[4]하니 蓋天之喪斯文[5]也라 不然이면 則秦何力之能爲리오

'文'이라는 것은 홀수와 짝수, 굳셈과 부드러움이 서로 섞여서 배합된 것이 마치 하늘과 땅의 무늬와 같으므로 이를 일러 '文'이라 한 것이다. '字'라는 것은 하나 둘에서 시작하여 늘어나고 늘어나서 무궁함에 이르게 된 것이 마치 어머니가 자식을 낳아 자손을 퍼트리는 것과 같으므로 이를 일러 '字'라 한 것이다. 그 聲音이 눌림과 드날림, 열림과 막힘 등이 모였다 흩어졌다 나왔다 들어갔다 하는 것과, 字形이 縱과 橫, 曲과 直, 邪와 正, 上과 下, 內와 外, 左와 右로 드러나는 것이 모두 意義가 있어서 자연에 뿌리를 둔 것이니, 사람의 사사로운 지혜로 만들 수 있는 것이 아니다.

대저 伏羲의 八卦, 文王의 六十四卦와 더불어 구체적인 쓰임은 서로 다르나 製法은 서로 동일하므로, 상호 참조하여 ≪易≫을 완성한 것이다. 先王들이 이를 소홀히 해서는 안 된다고 여기고 天下後世에 그 법도가 없어질까 염려하여, 그 때문에 3년에 한 번씩 文字를 통일하도록 하고 통일된 문자로 道와 德을 同一하게 드러내게 하였다. 秦나라 때에 ≪詩經≫과 ≪書經≫을 불태우고 學士들을 살해하였으며, 이때에 이르러 비로소 古文字를 바꾸고 隸書를 만들었으니, 아마도 하늘이 이 古文字를 없애려 한 것인가? 그렇지 않다면 秦나라가 무슨 능력이 있어서 隸書를 만들 수 있었겠는가.

1) 伏羲八卦 : ≪周易≫의 八經卦는 중국 신화시대의 제왕인 伏羲氏가 창시한 것으로 전해진다. ≪周易≫ 〈繫辭 下〉에, "옛적 包犧氏가 천하를 다스리는 왕이 되었

을 때에 우러러 하늘의 象을 관찰하고 굽어 땅의 法을 살피며 鳥獸의 文彩와 땅의 합당함을 관찰하고 가까이는 자신의 몸에서 취하고 멀리는 外物에서 취하여 이에 비로소 八卦를 만들었다. 이로써 神明의 德과 通하고 萬物의 뜻과 하나가 되었다.〔古者 包犧氏之王天下也 仰則觀象於天 俯則觀法於地 觀鳥獸之文 與地之宜 近取諸身 遠取諸物 於是始作八卦 以通神明之德 以類萬物之情〕" 하였는데, 이곳의 包犧가 바로 伏羲를 지칭한 것이다.

2) 文王六十四 : ≪周易≫의 六十四卦는 周 文王이 창시한 것으로 전해진다. ≪史記≫ 〈周本紀〉에, "그(周 文王)가 羑里에 연금당해 있을 때에 ≪周易≫의 八卦를 부연하여 六十四卦를 만들었다.〔其囚羑里 蓋益易之八卦爲六十四卦〕" 하였다.

3) 三歲一同 : 上古시대에 3년마다 한 번씩 각 지방마다 다르게 쓰는 글자의 字形을 통일하는 작업을 하였다는 것이다. ≪中庸≫에, 공자께서 말씀하시기를 "지금 천하에 수레의 바퀴 폭이 동일하게 통일되었고, 글자는 字形이 同一해졌다.〔今天下 車同軌 書同文〕"라고 한 것이 이를 말하는 것이다.

4) 始變古而爲隷 : ≪說文解字≫ 〈序〉에, "이때에 秦나라에서 經書를 불태워서 옛 전적들을 싹 쓸어 없애고 隷卒들을 크게 동원하여 役事를 일으키니, 官獄의 직무가 번거롭게 되어, 비로소 隷書를 만들었다. 이로써 간략 평이함을 추구하니, 古文字가 이 때문에 없어져버렸다.〔是時秦燒滅經書 滌除舊典 大發隷卒興役 官獄職務繁 初有隷書 以趣約易 而古文由此絶矣〕" 하였다. 한편 ≪說文句讀≫에는, "秦나라의 獄吏인 程邈이 古書體인 大篆을 잘 썼는데, 죄를 지어 雲陽獄에 갇히었다. 그곳에서 大篆의 筆劃을 덧붙이거나 줄여서 그 번거롭고 복잡함을 제거하여 간략하게 하였다. 秦始皇이 이를 좋게 여겨서 출옥시켜 御使에 임명하고 그가 만든 글자체를 隷書라고 命名하였다.〔秦獄吏程邈善大篆 得罪 系雲陽獄 增減大篆 去其繁複 始皇善之 出爲御使 名其書曰隷書〕" 하여, 隷書의 字體를 秦나라 獄吏였던 程邈이 만든 것으로 보았다.

5) 蓋天之喪斯文也 : ≪論語≫ 〈子罕〉에 "하늘이 장차 이 文을 없애려 하셨다면, 뒤에 죽는 사람(孔子)이 이 文에 참여하지 못하였을 것이다.〔天之將喪斯文也 後死者不得與於斯文也〕"라고 보이는데, 이때의 文은 禮樂과 制度를 이른다. 여기서는 禮樂 制度란 의미와 함께 文字라는 의미도 포괄하고 있다.

余讀許愼說文[1)]하고 而於書之意에 時有所悟하야 因序錄其說하야 爲二十卷하고 以與

門人所推經義[2)]**附之**하노라 **惜乎**라 **先王之文**이 **缺已久**하야 **愼所記不具**하고 **又多舛**하니 **而以余之淺陋考之**에 **且有所不合**이라 **雖然**이나 **庸詎非天之將興斯文也**인댄 **而以余贊其始**라 **故其教學**이 **必自此始**리니 **能知此者**면 **則於道德之意**에 **已十九矣**리라

내가 許愼이 지은 ≪說文≫을 읽어 보고 글의 의미에 대하여 때때로 깨달은 바가 있어 그 때문에 字說을 순서대로 기록하여 20卷으로 만들고 門人들과 함께 ≪三經新義≫를 推敲하면서 이를 덧붙이게 되었다.

애석하도다! 先王이 제정한 文字는 없어진 지 이미 오래되었고, 許愼의 기록은 제대로 갖추지를 못한데다가 오류 또한 많으니, 나같이 淺陋한 사람이 고찰한 것에도 합당하지 않은 점이 있다. 비록 그러하나 어찌 하늘이 이 文字를 장차 흥기시키지 않으리요! 그렇게 된다면 내가 그 始初를 誘導한 것이 될 것이므로 그 가르치고 배우는 것이 반드시 이로부터 시작될 것이다. 이를 알 수 있는 사람이라면 道와 德의 意義에 대하여 이미 열에 아홉은 알았다고 할 수 있으리라.

1) 許愼說文 : 漢代의 許愼(30~124)이 ≪說文解字≫를 지었는데, 이는 文字의 本義와 聲音 및 訓詁를 考究한 중국 최초의 文字學 서적이다.
2) 經義 : ≪三經新義≫의 略稱이다.

05. 老杜詩後集序* ≪老杜詩後集≫의 序文

* ≪臨川集≫ 文末에, '皇祐壬辰五月日 臨川王某序'이라 한 것으로 보아, 皇祐 4년(1052)에 舒州通判으로 있을 때에 편찬한 것으로 보인다. 책명을 ≪杜工部詩後集≫이라 한 기록도 있다. 아마도 〈洗兵馬〉 이하 새로 발견된 杜甫의 시 200餘篇을 수록했던 것으로 보이나, 이 책이 현재는 不傳하여 자세한 내용은 알 수가 없다. 老杜는 唐나라 때의 詩人 杜甫를 가리킨다.

深沈之思요 **簡勁之言**이라

심오한 사상과 간결하면서 확신에 찬 문장이다.

予考古之詩에 **尤愛杜甫氏作者**나 **其辭所從出**을 **一莫知窮極**하야 **而病未能學也**로라 **世**

所傳已多나 **計尚有遺落**이어늘 **思得其完而觀之**호라 **然每一篇出**에 **自然人知非人之所能爲**하고 **而爲之者**는 **惟其甫也**일새 **輒能辨之**호라

내가 옛날의 詩에 대하여 고찰하면서 杜甫氏가 지은 詩를 더욱 사랑하게 되었지만, 그 文辭가 어디에 근거하여 나온 것인가를 한결같이 끝까지 다 알 수가 없어서 이를 배울 수 없음을 근심하였다. 세상에 전해 오는 것은 이미 많이 있으나 헤아려 보건대 아직도 빠져 탈락한 것이 많으므로, 완전한 것을 얻어서 볼 수 있기를 念願하였다. 그리고 한 篇이 새로 나올 때마다 자연스럽게 사람들이 다른 사람은 지을 수 없고 이를 지을 수 있는 사람은 오직 杜甫뿐임을 알아서 즉시 이를 밝혔다.

予之令鄞에 **客有授予古之詩**하니 **世所不傳者二百餘篇**이라 **觀之**에 **予知非人之所能爲**요 **而爲之實甫者 其文與意之著也**라 **然甫之詩 其完見於今者**는 **自予得之**하니 **世之學者 至乎甫而後**에 **爲詩不能至**니 **要之**컨대 **不知詩焉爾**니라 **嗚呼**라 **詩其難**이 **惟有甫哉**아 **自洗兵馬**[1]**下**로 **序而次之**하야 **以示知甫者 且用自發焉**하노라

내가 鄞縣의 知事로 있을 때에 어떤 손님이 옛날의 詩로서 세상에 전해지지 않는 것 200餘 篇을 나에게 전해 준 일이 있었다. 이를 살펴보고서 나는 이런 詩는 다른 사람은 지을 수 없는 것이고, 이렇게 그 文辭와 意味를 제대로 드러낼 수 있는 사람은 實로 杜甫 뿐임을 알게 되었다. 그러므로 杜甫의 詩를 現今에 전부 드러나게 한 것은 내가 객으로부터 200편을 얻은 것에서 시작한다. 세상의 배우는 사람들이 杜甫의 詩에 이르게 된 이후에야 시 짓기가 지극한 경지에 이를 수 없음을 깨닫게 되지만, 주요 關鍵은 시를 알지 못하는 데에 있을 뿐이다. 아아! 詩를 짓기 어려움이 오직 杜甫가 있어서일 뿐이겠는가?

이 詩集은 〈洗兵馬〉으로부터 시작하여 그 아래에 순서대로 編次하여, 이로써 杜甫를 아는 사람이 이를 활용하여 자신을 계발할 수 있도록 제시하였다.

1) 洗兵馬 : 杜甫가 지은 長篇 七言古詩로, 名將 郭子儀와 李光弼이 山東지방을 收復한 것을 찬양한 詩이다.

06. 靈谷詩序* ≪靈谷詩≫의 序文

* ≪靈谷詩≫의 作者는 王安石의 외삼촌인 吳氏로, 이 글에서 보듯이 평생 鄕里에서 布衣로 지냈고 詩歌에 능한 인물이었다는 것 外에는 알 수가 없으며, ≪靈谷詩≫는 현재 전해지지 않는다.

覽之에 **如遊峭壁邃谷**이라

이 글을 읽으면 마치 가파르고 높은 산과 깊숙한 골짜기를 유람하는 듯한 느낌을 갖게 된다.

吾州之東南에 **有靈谷者**하니 **江南之名山**[1)]**也**라 **龍蛇之神**[2)]과 **虎豹翬翟之文章**[3)]과 **楩柟豫章竹箭之材**[4)] **皆自山出**이요 **而神林鬼冢魑魅之穴**과 **與夫僊人釋子恢譎之觀**이 **咸附託焉**이라 **至其淑靈和淸之氣**하야는 **盤礴委積於天地之間**이로되 **萬物之所不能得者**는 **乃屬之於人**하니 **而處士君實生其址**라

우리 고을 동남쪽에 靈谷이라는 山이 있는데, 江南지방의 名山이다. 隱遁해 사는 神仙과 화려한 문채가 있는 호랑이, 표범, 꿩 등이 있고, 楩柟, 豫章, 竹箭 등의 材木들이 모두 그 山에서 생산된다. 그리고 신선이 사는 숲, 귀신이 사는 무덤, 도깨비 굴과 도사, 승려, 기이한 道觀 등이 모두 이 산에 의지해 있으며, 그 神靈하고 조화롭고 맑은 기운에 이르러서는 울퉁불퉁 기이한 경치가 천지 사이에 층층이 쌓여 있다. 이렇게 수많은 것들 중에서도 구할 수 없는 것은 곧 사람에 속한 것이니, 處士君께서는 실로 그 산을 터전으로 하여 출생하신 것이다.

1) 吾州之東南……江南之名山 : 靈谷山은 臨川의 동남쪽에 있으며, 산의 남쪽은 왕안석의 外家가 있던 金鷄縣으로, 이 산이 임천과 금계의 경계를 이루고 있다.
2) 龍蛇之神 : ≪周易≫ 〈繫辭 下〉에, "용과 뱀이 동면을 하는 것은 이로써 그 몸을 보존하기 위해서이다.〔龍蛇之蟄 以存身〕"라 하였는데, 그 이후로 龍蛇는 隱遁을 뜻하게 되었으며, 이 句에서는 ≪靈谷詩≫의 作者를 隱喩하여 표현한 것이다.
3) 虎豹翬翟之文章 : 翬翟은 꿩과에 속하는 鳥類의 총칭이다. 文章은 여러 색이 섞

인 화려한 무늬를 지칭한다.

4) 楩柟豫章竹箭之材 : 楩楠과 豫章은 건축에 쓰이는 좋은 재목이고, 竹箭은 화살의 대로 쓰이는 細竹이다.

君姓은 **吳氏**니 **家於山阯**하야 **豪傑之望**으로 **臨吾一州者 蓋五六世**러니 **而後**에 **處士君出焉**하니라 **其行孝悌忠信**하고 **其能以文學**으로 **知名於時**로되 **惜乎其老矣**라 **不得與夫虎豹翬翟之文章**과 楩柟**豫章竹箭之材**하야 **俱出而爲用於天下**하고 **顧藏其神奇**하야 **而與龍蛇**로 **雜此土以處也**로다 **然君**이 **浩然**[1]**有以自養**하야 遨**遊於山川之間**하고 **嘯歌謳吟**하야 **以寓其所好**하야 **終身樂之不厭**하고 **而有詩數百篇**하야 **傳誦於閭里**라 **他日**에 **出靈谷三十二篇**하야 **以屬其甥曰 爲我讀而序之**하라하다 **惟君之所得**이 **蓋有伏而不見者**하니 **豈特盡於此詩而已**리오 **雖然**이나 **觀其鑱刻萬物**하야 **而接之以藻**繢는 **非夫詩人之巧者**면 **亦孰能至於此**리오

처사군의 姓은 吳氏이니, 그 산을 터전으로 삼아 거주하였는데, 대대로 호방하고 걸출하다는 名望을 지니고, 우리의 이 고을에 정착하여 거주한 것이 대략 5, 6代에 이른 뒤에 處士君께서 탄생하셨다. 그는 孝悌 忠信의 도리를 행하고 문학에 능한 것으로 당시에 이름이 알려졌으나, 애석하게도 속절없이 늙어버렸다. 호랑이, 표범, 꿩과 같은 빛나는 문장과 楩柟, 豫章, 竹箭 같은 훌륭한 재주를 모두 드러내어 세상에 쓰이지를 못하고, 이에 그의 신묘한 식견을 감추고 이 땅에서 龍蛇와 뒤섞여 지내었다.

그러나 처사군이 浩然之氣를 스스로 기른 바가 있어서 山川의 自然 사이를 거리낌없이 노닐면서 詩를 읊고 노래하며 이로써 그가 좋아하는 바를 삼고, 終身토록 즐겁게 지내면서 싫증을 내는 일이 없었고, 창작한 詩 數百 篇이 있어서 그 고장에 전해지며 암송되고 있다.

후일에 ≪靈谷詩≫ 32篇을 내놓으면서 그 甥姪인 나에게 부탁하기를, "날 위해 읽어보고 序文을 지어주게." 하셨다. 생각해보건대 처사군께서 지으신 詩들을 대부분 숨겨두고 드러내지를 않았으니, 실제로 지은 작품이 어찌 다만 이 시들에 그칠 뿐이겠는가. 비록 그러하나 그분이 萬物을 아로새겨 표현한 것과 精妙하게 修飾하여 描寫한 것들을 관찰해 보니, 대저 事物을 精巧하게 표현할 수 있는 훌륭한 詩人이 아니라면 또

한 누가 이런 境地에 이를 수 있겠는가.

1) 浩然 : 正大剛直한 氣象으로, ≪孟子≫ 〈公孫丑 上〉에, "나는 내가 지닌 호연한 기상을 잘 길렀다.〔我善養吾浩然之氣〕" 한 데서 유래하였다.

07. 石仲卿字序* 石仲卿의 字를 지어주며 써준 序文

* 石仲卿이 어떤 사람인지는 考究할 수가 없다.

簡潔하야 **可誦**이라

문장이 간결하여 誦讀할 만하다.

子生而父名之는 **以別於人云爾**[1)]라 **冠而字**는 **成人之道也**[2)]니 **奚而爲成人之道也**오 **成人則貴其所以成人**하야 **而不敢名之**일새 **於是乎命以字之**하니 **字之**는 **爲有可貴焉**이라 **孔子作春秋**[3)]하사 **記人之行事**에 **或名之**하시고 **或字之**하시니 **皆因其行事之善惡**하야 **而貴賤之**라 **二百四十二年之間**[4)]에 **字而不名者**는 **十二人而已**니 **人有可貴**로되 **而不失其所以貴**가 **乃爾其少也**로다

자식이 태어나게 되면 아버지가 이름을 지어 주는 것은 타인과 구별하기 위한 것이다. 冠禮를 행하고 字를 지어 주는 것은, 어른 즉 成人이 되어서 갖추어야 할 도리를 이루게 하고자 하는 것이니, 어찌하여 그것으로 성인의 도리를 삼는 것인가. 어른이 되면 그 어른된 바를 귀하게 여겨서 감히 이름으로 부르지 못하므로 이에 字로 부르게 되는 것이니, 字를 짓는다는 것은 貴하게 여겨야 할 것이 있기 때문이다.

孔子께서 ≪春秋≫를 지어서 사람들이 행한 일을 기록할 때에 더러는 名을 기록하고 더러는 字를 기록하기도 하였는데, 모두 그가 행했던 일이 善했느냐 惡했느냐를 근거로 하여, 貴하게 높일 사람이면 字로 표기하고 賤하게 낮출 사람이면 名으로 표기한 것이다. ≪春秋≫에 記述된 242년 사이에 字로 呼稱하고 名으로 호칭하지 않은 사람이 12人에 불과할 뿐이니, 사람이 貴하게 대접받을 만한 신분이 있는데도 그 貴하게 대접받을 바를 잃지 않은 사람이 곧 그처럼 적었던 것이다.

1) 子生而父名之 以別於人云爾 : ≪禮記≫ 〈檀弓 上〉의 '幼名'에 대한 孔穎達의 疏에, "어려서는 이름으로 부른다고 한 것은 이름을 지어서 본바탕의 칭호로 삼는다는 것이니, 태어났는데 만약 이름이 없게 되면 다른 아이와 분별할 수가 없게 되므로 태어나서 三個月이 지나면 이름을 지어 주는 것이다.〔幼名 名以名質 生若無名 不可分別 故始生三月而加名〕" 하였다.

2) 冠而字 成人之道也 : 冠은 成年式인 冠禮를 지칭하며, 男子가 二十(成人)이 되면 성인이 쓸 수 있는 세 가지 冠을 씌우는 의식을 행하므로 冠禮라 하였고, 字는 冠禮時에 本名이 표현한 뜻과 관계 있는 별도의 칭호로 지어 준 것을 말한다. ≪禮記≫ 〈曲禮 上〉에, "남자가 이십이 되면 冠禮를 행하고 字를 지어 준다.〔男子二十 冠而字〕" 하였고, 孔穎達의 疏에, "관례를 행하고 자를 짓는 것은 사람의 나이가 이십이 되면 아비가 될 수 있는 道를 지니게 되므로 벗이나 다른 사람이 다시는 그를 이름으로 부를 수가 없게 되어서, 관례를 행하게 되면 字를 지어 주는 것이다.〔冠字者 人年二十有以人父之道 朋友等類不可復呼其名 故冠而加字〕"라 하였다.

3) 孔子作春秋 : ≪春秋≫는 중국 최초의 編年體 史書로 孔子가 魯史를 기준으로 하여 편찬한 것이라 한다.

4) 二百四十二年之間 : ≪春秋≫에 수록된 魯 隱公 元年(B.C. 722)부터 哀公 十四年(B.C. 481)까지의 기간이 242년이다.

閩人[1]**石仲卿**이 **來請字**어늘 **予以子正字之**[2]하니 **附其名之義而爲之爾**라 **子正於進士中**에 **名知經**하니 **往往脫傳注而得經所以云之意**라 **接之久**로되 **未見其行己有闕也**하니 **庶幾不失其所以貴者歟**인저

閩 땅 사람인 石仲卿이 내게 찾아와 字를 지어주기를 請하기에 내가 '子正'으로 字를 지어 주었으니, 그 名의 뜻에 附合하게 지어 준 것일 뿐이다. 子正은 進士들 가운데 經傳을 잘 이해하는 사람으로 이름이 났으며, 왕왕 過去의 註釋을 뛰어넘어서 經傳에서 이른 근본 뜻을 터득하기도 하였다. 그리고 그와 접촉하기를 오랫동안 하였지만 行實에 잘못이 있음을 보지 못하였으니, 아마도 그 貴하게 대접받을 行績을 失墜시킴이 없을 듯하도다.

1) 閩人 : 閩은 본래 古代의 種族名으로 現 福建省 일대에 거주하였으므로, 後代에는 福建省 일대를 閩이라 지칭하게 되었다. 이 句의 閩人은 福建省 사람이라는 뜻이다.
2) 石仲卿……予以子正字之 : 仲은 中間 居中의 의미이므로 正에 해당하고, 卿은 古代 男子의 美稱으로 또 다른 미칭인 子와 같기 때문에, 字를 子正으로 지어 주었다는 것이다.

08. 送李著作之官高郵序* 李 著作郎이 高郵로 벼슬하러 가는 것을 餞送하는 送序

* 李 著作은 어떤 인물인지 未詳이며, 著作은 著作郎이라는 官職의 略稱이다. 이 글은 李 著作郎이 高郵의 關市와 關門 出入을 管理하는 小吏로 나가게 되었을 때에 위로하기 위하여 지어 준 送序이다.

遒勁이라
문장이 꿋꿋하다.

君之才는 搢紳多聞之라 初에 君眡金陵酒政하니 人皆惜君不試於劇하고 而淪於卑冗이어늘 君將優爲之하야 曰 孔子嘗爲乘田委吏矣하사 會計當而已矣요 牛羊蕃而已矣[1)]라 하니라 旣而又得調高郵關吏하니 人復惜君不試於劇하고 而淪於卑冗이어늘 君言如初하야 色滋蔓喜러니라

李君의 재능은 관리와 선비들에게 널리 소문이 났다. 처음 君이 金陵의 酒政을 담당하게 되니, 사람들은 모두 君에게 要職을 맡겨서 그 능력을 시험해 보지 않고 낮은 閒職에 매몰되어 지내게 한 것을 애석하게 여겼으나, 君은 오히려 이를 편안하게 여기면서 말하기를, "孔子께서도 과거에 가축을 사육하거나 창고를 관리하는 낮은 벼슬을 하신 일이 있는데, 회계의 출납을 정확하게 할 뿐이었고, 소와 양을 번식하고 살찌게 하는데 진력하였을 뿐이었습니다." 하였다.

그 후에 또 高郵의 關市를 담당하는 관리로 나가게 되자, 사람들은 다시 君에게 요

직을 맡겨서 능력을 시험해 보지 않고 하찮은 한직에 매몰되어 지내게 한 것을 안타깝게 여겼으나, 君은 처음에 했던 것과 같은 말을 하면서 낯빛은 더욱 기쁜 기색을 띠었다.

1) 子嘗爲乘田委吏矣……牛羊蕃而已矣 : ≪孟子≫ 〈萬章 下〉에, “공자께서 과거에 창고 관리의 벼슬을 담당하신 일이 있는데, 말씀하시기를, ‘회계의 출납을 합당하게 할 뿐이다.’ 하셨고, 가축을 사육하는 벼슬을 담당하신 일이 있는데 말씀하시기를, ‘소와 양을 잘 번식시키고 살찌게 할 뿐이다.’ 하셨다.〔孔子嘗爲委吏矣 曰 會計當而已矣 嘗爲乘田矣 曰 牛羊茁壯長而已矣〕”라고 한 것을 인용한 것이다.

於戲라 **今之公卿大夫**는 **據徼乘機**하고 **鑽隙抵巇**하야 **僅不盈志**면 **則戚戚以悲**어늘 **君**[1] **乃皦然反之**하니 **此蒙所以高君也**니라 **抑有猜焉**하니 **古之柄國家者**는 **有戢景藏采**하고 **恬處下列**이면 **拔而致之朝**하야 **使相謨謀**하니 **今豈不若古邪**아 **奚遂君請而弗拔也**오

아아! 지금의 公卿大夫들은 小道를 근거로 하여 책략을 꾸미고 자질구레한 책임이나 메꾸면서, 조금이라도 뜻대로 되지 않는 일이 있으면 근심하며 이를 슬퍼하는데, 君은 곧 淸白하게 지내면서 그들과는 반대로 행동을 하니, 이 점이 어리석은 내가 君을 높이 존경하는 이유이다.

그러나 알 수 없는 것이 있으니, 옛날에 국가의 권력을 잡았던 사람들은, 빛나는 재능을 감추고 숨어 살면서 낮은 지위에 머물음을 편안하게 여기는 사람이 있으면 이를 拔擢하여 朝廷에 불러들여서 計策의 수립을 돕도록 하였는데, 지금 國權을 잡은 사람들은 어찌하여 옛날에 國權을 잡았던 사람들과 같게 하지 않는 것인가. 어찌하여 君이 원하는 것을 들어 주어서 발탁하지 않는단 말인가.

1) 君 : 저본에는 ‘吾’로 되어 있는데, ≪臨川集≫에 의거하여 바로잡았다.

09. 送陳興之序* 陳興之를 餞送하는 送序

* 興之는 陳世昌의 字이다. 本 送序는 왕안석이 淮南判官의 임기를 마치고 京師로 돌아왔던 慶曆 8년(1048)에 지은 것이다.

亦婉이라

이 문장 또한 아름답다.

先人爲臨江軍判官[1)]하야 實佐今駕部員外郎陳公[2)]이러니 其後二十五年에 公之子興之가 主泰之如皐簿하고 某爲判官淮南하야 以事出如皐라가 遇之하야 相好也하니라 其後二年에 歸京師하니 興之亦以進士로 得嘉慶院解[3)]하야 復遇之하야 相好加焉하다

某의 先親께서 臨江軍判官으로 계실 때에 實은 지금의 駕部員外郎이신 陳公을 보좌하였다. 그 후 25년 만에 公의 아드님 興之가 泰州 如皐縣의 主簿가 되었고, 某는 淮南의 判官이 되었는데 公務 때문에 如皐縣에 갔다가 서로 만나서 친하게 지내게 되었다. 그 뒤 2년 만에 京師로 돌아오니, 興之 또한 進士試에 응시할 자격을 얻어 禮部로 보내져서 嘉慶院에서 머물게 되었으므로 서로 다시 만나 더욱 친숙하게 지내게 되었다.

1) 先人爲臨江軍判官 : 왕안석의 부친 王益이 天禧 年間(1017~1021)에 臨江軍判官을 지낸 것을 지칭한다.
2) 實佐今駕部員外郎陳公 : 駕部는 兵部의 管轄官署로 運送, 郵驛, 牛馬의 사육 등을 담당하였고, 員外郎은 副長官의 職이다. 陳公은 陳執古를 지칭하며 明道 元年(1032)에 駕部員外郎을 歷任하였다.
3) 得嘉慶院解 : 嘉慶院은 國子監 內에 있던 건물이고, 進士試에 응시할 사람이 지방이나 국자감에서 추천을 받아 禮部로 보내는 것을 '解'라 하였다.

興之試禮部有日에 今宰相은 其世父也라 試前奏罷之以避嫌하니 興之當遠官일새 踰數月하야 乃得泉之晉江主簿去하다 陳公은 世大家로되 仕官四十年에 連坐謫流落하야 不得所欲하니 其意不能毋望興之貴富世其家也오 興之亦誠博學能文辭하고 有氣節하니 吾意其爲進士면 宜有得焉이라 今失所欲하고 又爲所謂主簿者하야 遠其親三千里不啻하니 是其心에 獨能毋介然者邪아 夫大公之道行에 上之人子弟苟賢者면 任而進之無嫌也요 下之人固亦不以嫌之리라 今興之去에 知者는 皆憐其才之可以進焉而不得하야 無以慰其親也라 吾於興之에 又世故라 故又爲之思所以慰其親하고 豁其心之介然者

나 **不得其說**하야 **而獨以悲大公之道不行焉**하노라

興之가 禮部試에 응시할 날이 가까워지자, 지금의 宰相이 그의 伯父(陳執中)였으므로, 시험 전에 親嫌을 이유로 시험을 포기하고 興之가 먼 지방의 관원으로 나감이 마땅하다고 상주하였다. 그 후 몇 개월 지나서 泉州 晉江縣의 主簿로 임명되어 떠나게 되었다.

陳公은 代代로 大家로 내려온 집안으로 40년간 벼슬살이를 하였으나, 남의 죄에 連坐되어 좌천당하여 하급관리로 전전하였으므로 원하는 바를 성취하지 못하였으니, 그분의 뜻에 아들인 興之가 富貴하게 되어 대대로 이어온 그의 가문을 흥기시키기를 바라는 마음이 없지 않았을 것이다. 興之 또한 진실로 學問이 該博하며 문장 짓기에 능하고 굳건한 기상과 절조를 지녔으므로, 나는 그가 진사시에 응시하면 의당 합격하리라고 여겼다.

그런데 이제 그가 하고자 했던 것을 잃었고, 다시 이른바 主簿라는 職任을 얻어서 그의 양친과 3천 리나 멀리 떨어져 있게 되었으니, 그의 마음에 특히 慷慨한 憤懣이 어찌 없을 수 있겠는가.

대저 크게 公正한 道가 행해질 때에 윗자리에 있는 사람의 子弟 가운데 진실로 훌륭한 인물이 있으면 그를 임용하여 진출하게 해도 嫌疑로울 것이 없고, 아랫자리에 있는 사람들도 본시 이를 혐의롭게 여기지 않을 것이다.

이제 興之가 떠나게 되니, 그를 잘 아는 사람들은 모두 그의 재능이 크게 진출할 수 있는데도 이를 이룰 수 없음을 안타까워하면서, 그의 부모를 慰勞할 말을 찾을 수가 없었다. 나는 興之와 또한 代代로 親交가 있는 사이이므로, 또 그를 위하여 그 부모를 위로하고 그의 마음속에 가득한 憤懣을 시원하게 풀어줄 것을 생각해 보았지만, 해줄 말을 찾을 수가 없어서 오직 크게 公正한 道가 行해지지 않는 世態를 슬퍼할 뿐이다.

10. 送陳升之序* 陳升之를 餞送하는 送序

* 이 送序는 왕안석이 淮南의 通判으로 재임하였던 慶曆 4~5년(1044~1045)경에 지은 것으로 보인다. 陳升之(1011~1079)는 初名이 旭으로, 神宗 趙頊의 名 頊과 音이 같으므로 이를 避諱하기 위하여 字로 썼던 升之로 名을 바꾸고, 다시

字를 暘叔이라 지었으며, 벼슬이 宰相에 이르렀다.

今世에 所謂良大夫者有之矣면 皆曰 是宜任大臣之事者라하나 作而任大臣之事하면 則上下一失望은 何哉오 人之材有小大하고 而志有遠近也일새라 彼其任者小而責之近이면 則煦煦然[1]仁而有餘於仁矣요 孑孑然[2]義而有餘於義矣라 人見其仁義有餘也하고 則曰 是其任者小而責之近하니 夫任將有大此者라 然上下竢之云爾면 然後作而任大臣之事하니 作而任大臣之事면 宜有大此者焉이어늘 然則煦煦然而已矣요 孑孑然而已矣라 故上下一失望이니라

이 시대에 이른바 훌륭한 大夫가 있으면, 모두 말하기를, "이 사람은 大臣의 직무를 맡기기에 합당한 사람이다."라고 하지만, 실제로 起用하여 大臣의 직무를 맡기게 되면 윗사람이나 아랫사람이나 한결같이 失望하는 것은 무엇 때문인가. 사람의 재주에는 크고 작음이 있고, 뜻에도 遠大하고 淺近함이 있어서이다.

저런 사람은 맡은 직무가 작고 요구하는 책임이 경미하면, 和氣靄靄하게 仁德을 베풀어서 仁慈함이 넉넉하고, 조심조심 義理를 행하여 의리의 시행이 넉넉하게 된다. 사람들이 그가 仁과 義를 행함이 넉넉함을 보고서 말하기를, "이 사람이 맡은 직임이 작고 책임이 경미하니, 큰 벼슬을 맡게 되면 장차 仁과 義를 베푸는 業績도 크게 될 것이다." 하고, 그리하여 윗사람이나 아랫사람이나 이렇게 되기를 기대하면, 그런 후에 그를 기용하여 大臣의 직무를 맡기게 된다. 기용되어 대신의 직무를 맡게 되면 이러한 仁德과 義理를 더욱 크게 이루어야 마땅한데도, 경미한 직무를 맡았을 때처럼 화기애애할 뿐이고 조심스러울 뿐이어서, 그 때문에 윗사람이나 아랫사람이나 한결같이 失望하게 된다.

1) 煦煦然 : 온화하고 인자한 모양이다.

2) 孑孑然 : 조심하고 삼가는 모양이다.

豈惟失望哉리오 後日誠有堪大臣之事하야 其名實烝然於上이면 上必懲前日之所竢하야 而逆疑焉하고 暴於下면 下必懲前日之所竢하야 而逆疑焉하나니 上下交疑로되 誠有堪大臣之事者하야 而莫之或任하니 幸欲任이나 則左右小人이 得引前日之所竢하야 懲之

矣리라

어찌 오직 실망하는데 그칠 뿐이겠는가. 후일에 진실로 대신의 직무를 감당하게 되었다가 그 명분과 실제의 업적이 윗사람에게 보고되면, 윗사람은 반드시 전일에 기대하였던 바를 근거로 하여 도리어 더욱 의심하게 될 것이고, 명분과 실상이 아랫사람들에게 드러나면 아랫사람들도 반드시 전일에 기대했던 바를 근거로 삼아서 도리어 더욱 불신하게 될 것이다. 윗사람이나 아랫사람이 모두 의심하게 되었는데도 진실로 대신의 직무를 제대로 수행할 수 있어서, 혹 업적을 남길 수 있게 된 사람은 있었던 일이 없으니, 요행히 임무를 수행하고자 해도 좌우에 있는 하급 관리들이 전일에 기대했던 바를 근거로 하여 制裁를 가하게 될 것이다.

噫라 聖人은 謂知人難[1)]하고 君子는 惡名之溢於實하나니 爲此則奈何오 亦精之而已矣니라 惡之則奈何오 亦充之而已矣니라 知難而不能精之하고 惡之而不能充之면 其亦殆哉인저

아아! 聖人은 사람을 알아보기 어려움을 말씀하셨고, 君子들은 그 명성이 실제보다 과장되게 퍼지는 것을 싫어하니, 이런 경우에는 어찌해야 하는가. 또한 정밀하게 選別해야 할 뿐이다. 싫어하면 어찌해야 하는가. 또한 알려진 명성에 합당하도록 실제를 充實히 할 뿐이다. 사람 알아보는 일의 어려움을 알면서도 정밀하게 살펴 선별하지를 못하고, 명성이 나는 것을 싫어하면서도 명성에 맞게 실제를 충실히 채우지 못한다면, 그 또한 위태한 일이로다!

1) 聖人 謂知人難 : 이 내용은 ≪尙書≫ 〈皐陶謨〉에, "皐陶가 말하기를, '아아! 사람을 알아보는데 달려있고 백성을 편안하게 하는데 달려 있도다.' 하니, 禹가 말하기를, '아아! 모두가 이와 같으니 堯帝께서도 이를 어렵게 여기신 것이로다.' 하였다.〔皐陶曰 都 在知人 在安民 禹曰 吁 咸若時 惟帝其難之〕"라고 보이는데, 孔安國의 傳에, "帝堯 또한 知人과 安民을 어렵게 여기셨다고 말하였으므로 禹가 '吁' 하고 歎聲을 발한 것이다.〔言帝堯亦以知人安民爲難 故曰吁〕"라고 하였다.

予在揚州에 朝之人過焉者 多堪大臣之事로되 可信而望者는 陳升之而已矣로다 今去

官於宿州하니 予不知復幾何時에 乃一見之也라 予知升之作而任大臣之事가 固有時矣니 煦煦然仁而已矣요 孑孑然義而已矣면 非予所以望於升之也니라

내가 揚州에 있을 때에 조정에서 벼슬하는 사람 가운데 이곳을 방문했던 사람 중에 대신의 직무를 감당할 만한 사람이 많이 있었지만, 신뢰하고 기대할 만한 사람은 오직 陳升之뿐이었다. 이제 宿州의 관리로 떠나게 되었으니, 나는 얼마나 많은 시간이 지나야 다시 한 번 만날 수 있을는지 알 수가 없다. 나는 升之가 임용되어 대신의 직임을 담당하게 될 때가 진실로 있으리라는 것을 알고 있으니, 小人들처럼 화기애애할 뿐이고 조심스러울 뿐이라면 이는 내가 升之에게 기대하는 바가 아니니라.

11. 送胡叔才序* 胡叔才를 餞送하는 送序

* 胡叔才의 名은 舜元이고, 叔才는 그의 字이다. 호순원이 두 차례 進士試에 응시하였다가 낙방하여 귀향하게 되었을 때에 지어 준 것이다. 호순원이 嘉祐 4년(1059)에 禮部에서 시행한 進士試에 합격하여 宦路에 올랐으므로, 본 送序는 嘉祐 4년 이전에 지어 준 것으로 보아야 한다.

情婉而正이라

내용이 아름다우면서도 정도를 드러내고 있다.

叔才는 銅陵大宗[1)]으로 世以貲名이라 子弟豪者는 馳騁漁弋爲己事하고 謹者는 務多闢田以殖其家하니라 先時에 邑之豪子弟 有命儒者하야 耗其千金之産이로되 卒無就하니 邑豪以爲諺하야 莫肯命儒者하고 遇儒冠者면 皆指目遠去하야 若將浼己然[2)]하니 雖胡氏亦然하니라

叔才는 銅陵縣의 閥族으로 代代로 富裕하다는 명성이 있었다. 子弟들 가운데 豪宕한 사람들은 이리저리 내달으며 고기잡이와 사냥을 일삼았고, 성실한 사람은 농토를 많이 개간하는데 힘써서 그 家産을 증식시켰다.

과거 고을 豪族의 자제 가운데 儒者라는 칭호를 얻은 자가 있었는데, 千金의 재산만

축내었을 뿐 끝내 성취한 것이 없었으므로, 고을의 호족들이 이를 鄙俗하게 여겨서 儒者라는 칭호를 바라는 사람이 없게 되었으며, 儒冠을 쓴 사람을 만나게 되면 모두 손가락질하고 싸늘한 눈으로 바라보며 가까이하지를 않고 마치 자기를 그릇된 풍조에 물들게 하려는 것처럼 여기니, 비록 胡氏 집안이라 해도 또한 그러하였다.

1) 銅陵大宗 : 銅陵縣의 世家大族이라는 의미이다. 銅陵은 現 安徽省에 속한다.
2) 邑之豪子弟……若將浼己然 : ≪禮記≫ 〈儒行〉에 "지금 뭇사람들이 儒者라고 命名하는 것은 거짓이어서 항상 儒者라고 서로 헐뜯는다.〔今衆人之命儒也妄 常以儒相詬病〕"라고 한 세태를 말한 것으로, 儒者의 행실은 없으면서 儒者의 복장을 입고 있는 자, 儒者의 실상은 없으면서 儒者의 이름을 도둑질한 자들이 儒者로 행세하기 때문에 사람들이 서로 儒者라고 손가락질한다는 말이다. 命은 命名한다는 뜻이다.

獨叔才之父母不然하야 **於叔才之幼**에 **捐重幣**하야 **逆良先生敎之**하고 **旣壯**하야 **可以遊**에 **資而遣之**를 **無所靳**하니라 **居數年**에 **朋試於有司**라가 **不合而歸**하니 **邑人之訾者半**이요 **竊笑者半**이로되 **其父母愈篤不悔**하고 **復資而遣之**하다

유독 叔才의 부모만은 그렇지를 않아서 숙재가 어릴 때부터 많은 幣帛을 아낌없이 써서 훌륭한 스승을 맞아들여 그를 가르쳤고 成年이 되어서 遊歷할 만하게 되자 資金을 마련해 주어 떠나 보내면서 재물을 아끼는 바가 없었다. 몇 년 지나서 同學들과 서로 무리를 이루어 담당관서에서 시행하는 시험에 응시하였으나 及第하지 못하고 돌아오니, 고을 사람들 가운데 비방하는 사람이 반쯤 되고 몰래 비웃는 사람이 반쯤 되었지만, 그의 부모는 더욱 독실하게 보살피며 후회하지 않고 다시 공부를 하도록 재물을 주어서 보냈다.

叔才는 **純孝人也**라 **悱然感父母所以敎己之篤**하야 **追四方材賢**하고 **學作文章**하야 **思顯其身以及其親**이라 **不數年**하야 **遂能褎然**[1]**爲材進士**[2] 하야 **復朋試於有司**라가 **不幸復詘於不己知**하다 **不予愚而從之遊**하야 **嘗謂予言**호대 **父母之思而慙其邑人**하야 **不能歸**라하야늘 **予曰 歸也**어다 **夫祿與位**는 **庸者所待以爲榮者也**로되 **彼賢者**는 **道弸於中**하야 **而**

襮之以藝면 雖無祿與位나 其榮者固在也라 子之親은 矯群庸而置子於聖賢之途하시니 可謂不賢乎아 或訾或笑로되 而終不悔하시니 不賢者면 能之乎아 今而舍道德而榮祿與位는 殆不其然이니라 然則子之所以榮親而釋慙者 亦多矣라 昔之訾者竊笑者는 固庸者爾니 豈子所宜慙哉리오 姑持予言以歸하야 爲父母壽 其亦喜無量이리니 於子에 何如오 因釋然寤하야 治裝而歸어늘 予卽書其所以爲父母壽者하야 送之云이라

叔才는 지극히 효성스러운 사람인지라 비감하게 부모가 자신을 가르치기를 독실하게 하심에 감동되어, 사방의 才士 賢人을 찾아다니며 文章 짓기를 배워서, 자신이 顯達하여 명성이 부모에게까지 미치게 하는 것을 목표로 삼았다. 몇 년 지나지 않아서 크게 성장하여 禮部에서 시행하는 進士試에 응시할 자격을 얻어서 다시 무리들과 함께 담당관서에서 시행하는 시험에 응시하였지만, 不幸하게도 자기 실력을 알아주지 않는 사람에게 가로막혀 합격되지 못하였다.

숙재는 나를 우매하다고 여기지 않고 나와 從遊하였는데, 일찍이 나에게 말하기를 "부모님을 생각하면 고을 사람들에게 부끄러워서 돌아갈 수가 없다."고 하였다.

이에 내가 말하기를, "고향으로 돌아가시게. 대저 俸祿과 벼슬자리라는 것을 어리석은 사람은 영예로운 것으로 여겨서 대우하는 것이지만, 저 어진 사람들은 道가 마음속에 충만하고 이것이 문장으로 드러나게 되면 비록 봉록과 벼슬자리를 얻지 못했다 해도 그들이 영예로 여기는 것이 진실로 여기에 있는 것일세. 그대의 양친께서는 뭇 어리석은 사람들을 바로잡아서 그대를 聖賢의 길을 밟도록 하셨으니 어진 분들이라고 이르지 않을 수 있겠는가? 비방하는 사람도 있고 비웃는 사람도 있는데도 끝내 후회하지 않으셨으니 어진 분이 아니라면 그렇게 하실 수 있겠는가? 이제 道德을 팽개치고 俸祿과 官位를 영예로 여기는 것은 아마도 그분들은 바라는 바가 아닐 것일세. 그런즉 자식으로서 어버이를 영예롭게 하고 자신이 부끄럽게 여겼던 마음을 없애는 것도 또한 훌륭한 일일세. 전에 비방했던 사람들, 뒤에서 비웃었던 사람들은 본시 어리석은 사람들일 뿐이니, 어찌 그대가 마땅히 부끄러워할 바이겠는가? 우선 내 말을 믿고 돌아가서 부모님을 위해 長壽를 축원하며 산다면 그 또한 한없이 기쁜 일일 것일세. 그대는 내 말을 어떻게 생각하는가?" 하였다.

그랬더니 환하게 깨닫고 行裝을 꾸려 가지고 돌아갔으므로, 나는 즉시 그가 부모님

의 장수를 축원하며 살 수 있는 所以를 적어주면서 그를 전송하였다.

1) 褎然 : 가지와 잎이 차츰 자라나는 모습을 칭하므로 成長하였음을 의미한다.
2) 爲材進士 : 사람의 재목이 이루어져서 禮部에서 시행하는 進士試에 응시할 자격을 얻게 되었음을 의미한다.

12. 送孫正之序* 孫正之를 餞送하는 送序

* 이 送序를 지을 때에 왕안석은 처음 宦路에 올라 淮南判官으로 있었다. 孫正之의 姓名은 孫侔(1019~1084)으로, 正之는 그의 字이다. 王安石, 曾鞏 등과 가까이 지냈고, ≪宋史≫에 그의 傳이 있다.

兩相箴規와 兩相知己之情을 可掬이라

두 사람이 서로 경계하며 바로잡아줌과, 두 사람이 서로를 알아주는 심정이 손에 잡힐 듯하다.

時然而然은 衆人也요 己然而然은 君子也니 己然而然은 非私己也요 聖人之道在焉爾니라 夫君子는 有窮苦顚跌이로되 不肯一失詘己以從時者니 不以時勝道也라 故其得志於君이면 則變時而之道 若反手然하니 彼其術素修而志素定也일새라 時乎楊墨이로되 己不然者는 孟軻氏而已[1]요 時乎釋老로되 己不然者는 韓愈氏而已[2]니 如孟韓者는 可謂術素修而志素定也니 不以時勝道也언마는 惜也不得志於君하야 使眞儒之效不白於當世라 然其於衆人也에 卓矣로다 嗚呼라 予觀今之世하니 圓冠峩如하야 大裙襜如하고 坐而堯言하야 起而舜趨로되 不以孟韓之心으로 爲心者면 果異衆人乎아

時俗에서 옳다고 여기는 것을 옳게 여기는 사람은 보통 사람들이고, 자신이 옳다고 여기는 것을 옳게 여기는 사람은 君子이다. 자신이 옳다고 여기는 것을 옳게 여긴다는 것은 자신의 私慾을 옳게 여긴다는 것이 아니라, 신조에 聖人의 道가 존재해서인 것이다.

대저 군자는 곤궁하고 괴롭고 굴러 엎어지고 좌절되는 일이 있다 해도, 자신의 신조

를 꺾고서 시속을 따르는 실수를 한번이라도 하려 하지 않나니, 이런 시속이 道를 이길 수 없다고 여겨서이다. 그러므로 그가 君主에게 뜻을 얻게 되면, 그릇된 時俗을 바꾸어 道로 나가게 하는 것이 마치 손바닥 뒤집듯이 쉽게 이루어지나니, 그러한 군자는 그 방책을 평소에 닦아 놓았고 목표를 평소에 확정해 놓았기 때문인 것이다.

楊朱, 墨翟의 理論을 時俗에서 따를 때에 자신의 신조를 지키며 시속을 옳지 않다고 여긴 사람은 孟軻氏뿐이었고, 佛敎와 老莊을 시속에서 따를 때에 자신의 신조를 지키며 시속을 옳지 않다고 여긴 사람은 韓愈氏뿐이었다. 그러니 孟子와 韓愈 같은 사람은 그 方策을 평소에 닦아 놓았고 目標를 평소에 확정해 놓아서, 時俗이 道를 이길 수 없도록 한 사람이라고 이를 수 있는데도, 애석하게도 군주에게 뜻을 얻지 못하여 참다운 儒學의 효과를 當世에 밝게 드러나게 하지를 못하였지만, 그러나 보통 사람들보다는 크게 뛰어났던 것이다.

아아! 내가 現 時代를 관찰해 보니, 둥근 갓을 드높이 쓰고 넓은 下衣를 너풀거리면서, 앉아서는 堯임금처럼 말하고 일어나서는 舜임금처럼 행동을 하지만, 孟子와 韓愈의 마음을 자기의 마음으로 삼는 자가 아니면 과연 시속을 따르는 보통 사람들과 다를 것이 있겠는가?

1) 時乎楊墨……孟軻氏而已 : ≪孟子≫ 〈滕文公 下〉에, "聖王이 나오지 않으니 제후들은 방자해지고 처사들은 함부로 주장하여 楊朱와 墨翟의 주장이 천하에 가득 차게 되었다. 천하 사람들의 주장이 양주를 따르지 않으면 묵적을 따른다. 양씨가 주장하는 爲我說은 君主를 부정하는 것이고, 墨翟의 兼愛說은 부모를 부정하는 것이다. 부모와 군주를 부정하는 것은 禽獸나 하는 짓이다.〔聖王不作 諸侯放恣 處士橫議 楊朱墨翟之言盈天下 天下之言 不歸楊則歸墨 楊氏爲我 是無君也 墨氏兼愛 是無父也 無父無君 是禽獸也〕"라고 孟子가 설파한 것을 말한다.

2) 時乎釋老……韓愈氏而已 : 唐代에 佛敎와 老莊사상이 크게 유행하자 韓愈가 〈原道〉를 지어서 이를 배격하고, 儒道를 숭상할 것을 주장하였다.

予官於揚할새 得友하니 曰孫正之라 正之行古之道하고 又善爲古文하니 予知其能以孟韓之心으로 爲心而不已者也라 夫越人之望燕이면 爲絶域也[1]나 北轅而首之하야 苟不已면 無不至니 孟韓之道去吾黨이 豈若越人之望燕哉아 以正之之不已라도 而不至焉은

予未之信也요 **一日得志於吾君**이라도 **而眞儒之效不白於當世**는 **予亦未之信也**로라 **正之之兄**이 **官於溫**하야 **奉其親以行**할새 **將從之**하야 **先爲言以處予**하니 **予欲默**이나 **安得而默也**리오

내가 揚州 땅에서 벼슬할 때에 孫正之라는 벗을 얻었다. 正之는 옛날의 道를 실천하고 또한 古文을 잘 지었으니, 나는 그가 孟子와 韓愈의 마음을 자신의 마음으로 삼기를 포기하지 않을 것임을 알게 되었다.

대저 南方 越나라 사람이 北方 燕나라를 바라본다면 지극히 먼 땅일 것이다. 그러나 수레를 북방으로 향하게 하여 진실로 중단함이 없이 나아간다면 이르지 못할 것이 없으니, 孟子와 韓子가 깨달은 도가 우리들과의 거리가 어찌 越나라 사람이 燕나라를 바라보는 것만큼 멀 수 있겠는가. 正之가 자신을 바로잡기를 중단하지 않는다 해도 孟子와 韓子의 道에 도달하지 못할 것이라는 주장을 나는 믿지 않는다. 어느 날 우리 군주에게 뜻을 얻게 된다 해도, 참다운 儒學의 效驗이 이 시대에 밝게 드러나지 않을 것이라는 주장도, 나는 또한 믿지 않는다.

正之의 형님이 溫州에서 벼슬하게 되어 그 兩親을 모시고 떠나게 되자 正之도 따라가려 하면서, 미리 부탁을 하며 내가 글을 지어 주기를 바라고 있으니, 내가 말을 아니하고자 하나 어찌 말을 아니할 수 있겠는가.

1) 夫越人之望燕 爲絶域也：越은 春秋戰國時代 중국의 남쪽 끝에 있던 나라이고, 燕은 북쪽 끝에 있던 나라이다. 絶域은 지극히 먼 땅을 뜻한다.

記

01. 虔州學記* 虔州에 학교를 세운 일을 기록한 記

* 이 글에서 治平 元年(1064) 10월에 虔州의 州學이 完工되었다고 한 것으로 보아, 그 얼마 후에 本 學記가 지어진 것으로 보인다. 虔州는 現 江西省 贛州이다. 記는 文體의 一種으로, 敍事를 위주로 하지만 景物 描寫나 議論 위주로 된 것도 있다. 王安石의 記는 대부분 議論을 드러낸 것들이다.

荊公文은 往往好爲深遠之思하고 遒婉之調라 然이나 亦思或入於渺하고 而調或入於詭하니 須細詳得之니라

荊公의 문장은 왕왕 深遠한 사상을 적절하게 표현하기도 하고, 글의 굳셈과 아름다움이 調和를 이루기도 한다. 그러나 또한 생각이 더러 미세한 면에 치우치고 격조가 더러 詭辯으로 빠지기도 하니, 이런 점을 모름지기 자상하게 살펴서 터득해야 할 것이다.

虔於江南에 地最曠하고 大山長谷이 荒翳險阻라 交廣閩越[1)]의 銅鹽之販이 道所出入하니 椎埋盜奪鼓鑄之姦이 視天下爲多라 慶曆中에 嘗詔立學州縣[2)]하니 虔亦應詔로되 而卑陋褊迫하야 不足爲美觀하니 州人이 欲合私財하야 遷而大之久矣라 然吏常力屈於聽獄하야 而不暇顧此 凡二十一年이러라 而後에 改築於州所治之東南하니 以從州人之願이라 蓋經始於治平元年二月하니 提點刑獄宋城蔡侯[3)] 行州事之時요 而考之以十月者는 知州事錢塘元侯也[4)]라 二侯는 皆天下所謂才吏라 故其就此不勞로되 而齋祠講說候望宿息에 以至庖湢히 莫不有所하니라 又斥餘財하야 市田及書하야 以待學者하니 內外完善矣라 於是에 州人이 相與樂二侯之適己하야 而來請文以記其成하니라

虔州는 江南에서 땅이 가장 넓고 큰 산과 긴 골짜기에 수목이 무성하고 험하게 막혀 있는 곳이다. 交州, 廣州, 閩州, 越州에서 구리나 소금을 판매하는 상인들이 이 길을 경유하게 되니, 몽둥이로 살인하여 암매장하는 무리, 강도범들, 錢幣와 兵器를 불법으로 鑄造하는 못된 무리들이 천하의 다른 지역에 비하여 많은 편이다.

慶曆 年間에 皇上께서 일찍이 州와 縣에 학교를 세우도록 명하셨으므로 虔州 또한 명을 따르게 되었지만, 그 건물이 낮고 누추하고 좁아서 아름다운 건물이 못되니, 고을 사람들이 私財를 모아서 더욱 크게 옮겨 짓고자 한 지가 오래되었다. 그러나 관리들은 항상 獄事를 처리하는데도 힘이 부쳐서 이 문제를 돌아볼 겨를이 없이 지내온 것이 어언 21년이 되었다.

그런 이후에 州의 治所 동남쪽에 다시 改築하게 되어 고을 사람들의 소망이 실현되었다. 治平 元年(1064) 2月에 착공하였는데, 提點刑獄인 宋城의 蔡侯가 고을을 다스리던 때였고, 10월에 이를 완공한 분은 知虔州事인 錢塘의 元侯였다.

두 분 모두가 천하 사람들이 才能 있는 관리라고 일컫는 사람들이었으므로, 이를 완공하는데 어려움이 없었고, 齋戒와 祭祀에 쓰이는 건물과 講說하는 堂과 손님을 접대하는 건물과 宿食하는 건물에서 목욕하고 요리하는 곳에 이르기까지 제자리를 잡고 있지 않은 것이 없었다. 또한 남은 재물로 土地와 典籍을 購買하고, 이로써 배우러 올 사람들을 기다리니, 안과 밖으로 갖추어야 할 것들이 훌륭하게 완비되었다.

이에 고을 사람들이 두 분께서 자기들의 소망을 들어 준 것을 기쁘게 여기며, 내게 와서 글을 지어 그 성취한 바를 기록해 주기를 청하였다.

1) 交廣閩越 : 交州는 現 越南 하노이 一圓, 廣州는 현 廣東省 일원, 閩州는 현 福建省 일원, 越州는 현 浙江省 일원을 지칭한다.
2) 慶曆中 嘗詔立學州縣 : 宋 仁宗이 慶曆 4년(1044) 3월에 각 州縣에 學校를 세우도록 詔令을 내렸다.
3) 提點刑獄宋城蔡侯 : 蔡侯는 蔡挺을 지칭하며, 侯라 稱한 것은 士大夫에 대한 尊稱으로 쓴 것이다. 蔡挺(1014~1079)은 治平 年間에 江南西路提點刑獄을 역임한 일이 있으며, 벼슬이 樞密副使에 이르렀고, ≪宋史≫에 傳이 있다.
4) 知州事錢塘元侯也 : 元侯는 元積中을 지칭하며, 治平 元年에 知虔州事를 歷任하였다.

余聞之호니 先王所謂道德者는 性命之理而已요 其度數는 在乎俎豆[1)]鐘鼓管絃之間이로되 而常患乎難知라 故爲之官師[2)]하야 爲之學하고 以聚天下之士하야 期命辯說하고 誦歌絃舞하야 使之深知其意하니라 夫士는 牧民者也라 牧은 知地之所在니 則彼不知者는 驅之爾라 然士學而不知하고 知而不行하며 行而不至면 則奈何오 先王이 於是乎有政矣니라 夫政은 非爲勸沮而已也나 然亦所以爲勸沮라 故擧其學之成者하야 以爲卿大夫하고 其次는 雖未成이나 而不害其能至者면 以爲士하니 此舜所謂庸之者也[3)]라 若夫道隆而德駿者는 又不止此하니 雖天子라도 北面[4)]而問焉하고 而與之迭爲賓主하나니 此舜所謂承之者也[5)]라 蔽陷畔逃하야 不可與有言이면 則撻之以誨其過하고 書之以識其惡[6)]이라 待之以歲月之久로되 而終不化면 則放棄殺戮之刑이 隨其後하니 此舜所謂威之者也[7)]라

내가 들으니, 先王들이 이른바 道德이라 한 것은 生命 本源의 理致일 뿐이고, 그 法度는 俎豆와 鐘鼓와 管絃 사이에 존재하나, 항상 그것의 알기 어려움을 근심하였다. 그렇기 때문에 백성 교육을 책임진 관리를 두어서 그것들을 배우게 하고, 배운 것을 준거로 천하의 士들을 모아서 事物의 特點에 의거하여 命名하고 분별하여 설명하며, 詩歌를 誦讀하면서 거문고 비파소리에 맞추어 춤을 추게 하여, 그들로 하여금 그 意義를 깊이 이해하도록 하였다.

대저 士는 백성을 기르는 사람이다. 가축을 기르는 사람은 그 草地가 있는 곳을 알아야 하나니, 그 사람이 草地가 있는 곳을 모른다면 내쫓아 버려야 할 뿐이다. 그리고 士가 배웠어도 알지 못하거나, 알기는 하되 實踐을 하지 않거나, 실천은 하되 至極한 境地에 이르지 못한다면 어찌해야 하는가. 先王이 이런 경우를 위하여 政治제도를 둔 것이다.

대저 정치가 권장하거나 금지시키기 위해서만 있는 것은 아니지만, 그러나 또한 권장과 금지의 근원이 되기도 한다. 그 때문에 그 배움이 이루어진 자를 등용하여 卿이나 大夫를 삼기도 하고, 그만은 못하여 비록 완성은 못하였다 해도 지극한 경지를 이룰 수 있음에 해가 되지 않는 사람은 士로 삼았으니, 이런 것이 舜임금이 이른바 임용하였다고 하는 것이다. 대저 道가 높고 德行이 傑出한 사람은 또한 이에 그치지 않으니, 비록 天子라 해도 스승으로 섬기면서 질문을 하였고, 그와 번갈아 賓主가 되어 禮

를 극진히 하였으니, 이것이 舜임금이 이른바 공경하여 받들었다고 하는 것이다. 숨고 배반하고 도피하여 그를 말로 설득시킬 수가 없으면 매를 쳐서 그 과실을 깨우치게 하고, 이를 기록하여 그 惡함을 알게 하였다. 오랜 세월을 기다려도 끝내 敎化되지 않으면 流配刑과 死刑이 뒤따르게 하였으니, 이것이 순임금이 이른바 그들을 두려워하게 하였다는 것이다.

1) 俎豆 : 古代의 祭器로, 이곳에서는 祭祀의 法度를 지칭한다.
2) 官師 : ≪禮記≫ 〈祭法〉에, "관사는 일묘만 둘 수 있다.〔官師一廟〕"라 하였고, 이에 대한 鄭玄의 註에, "官師는 中士, 下士, 庶士, 府士에 屬하는 사람이다.〔官師中士下士庶士府士之屬〕"라고 한 것으로 보아, 下級 官吏를 指稱하며, 이곳에서는 民衆의 교육을 담당한 官員을 가리킨다.
3) 舜所謂庸之者也 : ≪尙書≫ 〈虞書 益稷〉에 "格則承之庸之 否則威之"라고 보이는데, 이에 대한 孔安國의 傳에 "천하의 사람이 능히 道에 이르면 받들어 등용하여 관직을 맡기고, 가르침을 따르지 않으면 형벌로 위엄을 보인다.〔天下人 能至于道 則承用之 任以官 不從教 則以刑威之〕"라고 하였다. 庸은 用의 의미이다.
4) 北面 : 古禮에 臣下가 君主를 拜謁하거나, 지위가 낮거나 나이가 어린 사람이 尊長을 뵐 때에는, 北向하여 禮를 올리게 되어 있으므로, 이곳에서 天子가 北面하고 질문한다고 한 것은, 弟子가 스승을 받드는 예를 행하였다는 것을 의미한다.
5) 舜所謂承之者也 : 앞의 註 3) 참조.
6) 撻之以誨其過 書之以識其惡 : ≪尙書≫ 〈虞書 益稷〉에 "매를 때리고 이를 기록해 놓는다.〔撻以記之〕", "기록해 놓아서 그의 악함을 기억하게 한다.〔書用識哉〕"라 하였고, 이에 대한 孔穎達의 疏에, "잘못을 저지른 사람에게 매를 쳐서 그 과실을 알고 기억하게 한다는 것은 허물이 가벼운 사람에 대한 처벌을 이르는 것이다.〔笞撻不是者 使記識其過 謂過輕者也〕", "그의 잘못을 기록해 기억하게 하였으니, 이 또한 적은 허물을 범한 사람에 대한 조치이다.〔書識其非 亦是小過者也〕"라 한 말을 인용한 것이다.
7) 舜所謂威之者也 : 앞의 註 3) 참조.

蓋其敎法은 **德則異之以智仁聖義忠和**[1]요 **行則同之以孝友睦婣任恤**[2]이요 **藝則盡之以禮樂射御書數**[3]니라 **淫言詖行**과 **詭怪之術**은 **不足以輔世**니 **則無所容乎其時**하니라

而諸侯之所以教도 一皆聽於天子니 天子命之矣라야 然後興學[4)]이니라 命之曆數하야 所以時其遲速하고 命之權量[5)]하야 所以節其豐殺하니 命不在是면 則上之人이 不以教요 而爲學者不道也니라 士之奔走揖讓酬酢笑語升降이 出入乎此면 則無非教者라 高可以至於命하고 其下亦不失爲人用이러니 其流及乎旣衰矣나 尙可以鼓舞群衆하야 使有以異於後世之人이라 故當是時하야 婦人之所能言과 童子之所可知를 有後世老師宿儒之所惑而不悟者也요 武夫之所道와 鄙人之所守를 有後世豪傑名士之所憚而愧之者也라 堯舜三代는 從容無爲로되 同四海於一堂之上하니 而流風餘俗詠歎之不息이 凡以此也니라

대체로 그 가르치는 법이 德은 智와 仁과 聖과 義와 忠과 和 등 六德으로써 구별하고, 行實은 孝와 友와 睦과 婣과 任과 恤 등 六行으로써 통일하며, 藝는 禮와 樂과 射와 御와 書와 數 등 六藝로써 극진히 하였다. 음란한 말과 비뚤어진 행동, 괴이한 술책은 세상에 도움이 되지 않으니, 그 시대에는 허용될 수가 없었다. 그리고 諸侯들이 가르치는 근본도 한결같이 모두 天子의 뜻을 따르는 것이었으니, 천자가 명한 연후에야 學校를 세웠다.

歲時 節候를 헤아리도록 명하여 時令에 맞추어 속히 할 일과 천천히 할 일을 정하는 근거가 되었고, 度量衡을 제정하도록 명하여 늘이고 줄이는 準則의 근거가 되었다. 命이 이에 있지 않으면 윗자리에 있는 사람이 이를 가르치지 않았고, 배우는 사람을 위해 이를 말하지 않았다. 士가 내달리고, 揖하고 사양하며, 술잔을 주고받고, 담소하며, 오르고 내리는 것이 이 기준에 벗어나는 것이 있게 되면, 가르쳐서 바로잡아 주지 않는 것이 없었다.

위로는 天命에 도달할 수 있고 아래로는 또한 사람들의 쓰임이 되기에 결함이 없었는데, 그 教化가 세월이 흐르면서 이미 衰微해졌지만 아직도 군중을 고무시킬 수 있었으니, 後世의 사람들과는 다른 점이 있었다.

그러므로 이때를 당하여서는 婦人도 능히 말할 수 있었고 童子도 잘 알고 있었던 것 가운데, 후세의 훌륭한 스승과 수양을 깊게 한 유학자도 의문을 품고 깨닫지 못한 것이 있게 되었고, 當時에 武夫가 行한 바와 배우지 못한 시골 사람이 지키던 것 가운데, 후세의 豪傑과 名士들도 이를 따라할 수 없음을 두려워하고 부끄럽게 여길 만한

것이 있게 되었다. 堯와 舜과 三代의 王들은 조용히 있으면서 人爲的으로 억지로 추구하는 것이 없었지만 帝位에서 南面하고 가만히 있으면서도 온 천하를 同化시킬 수 있었고, 그러한 풍속이 후세에 전해 내려와서 노래하고 찬미하기를 중단함이 없었던 것은 모두 이 때문이었다.

1) 智仁聖義忠和 : ≪周禮≫ 〈地官 大司徒〉에서는 이를 六德이라 하였다.

2) 孝友睦婣任恤 : ≪周禮≫ 〈地官 大司徒〉에서는 이를 六行이라 하였다.

3) 禮樂射御書數 : ≪周禮≫ 〈地官 大司徒〉에서는 이를 六藝라 하였다.

4) 天子命之矣 然後興學 : ≪禮記≫ 〈王制〉에 "천자가 가르치라고 명한 이후에 학교를 세운다.〔天子命之教 然後爲學〕" 하였다.

5) 權量 : 權은 무게를 측정하는 기구인 저울을, 量은 부피를 측정하는 斗·斛 등을 말한다.

周道微에 不幸而有秦하야 君臣이 莫知屈己以學하고 而樂於自用하니 其所建立이 悖矣어늘 而惡夫非之者하야 乃燒詩書하고 殺學士하며 掃除天下之庠序[1]라 然後에 非之者愈多하야 而終於不勝하니 何哉오 先王之道德은 出於性命之理요 而性命之理는 出於人心이니 詩書能循而達之요 非能奪其所有而予之以其所無也라 經雖亡이나 出於人心者猶在하니 則亦安能使人舍己之昭昭하고 而從我於聾昏哉리오 然是心은 非特秦也니 當孔子時하야 旣有欲毀鄕校者矣[2]니라 蓋上失其政이면 人自爲義하야 不務出至善以勝之하고 而患乎有爲之難하나니 則是心은 非特秦也니라 墨子區區는 不知失者在此하고 而發尙同之論[3]하니 彼其爲愚 亦獨何異於秦이리오

周道가 쇠미해지자 불행하게도 秦나라가 일어나서, 王과 臣下들이 자신을 낮추고 배워야 함을 알지 못하고 자신의 뜻대로 하는 것을 즐거워하였다. 그들이 세운 제도가 그릇된 것이므로 이를 싫어하고 이의를 제기하는 사람이 있게 되니, 이에 ≪詩經≫과 ≪書經≫을 불태우고 學士를 죽이고 천하의 모든 교육기관을 없애 버렸다.

그 이후에 이를 비판하는 사람이 더욱 많아져서 끝내는 이들을 이길 수가 없게 되었으니, 이는 무엇 때문인가. 先王의 道德은 生命 本來의 理致에서 나온 것이고, 생명 본래의 이치는 人心에서 나온 것이다. ≪詩經≫과 ≪書經≫은 생명 본래의 이치를 따

라서 인심에 도달한 것이니, 이미 가지고 있는 것을 빼앗거나 없는 것을 줄 수 있는 것이 아니다. 經書가 비록 없어진다 해도 人心에서 나온 것은 여전히 남아 있는데, 어찌 사람들에게 자기의 마음속에 명백하게 존재하는 양심의 소리를 버리고 귀머거리가 되어 나를 따르라고 할 수 있겠는가.

그러나 이런 마음을 가진 사람이 특별히 秦시대에만 있었던 것은 아니니, 孔子가 생존했던 때에도 이미 鄕校를 파괴하려는 자가 있었다. 대체로 위에서 그 바른 政事를 잃게 되면, 사람들이 각자 제 뜻대로 행하여 至善의 境地로 나와서 그릇됨을 극복하는데 힘쓰지 않고 그런 일의 하기 어려움만을 근심하게 되나니, 이런 마음은 특별히 秦시대에만 있었던 것이 아니다. 墨子의 변변치 못한 이론은 그릇됨이 여기에 있음을 알지 못하고 '尙同'의 이론을 내놓았으니, 그 사람의 어리석음이 어찌 유독 秦始皇과 다를 것이 있으리오.

1) 庠序 : 庠과 序는 古代 學校의 명칭이다. ≪漢書≫ 〈儒林傳 序〉에, "지방 마을에 교육기관을 두었으니, 夏시대에는 이를 校라 하였고, 殷시대에는 이를 庠이라 하였으며, 周시대에는 이를 序라 하였다.〔鄕里有敎 夏曰校 殷曰庠 周曰序〕" 하였다.

2) 當孔子時 旣有欲毁鄕校者矣 : ≪春秋左氏傳≫에 의하면, 孔子가 생존하였던(12歲時) 襄公 31년에 鄭나라 사람들이 相國인 子産에게 鄕校의 폐지를 건의한 일이 있었다. 단 子産은 이를 수용하지 않았다.

3) 發尙同之論 : 尙同은 ≪墨子≫의 篇名으로, 上, 中, 下 三篇으로 되어 있고, 이 篇에서 節用을 특히 강조하고 있다.

嗚呼라 **道之不一**이 **久矣**라 **揚子曰 如將復駕其所說**인댄 **莫若使諸儒金口而木舌**이라하니 **蓋有意乎**辟雍[1]**學校之事**니 **善乎**라 **其言**이여 **雖孔子出**이라도 **必從之矣**시리라 **今天子以盛德**으로 **新卽位**하시니 **庶幾能及此乎**인저 **今之守吏**는 **實古之諸侯**나 **其異於古者**는 **不在乎施設之不專**이라 **而在乎所受於朝廷**이 **未有先王之法度**요 **不在乎無所於敎**라 **而在乎所以敎**가 **未有以成士大夫仁義之材**니라

아아! 道가 하나로 合一되지 못한 지가 오래되었도다. 揚子가 말하기를, "만약 장차 孔子께서 말씀하신 道를 다시 天下에 널리 펼쳐지게 하려 한다면, 여러 선비들로 하여

금 萬民의 木鐸이 되어 널리 알리게 하는 것보다 더 좋은 방법이 없다." 하였으니, 이는 辟雍과 學校를 일으키는데 뜻을 두고 한 말이다. 참으로 훌륭하도다, 그 말이여! 비록 孔子가 다시 태어난다 해도 반드시 그 말을 따랐을 것이로다!

이제 天子께서 盛大한 德을 지니시고 새로 卽位하셨으니, 아마도 이런 경지에 이를 수 있을 것이로다! 지금 한 지방을 鎭守하는 관리들은 실은 옛날의 諸侯와 같으나, 그들이 옛 제후들과 다른 점은 管內의 행정시행을 자기 마음대로 할 수 없음에 있는 것이 아니라 朝廷이 先王의 法度를 갖지 못한 것을 명해도 그대로 받아들여 따르는 데 있고, 백성을 가르칠 곳이 없는데 있는 것이 아니라 가르치는 것이 士大夫를 仁義를 지닌 人材로 키우지 못하는 데 있는 것이다.

1) 辟雍 : 西周시대에 설치하였던 太學으로, 둘레를 圓形으로 하여 水池로 玉璧처럼 에워싸고 便橋를 놓아 통행하게 하였으므로 辟雍이라 부르게 되었다.

虔이 **雖地曠以遠**이나 **得所以敎**면 **則雖悍昏囂凶**하야 **抵禁觸法而不悔者**라도 **亦將有以聰明其耳目而善其心**이리니 **又況乎學問之民**이리요 **故余爲書二侯之績**하고 **因道古今之變及所望乎上者**하야 **使歸而刻石焉**하노라

虔州 땅이 비록 중앙에서 멀리 떨어져 있는 황폐한 곳이지만, 敎化의 근본을 얻게 된다면, 비록 거칠고 昏暗하고 어리석고 포학하여 금령을 어기고 법에 저촉되는 일을 하면서 뉘우침이 없는 사람들이라 해도, 또한 장차 그 耳目이 聰明해지고 그 마음이 착해지게 될 것이니, 더구나 學校에서 學問을 닦은 백성이야 더 말할 것이 있겠는가.

그 때문에 내가 그들을 위해 두 侯의 功績을 기록하고, 이어서 古今의 學校에 대한 의식의 변화와 윗사람에게 기대하는 바를 말해서, 찾아온 사람으로 하여금 돌아가 이를 돌에 새겨 놓도록 하였다.

02. 繁昌縣學記* 繁昌縣에 학교를 세운 일을 기록한 記

* 夏希道가 繁昌縣令으로 赴任한 것이 慶曆 7년(1047)이므로, 그 이후에 縣學이 낙성되었을 것이고, 이때 지은 것이 本 學記이다. 繁昌縣은 작은 고을이어서 鄕學 건립 조건인 학생 200명을 채울 수 없었으나, 새로 부임한 縣令 夏希道가 기

존의 孔子廟를 증축하여 祭祀와 教育을 병행하도록 하여 문제를 해결한 것을 찬양한 것이다.

論學處亦最確이라

학교의 효용에 대한 논지가 또한 매우 명확하다.

奠先師先聖[1)]**於學而無廟 古也**니 **近世之法**은 **廟事孔子而無學**이라 **古者**에 **自京師**로 **至於鄕邑**히 **皆有學**하고 **屬其民人**하야 **相與學道藝其中**하야 **而不可使不知其學之所自**라 **於是乎 有釋菜**[2)]**奠幣之禮**하니 **所以著其不忘**이니 **然則事先師先聖者 以有學也**어늘 **今也無有學**하고 **而徒廟事孔子**하니 **吾不知其說也**로라 **而或者以謂孔子**는 **百世師**니 **通天下州邑爲之廟**는 **此其所以報且尊榮之**라하니라 **夫聖人**은 **與天地同其德**하니 **天地之大**는 **萬物無可稱德**이라 **故其祀質而已**요 **無文也**니라 **通州邑廟事之 而可以稱聖人之德乎**아 **則古之事先聖**은 **何爲而不然也**오

先聖과 先師를 學校에서 받들며 祭를 올리되 별도로 사당〔廟〕을 두지 않았던 것이 옛 제도였다. 그러나 근세에 제정된 법에는 孔子를 위해 사당을 세워 받들면서도 학교는 두지 않고 있다. 옛적에는 서울로부터 鄕邑에 이르기까지 모두 학교를 두고 백성들을 그에 소속시켜서 그 속에서 道와 技藝를 배우도록 하고, 그들로 하여금 그 학문의 비롯된 바를 알지 않으면 안 되게 하였다. 이에 釋菜로 先聖과 先師에게 제사를 지내고 幣帛을 바치는 禮가 있게 하였으니, 그 잊지 않아야 함을 밝힌 것이다.

그러므로 先師와 先聖을 섬기는 일이 학교에 있게 한 것인데, 지금에는 학교는 설립하지 않고 다만 사당만 두어서 공자를 섬기게 하니, 나는 그 합당한 이유를 알지 못하겠다. 그런데 어떤 사람은 공자는 百世의 스승이니 천하의 모든 州와 邑에 그분을 위한 사당을 세워야 하고, 이렇게 하는 것이 바로 그 德化에 보답하고 영예스럽게 높이는 근본이 된다고 여기기도 한다.

대저 聖人은 天地와 더불어 그 德을 함께하시는데, 廣大한 天地에 있는 萬物로는 그 덕에 알맞게 받들 수가 없으므로, 그분을 받드는 제사는 질박하게 할 뿐이요 화려하게 꾸미는 일이 없는 것이다. 모든 주와 읍에 사당을 세워 그분을 섬기는 것이 聖人의 德

에 알맞게 하는 것일까? 그렇다면 옛적에는 先聖을 섬기면서도 무엇 때문에 고을마다 사당을 두지 않았던 것일까?

1) 先師先聖 : 先師는 古代의 본받을 만한 스승이고, 先聖은 고대의 聖賢을 가리키는 말이었으나, 隋後에는 孔子를 先聖, 顔回를 先師로 부르고, 唐代에는 周公을 先聖, 孔子를 先師로 칭하였다.
2) 釋菜 : 太學의 입학식 때에 先聖과 先師에게 제사를 지내는 일종의 의식으로, 미나리, 마름 등 간소한 제물을 올렸으므로, 이를 釋菜라 칭하게 된 것이다.

宋因近世之法하야 而無能改러니 至今天子하야 始詔天下有州者皆得立學하고 奠孔子其中을 如古之爲하시니라 而縣之學士滿二百人者라야 亦得爲之하니 而繁昌은 小邑也라 其士少하야 不能中律이요 舊雖有孔子廟나 而庳下不完하고 又其門人之像은 惟顏子一人而已라 今夏君希道太初[1]至하야 則修而作之하야 具爲子夏子路十人像하고 而治其兩廡하야 爲生師之居하야 以待縣之學者하고 以書屬其故人臨川王某하야 使記其成之始하니라 夫離上之法하고 而苟欲爲古之所爲者면 無法이요 流於今俗하야 而思古者면 不聞教之所以本이요 又義之所去也라 太初는 於是無變今之法하고 而不失古之實하니 其不可以無傳也로다

우리 宋나라도 近世에 제정된 법을 따르면서 이를 고치지 못하고 있다가, 지금의 天子에 이르러서 비로소 천하에 州가 설치되어 있는 곳에는 모두 학교를 세우도록 명하시고 孔子를 그곳에서 받들도록 하셨으니, 옛날에 행하던 제도와 같게 하신 것이다. 그리고 縣마다 학생이 200人에 이르면 또한 학교를 설치하도록 하였는데, 繁昌은 작은 고을이므로 학생 수가 적어서 그 제도에 맞출 수가 없었다. 비록 과거부터 孔子의 사당이 있기는 하였으나 낮고 왜소하여 온전하지 못하였고, 또 그 弟子의 象은 顔子 한 사람에 그칠 뿐이었다.

이제 夏希道 太初君이 이 고을 수령이 되면서 건물을 수축하고 새로 세우기도 하여, 子夏, 子路 등 열 弟子의 象을 갖추고 양쪽에 행랑을 두어 학생들과 스승을 위한 거처를 마련하고, 고을에서 배우기를 원하는 사람들에 대비하였다. 이렇게 한 후에 친구인 臨川 王某에게 편지를 보내 부탁하여 그 건물 落成의 始末을 기록하게 하였다.

대저 皇上께서 하명하신 法을 어기고 진실로 옛날에 행한 제도를 따르려 한다면 이는 법을 무시하는 것이 되고, 지금의 習俗을 따르면서 옛 제도도 생각한다면 이는 교화의 근본이 되는 所以를 알지도 못하게 되고 또 교화의 의의조차 저버리는 것이 된다. 그런데 太初는 지금의 제도를 변경하지 않고 옛 제도의 實狀도 잃지 않으면서 공자의 제사와 학생의 교육을 병행할 수 있게 하였으니, 이런 업적을 후세에 전하지 않아서는 안 된다.

1) 今夏君希道太初 : 河希道의 字가 太初이다. 淸 康熙年間에 간행된 ≪繁昌縣志≫ 〈名宦傳〉에, "慶曆年間에 고을은 누추하고 백성들은 가난하였는데, 希道가 부임하자 다방면으로 이로운 혜택을 입혀서, 날마다 사람들이 모여들었고, 무너진 건물은 수리하고 추락한 것은 다시 일으켜서 찬란하게 다시 정비하였다.〔慶曆間令 邑陋民貧 希道至 惠利多方 日以生聚 修廢擧墜 煥然改觀〕"라고 하여, 河希道가 繁昌縣令이 되어 세운 업적을 찬양하였다.

03. 慈溪縣學記* 慈溪縣에 학교를 세운 일을 기록한 記

* 明 天啓 ≪慈溪縣志≫ 〈學記〉에, "慶曆 8년에 縣令 林肇가 학교를 지금의 터로 옮기고 鄕先生 杜醇을 초빙하여 스승으로 삼았고, 鄞縣의 현령 王安石이 記를 지었다.〔慶曆八年 令林肇徙今址 起鄕先生杜醇爲之師 鄞令王安石爲之記〕" 한 것으로 보아, 本文은 慶曆 8년(1048)에 지은 것으로 思料된다.

予覽學記하니 曾王二公爲最라 非深於學이면 不能記其學如此라

내가 學記들을 열람해 보니 曾鞏과 王安石 두 분이 가장 잘 지었으니, 學校에 대한 학식이 深奧하지 않으면 그 學記를 이와 같이 지을 수가 없다.

天下에 不可一日而無政教라 故學不可一日而亡於天下니라 古者에 井天下之田[1)]하고 而黨庠遂序國學之法이 立乎其中[2)]하니 鄕射飮酒[3)]와 春秋合樂과 養老勞農과 尊賢使能과 攷藝選言之政으로 至於受成獻馘訊囚之事[4)]히 無不出於學이라 於此養天下智仁聖義忠和之士하야 以至一偏一伎一曲之學을 無所不養하고 而又取士大夫之材行完

潔하며 **而其施設**이 **已嘗試於位而去者**를 **以爲之師**하니라 **釋奠釋菜**[5)]하야 **以教不忘其學之所自**하고 **遷徙偪逐**하야 **以勉其怠而除其惡**하니 **則士朝夕所見所聞**이 **無非所以治天下國家之道**라 **其服習**은 **必於仁義**요 **而所學**은 **必皆盡其材**라 **一日取以備公卿大夫百執事之選**이면 **則其材行**이 **皆已素定**하고 **而士之備選者**는 **其施設**이 **亦皆素所見聞而已**요 **不待閱習而後能者也**라 **古之在上者 事不慮而盡**하고 **功不爲而足**하니 **其要如此而已**라 **此二帝三王**[6)]**所以治天下國家**요 **而立學之本意也**니라

天下에 단 하루도 政治와 教化가 없어서는 안 되므로, 정치와 교화를 맡은 學校도 天下에 단 하루도 없어서는 안 되는 것이다. 옛적에 천하의 농토에 井田制를 시행하고, 黨에는 庠을, 遂에는 序를, 나라 안에는 學을 설치하는 제도를 두었다.

鄕飮酒禮와 鄕射禮, 春秋에 행하는 여러 음악과 무용의 합동연주, 노인 봉양과 농민 위로, 賢者를 받들고 유능한 사람을 임용함, 학생들의 德行 技藝의 시험과 좋은 건의를 받아들임 등의 政事에서부터, 이미 정해진 계책을 받아들임, 적군을 죽이고 베어온 귀의 숫자로 論功함, 罪囚를 訊問하는 일 등에 이르기까지, 學校에서 하는 일에서 벗어나는 것이 없었다.

이곳에서 천하의 智와 仁과 聖과 義와 忠과 和를 지닌 士들을 양성하고, 한 가지 學識과 한 가지 機能과 한 가지 局部的인 일의 교육에 이르기까지 길러 주지 않는 것이 없었다.

그리고 또 士大夫 가운데 材行이 온전하고 깨끗하며 벼슬자리에 있으면서 훌륭한 업적을 이미 평가받고 퇴직한 사람을 각종 학교의 선생님으로 삼았고, 釋奠과 釋菜의 禮로써 그 학문의 근본되는 바를 잊지 않도록 가르치고, 잘못을 범한 사람을 옮기거나 내쫓아서, 이로써 그 태만한 사람을 勉勵하고 그 惡行을 제거하게 하였다. 그렇게 되니 士들이 朝夕으로 보고 듣는 것이 천하 국가를 다스리는 道의 근본에 해당되지 않는 것이 없었다. 그들이 익숙해지도록 익히는 것이 반드시 仁義에 관한 것이었고, 배우는 것은 반드시 모두 그 재능을 다 발휘할 수 있도록 하는 것이었다.

이렇게 양성된 인물을 어느 날 뽑아서 公과 卿과 百官의 선발에 대비하면, 그들의 능력과 행실이 모두 이미 평소에 평가받았던 대로 갖추어져 있고, 이렇게 士로서 선발되어 충원된 사람들은 그들이 시행하는 일들이 또한 모두 평소에 보고 들었던 대로 할 뿐이

니, 다시 훈련하고 연습하기를 기다린 이후에야 잘할 수 있는 사람들이 아니다.

그러므로 옛날 윗자리에 있던 사람들은 하는 일에 염려를 하지 않아도 완벽하게 이루어지고, 효과를 내기 위해 인위적으로 노력하지 않아도 효험이 충분하게 나타났으니, 그 要點이 이와 같았을 뿐이었다. 이것이 바로 二帝와 三王이 천하 국가를 훌륭하게 다스릴 수 있었던 근본 원인이었고, 학교를 세웠던 본래의 취지였다.

1) 古者井天下之田 : 古代부터 있었다고 傳해지는 土地制度가 井田制였음을 칭하는 것이다. 900畝의 토지를 井자처럼 나누어 가운데 100畝를 公田으로 하고 그 둘레에 있는 800畝를 私田으로 하여 8家에 100畝씩 분배하여 경작하게 하고, 公田 2.5畝씩은 各 家가 가옥 등으로 사용하고, 나머지 公田 80畝는 8家가 共同耕作하여 국가에 바치도록 한 제도이다.

2) 而黨庠遂序國學之法 立乎其中 : ≪禮記≫ 〈學記〉에, "옛 교육기관으로는 家에는 塾이 있고, 黨에는 庠이 있고, 術에는 序가 있고, 國에는 學이 있었다.〔古之教者 家有塾 黨有庠 術有序 國有學〕" 하고, 鄭玄의 註에, "術은 遂라고 써야 마땅하니, 音이 類似하여 誤記하게 된 것이다.〔術 當爲遂 聲之誤也〕"라 하였다

3) 鄉射飮酒 : 州의 序(學校)에서 春秋로 行하는 習射의 禮인 鄉射禮를 稱하고, 飮酒는 鄉中에서 尊賢養老를 위하여 여는 鄉飮酒禮를 칭한다.

4) 至於受成獻馘訊囚之事 : 이미 정해진 계책을 접수함을 의미한다. ≪禮記≫ 〈王制〉에, "천자가 출정하려 할 때에……종묘에서 명을 받는 예를 행하고, 태학에서 결정된 계책을 접수한다.〔天子將出征……受命於祖 受成於學〕"라고 하였다.

獻馘은 戰場에서 사살한 적군의 왼쪽 귀를 잘라 바치면 그 수에 따라 論功한 것을 의미한다. ≪詩經≫ 〈魯頌 泮水〉에, "헌걸차게 용맹한 신하, 泮宮(太學)에서 적군의 귀를 바치네.〔矯矯虎臣 在泮獻馘〕"이라 하였다.

訊囚는 太學에서 죄인을 訊問하였음을 말한 것이다.

5) 釋奠釋菜 : 학교에서 先聖 先師에게 酒食을 갖추어 祭禮를 행하는 의식을 이른다. 釋菜는 ≪繁昌縣學記≫의 註 2) 참조.

6) 二帝三王 : 二帝는 唐堯와 虞舜을, 三王은 夏를 創國한 夏禹, 商을 창국한 商湯, 周를 창국한 文王 武王을 지칭한다.

後世엔 無井田之法하고 而學亦或存或廢하니 大抵所以治天下國家者 不復皆出於學

이요 而學之士 群居族處하야 爲師弟子之位者는 講章句 課文字而已라 至其陵夷之久하야는 則四方之學者 廢而爲廟하야 以祀孔子於天下로되 斲木摶土하야 如浮屠道士法하야 爲王者象하고 州縣吏春秋帥其屬하야 釋奠於其堂이나 而學士者或不預焉이라 蓋廟之作이 出於學廢하니 而近世之法然也니라

後世에는 井田의 법이 없어지고 학교 또한 存置했다 廢止했다 하게 되니, 대체로 천하 국가를 바르게 다스리는 根源이 되는 것이 다시는 모두 학교에서 나올 수가 없게 되었다. 그리고 학교의 학생들은 親族들끼리 무리지어 모여서 함께 지내며, 스승과 제자의 자리에 있게 되면 章句나 익히고 글짓기만 課業으로 삼을 뿐이다.

이렇게 쇠미해진 지 오래되니 사방에 있던 학교들이 廢校되어 祠堂으로 변하여, 온 천하에서 孔子께 제사나 지내고, 나무를 깎거나 진흙을 이겨서 佛教와 道教의 법을 모방하여 공자의 象을 君王의 象처럼 塑造하고 있다. 州와 縣의 관리들이 春秋로 그 屬僚들을 인솔하고 그 堂에서 釋奠의 예를 행하기도 하지만, 학사들은 참여하지 않는 경우도 있다. 대체로 사당이 세워진 것이 학교가 폐교됨에서 시작되어서, 근세의 제도가 이와 같게 된 것이다.

今天子卽位若干年에 頗修法度하야 而革近世之不然者하시니 當此之時하야 學稍稍立於天下矣나 猶曰 州之士滿二百人이라야 乃得立學이라 於是에 慈溪之士는 不得有學하고 而爲孔子廟如故나 廟又壞不治러니라

이제 天子께서 즉위하신 지 몇 년이 되었을 뿐인데도, 법도를 바르게 세우고 근세의 옳지 않은 것들을 혁파하신 것이 매우 많다. 이런 때를 당하여 학교가 차츰 온 천하에 설립되었지만, 아직도 한 縣의 학생이 200명에 차야만 학교를 세울 수 있게 하고 있다. 이에 慈溪縣의 學士들은 학교에서 배울 수가 없게 되었고, 공자의 사당은 옛날처럼 남아 있지만 그 사당 또한 무너졌는데도 수리를 하지 않고 있었다.

今劉君[1)]在中하야 言於州하고 使民出錢하야 將修而作之라가 未及爲而去하니 時慶曆某年也라 後에 林君肇至[2)]하야 則曰 古之所以爲學者는 吾不得而見이요 而法者는 吾不可

以毋循也라 雖然이나 吾之人民於此하니 不可以無教라하고 卽因民錢하야 作孔子廟호되 如今之所云하고 而治其四旁爲學舍하야 講堂其中하고 帥縣之子弟하야 起先生杜君醇[3] 爲之師하야 而興於學하다 噫라 林君은 其有道者耶인저 夫吏者 無變今之法하고 而不失古之實하니 此는 有道者之所能也니 林君之爲 其幾於此矣로다

이제 劉君이 그 가운데 있으면서 州에 건의하고 백성들로 하여금 돈을 出捐하도록 하여 수리하고 증축하고자 하였지만, 일을 시행함에 이르지 못하고 떠나니 이때가 慶曆 某年이다.

그후 林肇君이 縣令으로 부임하여 말하기를, "옛날 학교를 세웠던 기준을 내가 제대로 알 수가 없고, 그리고 학생이 200인 이하면 학교를 세울 수 없다는 법 규정을 내가 준수하지 않을 수가 없다. 비록 그러나 내가 다스리는 백성이 여기에 있으니 가르치지 않을 수가 없다." 하고, 즉시 백성들이 醵出했던 돈으로 孔子의 祠堂을 짓기를 지금의 법령대로 하고, 사당 사방에 學舍를 짓고 그 가운데 講堂을 두고, 縣의 자제들을 이끌고 선생 杜醇君을 불러내어 스승으로 삼아서 학교를 일으키게 되었다.

아아! 縣令 林君은 그 道를 지닌 사람이로다! 대저 관리가 되어서 현재 시행되는 법을 변경하지 않고 옛 제도의 진실함도 실추시키지 않았으니, 이런 일은 道를 지닌 사람만이 할 수 있는 것이니, 林君이 행한 것이 거의 이에 가깝도다!

1) 劉君 : 어떤 인물인지 未詳이다.
2) 林君肇至 : 字가 公權이고, 慶曆年間에 知慈溪縣事를 역임하였고, 벼슬이 屯田郎中에 이르렀다.
3) 杜君醇 : 杜醇에 關하여는 〈請杜醇先生入縣學書〉 참조.

林君은 固賢令이요 而慈溪는 小邑이니 無珍產淫貨하야 以來四方遊販之民이나 田桑之美는 有以自足하야 無水旱之憂也라 無遊販之民이라 故其俗一而不雜하고 有以自足이라 故人愼刑而易治요 而吾所見其邑之士에 亦多美茂之材하니 易成也리라 杜君者는 越之隱君子니 其學行이 宜爲人師者也라 夫以小邑으로 得賢令하고 又得宜爲人師者하야 爲之師하니 而以修醇一易治之俗하고 而進美茂易成之材면 雖拘於法하고 限於勢하야 不得盡如古之所爲나 吾固信其教化之將行하고 而風俗之成也로라 夫教化는 可以美

風俗이라 **雖然**이나 **必久而後**에 **至於善**이어늘 **而今之吏**는 **其勢不能以久也**하니 **吾雖喜且幸其將行**이나 **而又憂夫來者之不吾繼也**라 **於是**에 **本其意以告來者**하노라

林君은 본시 현명한 수령이고 慈溪 땅은 작은 고을이며, 진귀한 물산이나 사치스럽고 교묘한 물건이 생산되어서 사방의 장사꾼들이 왕래하는 그런 곳은 아니지만, 農事와 養蠶에 적합하여 이로써 自給自足할 수 있고, 홍수나 한발의 걱정이 없는 고장이다. 왕래하는 상인이 없으므로 그 풍속이 純一하여 잡되지 않고, 자급자족할 수 있으므로 사람들이 刑罰을 두려워하여 조심하므로 다스리기가 容易하다. 그리고 내가 본 바로는 그 고을의 학사들 가운데 또한 빼어나게 아름답고 훌륭한 인재들이 많으니, 학문을 쉽게 이루게 할 수 있을 것이다.

스승으로 모신 杜君은 越 땅에 隱居하던 君子로 그의 학문과 행실이 사람들의 스승이 되기에 합당한 분이다. 대저 작은 고을이면서도 어진 수령을 얻었고, 또한 사람들의 스승이 되기에 합당한 분을 얻어서 스승으로 모신데다가, 純一하여 다스리기 쉬운 風俗을 잘 가다듬고, 빼어나게 아름답고 훌륭한 인재들을 학문으로 나아가게 한다면, 비록 법에 얽매이고 形勢에 제한을 받아서 옛 성현들이 행했던 바를 모두 이룰 수는 없다 해도, 그 教化가 장차 행해지고 醇美한 풍속이 이루어질 것임을 나는 굳게 믿노라.

대저 教化를 통하여 풍속을 순미하게 할 수는 있지만 그러나 이런 일은 반드시 오랫동안 시행한 이후에야 完善함에 이를 수 있는 것이다. 그런데 지금의 관리가 그 형편상 이곳에 오래 있을 수가 없으니, 내가 비록 앞으로도 그대로 행해짐을 기뻐하고 다행으로 여길 것이나, 또한 뒤에 赴任한 사람이 제대로 이어받지 못하게 될까봐 근심이 되어서, 이에 그 뜻의 근본 되는 것을 기록하여 앞으로 부임할 사람들에게 이를 알도록 하고자 하노라.

04. 度支副使廳壁題名記* 度支副使廳 壁에 前任者들의 이름을 기록한 記

* 本 記는 度支副使廳 壁에 前任者들의 名을 새겨놓으면서 嘉祐 5년(1060)에 지은 것이다. 탁지부사는 三司副使의 一員으로 國家의 財賦를 담당하는 자리였다.

何等識見이며 何等筆力고

어찌 그토록 대단한 식견이며 문장력인가!

三司副使[1)]에 不書前人名姓이러니 嘉祐五年에 尙書戶部員外郞 呂君沖之[2)] 始稽之衆史하야 而自李紘已上으로 至查道히 得其名하고 自楊偕已上은 得其官하고 自郭勸已下[3)]는 又得其在事之歲時하니 於是에 書石而鑱之東壁하다

三司副使에 前任者의 姓名을 기록해 놓지 않았었는데, 嘉祐 5년에 尙書戶部員外郞 呂沖之君이 처음으로 여러 관리들을 통해 조사하여 李紘 以上으로부터 查道에 이르기까지의 在任했던 사람들의 이름을 알아냈고, 楊偕 以上은 그들이 맡았던 벼슬을 알아냈으며, 郭勸으로부터 그 以下는 또한 그들이 在任하였던 기간도 알게 되었다. 이에 돌에 기록하여 동쪽 벽에 새겨놓게 되었다.

1) 三司副使 : 官名으로, 鹽鐵使, 度支使, 戶部使를 통합하여 三司라 칭하고 그 長官으로 三司使를 두고 副長官으로 3人의 副使를 두었다.
2) 呂君沖之 : 呂景初를 지칭하며 字를 沖之라 하였다. 度支副使를 역임하였고, 벼슬이 天章閣 待制에 이르렀던 인물이다.
3) 自李紘已上……自郭勸已下 : 李紘, 查道, 楊偕, 郭勸 등은 모두 度支副使를 歷任하였던 인물들이다.

夫合天下之衆者財요 理天下之財者法이요 守天下之法者吏也라 吏不良이면 則有法而莫守하고 法不善이면 則有財而莫理라 有財而莫理면 則阡陌閭巷之賤人이 皆能私取予之勢하고 擅萬物之利하야 以與人主로 爭黔首하야 而放其無窮之欲은 非必貴强桀大而後能이니 如是而天子猶爲不失其民者는 蓋特號而已耳니라 雖欲食蔬衣敝하야 憔悴其身하고 愁思其心하야 以幸天下之給足하야 而安吾政이라도 吾知其猶不得也로라 然則善吾法하고 而擇吏以守之하야 以理天下之財는 雖上古堯舜이라도 猶不能毋以此爲先急이온 而況於後世之紛紛乎아

대저 天下의 民衆을 모으는 수단은 財物에 있고, 천하의 재물을 관리하는 수단은 法에 있으며, 천하의 법을 지키는 사람은 官吏들이다. 그 관리가 훌륭하지 않으면 法이

있어도 지킬 수가 없고, 法이 훌륭하지 않으면 재물이 있어도 제대로 管理할 수가 없게 된다. 재물이 있는데도 제대로 관리하지 못하게 되면, 길거리 鄕里의 賤人들이 모두 사사로이 차지하고 나누어주는 權勢를 멋대로 누리며 온갖 물자에 대한 利益을 제 마음대로 차지하게 되고, 이렇게 되면 君主와 더불어 백성을 서로 차지하려 다투면서 끝없는 욕심을 끝까지 발휘하는 것이, 반드시 지위가 높거나 힘이 강해진 이후에야 할 수 있는 것이 아니게 된다.

이와 같이 되었는데도 天子가 아직 그 百姓들을 잃지 않은 것은 다만 虛名만 차지하고 있을 뿐인 것이다. 이렇게 된다면 君主가 비록 나물밥을 먹고 해진 옷을 입고, 그 몸을 초췌하게 하고 그 마음의 근심을 다하면서, 이로써 天下의 공급이 풍족하게 하여 政治가 안정됨을 다행으로 여기고자 한다 해도, 나는 그런 일이 행해질 수 없을 것임을 알고 있다.

그렇다면 皇帝가 그가 만드는 법을 훌륭하게 제정하고 훌륭한 관리를 택하여 이를 지키게 하며 이로써 천하의 재물을 관리하게 하는 것은, 비록 上古시대의 堯임금과 舜임금이라 해도 이를 급선무로 삼지 않을 수 없는 것이니, 하물며 後世의 번잡하고 어지러운 때에야 더 말할 것이 있겠는가.

三司副使는 **方今之大吏**니 **朝廷所以尊寵之甚備**라 **蓋今理財之法**에 **有不善者**는 **其勢皆得以議於上而改爲之**요 **非特當守成法**하고 **吝出入**하야 **以從有司之事而已**니라 **其職事如此**하니 **則其人之賢不肖**에 **利害施於天下**가 **如何也**리요 **觀其人**인댄 **以其在事之歲時**하고 **以求其政事之見於今者**하야 **而考其所以佐上理財之方**이면 **則其人之賢不肖**와 **與世之治否**를 **吾可以坐而得矣**리니 **此蓋呂君之志也**니라

三司副使는 지금 이 시대의 큰 벼슬아치이고, 朝廷에서 높여주고 인정해 줌을 모두 차지한 사람들이다. 대체로 지금 재물을 관리하는 법에 적절하지 않은 점이 있는 것은 그 형세가 이를 모두 皇上께 설파하고 건의하여 고쳐 시행하도록 해야 한다. 단지 이미 이루어진 법만을 굳게 지키고 재물의 출납만을 고지식하게 처리하며 관리로서의 직분만을 수행해서는 안 된다.

그 직분을 수행한다는 것이 이와 같으므로 그 관리의 훌륭함과 못남으로 인하여 天

下가 이로워질 수도 있고, 해로워질 수도 있을 것이니, 그렇다면 인물의 중요성이 어떠하겠는가?

그 인물을 살펴보고자 한다면, 그가 職務를 담당했던 시기를 살펴보고, 그가 행한 政事 가운데 지금에 드러난 것을 추구해보고, 그가 皇上을 보좌하여 재물을 다스린 방법을 고찰해보면, 그 인물의 현명함과 못남 및 세상이 잘 다스려졌음과 그렇지 않았음을 우리는 가만히 앉아서도 알 수 있게 될 것이다. 이것이 呂君이 그들의 성명을 해당 건물 벽에 새겨 놓은 취지인 것이다.

05. 撫州通判廳見山閣記* 撫州 通判廳의 見山閣記

* 本 記는 撫州 通判 施아무개(名과 生涯 未詳)가 民財와 民力을 이용하여 樓閣을 세우고, 장황하게 이를 합리화하는 辯明을 한 것을 그대로 기록하여, 겉으로는 施侯의 功業을 찬양하였으나, 실은 그의 非行을 諷刺한 것이다. 撫州는 現 江西省에 속한 땅이다.

托通判與客相對之言하고 而又托之書하야 以爲一篇文案이라

通判이 客과 대화한 말에 假託하고, 또 받은 편지에 가탁하여 이로써 한 편의 문장을 지었다.

通判撫州太常博士施侯[1] 爲閣於其舍之西偏하고 旣成에 與客升以飮하야 而爲之名曰 見山이라하고 且言曰 吾人이 脫於兵火하고 洗沐仁聖之膏澤하야 以休其父子者 餘百年이라 於今天子恭儉하사 陂池苑囿臺榭之觀이 有堙毁로되 而無改作하시니 其不欲有所騷動하야 而思稱祖宗所以僩仁元元之意殊甚이라 故人得私其智力하야 以逐於利而窮其欲하고 自雖蠻夷湖海山谷之聚로 大農富工豪賈之家라도 往往能廣其宮室하고 高其樓觀하야 以與通邑大都之有力者로 爭無窮之侈라 夫民之富溢矣로되 吏獨不當因其有餘力하야 有以自娛樂이면 稱上施耶아 又況撫之爲州는 山耕而水蒔하고 牧牛馬 用虎豹하니 爲地千里요 而民之男女以萬數者 五六十이라 地大人衆如此하고 而通判與之하야 爲之父母하니 則其人이 奚可不賢이리오 雖賢이나 豈能無勞於爲治리오 獨無觀遊食

饗之地하야 **以休其暇日**이면 **殆非先王使小人以力養君子之意**[2)]라 **吾所以樂爲之就此而忘勞者**는 **非以爲吾之不肖 能長有此**요 **顧不如是**면 **不足以待後之賢者爾**니라 **且夫人之慕於賢者**는 **爲其所樂**을 **與天下之志**로 **同而不失**이니 **然後能有餘以與民**하야 **而使皆得其所願**이라 **而世之說者曰 召公爲政於周**할새 **方春**에 **舍於蔽芾之棠**하야 **聽男女之訟焉**하고 **而不敢自休息於宮**하니 **恐民之從我者勤**하야 **而害其田作之時**라 **蓋其隱約窮苦**하야 **而以自媚於民**이 **如此**라 **故其民**이 **愛思而詠歌之**하야 **至於不忍伐其所舍之棠**하니 **今甘棠之詩是也**[3)]라하니 **嗟乎**라 **此殆非召公之實事**와 **詩人之本指**요 **特墨子之餘言贅行**[4)]의 **吝細褊迫者之所好**니 **而吾之所不能爲**라하니라

撫州의 通判이신 太常博士 施侯께서 廳舍의 서쪽 곁에 樓閣을 건축하고, 건물이 완성되자 賓客들과 함께 누각에 올라가서 잔치를 열고, 그 누각의 이름을 '見山'이라 지었다. 그리고 말하기를,

"우리들이 전쟁을 겪지 않고 어질고 성스러운 皇上의 은택에 젖어서 그 부모와 자식과 함께 편안하게 지낼 수 있게 된 것이 百餘 年이 되었소.

지금의 天子께서는 겸손하고 검소하셔서, 陂池와 苑囿와 臺榭의 훌륭한 景觀이 매몰되고 파괴되었어도 고쳐 짓지를 않으시고, 백성들을 번잡하게 동원하고자 하지 않으시며, 先代의 제왕들이 백성들을 가련히 여기고 인자하게 救恤하려 하였던 뜻에 맞추기를 매우 열심히 하고 계시오.

그렇게 되자 사람들이 그들의 지혜를 私益을 위해 쓰게 되어, 利益을 추구하며 그들의 私慾을 끝까지 다 채우려 하게 되었고, 이렇게 되자 비록 邊方의 蠻夷가 거주하는 湖海 山谷의 聚落 가운데도 大農, 富工, 大商人의 집들은 왕왕 그 건물을 넓게 짓고 그 樓觀을 높게 짓기도 하면서, 사통팔달한 대도시의 유력자들과 사치스러움을 끝없이 경쟁하고 있소.

대저 백성들의 財富가 넘쳐나는데, 오직 관리들만이 餘力이 있어도 스스로 즐길 수 있는 건물을 짓는 것을 부당하다고 한다면, 이것이 어찌 皇上께서 배푸시는 뜻에 합당한 일이겠소.

또 더군다나 撫州 땅은 산에는 밭을 일구어 갈고 물이 있는 곳에는 논을 만들어 모내기를 하며, 소와 말을 기르고 호랑이와 표범을 사냥하며, 땅은 千里에 이르고 男女

백성들은 5,60萬에 달하여, 땅의 넓음과 사람의 많음이 이와 같고, 通判이 그들과 함께 하면서 그들의 부모노릇을 하니, 그 사람을 어찌 어질다 하지 않을 수 있겠소.

그러나 비록 어질다 해도 그들을 다스리는데 어찌 수고로움이 없을 수 있겠소. 그런데 다만 觀覽하며 노닐고 賓客을 접대하며, 이렇게 그 한가한 때를 보낼 만한 곳이 없다면, 이는 아마도 先王께서 백성들로 하여금 통치자를 힘껏 奉養하게 한 뜻에 맞지 않을 듯하오.

내가 이곳에 취임하여 즐겁게 이를 建築하며 수고로움을 잊은 것은, 못난 이 사람이 이것을 길이 소유하려 한 것이 아니고, 다만 이렇게 해놓지 않는다면 後日의 賢者를 대우하기에 부족하다고 여겨서였소. 또한 인민들이 그런 賢者를 사모한다면, 그가 즐기는 것이 천하 사람들의 志向과 서로 같을 것이고, 이를 실추시키지 않은 후에야 이로써 백성들과 더불어 넉넉히 지낼 수 있게 될 것이며, 그들로 하여금 모두 그들의 所願을 이룰 수 있게 하는 것이 될 것이오.

그런데 세상에 이를 비판하는 사람은, '召公이 周나라에서 政事를 처리할 때에 봄이 되자 무성한 팥배나무 아래에 머물면서 백성들의 爭訟을 처리하고 감히 스스로 좋은 건물에서 쉬지를 않았으니, 이는 백성들이 나를 받들기를 지나치게 부지런히 하느라 농사지을 시기를 해칠까 두려워해서였다. 대체로 그 어렵고 괴로움을 숨기고 스스로 백성들이 잘되도록 애씀이 이와 같았으므로, 그 백성들이 사랑하고 사모하여 詩歌를 지어 읊고 노래하며 그분이 머물렀던 甘棠나무를 차마 베지 못함에 이르렀으니, 지금 전해오는 ≪詩經≫의 〈甘棠〉이 바로 이것이다.'라고 말하는데, 슬프도다! 이는 아마도 召公 때에 실제로 있었던 일이 아니고, 이 詩를 지은 詩人의 본 뜻도 이런 것이 아니었던 듯하며, 다만 墨子의 비루한 말과 불필요한 군더더기 행위이거나, 인색하고 자질구레한 일을 쩨쩨하게 따지는 局量이 협소한 자들이 좋아하는 것일 뿐이니, 나는 그렇게 하지는 않을 것이요." 하였다.

1) 通判撫州太常博士施侯 : 太常寺에 두었던 4人의 博士로서, 五禮의 儀式과 諡號의 制定 등을 관장하였다. 施侯가 어떤 인물인지는 未詳이다.

2) 使小人以力養君子之意 : 이곳에서 말한 小人은 平民 百姓을, 君子는 統治者를 지칭한다. 이 句는, ≪孟子≫ 〈滕文公 上〉에, "통치자가 없으면 백성을 다스릴 수가 없고 백성이 없으면 통치자를 봉양할 수가 없다.〔無君子莫治野人 無野人莫養

君子〕"라고 한 말을 援用한 것이다.

3) 而世之說者曰……今甘棠之詩是也 : ≪詩經≫ 〈召南 甘棠〉과 그 註를 인용한 말로서, 〈甘棠〉 第1章에는, "무성한 팥배나무 자르지도 말고 베지도 말라. 우리 소백께서 머물던 곳이니라.〔蔽芾甘棠 勿剪勿伐 召伯所茇〕" 하였고, 이에 대한 孔穎達의 疏에, "武王 때에 召公이 西伯이 되어 南土에 政敎를 行하여 작은 팥배나무아래에서 爭訟을 처리하니 그 敎化가 南國에 밝게 드러나게 되어 이에 民心을 결속시켰으므로 이 詩를 지어 讚美하였음을 이르는 것이다.〔謂武王之時 召公爲西伯 行政於南土 決訟於小棠之下 其敎著明於南國 爰結於民心 故作是詩以美之〕"라고 한 말을 원용한 것이다.

4) 特墨子之餘言贅行 : 이 말은 戰國時代 墨子가 節用을 강조하여 貴族들의 사치와 낭비를 반대한 言行을 비웃으며, 자신이 見山閣을 建造한 것을 합리화한 것이다.

於是酒酣에 客皆歡하야 相與從容譽施侯所爲하고 而稱其言之善하니라 又美大其閣하고 而嘉其所以名之者하야 曰 閣之上에 流目而環之면 則邑屋草木川原阪隰之無蔽障者皆見이어늘 施侯獨有見於山하야 而以爲之名은 何也오 豈以山之在吾左右前後 若蟠若踞[1]하고 若伏若鶩하야 爲獨能適吾目之所觀邪아 其亦吾心有得於是而樂之也라하니라

이에 술이 거나해지자 賓客들이 모두 기뻐하며, 서로 조용히 施侯가 行한 바를 칭찬하고 그의 말이 훌륭함을 찬양하였다.

한편 그 건물의 아름답고 웅대함과 건물의 이름을 붙인 所以를 찬미하여 말하기를, "見山閣 위에서 눈을 돌려 둘러보니, 고을의 집들과 초목과 개울 및 평원과 높고 낮은 땅들이 막히는 것이 없이 모두 보이는데, 施侯께서는 유독 山만 보이시는지 見山閣으로 이름을 지으신 것은 무슨 이유에서입니까. 어쩌면 나의 전후와 좌우에 펼쳐져 있는 山들이, 龍이 서려 있는 듯, 호랑이가 걸터앉은 듯, 엎드려 있는 듯, 내달리는 듯한 것들이 유독 내 눈으로 관람하는 바에 딱 들어맞음이 있어서인가요? 또한 내 마음이 이에 얻는 것이 있어서 이를 즐거워해서일 것입니다." 하였다.

1) 若蟠若踞 : 龍이 서려 있고 호랑이가 걸터앉은 듯하다는 의미로, ≪太平御覽≫ 卷156에, "鍾山은 용이 서려 있는 듯하고 바위 위는 호랑이가 걸터앉아 있는 듯하니, 제왕이 도읍으로 정할 만한 곳입니다.〔鍾山龍蟠 石斗虎踞 帝王之宅也〕"라

한 데서 根源한 말이다.

施侯는 **以客爲知言**하고 **而以書抵予曰 吾所以爲閣而名之者如此**하니 **子其爲我記之**하라하다 **數辭**로되 **不得止**하고 **則又因吾叔父之命以取焉**이어늘 **遂爲之記**하야 **以示後之賢者**하야 **使知夫施侯之所以爲閣而名之者**하노니 **其言如此**하니라

施侯는 그 빈객이 말을 제대로 할 줄 아는 사람이라고 여겨서 이를 적어서 내게 주며 말하기를, "내가 건물을 세우고 이름을 지은 이유가 이와 같아서이니 그대는 나를 위해 이런 뜻으로 記를 지어 주시오." 하였다.

몇 차례 사양하였지만 포기하지를 않고 내 叔父를 통하여 지어 주도록 요청하기에, 드디어 記를 지으면서, 이를 뒷날의 賢者들에게 보여서, 그들로 하여금 施侯께서 건물을 짓고 이름을 붙인 所以를 알게 하고자 하였으니, 그분의 말씀이 이와 같았던 것이다.

06. 桂州新城記* 桂州城 新築記

* 桂州는 現 廣西省 桂林을 지칭한다. 新城은 新築한 城을 의미한다. 本 記는 本文에 밝힌 바와 같이 至和 2년(1055) 9월 丙辰日(初一日)에 지은 것이다.

荊公學本經術이라 **故其記文**도 **多以經術爲案**이라

荊公의 學問은 經術에 근본을 두고 있으므로, 그의 記文도 經術을 근거로 하여 文案을 작성한 것이 많다.

儂智高反南方하야 **出入十有二州**[1)]하니 **十有二州之守吏 或死或不死**하야 **而無一人能守其州者**하니 **豈其材皆不足歟**아 **蓋夫城郭之不設**하고 **甲兵之不戒**면 **雖有智勇**이라도 **猶不能以勝一日之變也**라 **唯天子亦以爲任其罪者 不獨守吏**라 **故特推恩褒廣死節**하고 **而一切貸其失職**하시다 **於是**에 **遂推選士大夫所論以爲能者**하야 **付之經略**[2)]하니 **而今尙書戶部侍郎 余公靖**[3)]이 **當廣西焉**하니라

儂智高가 南方에서 叛亂을 일으키고 열두 고을을 들락거릴 때에, 열두 고을을 수호하던 관리들 가운데 더러 죽은 사람도 있고 산 사람도 있었지만 그 고을을 지켜낼 수 있었던 사람은 한 사람도 없었으니, 혹 그들의 才能이 不足해서였던가?

대체로 城郭이 설치되어 있지 않고 무장한 병사들로 경계를 하게 하지 않으면, 비록 지혜와 용맹을 갖추었어도, 오히려 어느 날 갑자기 일어나는 變亂에 승리할 수가 없게 되는 것이다. 오직 天子께서는 또한 그 罰을 받아야 할 責任이 고을을 지키던 관리에게만 있는 것이 아니라고 여기시고, 그 때문에 특별히 節義를 지키다가 사망한 사람들에게 恩典을 베풀어 널리 褒奬하시고, 고을 수호의 職務를 失墜시켰던 책임 일체를 너그러이 면해 주셨다.

이에 士大夫들이 議論하여 유능하다고 선발하여 추천한 사람에게 經略按撫使의 직책을 맡기셨으므로, 지금의 尙書省 戶部侍郞 余靖公이 廣南西路按撫使의 직책을 담당하게 되었다.

1) 儂智高反南方 出入十有二州：儂智高는 越南人으로 南天國을 세우고 自號를 仁惠皇帝라 칭하며 皇祐 4년(1052)에 雍州(現 廣西省 南寧)를 점거하고 宋나라 남방을 공격하였던 인물이다. 이때에 농지고에게 失陷된 12州는 雍州, 橫州, 貴州, 龔州, 潯州, 藤州, 梧州, 封州, 康州, 端州, 昭州, 賓州 등이다.

2) 經略：經略按撫使의 略稱으로, 한 路의 軍事와 民事를 아울러 다스리는 軍政長官이었다.

3) 余公靖：余靖은 字를 安道라 하고, 知桂州事로 있을 때에 儂智高의 軍을 격퇴하는 큰 공을 세웠으며, 벼슬이 工部尙書에 이르렀던 인물이다.

寇平之明年에 **蠻越接和**하고 **乃大城桂州**하니 **其方六里**라 **其木甓瓦石之材**를 **以枚數之**하면 **至四百萬有奇**오 **用人之力**을 **以工數之**하면 **至一十餘萬**이오 **凡所以守之具**를 **無一求而有不給者焉**하니라 **以至和元年八月**에 **始作**하야 **而以二年之六月**에 **成**하니 **夫其爲役**이 **亦大矣**로다 **蓋公之信於民也久**하야 **而費之欲以衛其材**하고 **勞之欲以休其力**하니 **以故**로 **爲是有大費與大勞**로되 **而人莫或以爲勤也**니라

敵軍을 평정한 이듬해에 南方 오랑캐의 和議를 받아들이고 桂州에 큰 城을 쌓았는

데, 그 사방이 6里씩이고, 築城에 쓰인 목재, 벽돌, 기와, 石材들을 숫자로 헤아려보니 4百萬 남짓이 되기에 이르렀고, 동원된 인력과 기술자들을 헤아려 보니 10餘萬에 이르렀으며, 성벽 수호를 위한 器物들을 하나라도 찾아서 갖추어 놓지 않은 것이 없었다. 至和 元年 8월에 工事를 시작하여 2年 6월에 完工하였으니, 대저 그 일이 또한 큰 役事였다.

대체로 公이 백성들에게 신뢰를 얻은 지 오래되었고, 축성 경비의 집행에는 재물을 절약하고자 노력하였으며, 勞役을 시킬 때에는 民力이 휴식을 취할 수 있도록 노력하였으니, 이 때문에 이와 같이 큰 경비와 큰 노동력을 동원하였는데도 사람들이 이를 피곤해하거나 고생스럽게 여기는 일이 거의 없었다.

古者에 **君臣父子夫婦兄弟朋友之禮失**이면 **則夷狄橫而窺中國**이라 **方是時**하야 **中國非無城郭也**로되 **卒於陵夷毁頓陷滅而不捄**하니 **然則城郭者**는 **先王有之**나 **而非所以恃而爲存也**로다 **及至喟然覺悟**하야 **興起舊政**인댄 **則城郭之修也**를 **又嘗不敢以爲後**니라 **蓋有其患**이로되 **而圖之無其具**하고 **有其具**로되 **而守之非其人**하며 **有其人**이로되 **而治之無其法**이면 **能以久存而無敗者**는 **皆未之聞也**라 **故文王之興也**에 **有四夷之難**하니 **則城于朔方**하고 **而以南仲**[1)]하며 **宣王之起也**에 **有諸侯之患**하니 **則城于東方**하고 **而以仲山甫**[2)]하니 **此二臣之德**이 **協於其君**하야 **於爲國之本末**과 **與其所先後**를 **可謂知之矣**라 **慮之以悄悄之勞**하야 **而發赫赫之名**하고 **承之以翼翼之勤**하야 **而續明明之功**하야 **卒所以攘戎狄**하니 **而中國以全安者**는 **蓋其君臣如此**하고 **而守衛之有其具也**니라

옛적부터 君臣, 父子, 夫婦, 兄弟, 朋友 사이에 禮를 잃게 되면, 邊方의 오랑캐들이 橫行하며 中國을 엿보았다. 이런 때라고 해서 중국에 城郭이 없었던 것은 아니지만, 짓밟히고 破壞되고 陷沒됨으로 끝나게 됨을 구제할 수가 없었다.

그러므로 城郭이라는 것을 先王들도 가지고는 있었지만, 이것이 자신들을 보존하게 할 수 있을 것이라고 믿지는 않았던 것이다. 이런 原理를 喟然히 깨달음에 이르러서, 옛 선왕들의 政事를 興起시키려 한다면, 성곽의 修築은 또한 일찍이 감히 뒤로 돌릴 수가 없는 것이었다.

대체로 그 근심거리가 있어서 계책을 세우려 하면서 그 성곽을 갖추어놓지 않거나,

성곽을 갖추어 놓았다 해도 이를 수호하는 사람이 適任者가 아니거나, 적임자를 두었어도 이를 다스리는데 法에 적합하게 하지 않는다면, 이렇게 하고서 오랫동안 보존하면서 허물어뜨리지 않은 事例를 전혀 들어본 일이 없다.

그러므로 周 文王이 나라를 일으킬 때에 四方 오랑캐의 難이 있게 되자 北方에 城을 쌓고 南仲을 시켜 지키게 하였고, 宣王이 나라를 흥기시킬 때에 諸侯들이 叛하는 근심거리가 있게 되자 東方에 城을 쌓고 仲山甫를 시켜 지키게 하였던 것이다.

이 두 臣下의 德望이 그 君主의 뜻과 조화를 이루어서 나라를 다스리는 本末과 先後의 순서를 적절하게 처리하였으니, 智慧로웠다고 이를 만하다. 思慮깊게 처리함에 근심하는 수고를 다하였고, 이를 發現시킴에 名聲이 빛나게 드러나도록 하였으며, 이를 繼承함에는 恭敬하고 謹愼함에 부지런하여, 先王의 밝은 功業을 이어서, 끝내는 이로써 오랑캐들을 물리치게 되었고, 中國이 이로써 안전을 보존하였으니, 대체로 그 임금과 신하가 이와 같았으며, 나라를 수호하는데 그 갖추어야 할 것이 있었던 것이다.

1) 文王之興也……而以南仲 : 이 事實은, ≪詩經≫ 〈小雅 出車〉에, "王께서 南仲에게 명하시어 北方에 성을 쌓으셨네. 떠나는 수레소리 웅장하고 깃발이 선명하게 펄럭이네. 天子께서 내게 명하시어 北方에 성을 쌓게 하시니, 남중이 혁혁한 공을 세워 오랑캐를 물리쳤네.〔王命南仲 往城于方 出車彭彭 旂旐央央 天子命我 城彼朔方 赫赫南仲 玁狁于襄〕"라고 한 것을 援用한 것이다.

2) 宣王之起也……而以仲山甫 : 이는 ≪詩經≫ 〈大雅 烝民〉에, "네 필의 숫말 씩씩하게 달리고 여덟 말방울 딸랑거리네. 왕께서 仲山甫에게 명하시어 저 동방에 성을 쌓으셨네.〔四牡彭彭 八鸞鏘鏘 王命仲山甫 城彼東方〕"라 한 내용을 원용한 것으로, 周 宣王(?~B.C. 782)이 중산보에게 명하여 동방 齊 땅에 성을 쌓아 국방을 튼튼히 하도록 한 것을 노래하였다. 중산보는 周 宣王을 보좌한 名臣으로 周나라의 중흥을 이룩한 인물이다.

今余公亦以文武之材로 **當明天子承平日久**하야 **欲補弊立廢之時**에 **鎭撫一方**하야 **修扞其民**하야 **其勤於今**이 **與周之有南仲仲山甫**로 **蓋等矣**니 **是宜有紀也**라 **故其將吏相與謀而來取文**하야 **將刻之城隅**하야 **而以告後之人焉**하니라 **至和二年九月丙辰**에 **群牧判官太常博士 王某**는 **記**하노라

지금의 余公 또한 文武의 재능을 지닌 사람으로, 밝으신 천자께서 다스리는 太平盛世가 오래 지속되는 때를 당하여, 弊端을 보완하고 疲弊한 것을 바로 세우고자 해야 할 때인데, 한 地方을 鎭定 按撫하고 그 백성들을 休養 保護하고자 이제 부지런히 노력하기를 周나라의 南仲이나 仲山甫와 같이 하고 있으니, 이를 기록으로 남겨 놓아야 마땅하다. 그러므로 그 휘하의 장수와 관리들이 서로 상의하여 나에게 와서 글을 얻어다가 장차 城의 한 모퉁이에 이를 새겨 놓아서 이를 뒷사람들에게 알리고자 한 것이다.

至和 2年 9月 丙辰日에 群牧判官 太常博士 王某가 記를 지었노라.

荊川曰 但爲築城作記로되 **而歸之根本上說**하니 **此是大議論**이라하니라

荊川(唐順之)이 評하기를, "다만 築城에 대한 記를 지을 뿐이면서 근본적인 문제로 설명을 귀착시킨 것, 이것이 바로 성대한 의논이다." 하였다.

07. 信州興造記* 信州의 再建을 기록한 記

* 本 記는 皇祐 2年(1050) 10월 20일에 지은 것으로, 洪水를 겪은 信州城과 각종 건물을 重建하면서, 백성들에게 累를 끼치지 않은 知信州事 張鑄의 賢行을 讚美한 것이다. 信州는 現 江西省 上饒 西北에 위치했던 고을이다.

思周匝而亦巉畫

생각이 廣範하면서도 또한 峻嚴하다.

晉陵張公[1)]이 **治信之明年**은 **皇祐二年也**라 **姦彊帖柔**하고 **隱詘發舒**하니 **旣政大行**하야 **得以寧息**하니라 **夏六月乙亥**에 **大水**어늘 **公**이 **徙囚於高獄**하고 **命百隷戒**하야 **不共有常誅**러니 **夜漏半**에 **水破城滅府寺**하고 **苞民廬居**라 **公趨譙門**하야 **坐其下**하야 **敕吏士以桴收民**하니 **鰥孤老癃與所徙之囚 咸得不死**하니라

晉陵 張公께서 信州를 다스린 지 2년째 되는 해가 皇祐 2年인데, 奸巧하고 억센 사람들도 公을 신뢰하여 柔順하게 順從하게 되었고, 물러나 숨어 있던 사람들도 나타나

활동하게 되었으며, 教化가 크게 행해지니 백성들은 이 때문에 편안하게 지낼 수 있게 되었다.

여름 6월 乙亥日(20일)에 큰 洪水가 나자, 公은 罪囚들을 높은 땅에 있는 감옥으로 옮기고, 여러 衙前들에게 경계를 철저히 하도록 명하여 공손하게 따르지 않는 사람은 규정대로 懲治하도록 하였다.

한밤이 되자 물이 城을 파괴하고 官府를 무너뜨리고 백성들의 거주지도 함몰시켰다. 이에 公이 望樓로 달려가 그 아래에 앉아서 관리와 군사들을 督勵하여 뗏목으로 백성들을 구제하니, 홀아비, 고아, 늙은이, 수족을 마음대로 쓰지 못하는 환자 등과 옮겨 놓은 죄수들이 모두 죽음을 면할 수 있게 되었다.

1) 張公 : 張鑄를 稱한다. 네 고을의 知事를 역임하며 治績이 있었고, 벼슬이 光祿卿에 이르렀다. 왕안석이 그의 門下에서 修學한 일이 있으므로 公이라는 敬稱으로 부른 것이다.

丙子에 水降이어늘 公從賓佐按行隱度하고 符縣調富民水之所不至者하야 夫錢戶七百八十六하고 收佛寺之積材一千一百三十有二나 不足하니 則前此公所命富民出粟以賙貧民者 二十三人이라 自言曰 食新矣하야 賙可以已니 願輸粟直하야 以佐材費호리이다하다 七月甲午에 募人하야 城水之所入하고 垣群府之缺하며 考監軍之室[1]하고 立司理之獄하며 營州之西北亢爽之墟하야 以宅屯駐之師하고 除其故營하야 以時教士刺伐坐作之法하니 故所無也러라 作驛曰饒陽이요 作宅曰廻車며 築二亭於南門之外하야 左曰仁이요 右曰智라하니 山水之所附也[2]라 梁四十有二하고 舟於兩亭之間[3]하야 以通車徒之道하다 築一亭於州門之左하야 曰宴月吉하니 所以屬賓也라 凡爲梁一이요 爲城垣九千尺이요 爲屋八이니 以楹數之면 得五百五十二라 自七月九日하야 卒九月七日하니 爲日五十八[4]이요 爲夫一萬一千四百二十五라 中家以下는 見城郭室屋之完이나 而不知材之所出하고 見徒之合散호되 而不見役使之及已러라 凡故之所有必具하고 其所無也를 迺今有之호되 故其經費는 卒不出縣官之給하니 公所以捄災補敗之政이 如此하니 其賢於世吏遠矣로다

丙子日(21일)에 물이 빠지자 公은 幕僚와 輔佐官들에게 巡視하며 조사하게 하고, 縣에 命을 내려서 富者들 가운데 水害를 입지 않은 자들을 조사하여 786兩의 錢貨를 모으고, 佛寺에서 축적해 놓은 재목 1132兩을 모아 救恤에 썼으나 이것으로는 부족하였고, 이보다 앞서 公이 富民에게 命하여 곡식을 내어 貧民을 구휼하도록 한 사람이 23인이었는데, 스스로 말하기를, "새로 난 곡식을 먹게 되어서 구제할 일을 그치게 되었으니, 곡식 값을 수송하여 이로써 水禍 복구의 자재를 구입할 비용에 보태기를 원합니다." 하였다.

七月 甲午日에는 사람들을 모집하여 물이 들어왔던 곳에 城을 쌓고 관청의 허물어진 곳에는 담장을 쌓고, 監軍에 建物을 세워서 監獄의 일을 처리하게 하고, 고을 軍營의 서북쪽 높고 넓은 땅은 주둔한 군대의 幕舍로 사용하게 하고, 과거의 軍營 건물은 없앴으며, 때에 맞추어 군사들에게 찌르고 치고 앉았다 일어났다 하는 戰法을 가르치니, 이전에는 시행하지 않았던 것들이었다.

驛을 지어 饒陽驛이라 하고, 舍宅을 지어 廻車宅이라 하고, 南門 밖에 두 亭子를 지어 왼쪽에 있는 것을 仁亭, 오른쪽에 있는 것을 智亭이라 하였으니, '知者樂水 仁者樂山'이라는 말을 인용하여 물 가까이에 있는 것을 智亭, 산 가까이에 있는 것을 仁亭이라고 이름을 붙인 것이다.

배 42隻으로 배다리를 놓아서 두 정자 사이를 배다리를 통하여 운행하도록 하여 兵車와 步卒들이 통행하는 길로 삼았다. 州門의 왼쪽에 한 亭子를 세워서 吉한 날에 연회를 베풀게 하였으니, 이로써 賓客들과 함께 모이는 곳으로 삼은 것이다.

이를 모두 포괄하여 말한다면 橋梁 하나를 세우고, 城과 담장 9천 척을 쌓았으며 건물 8동을 지었던 것이고, 기둥 수로 헤아린다면 552楹이 되는데, 7월 9일에 시작하여 9월 7일에 끝냈으니, 58일이 걸린 것이고, 인부 1만 1천 425명을 동원한 것이었다.

中等 以下의 家庭은 담장이나 건물이 온전한 집들은 재물의 출연과 관계가 없었고, 勞役에 종사하는 사람들이 모이고 흩어지는 일을 당할 때에도 役事에 동원하여 부리는 일이 그들에게는 미치지 않았다. 과거에 있던 모든 건물들은 반드시 다 갖추어졌고, 과거에 없던 것들도 이제는 갖추어지게 되었으며, 그러므로 그 經費도 끝까지 朝廷의 공급에서 나온 것이 없었다. 公이 災難을 구제하고 무너진 것을 보완한

정치가 이와 같을 수 있었던 원인은, 세상의 일반 관리들보다 賢明함이 원대하였기 때문이었다.

1) 考監軍之室 : 考는 建城을 의미한다. 監軍은 官名으로, 지방에 설치한 兵甲과 訓練을 담당한 기관이다.
2) 左曰仁……山水之所附也 : ≪論語≫ 〈雍也〉에 "지혜 있는 사람은 물을 좋아하고 어진 사람은 산을 좋아한다.〔知者樂水 仁者樂山〕"라 한 것을 亭子의 이름을 붙이는데 援用하여 亭子名을 智(知와 通)亭, 仁亭으로 하였다는 말이다.
3) 梁四十有二 舟於兩亭之間 : 배 42隻으로 배다리를 놓아 두 亭子 사이를 통행하게 하였다는 뜻이다.
4) 五十八 : 저본에는 '五十二'로 되어 있으나, 문맥을 살펴 바로잡았다.

今州縣之災相屬이나 **民未病災也**는 **且有治災之政出焉**일새라 **施舍之不適**하고 **裒取之不中**하야 **元姦宿豪**가 **舞手以乘民**이면 **而民始病**하고 **病極矣**면 **吏乃始警然自喜**나 **民相與誹且笑之而不知也**라 **吏而不知爲政**하야 **其重困民**이 **多如此**하니 **此予所以哀民**하고 **而閔吏之不學也**니라 **由是而言**하면 **則爲公之民**은 **不幸而遇害災**나 **其亦庶乎無憾矣**리라 **十月 二十日**에 **臨川 王某**는 **記**하노라

이제 州와 縣에 災難이 연잇고 있지만 백성들이 재난 때문에 困乏을 겪지 않게 된 것은, 또한 재난을 다스리는 정치가 출중함이 있기 때문이었다.

베푸는 것이 적합하지 않고 모아 거두어들이는 것이 알맞지 않으면, 크게 간악하고 不法을 자행하는 매우 惡한 무리들이 각종 수단을 동원하여 백성들을 속이고 凌辱하는 짓을 하게 되어 백성들의 고통은 이에서 시작되며, 그 고통이 극에 달하면 관리들은 이에 비로소 오만하게 자신이 은덕을 베푸는 듯이 처리하지만, 백성들은 서로 더불어 非難하고 비웃으면서 알아주지를 않게 된다.

官吏가 되어서 올바른 政事를 알지 못하고 그들이 거듭 백성들을 괴롭힘이 이와 같이 많으니, 이것이 내가 백성들을 불쌍하게 여기고, 관리들이 제대로 배우지 못한 것을 근심하는 근본 이유인 것이다. 이런 점을 근거로 하여 말한다면, 公의 백성이 된 사람들은 불행하게도 재해를 만나기는 하였지만 그래도 또한 다행하게도 유감은 없을

것이니라.

10월 22일에 臨川 王某가 記를 지었노라.

08. 餘姚縣海塘記* 餘姚縣의 防潮堤를 築造한 記

* 本 記는 慶曆 8年(1048) 7月에 지은 것으로, 餘姚縣은 現 浙江省에 속한 곳이고, 海塘은 防潮堤로서 農田을 보호하는 堤防이었다.

以謝景初所自言으로 爲領袖라

謝景初가 스스로 한 말을 기준으로 하였다.

自雲柯而南으로 至於某히 有隄若千尺하야 截然令海水之潮汐하야 不得冒其旁田者하니 知縣事謝君爲之也라 始隄之成에 謝君이 以書屬予記其成之始하야 曰 使來者有考焉하야 得卒任完之以不隳라하니라 謝君者는 陽夏人也니 字는 師厚요 景初는 其名也[1]라 其先은 以文學稱天下하야 而連世爲貴人이러니 至君하야 遂以文學으로 世其家하니 其爲縣에 不以材自負而忽其民之急하니라 方作隄時는 歲丁亥十一月也라 能親以身當風霜氛霧之毒하며 以勉民作하야 而除其菑하고 又能令其民翕然皆勸趨之하야 而忘其役之勞하야 遂不踰時以有成功하다 其仁民之心이 效見於事如此하니 亦可以已나 而猶自以爲未也라하고 又思有以告後之人하야 令嗣續而完之하야 以永其存하니 善夫로다 仁人長慮却顧하야 圖民之災 如此其至하니 其不可以無傳이요 而後之君子 考其傳하야 得其所以爲면 其亦不可以無思리라

雲柯 남쪽으로부터 某處에 이르기까지 약 一千 尺쯤 되는 제방이 있어서, 바닷물이 밀물로 올라왔다 썰물로 빠졌다 하는 것을 막아 주어서 그 주변 농토에 넘쳐들 수 없게 하였는데, 이는 知縣事 謝君이 만든 것이다. 처음 제방이 완성되자 謝君이 나에게 편지를 보내어 그것을 이룬 始末을 기록한 記를 지어 주도록 부탁하면서 말하기를, "후임자로 오는 사람으로 하여금 근거로 삼음이 있게 하여, 제방을 보전하는 임무를 끝까지 지켜서 무너뜨림이 없게 하고 싶습니다." 하였다.

謝君은 陽夏 사람으로, 字를 師厚라 하며, 名은 景初이다. 그의 先祖는 文學으로 天下에 이름이 났고 代를 이어 높은 벼슬에 올랐으며, 謝君에 이르러 드디어 문학에 능한 것으로 그 家統을 계승하였다.

그가 知縣事가 되어서는 재능이 있음을 뽐내거나 백성들이 급선무로 여기는 것을 소홀하게 처리하는 일이 없었고, 제방을 축조한 때가 丁亥年(慶曆 7년, 1047) 11월이었는데, 몸소 바람과 서리와 안개의 해독을 감내하며 백성들의 작업을 독려하여 그 害를 제거할 수 있었고, 또한 백성들로 하여금 기쁜 마음으로 모두 鼓舞되어 이에 종사하면서 그 勞役의 괴로움을 잊게 하여, 드디어 時限을 넘기지 않고 그 功業을 완료할 수 있었다.

그 백성을 사랑하는 마음이 事業에 효과로 드러남이 이와 같았으므로 또한 이를 完遂할 수가 있었는데도, 오히려 스스로 未洽하다고 여기고, 또 後任者에게 알려 주어 그로 하여금 자신을 계승하여 이를 유지 보수하여 영원히 保存되도록 도모하고 있으니, 참으로 훌륭하도다! 어진 사람이 멀리 보고 장기적인 계획을 세워 백성들의 災殃에 對備하기를 이와 같이 지극하게 하였으니, 이를 기록으로 남겨 전하지 않으면 안되고, 뒷날의 君子들도 그 전해진 사실을 고찰하여 그가 할 바를 알게 하는 것도 또한 고려하지 않을 수가 없는 것이다.

1) 謝君者……其名也 : 謝景初(1020～1084)는 慶曆 6年(1046)에 知餘饒縣事를 歷任하였다.

而異時에 予嘗以事至餘姚[1]하니 而君過予하야 與予從容言天下之事할새 君曰 道以閎大隱密하야 聖人之所獨鼓萬物以然이나 而皆莫知其所以然者는 蓋有所難知也라 其治政敎令施爲之詳을 凡與人共호되 而尤丁寧以急者는 其易知較然者也라 通塗川하고 治田桑하며 爲之隄防溝澮渠川하야 以禦水旱之災하고 而興學校하야 屬其民人이 相與習禮樂其中하야 以化服之는 此其尤丁寧以急이요 而較然易知者也라 今世吏者 其愚也는 固不知所爲요 而其所謂能者는 務出奇爲聲威하야 以驚世震俗하고 至或盡其力하야 以事刀筆簿書之間而已[2]요 而反以謂古所爲尤丁寧以急者는 吾不暇以爲요 吾曾爲之나 而曾不足以爲之라하며 萬有一人爲之로되 且不足以名於世而見謂材하니 噫라

其可歎也로다 **夫爲天下國家且百年**이어늘 **而勝殘去殺之效**[3)]는 **則猶未也**하니 **其不出於此乎**[4)]로다하니라

그리고 과거에 내가 일이 있어서 餘姚縣에 이르자, 君이 나를 찾아와 나와 조용히 天下의 일에 대하여 토론한 일이 있는데, 君이 말하기를,

"道는 크게 廣大하고 奧妙한 것이므로 聖人만이 홀로 萬物을 道에 맞게 敎化 生長시켜서 이렇게 되었지만, 모두가 그렇게 된 근본 이유를 알지 못하는 것은, 대체로 알기 어려운 바가 있어서입니다.

그 政事를 관리하고 敎化하고 命令하여 실행하기를 자상하게 하기를 모두 다른 사람과 같게 하면서, 더욱 진정으로 火急하게 해야 할 것으로 그 밝게 알기 쉽게 할 수 있는 것이 있으니, 도로와 하천을 통하게 하고 농토와 뽕밭을 다스리며, 이를 위해 제방과 농수로와 도랑을 만들어서, 水災와 旱災를 막고, 學校를 일으켜서 그 백성들이 그 안에서 禮樂을 익히도록 하여, 이로써 敎化를 이루어 順服하게 하는 것, 이것이 진정으로 화급한 일이며 분명하고 쉽게 알 수 있는 것입니다.

그런데 이 시대의 관리들은, 그 어리석은 사람이야 본시 어떻게 해야 할지를 모르겠지만, 이른바 유능하다는 사람들도 명성과 위엄을 위하여 기이한 계책을 내기에만 힘쓰고 이로써 俗人들을 驚動시키며, 더러는 그의 능력을 다 동원하여 붓이나 놀려서 文書나 잘 꾸미는 데에 진력하는데 이르기도 하고, 도리어 예부터 진정으로 화급하게 할 바라고 이르는 것에 대하여는, 나는 그것을 행할 겨를이 없고, 내가 일찍이 이를 실행해 보았으나 이를 실행하는 것으로는 충분하지 않다고 하고 있으며, 萬 사람 가운데 한 사람 쯤이 이를 행한다 해도 세상에 이름을 내거나 재능이 있었다고 불리워짐에 부족하게 되었으니, 아아! 탄식할 일입니다.

대저 天下에 우리 宋나라를 세운지가 100년이 다 되어가지만, 善政을 행하여 殘暴한 사람을 착하게 교화하여 형벌로 처형하는 일을 없애는 일이 아직 다 이루어지지 않은 것은, 이런 풍조에서 나온 것이 아닙니까." 하였다.

1) 而異時 予嘗以事 至餘姚 : 당시에 왕안석은 餘饒縣에 매우 가까운 鄞縣의 知事로 있을 때이다.

2) 以事刀筆簿書之間而已 : 刀筆의 原義는 古代의 書寫用具로 竹簡에 쓴 글이 잘못

되었으면 칼로 긁어내고 다시 썼으므로 刀筆이라 한 것이고, 後에는 文書를 의미하게 되었다.

3) 而勝殘去殺之效 : ≪論語≫ 〈子路〉에, "善人이 백 년간 나라를 다스리면 또한 殘暴한 사람을 교화시켜 善한 사람이 되게 하여 死刑으로 다스릴 형벌을 없앨 수 있다.〔善人爲邦百年 亦可以勝殘去殺矣〕" 하였다.

4) 此乎 : 저본에는 '當時'로 되어 있는데 ≪臨川集≫에 의거하여 바로잡았다.

予良以其言爲然이러니 **旣而聞君之爲其縣**이라 **至則爲橋於江**하고 **治學者**하야 **以敎養縣人之子弟**하며 **旣而又有隄之役**이라 **於是**에 **又信其言之行**하야 **而不予欺也已**라 **爲之書其隄事**하고 **因幷書其言終始**하야 **而存之以告後之人**하노라 **慶曆八年七月日**에 **記**하노라

나는 진정으로 그의 말이 옳다고 여겼다. 그러고 나서 君이 餘饒縣을 다스리게 되었다고 들었는데, 부임하자마자 강에는 다리를 놓고 학교를 일으켜서 이곳에서 縣人들의 子弟를 교양시키며, 그러고 나서 이 堤防을 축조한 것이다. 이를 보고서 그가 했던 말을 실제로 행하고 있으며, 나에게 허튼 말을 한 것이 아님을 믿게 되었다.

이에 그가 제방을 축조한 일을 기록하면서 아울러 그가 했던 말의 始末도 적어서, 이를 뒤에 올 사람이 알 수 있도록 남겨 놓고자 한다.

慶曆 8년 7月 日에 記를 지었노라.

09. 通州海門興利記* 通州 海門縣에서 백성을 이롭게 한 일을 기록한 記

* 通州는 現 江蘇省 南通이고, 海門은 現 江蘇省 啓東 東北部의 南陽村으로 通州의 屬縣이었다.

荊公之文은 **本經術處多**라

荊公의 글은 儒家의 經傳에 근본을 둔 것이 많다.

余讀豳詩호니 **以其婦子**[1]로 **饁彼南畝**커든 **田畯至喜**라하니 **嗟乎**라 **豳之人**이 **帥其家人**하야 **戮力以聽吏**하고 **吏推其意以相民**하니 **何其至也**오 **夫喜者**는 **非自外至**요 **乃其中心固**

有以然也라 旣嘆其吏之能民하고 又思其君之所以待吏면 則亦欲善之心이 出於至誠而已라 蓋不獨法度有以敺之也니 以賞罰用天下면 而先王之俗廢니라 有士於此하야 能以豳之吏自爲하고 而不苟於其民이면 豈非所謂有志者邪아

내가 〈豳〉詩를 읽어보니, "내 아내와 아들이 함께, 저 남쪽 밭으로 들밥을 가져오면, 農事를 관장하는 官吏가 와보고 기뻐한다네." 하였으니, 아아! 豳 땅 사람들이 그 가족을 거느리고 힘을 다하여 농사지으며 農官의 말을 따르고 농관은 그 마음을 헤아려서 백성을 도왔던 것이 어쩌면 그다지도 지극하였던고! 대저 기쁨이라는 것은 밖에서 오는 것이 아니고, 그 마음속에 진실로 기뻐할 수 있는 것(마음)이 있기 때문에 오는 것이다.

이미 그 관리가 백성들을 잘 도왔던 것에 경탄하고, 또한 그 君主가 관리를 대했던 근본을 생각해 보면, 역시 善하게 되고자 하는 마음은 지극한 정성에서 나온 것일 뿐이요, 특별히 제도를 만들어서 그리로 몰아붙여서 이루어진 것이 아님을 알게 되니, 人爲的으로 賞주고 罰주는 것으로써 천하를 다스리게 되면서 先王때부터 내려온 좋은 습속이 피폐해진 것이다.

어떤 士가 여기에 있으면서 스스로 豳詩에 나오는 관리처럼 되고자 하며 그 백성들에게 구차한 짓을 하지 않으려 한다면, 어찌 이른바 훌륭한 뜻을 가진 사람이라 아니할 수 있겠는가.

1) 豳詩 以其婦子 : 豳詩는 ≪詩經≫ 〈豳風 七月〉을 지칭하고, 그 詩에는 以其婦子가 同我婦子로 되어 있다.

以余所聞으론 吳興沈君興宗[1]의 海門之政이 可謂有志矣라 旣隄北海七十里하야 以除水患하고 遂大浚渠川하고 釃取江南하야 以灌義寧等數鄕之田하니라 方是時에 民之墊於海하야 呻吟者相屬이러니 君至하야 則寬禁緩求하야 以集流亡하고 少焉에 誘起之以就功하니 莫不蹶蹶然奮其憊而來也라 由是觀之컨대 苟誠愛民而有以利之면 雖創殘窮敝之餘라도 可勉而用也이온 況於力足者乎아

내가 들은 바로는 吳興 沈興宗 君이 海門을 다스릴 때에 조처했던 일들이 훌륭한 뜻을 가졌었다고 이를 만하다. 海門 북쪽 바다 70里에 제방을 쌓아 이로써 水患을 없

애고, 도랑을 크게 浚渫하여 長江 以南에 물길을 터놓아서 義寧 등 몇 고을의 농토에 물을 댈 수 있게 하였다.

바로 이즈음 백성들 가운데는 바다에 빠져 죽고 신음하는 사람이 줄을 이었었는데, 君이 이 고을에 부임하면서 禁令을 풀어주고 너그럽게 구휼함으로써 流亡民들이 모이게 되고, 얼마 지나지 않아서 그들을 인도하여 工役에 종사하게 하니, 그 困苦로움을 떨치고 부지런히 달려오지 않는 사람이 없었다.

이를 근거로 살펴본다면 진실로 백성들을 사랑하여 그들을 이롭게 하고자 함이 있게 되면, 비록 다치고 쇠잔하고 피폐해진 사람들이라 해도 鼓舞시켜서 부릴 수가 있는데, 하물며 능력이 충분한 사람이야 더 말할 것이 있겠는가.

1) 吳興沈君興宗 : 興宗은 沈起(?~1088)의 字이다. 知海門縣事로 있을 때에 善政을 베풀었고 벼슬이 天章閣待制에 이르렀다.

興宗이 **好學知方**하야 **竟其學**하고 **又將有大者焉**이라 **此何足以盡吾沈君之才**리오마는 **抑可以觀其志矣**로다 **而論者或以一邑之善**으로 **不足書之**라하나 **今天下之邑**이 **多矣**로되 **其能有以遺其民而不愧於豳之吏者 果多乎**아 **不多**면 **則予不欲使其無傳也**로라 **至和元年 六月 六日**에 **臨川 王某**는 **記**하노라

興宗 君은 배우기를 좋아하고 도리를 알아서 그 學問을 끝까지 이루었으니, 또한 장차 큰 업적을 이룸이 있을 것이다. 지금까지 이룬 일들이 어찌 족히 沈君의 재능을 다 발휘한 것이라 할 수 있으리오마는, 또한 이로써 그의 큰 뜻은 살펴볼 수는 있을 것이다.

그런데 비평하는 사람들 가운데는 혹 한 고을에서 행한 善政만으로는 이를 기록해 놓기에 不足하다고도 하지만, 지금 天下에 고을은 많으나 그 백성들에게 혜택을 남겨 놓아서 豳詩에 나오는 農官에 부끄러움이 없을 수 있는 관리가 과연 많다고 할 수 있겠는가. 그런 관리가 많지 않으므로 나는 그의 업적을 전하지 않을 수가 없는 것이다.

至和 元年(1054) 6月 6日에 臨川 王某가 記를 지었노라.

記

01. 揚州新園亭記* 揚州 園亭 新築記

* 本 記는 慶曆 3년(1043) 4월에 揚州 通判 刁繹의 主管으로 揚州에 신축한 園亭이 竣工되자, 王安石이 記를 지어 이를 讚揚 祝賀한 것이다.

簡而有法하고 周而能解라

문장이 간결하면서도 法度가 있고, 두루 언급하면서도 설명을 잘하였다.

諸侯宮室臺榭하야 講軍實하고 容俎豆는 各有制度라 揚은 古今大都요 方伯所治處어늘 制度狹庳하야 軍實不講하고 俎豆無以容하니 不以偪諸侯哉아

諸侯가 宮室을 짓고 臺榭를 세워서, 이곳에서 武藝를 익히고, 이곳에 제사를 지내는 일은 각기 정해진 制度가 있다. 揚州 땅은 옛날이나 이제나 큰 도시이고 지방의 장관이 다스리는 곳이다. 그런데 이들 건물의 규모가 狹小하고 낮아서 武藝를 익힐 수가 없고 祭器도 제대로 갖추어 보관할 수가 없으니, 이 때문에 제후가 困乏함을 겪지 않을 수 있었겠는가.

宋公이 至自丞相府하야 化淸事省하고 喟然有意其圖之也러라 今太常刁君이 實集其意하니 會公去鎭鄆하니라 君卽而考之하고 占府乾隅하야 夷茀而基하고 因城而垣하고 竝垣而溝하니 周六百步요 竹萬箇覆其上이라 故高亭이 在垣東南하니 循而西三十軏에 作堂하고 曰愛思라하니 道僚吏之不忘宋公也라 堂南北鄕이 袤八筵이요 廣六筵이라 直北爲射埒하고 列樹八百本하야 以翼其旁하니 賓至而享과 吏休而宴이 於是乎在라 又循而西十

有二軏에 **作亭**하고 **曰隷武**라하니 **南北鄉**이 **袤四筵**이요 **廣如之**하야 **埒如堂**하고 **列樹以鄉**하야 **歲時敎士戰射坐作之法**이 **於是乎在**라 **始慶曆二年十二月某日**하야 **凡若干日**에 **卒功云**하니라

宋公께서 丞相府에서 이 고을로 부임하시자, 淸明하게 敎化를 이루고 行政을 簡素化하고서, 크게 탄식하며 宮室과 臺榭를 修築할 뜻을 품게 되었다.

지금 太常博士로 있는 刁繹君이 實로 그 뜻을 받들어 이루어 놓았으니, 그때 마침 宋公은 鄆州 땅을 鎭撫하기 위하여 이 고을을 떠났으므로, 刁繹君이 나서서 이를 따져보고 길흉을 점쳐서, 治所의 서북 모퉁이에 잡초를 제거하고 기초를 다지고, 城을 근거로 하여 담장을 쌓고 담장과 나란히 도랑을 둘러 놓으니, 둘레가 600步였고 대나무를 그 위에 빽빽하게 심었다.

옛 高亭이 담장 동남쪽에 있고, 이를 따라서 30尺되는 곳에 건물을 세우고 이름을 '愛思堂'이라 하였으니, 屬官들이 宋公의 恩德을 잊지 않는 뜻을 따른 것이며, 堂의 규모는 南北向으로 세로가 8丈이고 가로가 6丈이다. 그 正北쪽에 射場을 세우고 800本의 나무를 나열해 심어서 그 주변을 가렸고, 賓客이 방문하면 접대할 수 있고, 관리들이 쉬면서 편안히 지내려 할 때에는 이곳에서 머물 수 있게 한 것이다.

이곳에서 또 담장을 따라 42尺 되는 곳에 亭子를 세우고 이름을 '隷武亭'이라 하였는데, 그 규모는 남북향으로 세로가 4丈이고 가로도 그와 같았으며, 규모가 '愛思堂'과 대등하였고, 정자를 향해 나무를 심고, 매년 일정한 시기마다 軍士들에게 전투훈련, 활쏘기, 각종 動作規定 등을 가르치는 일을 이곳에서 할 수 있게 하였다. 慶曆 2년 12월 某日에 着工하여 약간의 날짜가 지나자 모두 完工을 告하게 되었다.

初에 **宋公之政務不煩其民**하니 **是役也**에 **力出於兵**하고 **材資於官之饒**하며 **地瞰於公宮之隙**하니 **成公志也**라 **噫**라 **揚之物與監**은 **東南所規仰**이요 **天子宰相所垂意**라 **而選繼乎宜有若宋公者**하고 **丞乎宜有若刁君者**하니 **金石可弊**나 **此無廢已**리라 **慶曆三年四月某日**에 **臨川王某**는 **記**하노라

처음 宋公께서 政務를 보실 때에 그 백성들을 번거롭게 괴롭히지 않으셨고, 이 일을 진행할 때에 勞役은 군사를 동원하여 시키고, 資材는 관청의 잉여금으로 충당하고, 垈

地는 官府의 空地를 이용하였으니, 公의 뜻을 받들어서 이룬 것이다.

아아! 이렇게 되자 揚州 땅의 人物과 官吏들을 東南方 사람들이 우러러보고 본받고자 하게 되었고, 天子와 宰相께서도 관심을 갖게 되었도다. 그러니 마땅히 宋公 같은 사람을 선발하여 이를 계승하게 하고, 마땅히 刁繹君 같은 사람을 얻어서 이어받게 해야 할 것이니, 쇠와 돌은 문드러지는 일이 있겠지만 이 업적만은 영원히 없어지지 않을 것이니라.

慶曆 3년(1043) 4월 某日에 臨川 王某는 記를 지었노라.

02. 芝閣記* 芝閣記

* ≪臨川集≫에는 이 글 末尾에, '皇祐五年 十月 日 記'라 하여, 記를 지은 시기를 밝혀 놓았다. 이로 보아 본 記는 皇祐 5년(1053) 10월에 지은 것으로 보인다. 이곳의 芝는 곧 버섯의 일종인 靈芝를 말하며, 아름다운 광택이 나서 觀賞用으로 쓸 수도 있고, 옛사람들은 不老長壽의 靈藥인, 진귀한 瑞草로 여겼다.

이 記는 太丘의 陳君(어떤 인물인지 미상)이 靈芝를 얻자 이를 보존할 樓閣을 지은 것을 기록하면서, 道를 지닌 士도 어떤 통치자를 만나느냐에 따라 귀한 취급을 받기도 하고 천한 취급을 받기도 하는 世態에 대한 개탄을 寄託한 것이다.

荊公本色之佳處라

荊公의 본 모습을 아름답게 드러낸 문장이다.

祥符時에 封泰山以文天下之平하니 四方以芝來告者 萬數라 其大吏는 則天子賜書以寵嘉之하고 小吏若民은 輒錫金帛하니라 方是時하야 希世有力之大臣은 窮搜而遠采하고 山農野老는 攀緣狙杙하야 以上至不測之高하고 下至澗溪壑谷과 分崩裂絶과 幽窮隱伏과 人迹之所不通하야 往往求焉하니 而芝出於九州四海之間에 蓋幾於盡矣라

祥符年間(1008)에 泰山에서 封禪의 의식을 행하여 天下의 太平함을 드러내니, 사방에서 靈芝를 가지고 와서 아뢰고 바친 사람의 수가 萬名에 이르렀다. 그들 가운데 大臣들에게는 天子께서 글을 내려서 영예롭게 빛내 주었고, 小吏와 백성들에게는 곧

황금과 비단을 하사하셨다.

이때를 당하여 시대 풍조에 영합하는 權力 있는 大臣들은 영지를 끝까지 찾아 먼 곳에서 캐어 오고, 山野에 사는 농부와 늙은이들은 원숭이처럼 나무를 휘어잡고 위로는 헤아릴 수 없는 높은 곳에까지 이르고, 아래로는 도랑과 깊은 골짜기, 무너져 갈라진 절벽, 으슥하게 숨겨진 곳으로 인적이 통하지 않았던 곳에까지 찾아가서 영지를 구해오는 경우도 간혹 있게 되었다. 그렇게 되자 九州와 四海 사이에서 영지가 거의 모두 없어져버렸다.

至今上卽位하야 謙讓不德하시니 自大臣不敢言封禪하고 詔有司하야 以祥瑞告者를 皆勿納하니 於是에 神奇之産이 銷藏委翳於蒿藜榛莽之間하야 而山農野老 不復知其爲瑞也라 則知因一時之好惡하야 而能成天下之風俗이어든 況於行先王之治哉리오

그 후 지금의 皇上께서 즉위하심에 이르러 겸양의 덕을 크게 드러내시니, 대신들부터 감히 封禪의 의식을 행하자는 말을 할 수 없게 되었고, 담당관서에 명하여 吉祥의 징조로 靈芝가 발견되었으니 바치겠다고 아뢰는 자가 있어도 모두 받아들이지 못하게 하였다. 이에 神奇한 산물인 영지가 쑥밭이나 가시덤불 속에 팽개쳐지고 사그라져서 없어지니, 山野에 사는 늙은이들도 그것이 상서로운 것임을 다시는 알지 못하게 되었다.

그런즉 한 시대의 통치자가 좋아하고 싫어함을 근거로 하여 천하의 습속이 이루어질 수 있음을 알게 되나니, 더구나 先王의 善政을 행한다면 어떻게 되겠는가.

太丘陳君은 學文而好奇러니 芝生於庭이어늘 能識其爲芝하고 惜其可獻而莫售也라 故閣於其居之東偏하고 掇取而藏之하니 蓋其好奇如此라

太丘縣의 陳君은 글을 배운 사람이고 奇異한 일 하기를 좋아하였는데, 뜰에서 영지가 나자 그것이 영지임을 알아보았으나, 그것을 나라에 바칠 만한데도 이를 바칠 수 없음을 애석하게 여겨서, 그 때문에 그가 거처하는 동편에 芝閣을 건립하고 이를 채취하여 이곳에 간직하였으니, 대체로 그가 기이한 일 하기를 좋아함이 이와 같았다.

噫라 芝는 一也로되 或貴於天子하고 或貴於士하며 或辱於凡民하니 夫豈不以時乎哉아 士之有道면 固不役志於貴賤이나 而卒所以貴賤者는 何以異哉아 此予之所以歎也로라

아아! 똑같은 영지인데도, 혹 天子에게 貴한 대접을 받기도 하고, 혹 士에게 귀한 대접을 받기도 하며, 더러는 평민들에게조차 賤待를 받기도 하는 것이, 대저 어찌 時代風潮 때문이 아니겠는가. 士로서 道를 지닌 사람이라면 본시 貴한 대접을 받건 賤한 대접을 받건 마음을 쓰지 않지만, 마침내 귀한 대접을 받거나 천한 대접을 받게 되는 까닭은 이것과 무엇이 다르겠는가? 이것이 내가 탄식하는 이유이다.

03. 君子齋記* 君子齋記

* 本 記는 언제 지은 것인지 考究할 수가 없다. 齋는 書房이나 學舍를 指稱한다.

宋文之格이 不入西漢處가 正在此요 而宋人之所自以爲得도 亦在此라

宋나라 문장의 風格이 西漢 시대의 풍격에 들 수 없는 것이 바로 이런 문장에 있고, 宋代의 文章家가 스스로 터득한 境地도 또한 이 문장에 들어 있다.

天子諸侯를 謂之君이요 卿大夫를 謂之子라 古之爲此名也는 所以命天下之有德이라 故天下之有德을 通謂之君子니라 有天子諸侯卿大夫之位하고 而無其德이로되 可以謂之君子면 蓋稱其位也요 有天子諸侯卿大夫之德하고 而無其位로되 可以謂之君子면 蓋稱其德也니라 位는 在外也니 遇而有之면 則人以其名予之하야 而以貌事之하고 德은 在我也니 求而有之면 則人以其實予之하야 而心服之하나니라 夫人服之以貌而不以心하고 與之以名而不以實이로되 能以其位終身而無謫者는 蓋亦幸而已矣라 故古之人은 以名爲羞하고 以實爲慊하며 不務服人之貌하고 而思有以服人之心하니라 非獨如此也라 以爲求在外者는 不可以力得也라 故雖窮困屈辱이라도 樂之而弗去하니 非以夫窮困屈辱으로 爲人之樂者在是也요 以夫困窮屈辱이 不足以槪吾心爲可樂也已니라

天子와 諸侯를 '君'이라 이르고, 卿과 大夫를 '子'라 이르는데, 옛날에 이런 이름을

붙인 것은, 天下에 德이 있는 사람에게 하늘이 그 일을 맡도록 命한 것이기 때문이었다. 그러므로 天下에 德이 있는 사람을 通稱하여 '君子'라고 부르게 된 것이다.

天子나 諸侯나 卿 大夫의 지위에 있으면서 그에 걸맞는 德이 없는데도 이를 君子라고 말한다면 이는 대체로 그 地位만을 말하는 것이고, 天子나 諸侯나 卿 大夫가 될 만한 德을 지녔으면서 그에 걸맞는 지위를 얻지 못하였는데도 이를 君子라고 말한다면 이는 대체로 그 德을 말하는 것이다.

지위는 내 밖에 있는 것이므로 이를 요행히 만나면 차지하게 되고 그렇게 되면 사람들은 그 지위의 명칭에 맞게 대하고 外面的으로 섬기게 되며, 德은 내 안에 있는 것이므로 이를 추구하면 간직하게 되고 그렇게 되면 사람들이 진심으로 대하고 마음에서 우러나와 복종하게 된다.

대체로 사람들이 외면으로만 복종하고 마음에서 우러나와 복종하지 않으며 職名에 맞게 대할 뿐이요 진심으로 받들지 않는데도 그 지위를 종신토록 누리면서 쫓겨나지 않는다면, 이는 아마도 요행일 뿐이리라.

그 때문에 옛사람들은 德이 없으면서 地位를 얻는 것을 부끄럽게 여겼고, 마음속에 德을 채우는 것을 만족하게 여겼으며, 사람들을 외면적으로 복종하게 하는데 힘쓰지 않고 사람들이 마음으로 복종할 수 있게 되도록 유념하였다. 이와 같이 할 뿐만이 아니라 내 몸 밖에 있는 지위를 추구하는 것은 힘을 쓴다고 얻어지는 것이 아니라고 여겼다. 그러므로 비록 困窮해지고 屈辱을 겪어도 德을 닦는 즐거움에서 떠나지를 않았으니, 困窮과 屈辱 자체에 사람이 즐거워할 것이 있어서가 아니요, 곤궁과 굴욕이 내 마음이 즐거워할 만한 일에 제약을 가할 수가 없다고 여겨서였던 것이다.

河南裴君이 主簿於洛陽할새 治齋於其官하고 而命之曰君子라하니 裴君이 豈慕夫在外者하야 而欲有之乎아 豈以爲世之小人衆에 而躬行君子者 獨我乎아 由前則失己요 由後則失人이니 吾知裴君은 不爲是也니 亦曰 勉於德而已라하노라 蓋所以牓於其前은 朝夕出入觀焉이니 思古之人所以爲君子하야 而務及之也라 獨仁不足以爲君子요 獨智不足以爲君子니 仁足以盡性하고 智足以窮理하며 而又通乎命이라야 此古之人所以爲君子也니라 雖然이나 古之人이 不云乎아 德輶如毛나 毛猶有倫[1]이라하니 未有欲之而不

得也니라 **然則裵君之爲君子也**를 **孰禦焉**이리오 **故余嘉其志**하야 **而樂爲道之**하노라

河南의 裵君이 洛陽의 主簿로 있을 때에, 그 官府에 건물을 짓고 명명하기를, '君子齋'라 하였다. 裵君이 어찌 내 몸 밖에 있는 것, 즉 지위를 연모하여 이를 갖고자 해서였겠는가. 어쩌면 소인들만 많은 세상에서 군자다운 행실을 몸소 닦는 사람은 나뿐이라고 여겨서였는가. 前者 때문이라면 자기의 내심에 간직할 것, 즉 덕을 잃은 것이요, 後者 때문이라면 心服할 사람들을 잃은 것이 될 것이니, 나는 裵君이 이런 일 때문에 齋 이름을 지은 것이 아님을 아나니, 또한 "德을 닦기에 힘쓰고자 할 따름이었다." 할 것이니라.

대체로 그 건물 앞에 扁額을 달아 놓는 所以는, 아침저녁으로 출입하며 이를 보고 옛사람들이 君子답게 된 연유를 생각하며, 그런 境地에 도달하고자 노력하고자 함에 있는 것이다. 仁慈하게 되는 것만으로는 군자가 되기에 부족하고, 智慧롭게 되는 것만으로도 군자가 되기에는 부족하다. 仁은 性을 극진히 하기에 충분하고 智는 이치를 궁구하기에 충분하게 되었다 해도, 이에 더하여 또한 天命에 通하게 되어야 하나니, 이것이 옛사람이 君子가 된 境地이니라.

비록 그러하나, 옛사람이 말하지 아니했던가. "德을 행하는 것은 가벼운 털을 드는 것처럼 쉬운데도 이를 행하는 사람이 드물고, 하찮은 터럭에도 비교하여 헤아릴 만한 차서가 있는데 이에 유념하지 않는도다."라고! 이로 보아 하고자 하지 않아서 얻지 못할 뿐인 것이니라. 그렇다면 裵君이 君子가 되고자 노력하는 것을 누군가가 드러내야 할 것이기에, 그 때문에 내가 그의 뜻을 가상하게 여겨서 기쁘게 그를 위해 이 말을 기록하였노라.

1) 德輶如毛 毛猶有倫 : 이 내용은 ≪中庸≫ 33장에 보인다.

04. 石門亭記* 石門亭記

* 石門亭記의 作文年代는 未詳이다.

題雖小나 **而議論却大**라

기록한 것이 비록 작은 일이지만, 이를 근거로 의론한 境地는 매우 重

大하다.

石門亭이 在青田縣若干里하니 令朱君爲之라 石門者는 名山也니 古之人이 咸刻其觀遊之感槩하야 留之山中하고 其石相望이라 君至而爲亭하고 悉取古今之刻하야 立之亭中하고 而以書與其甥之壻王某하야 使記其作亭之意하니라

石門亭은 青田縣의 治所에서 몇 里 정도 떨어진 곳에 있는데, 縣令이었던 朱君이 지은 것이다. 石門은 이름이 알려진 山이고, 옛사람들이 모두 유람하고 느낀 감흥을 새겨서 산중에 남겨 놓아, 그 돌들이 서로 바라보며 늘어서 있다. 朱君이 부임하여 亭子를 세우면서 예부터 지금까지 새겨 놓은 글들을 모두 모아서 정자의 경내에 세워 놓고, 그의 甥姪婿인 王安石에게 편지를 보내어 그 정자를 세운 意義에 대한 記를 짓게 하였다.

夫所以作亭之意 其直好山乎아 其亦好觀遊眺望乎아 其亦於此問民之疾憂乎아 其亦燕閒以自休息於此乎아 其亦憐夫人之刻이 暴剝偃踣而無所庇障하야 且泯滅乎아 夫人物之相好惡는 必以類라 廣大茂美하고 萬物附焉以生이로되 而不自以爲功者山也니 好山이 仁也라 去郊而適野하고 升高以遠望이면 其中必有槩然者하니 書不云乎아 予耄遜于荒이라하니라 詩不云乎아 駕言出遊하야 以寫我憂아하니라 夫環顧其身에 無可憂어늘 而憂者는 必在天下요 憂天下는 亦仁也니 人之否也敢自逸가 至即深山長谷之民하야 與之相對하고 接而交言語하야 以求其疾憂면 有其壅而不聞者乎아 求民之疾憂亦仁也라 政不有小大히 不以德則民不化服하나니 民化服然後에 可以無訟이니 民不無訟이면 令其能休息無事하야 優遊以嬉乎아 古今之名者 其石幸在하고 其文信善이면 則其人之名與石이 且傳而不朽하야 成人之名而不奪其志도 亦仁也라 作亭之意 其然乎아 其不然乎아

대저 亭子를 세우게 된 뜻이 다만 山을 좋아해서였는가? 또한 遊覽하고 眺望하기에 좋아서였는가? 또한 여기에서 백성들의 고통과 근심을 알아보고자 해서였는가? 또한 이곳에서 스스로 휴식을 취하며 한가함을 누리고자 해서였는가? 또한 사람들이 새겨

놓은 글들이 風雨에 磨滅되고 기울어지고 무너지는데도 庇護하여 막아줄 건물이 없어서 장차 없어져버릴 것을 염려해서였는가?

대저 사람이 事物에 대하여 좋아하기도 하고 싫어하기도 하는 것은 반드시 그 사람의 性向과 일치하게 된다. 廣大한 壯觀이 盛하게 펼쳐져 있고 萬物이 그에 의탁하여 삶을 영위하고 있는데도 스스로 자신의 功勞로 여기지 않는 것이 바로 山이니, 이런 산을 좋아하는 사람이 바로 어진 사람이다. 市外의 들판으로 나아가 높은데 올라서 멀리 바라보게 되면 그 心中에 반드시 慷慨한 느낌을 갖게 되나니, ≪書經≫에 말하지 않았던가? "내가 마음이 어지러워서 저 荒野에 隱遁하고자 하노라."라고! ≪詩經≫에 말하지 않았던가? "말에 멍에를 매어 수레를 타고 나가 유람하면서 나의 愁心을 풀으리라."라고!

대저 그 자신을 돌아보아도 근심할 것이 없지만, 그런데도 근심을 하는 것은 반드시 天下를 걱정함이 있어서이고, 천하를 걱정하는 것은 어진 마음을 드러낸 것이니, 사람이 되어서 그렇게 하지 아니하고 감히 스스로 放恣하게 편안히 지낼 수 있겠는가?

이 亭子에 와서 깊은 산 긴 골짜기에 사는 백성들과 만나 그들과 서로 마주하고 대화를 나누면서 그들의 고통과 근심을 찾는다면 그들과의 정이 막혀서 듣지 못하는 것이 있겠는가? 백성들의 고통과 근심을 해결해 주는 것 또한 어진 행동이다. 政事는 크던 작던 따질 것이 없이 德으로 처리하지 않으면 백성들을 敎化 順服시킬 수가 없고, 백성들이 敎化 順服하게 된 연후에야 爭訟이 없어지는데, 백성들이 爭訟하는 일이 없어지지 않으면 그들로 하여금 편안히 놀면서 즐기게 할 수가 있겠는가?

정자를 세운 縣令의 이름을 새겨 놓은 돌이 다행히 남아있고 거기에 쓰여진 글 또한 진실로 훌륭하니, 그 사람의 이름과 碑石이 장차 영원토록 전해져서 어질었다는 이름을 이루게 하고 그가 하고자 했던 뜻을 빼앗지 않는 것도 또한 어진 일이니, 정자를 건립한 뜻이 그런 데에 있었던 것인가? 그런 데에 있었던 것이 아닌가?

05. 鄞縣經遊記* 鄞縣을 巡視한 記

* 이 記는 慶曆 7년(1047) 11월에 지은 것이다. 當時에 作者는 鄞縣의 縣令으로 있으면서, 백성들에게 水利施設의 修理를 독려 감독하고자 縣城에서 출발하여

海邊의 여러 山川을 돌아보고 다시 되돌아온 經路와 그곳에서 처리한 일들을 기록한 것이다.

縣令如此하니 **知非俗吏已**라

縣令으로 근무할 때에 이와 같이 하였으니, 속된 관리들과는 달랐음을 알 수 있다.

慶曆七年十一月丁丑에 **余自縣出**하야 **屬民使浚渠川**하고 **至萬靈鄉之左界**하야 **宿慈福院**하다 **戊寅**에 **升雞山**하야 **觀碶工鑿石**하고 **遂入育王山**하야 **宿廣利寺**하고 **雨不克東**하다 **辛巳**에 **下靈巖**하야 **浮石湫之壑以望海**하야 **而謀作斗門于海濱**하고 **宿靈巖之旌教院**하다 **癸未**에 **至蘆江**하야 **臨決渠之口**하고 **轉以入于瑞巖之開善院**하야 **遂宿**하다 **甲申**에 **遊天童山**하고 **宿景德寺**하다 **質明**에 **與其長老瑞新**으로 **上石望玲瓏巖**하야 **須猿吟者久之**라가 **而還食寺之西堂**하다 **遂行**하야 **至東吳**하야 **具舟以西**라가 **質明**에 **泊舟堰下**하고 **食大梅山之保福寺莊**하다 **過五峰**하고 **行十里許**하야 **復具舟以西**하야 **至小溪以夜中**하다 **質明**에 **觀新渠及洪水灣**하고 **還食普寧院**하다 **日下昃**에 **如林村**이라가 **夜未中**에 **至資壽院**하다 **質明**에 **戒桃源清道二鄉之民以其事**하니 **凡東西十有四鄉**이라 **鄉之民**이 **畢已受事**어늘 **而余遂歸去**하다

慶曆 7년(1047) 11월 丁丑日(7일)에 내가 縣廳에서 나와 백성들이 農水路를 浚渫하는 것을 관찰하고 萬靈鄉의 동쪽 境界에 이르러 慈福院에서 留宿하였다.

戊寅日(8일)에 鷄山에 올라 水門을 만드는 기술자가 돌을 다듬는 것을 관찰하고, 드디어 育王山으로 들어가 廣利寺에서 묵었는데, 비가 내려서 더는 동쪽으로 갈 수가 없었다.

辛巳日(11일)에 靈巖으로 내려가 浮石湫의 골짜기에서 바다를 바라보면서 바닷가에 閘門을 축조할 일을 도모하고 靈巖의 旌教院에서 묵었다.

癸未日(13일)에 蘆江에 이르러 농수로의 입구를 터놓은 것을 굽어 살펴보고, 길을 바꾸어서 瑞巖의 開善院으로 들어가 그곳에서 묵었다.

甲申日(14일)에는 天童山을 유람하고 景德寺에서 묵었다. 동이 틀 무렵에 그곳의

長老들과 함께 해돋이를 보고자 바위에 올라 영롱한 경관을 바라보는데 원숭이가 오래도록 울어댔고, 내려와서 절의 西堂에서 식사를 하고, 다시 떠나서 東吳에 이르러 배를 구해 타고 西로 향하였다.

날이 샐 무렵에 배를 언덕 아래에 대고 大梅山에 있는 保福寺의 田舍에서 식사를 하고 五峰山을 지나 10里 정도를 가서, 다시 배를 구해 타고 서쪽으로 향하여 小溪에 한밤중에 도착하였다.

동이 틀 무렵에 새로 만든 농수로 및 홍수에 대비하기 위해 물굽이를 살펴보고 保寧院으로 돌아와 식사를 하였으며, 해가 기울 녘에 林村으로 가서 한밤이 되기 전에 資壽院에 도착하였다.

동이 틀 무렵에 桃源과 淸道 두 鄕의 백성들에게 그들이 해야 할 일을 지시하였고, 東西로 모두 14鄕이 있는데, 그 鄕의 백성들이 그들에게 부여된 임무를 모두 완료하였으므로 내가 드디어 돌아왔다.

06. 遊褒禪山記* 褒禪山 遊覽記

* 이 記는 至和 元年(1054) 7월에 지은 것이다. 褒禪山은 現 安徽省 含山縣 북쪽에 있다. 山水의 遊覽에 대하여 말하면서 이를 學問하는 자세에 비유한 것이 奇拔한 着想이다.

逸興滿眼하야 **而餘音不絶**이라

絶景을 玩賞하는 빼어난 興趣가 눈에 가득 들어오는 듯하여, 끊임없는 餘韻을 느끼게 된다.

褒禪山은 **亦謂之華山**하니 **唐浮圖慧褒**가 **始舍於其址**라가 **而卒葬之**라 **以故**로 **其後名之曰褒禪**이라하니라 **今所謂慧空禪院者**는 **褒之廬冢也**니 **距其院東五里**에 **所謂華山洞者**는 **以其乃華山之陽**으로 **名之也**라 **距洞百餘步**에 **有碑仆道**하니 **其文漫滅**이나 **獨其爲文猶可識**은 **曰花山**이니 **今言華**는 **如華實之華者**니 **蓋音謬也**라 **其下平曠**하고 **有泉側出**하야 **而記遊者甚衆**하니 **所謂前洞也**라 **由山以上五六里**에 **有穴窈然**하야 **入之甚寒**이어늘

問其深하니 **則其好遊者**도 **不能窮也**니 **謂之後洞**이라 **余與四人**으로 **擁火以入**하니 **入之愈深**하야 **其進愈難**이나 **而其見愈奇**러라 **有怠而欲出者**하야 **曰 不出**이면 **火且盡**이라하야늘 **遂與之俱出**하니라 **蓋予所至 比好遊者**에 **尙不能十一**이나 **然視其左右**하고 **來而記之者已少**니 **蓋其又深**이면 **則其至又加少矣**리라 **方是時**하야 **予之力**이 **尙足以入**이요 **火尙足以明也**일새 **旣其出**하야 **則或咎其欲出者**하고 **而予亦悔其隨之**하야 **而不得極夫遊之樂也**호라

褒禪山은 華山이라고도 부르는데, 唐나라 때의 스님 慧褒가 그곳에 佛舍를 짓고 머물다가 사망하여 그곳에 장례를 지냈으므로, 그 때문에 그 이후에 褒禪山이라 부르게 된 것이다. 지금 慧空禪院이라 일컫는 곳은 慧褒의 무덤을 지키는 寺院이다.

慧空禪院에서 동쪽으로 5里쯤에 이른바 華山洞이라는 곳이 있는데, 그곳이 곧 華山의 남쪽이기 때문에 그렇게 이름을 지은 것이다. 華山洞에서 100餘 步쯤 되는 곳에 碑石이 길가에 쓰러져 있으나, 文字는 磨滅되어 模糊하고 오직 文章 가운데 식별할 수 있는 것은 '花山'이라 한 부분뿐이다. 지금 '華'字를 발음할 때에 '華實(꽃과 열매)'이라 할 때와 같이 발음하는데, 아마도 音이 같아서 잘못 전해진 듯하다.

그 아래는 평평하게 트여있고, 그 곁에서 샘이 솟아서 이곳을 유람하고 記를 지은 사람이 매우 많으니, 이곳이 이른바 前洞이다.

山을 따라서 5~6里 정도 올라가면 洞窟이 있어 깊고 어두우며 그곳으로 들어가면 오싹한 寒氣를 느끼게 되고, 그 굴의 깊이를 물어보면 이곳을 즐겨 유람한 사람들도 끝까지 밝힐 수가 없으며, 이곳을 後洞이라 이른다.

내가 네 사람과 함께 횃불을 들고 들어가 보았는데, 점점 깊이 들어갈수록 앞으로 나가기가 점점 어려웠고, 보이는 것들이 더욱 기이하였다. 그런데 싫증을 느끼고 나오고자 하는 사람이 있어서 말하기를, "지금 나가지 않으면 횃불이 꺼질 듯하다." 하였으므로 어쩔 수 없이 그들과 함께 나오고 말았다.

아마도 내가 이르렀던 곳이 이곳 유람을 즐기는 사람에 비하면 오히려 10분의 1도 되지 않을 듯한데, 그러나 좌우를 살펴보고 나와서 이를 기록한 사람은 매우 드물었다. 대체로 더욱 깊은 곳일수록 그곳까지 이르렀던 사람은 더욱 적었다.

이때를 당하여 나의 氣力은 아직 더 들어가기에 충분하였고, 횃불도 이를 밝히기에

아직 여유가 있었으므로, 이미 나온 후에는 어떤 사람은 먼저 나가려 했던 사람을 원망하였고, 나 또한 그를 따라 나와서 그 유람의 즐거움을 끝까지 누릴 수 없었음을 후회하였다.

於是에 予有歎焉호라 古人之觀於天地山川草木蟲魚鳥獸에 往往有得하니 以其求思之深이면 而無不在也라 夫夷以近이면 則遊者衆하고 險以遠이면 則至者少하니 而世之奇偉瑰怪非常之觀은 常在於險遠하야 而人之所罕至焉이라 故非有志者면 不能至也니라 有志矣요 不隨以止也나 然力不足者는 亦不能至也라 有志與力하고 而又不隨以怠하야 至於幽暗昏惑이라도 而無物以相之면 亦不能至也라 然力足以至焉이어늘 於人爲可譏면 而在己爲有悔니 盡吾志也로되 而不能至者면 可以無悔矣니 其孰能譏之乎아 此予之所得也니라 予於仆碑에 又以悲夫古書之不存하니 後世之謬其傳而莫能名者를 何可勝道也哉아 此所以學者 不可以不深思而愼取之也니라 四人者는 廬陵蕭君圭君玉과 長樂王回深父와 余弟安國平父와 安上純父라 至和元年七月某日에 臨川王某는 記하노라

이에 나는 歎息을 하였으니, 옛사람들은 天地와 山川과 草木과 蟲魚와 鳥獸 등을 관찰하고 왕왕 터득한 것이 있었으며, 이를 근거로 하여 思考를 深奧하게 하면 도를 간직하지 않는 일이 없었다.

대체로 평탄하고 가까운 곳은 유람하러 찾아오는 사람이 많고 험하고 먼 곳은 찾아오는 사람이 드물지만, 세상에 奇異하게 빼어나거나 특이하게 珍貴하거나 보통보다 뛰어난 景觀은 언제나 험난하고 먼 곳에 있으므로, 사람들 가운데 이곳까지 이르는 사람이 드문 것이다. 그러므로 意志를 가진 사람이 아니면 이를 수가 없다.

意志가 있고 또한 싫증 내어 게으름 피우는 사람을 따라서 중단하지 않는다 해도, 氣力이 모자란 사람은 이를 수가 없다. 의지와 기력이 있고 게으름 피우는 사람을 따라 중단하지 않고 계속 전진하여 어둡고 분별하기 어려운 곳까지 이르렀다 해도, 다른 사람이 도와주지 않으면 또한 끝까지 이를 수가 없다.

그러나 氣力이 이르기에 충분한 사람이라도 다른 사람에게 원망을 들을까봐 중도에 중단했다가 이를 후회하기도 한다. 내가 의도한 바대로 최선을 다했는데도 이를 수가

없었다면 후회하지 않을 것이니, 그 누구를 원망할 수 있으리오. 이 점이 동굴을 유람하고 내가 터득한 것이다.

나는 엎어져 있는 碑石에 대하여 옛 글이 남아있지 않음을 슬퍼하나니, 後世에 잘못 전해져서 이름도 온전하게 알 수 없는 것에 대해서야 어찌 이루 다 말할 것이 있겠는가. 이것이 學者들이 깊이 생각하고 신중하게 取하지 않으면 안 되는 所以이다.

함께 갔던 네 사람은 廬陵 蘇圭 君玉과 長樂 王回 深父와 내 아우 安國 平父와 安上 純父 등이었다.

至和 元年 7月 某日에 臨川 王某가 記를 지었노라.

07. 撫州祥符觀三淸殿記* 撫州 祥符觀 三淸殿 건립기

* 이 記는 皇祐 5년(1050) 5월에 왕안석이 知鄞縣事의 任期를 마치고 고향인 臨川(임천이 곧 撫州임)으로 돌아와서 지은 것이다. '觀'은 道敎의 寺院을 稱하고, 三淸은 道敎의 세 至尊으로, 玉淸境洞 眞敎主 元始天尊과 上淸境洞 玄敎主 靈寶天尊과 太淸境洞 神敎主 道德天尊을 가리키고, 三淸殿은 이 세 至尊의 像을 모신 建物이다.

緊嚴이라

요긴한 내용만을 엄밀하게 표현하였다.

臨川之州城이 **橫溪上**하니 **西出**하야 **出城之上**이면 **有宮巋然**이라 **溪之**沄沄하야 **流過其下**하고 **東南之山**이 **皆在其門戶**牕牖**之間者**는 **曰祥符觀**이라 **觀之中**에 **有屋四注**하니 **深五十五尺**이요 **廣七十二尺**이요 **陛之高**는 **居深十八分之一**이요 **楹二十有四**니 **門兩夾**窗하야 **中象三**하고 **旁象二十有六者**는 **曰三淸殿**이라

臨川의 州城이 시냇가에 빗겨 있고, 서쪽으로 나아가 城을 벗어나 올라가면 건물이 우뚝 솟아 있으며, 시냇물이 굽이치며 그 밑으로 흘러가고, 동남쪽에 있는 산이 그 門이나 窓 사이로 모두 바라볼 수 있는 곳에 자리잡은 건물을 祥符觀이라 한다. 祥符觀 가운데 네 기둥이 버티는 건물이 있으니 높이는 55척이고 넓이는 72척이며, 계단의

높이는 전체 높이의 1/18(약 3척)이고 칸 수로는 24칸이고, 正門의 양쪽에 창이 있고 방 가운데 세 天尊의 像이 있으며 그 곁에 26位의 보좌하는 神의 像이 있는 곳이 三淸殿이다.

用其師之說하야 以動人而能有此者는 曰道士黎自新이요 出其力以歸於道士之說하야 而卒成此者는 曰里之人鄧佺이라 佺之子表 故常與予遊러니 予之歸에 表語其父之事하고 而乞予文이어늘 予不能拒也라 夫用其師之說하야 以動人者는 道士也니 予力顧出道士下어늘 復何云哉아

그 先師의 말씀을 들어서 이로써 사람들을 감동시켜서 이런 건물을 세울 수 있게 한 사람은 道士 黎自新이고, 그 財力을 내어서 道士의 말에 호응하여 마침내 이 건물을 완성한 사람은 이 마을 사람 鄧佺이다. 鄧佺의 아들 鄧表는 過去에 항상 나를 따르며 배웠던 사람인데, 내가 돌아가려 할 때에 鄧表가 그의 父親이 이룬 업적을 이야기하면서 내게 글을 지어 주기를 청하였으므로 내가 거절할 수가 없었다. 대저 그 先師의 말씀을 講論하여 사람들을 감동하게 한 사람은 道士이지만, 나의 역량은 道士의 아래에 있는데 다시 무얼 더 말할 것이 있겠는가.

08. 楊州龍興講院記* 楊州 龍興寺 講院 건립기

* 이 記는 王安石이 淮南判官의 임기를 마치고 知鄞縣事로 있을 때인 皇祐 元年(1049)에 지은 것으로 보인다.

占地步하니라

일정한 지위를 확립하였다.

予少時에 客遊金陵할새 浮屠慧禮者 從予遊하니라 予旣吏淮南하고 而慧禮得龍興佛舍하야 與其徒로 日講其師之說하니라 嘗出而過焉하니 庳屋數十椽이 上破而旁穿하고 側出而視後하니 則榛棘出人하야 不見垣端이러라 指以語予曰 吾將除此而宮之호리라 雖然이

나 其成也에 不以私吾後하고 必求時之能行吾道者하야 付之하리니 願記以示後之人하야 使不得私焉하노라하다 當是時하야 禮方丐食飮以卒日하야 視其居枵然이어늘 余特戲曰 姑成之하라 吾記無難者니라하다 後四年來하야 曰 昔之所欲爲 凡百二十楹이러니 賴州人 蔣氏之力하야 旣皆成하니 盍有述焉고하니 噫라 何其能也오

내가 젊었을 때에 金陵 땅을 여행한 일이 있는데, 스님 慧禮라는 분도 나를 따라 함께 여행하였다. 그 후 나는 淮南路의 官吏가 되었고, 慧禮는 龍興寺의 住持가 되어 그 무리와 함께 날마다 부처님의 說法을 講論하였다.

내가 前에 官府에서 나와 그곳을 방문해 보니, 낮고 작은 집에 數十個의 서까래가 위가 허물어지고 곁이 뚫려 있었으며, 건물 곁으로 나와서 뒤를 바라보니 가시덤불이 사람 키보다도 높게 자라 있어서 담장 머리가 보이지 않았다.

慧禮가 이를 가리키며 나에게 말하기를, "내가 앞으로 이 가시덤불을 걷어내고 講院을 세우려 하오. 그러나 완성한 뒤에 내 뒷사람의 私有財産으로 하지 않고 반드시 우리 佛道를 행할 수 있는 사람을 찾아 그에게 맡길 것이니, 記를 지어 뒷사람에게 私財를 출연하지 않고도 이루었음을 보여주기 바라오." 하였다.

그때에 慧禮는 동냥을 하여 먹고 마시면서 날을 보내고 있었으므로, 그의 주장이 허무맹랑하게 보였다. 이에 내가 장난삼아 말하기를, "우선 건물이나 지으시오. 그러면 내가 記를 짓는 일은 어려울 것이 없소." 하였다.

그 뒤 4年이 지나서 또 찾아와 말하기를, "지난날에 짓고자 했던 것을 모두 120칸으로 完工하였소. 고을 사람 蔣氏의 財力에 힘입어서 이미 모두 완공하였는데 어째서 記를 지어 주지 않으시오?" 하였다. 아아! 어떻게 그렇게 할 수 있었던 것일까?

蓋慧禮者를 予知之호니 其行謹潔하야 學博而才敏하고 而又卒之以不私하니 宜成此不難也로다 〈世旣言호대 佛能以禍福으로 語傾天下라 故其隆向之如此는 非徒然也니 盖其學者之材 亦多有以動世耳니라〉[1] 今夫衣冠而學者는 必曰自孔氏라하니 孔氏之道 易行也라 非有苦身窘形하고 離性禁欲을 若彼之難也니라 而士之行可一鄕하고 才足一官者는 常少어늘 而浮屠之寺廟는 被四海하니 則彼其所謂材者 寧獨禮耶리오 以彼之材로 由此之道면 去至難而就甚易를 宜其能也리라 嗚呼라 失之此而彼得焉은 其有以也

夫인저

대저 慧禮라는 스님은 내가 아는 바로는 그 행실이 신중하고 고결하며 학식이 해박하고 재능이 민첩하므로, 또한 끝내 私財를 들이지 않고도 이를 이룸에 어려움이 없었을 것임이 마땅하다. 〈세상에서 이미 부처가 禍도 줄 수 있고 福도 줄 수 있다고 말하여, 그 말이 천하 사람들을 솔깃하게 하므로, 이를 尊崇하여 지향하는 사람이 이와 같이 많은 것은 공연히 그런 것이 아니니, 佛敎를 배우는 사람 가운데는 才能이 卓越하여 이로써 세상 사람들을 따르게 하는 경우가 많이 있다.〉

그런데 지금 衣冠을 整齊하고 儒家의 학문을 배우는 사람들은 반드시 孔子를 근거로 한다고 말한다. 孔子의 道는 行하기가 쉬우므로 승려처럼 肉身을 窮困하게 괴롭히고 本性에서 떠나 禁慾생활을 하면서 저들처럼 고난을 겪지 않아도 된다. 그런데도 士의 행실이 한 鄕에서 인정을 받고 재능이 한 職責을 담당하기에 충분한 사람이 언제나 稀少하지만, 스님들의 寺院은 온 천하에 널리 퍼지게 되었으니, 그 이른바 재능을 인정받는 사람이 어찌 유독 慧禮 한 사람 뿐이겠는가. 저들과 같은 재능을 가지고 있는 사람이 儒家의 道를 따른다면, 지극히 어려운 행동을 하지 않고 매우 행하기 쉬운 길로 나아가는 일을 잘할 수 있을 것임이 마땅하다.

아아! 儒家는 이를 잘 못하는데 저 佛家들은 잘하고 있으니, 그렇게 된 데는 틀림없이 까닭이 있을 것이로다!

1) 世旣言……亦多有以動世耳 : 世旣言 以下는 저본에는 없으나 ≪宋文鑑≫에 의거하여 補入하였다.

09. 眞州長蘆寺經藏記* 眞州 長蘆寺 藏經閣 건립기

* 이 記의 作年은 未詳이다. 眞州는 現 江蘇省 儀征이고, 經藏은 寺院 가운데 佛經을 安置한 곳을 지칭한다.

識遠이라

深遠한 識見을 드러내었다.

西域에 有人焉하야 止而無所繫하고 觀而無所逐하니라 唯其無所繫라 故有所繫者守之하고 唯其無所逐이라 故有所逐者從之하니라 從而守之者를 不可爲量數하니 則其言而應之하고 議而辨之也도 亦不可爲量數라 此其書之行乎中國이 所以至於五千四十八卷이나 而尙未足以爲多也니라

西域에 釋迦牟尼라는 분이 있었는데, 禪定에 들어서 外物에 얽매임이 없었고, 對象을 집중적으로 관찰하여 쫓기는 바가 없이 智慧와 功德을 이루었다. 오직 그 얽매임이 없었으므로 禪定을 따르는 사람들이 이를 지킬 수 있었고, 쫓기는 바가 없었으므로 智慧와 功德을 쫓는 사람들이 이를 따를 수 있었다. 이를 따르고 지키는 사람의 數를 이루 다 헤아릴 수가 없었으므로, 그의 말에 呼應하고 의론해 밝힌 經傳이 이루 다 헤아릴 수가 없을 만큼 많았다. 이에 그 글 가운데 中國에서 간행된 것이 5048卷에 이르게 되었으나, 그런데도 아직 이를 많다고 할 수가 없는 것이다.

眞州長蘆寺의 釋智福者 爲高屋하야 建大軸兩輪하고 而棲匭於輪間하야 以藏五千四十八卷者라 其募錢이 至三千萬이요 其土木丹漆珠璣의 萬金之閎壯靡麗는 言者不能稱也오 唯觀者知焉이니라 夫道之在天下는 莫非命이요 而有廢興은 時也라 知出之有命과 興之有時하니 則彼所以當天下貧窶之時하야 能獨鼓舞得其財하야 以有所建立하니 每至於此면 蓋無足以疑라 智福은 有才略하고 善治其徒衆이로다 從余求識其成이어늘 於是乎書하노라

眞州 長蘆寺의 스님 智福이라는 분이 높은 건물을 지어 큰 기둥 양쪽에 書架를 만들고 책 상자를 書架 사이에 비치하고 이곳에 5048卷의 佛經을 安置하였다. 이를 위해 모금한 돈이 3000만 냥에 이르고, 그 土木과 丹靑과 珠璣와 數萬金을 들인 建物의 宏傑 莊嚴 美麗함은 말로는 이루 다 알맞게 설명할 수가 없고 오직 와서 직접 보아야만 알 수 있을 정도이다.

대저 道가 천하에 존재하는 것은 天命에 의하지 않은 것이 없고, 이것이 興盛하였다 疲弊하였다 하는 것은 時運에 의해서 이루어지는 것이다. 이 道를 드러냄에 天命이 있고, 이를 興起시킴에 時運이 있음을 알아야 하니, 저 智福스님이 天下가 貧乏한 때를

당해서도 홀로 大衆을 鼓舞시키고 財物을 얻어서 건립하였으니, 이런 지경에 이른 것을 생각할 때마다 이를(즉 天命과 時運을) 충분히 확신할 수 있게 된다.

智福스님은 才略을 가진 분으로 그 徒衆을 잘 이끌었다. 나에게 와서 그 成就한 일을 기록해 주기를 청하였으므로 이에 이 記를 짓게 된 것이다.

10. 大中祥符観新修九曜閣記* 大中 祥符觀의 九曜閣 新築記

* 이 記는 王安石이 淮南判官의 임기를 마치고 고향 臨川으로 돌아왔다가 京師에 올라가 숙부를 만났을 때에 지은 것으로, 慶曆 5년(1045) 末이나 6년 初의 作으로 추정된다.

九曜閣은 道教에서 崇尙하는 九曜 즉 太陽神의 像을 모신 건물을 지칭한다.

某自揚州歸하야 **與叔父會京師**한대 **叔父曰 大中祥符觀**의 **所謂九曜者**는 **道士丁用平**이 **募民錢**하야 **爲堂**庖廡하고 **已**에 **又爲閣**하야 **置九曜像其下**하고 **從吾乞汝文**하야 **記其年時**하니 **汝爲之**하라하시다

내가 벼슬을 마치고 揚州에서 臨川으로 돌아왔다가 서울에 갔을 때에 숙부님을 뵙게 되었는데, 숙부께서 말씀하시기를, "大中 祥符觀의 이른바 九曜閣이라는 건물은 道士 丁用平이 백성들의 돈을 모아서 堂과 주방과 행랑채를 짓고, 그러고 나서 또 큰 건물을 세우고는 九曜像을 그 아래에 안치하고, 나를 통해서 너에게 記文을 지어 주기를 부탁하고 있으니, 그 築造한 時期를 기록한 記를 네가 지어 주거라." 하셨다.

臨川之城中에 **東有大丘**하고 **左溪水**하니 **水南出而北**하야 **幷於江**하고 **城之東**은 **以溪爲隍**이라 **吾廬當丘上**하야 **北折而東百步**에 **爲祥符觀**이라 **觀岸溪水**하야 **東南之山**이 **不奄乎人家者**하야 **可望也**라 **某少時**에 **固嘗從長者**하야 **游而樂之**하니 **以爲溪山之佳**는 **雖異州**라도 **樂也**어든 **況吾父母之州**요 **而又去吾廬爲之近者耶**아 **雖其身去爲吏**나 **獨其心不須臾去也**라 **今道士又新其居**하야 **以壯觀游**하고 **閣焉**하야 **使游者**로 **得以窮登望之勝**하야 **使可望者不唯東南而已**니 **豈不重可樂邪**아 **道士之所爲 幾吾之所樂**이요 **而命吾文**

이 又叔父也니 卽欲已나 得邪아 惜乎라 安得與州之君子者游焉하야 以忘吾憂而慰吾思耶아 閣成之日은 某年月日也라

臨川의 城 안에 동쪽에는 큰 언덕이 있고 왼쪽에 시내가 있으며, 물이 남쪽에서 시작하여 북으로 흐르다가 江에 합쳐지는데, 城의 동편은 그 시냇물이 垓字 역할을 하고 있다. 내 집이 그 언덕 위에 있고, 북쪽 편에서 방향을 바꾸어 동쪽으로 100步 되는 거리에 있는 것이 祥符觀이다. 상부관의 시냇가 언덕에서 굽어보면 동남쪽의 산이 人家를 가리는 일이 없어서 경치가 볼만하다.

나는 어렸을 때에 본시 어른들을 따라 이곳에서 노닐며 즐겁게 지냈는데, 시내와 산의 아름다운 경치는 비록 다른 고을에도 즐길 만한 곳이 많다고 생각하지만, 더구나 부모님이 사신 고을이고 또한 내 집에서의 거리가 가까운 곳에 있는 좋은 경치야 더 말할 것이 있겠는가. 비록 이 몸이 벼슬 때문에 떠나 있지만 마음속에서는 그 경치가 한 순간도 떠난 일이 없었다.

이제 道士가 그 거처하는 건물을 신축하여 장엄한 경관을 觀賞하게 되었고, 九曜閣을 세워서 유람하는 사람들로 하여금 높은 곳에 올라 멀리 勝景을 관람할 수 있게 하여, 眼前에 전개된 勝景이 동남쪽에만 한정되지 않게 되었으니 어찌 거듭 즐거워할 만한 일이 아니겠는가.

도사께서 이룩하신 일이 다행히 우리들을 즐겁게 하는 바이며, 그리고 내게 글을 짓도록 명하신 분이 또한 숙부님이시니, 짓지 않고자 한들 그럴 수가 있겠는가. 애석하도다! 어찌하면 고을의 君子들과 함께 유람하면서 이로써 내 근심을 잊고 내 煩悶을 위로받을 수 있을까.

九曜閣을 落成한 때는 某年 某月 某日이다.

11. 撫州招僊観記* 撫州 招僊觀을 重築한 記

* 이 記는 撫州 招僊觀을 重築하여 낙성한 慶曆 7년(1047) 7월에서 얼마 지나지 않아 지은 것으로, 王安石이 知鄞縣事로 근무하던 시기이다.

小小結搆에 自有遠山景態라

짧게 구성한 문장 속에 遠山의 景態가 잘 드러나 있다.

招僊觀이 **在安仁郭西四十里**하니 **始作者**와 **與其歲月**은 **予不知也**로라 **祥符中**에 **嘗廢**하야 **廢四五十年**에 **而道士全自明**이 **以醫游其邑**하니 **邑之疾病者賴以治**하야 **而皆憂其去**라 **人相與言州**하고 **出材力**하야 **因廢基**하야 **築宮而留之**하니 **全與其從者一人**으로 **爲留**하야 **而觀復興**이라 **全識予舅氏**하니 **而因舅氏**하야 **以乞予書其復興之歲月**하다

招僊觀은 安仁縣 城郭 서쪽 40里 되는 곳에 있는데, 처음 세운 사람과 그 시기는 내가 알지 못하고, 祥符年間에 무너져서 무너진 채로 4, 50년을 지내왔었다.

그 후 道士 全自明이 그 고을을 돌아다니며 환자들을 치료해 주어 고을 안의 병들었던 사람들이 그 덕택으로 병이 治癒되니, 모두들 그가 혹 떠나지나 않을까 근심하게 되었다. 이에 고을 사람들이 고을에 건의하고 자재와 노동력을 출연하여 무너진 옛 招僊觀의 기초 위에 건물을 다시 축조하고 그곳에 머물게 하니, 全自明이 시종 한 사람과 함께 머물게 되어 招僊觀이 復興되었다. 全自明은 나의 장인어른과 서로 알고 지내는 사이였는데, 장인어른을 통하여 초선관을 다시 일으키게 된 사연과 시기를 글로 지어 주기를 청하였다.

夫宮室器械衣服飮食은 **凡所以生之具**요 **須人而後具**니 **而人不須吾以足**이면 **惟浮屠道士爲然**이라 **而全之爲道士**에 **人須之而不可以去也**하니 **其所以養於人也 視其黨**에 **可以無媿矣**요 **予爲之書**도 **其亦可以無媿焉**이라 〈**故爲之書**하노라〉[1] **慶曆七年七月**이 **復興之歲月也**라

대저 宮室과 器物들과 衣裳과 飮食은 생활을 위하여 갖추어야 할 것들이고, 사람이 필요로 한 이후에야 갖추어지는 것이다. 사람의 경우도 우리가 필요로 하지 않으면, 설령 스님과 道士라 할지라도 두어야 할 이유가 없는 것이다. 그런데 전자명이 도사노릇을 하는데 사람들이 그를 필요로 해서 떠나지 못하게 한 것이니, 그가 사람들에게 奉養을 받는 것이 그 동류들에 비교하여 부끄러울 것이 없고, 내가 그를 위해 글을 짓는 것도 또한 부끄러울 것이 없다. 〈그 때문에 그를 위해 이 글을 지은 것이다.〉

慶曆 7년 7월이 招僊觀을 다시 세운 年月이다.

1) 故爲之書 : 저본에는 없으나 ≪唐宋八大家文鈔 校注集評≫에 의거하여 補入하였다.

12. 廬山文殊像現瑞記* 廬山 文殊像이 상서로운 징조를 보인 記

* 이 記는 王安石이 두 번째로 宰相職에서 물러나 江寧에 있을 때인 元豐 元年(1078)에 지은 것이다.
廬山은 現 江西省 九江 境內에 있다.

亦奇로다

이 문장 또한 奇異하다.

番陽劉定이 **嘗登廬山**하야 **臨文殊金像所沒之谷**이라가 **睹光明雲瑞**하고 **圖示臨川王某**하야 **求記其事**하다 **某曰 有有以觀空**이면 **空亦幻**이요 **空空以觀有**면 **幻亦實**이니 **幻實**을 **果有辨乎**아 **然則如子所睹**는 **可以記**요 **可以無記**니 **記無記**를 **果亦有辨乎**아 **雖然**이나 **子旣圖之矣**니 **余不可以無記也**로다 **定**은 **以熙寧元年四月十日**과 **十年九月二十七日**에 **目睹**하고 **某**는 **以元豐元年十一月二十三日**에 **記**하노라

番陽사람인 劉定이 일찍이 廬山에 올라 文殊金像이 묻힌 계곡을 굽어보다가 밝게 빛나는 祥瑞로운 구름을 目睹하고, 그것을 그림으로 그려서 臨川 王某에게 보이면서, 그 사실을 기록한 記를 지어 주도록 청하였다.

某가 말하기를, "認識되는 모든 存在가 實在하는 것이라는 관점에서 空을 觀照한다면 空 또한 幻이고, 空은 實在하지 않는 虛幻한 것이라는 관점에서 存在(즉 有)를 觀照하면 幻 또한 實在하는 것이라 할 수 있지요. 그러니 幻과 實을 과연 구분할 수가 있겠소? 그런즉 그대가 目睹한 것 같은 것도 이를 記로 지어도 그만이고 記로 짓지 않아도 그만이요. 記로 지어 놓는 것과 記로 지어 놓지 않는 것이 과연 또한 구분될 수가 있겠소? 비록 그러나 그대가 이미 그림으로 그려 놓았으니, 나도 記를 짓지 않을 수가 없구려." 하였다.

劉定은 熙寧 元年 4월 10일과 10년 9월 27일에 그 현상을 보았고, 某는 元豐 元年 11월 23일에 이 記를 지었다.

荊公之文은 **其長**이 **在簡古而多深沈之思**하니 **讀孟嘗君傳與此等記**에 **尤可見**이라

荊公의 문장은 그 장점이 簡潔하고 예스러우면서도 深奧한 識見을 잘 드러낸 것이 많은데 있으니, 〈孟嘗君傳〉과 이 記 등을 읽을 경우에 그 面貌를 더욱 알 수 있게 된다.

13. 漣水軍淳化院經藏記* 漣水軍 淳化院 藏經閣 건립기

* 이 記는 皇祐 元年(1049)에서 5년 사이에 지은 것으로 보인다. 漣水軍은 現 江蘇省 漣水縣이고, 軍은 宋代 地方行政區域의 一種으로 州, 縣과 함께 路에 隷屬되어 있었다. 淳化院은 佛教 寺院이다.

有斡旋處라

佛家의 일을 잘 돌보아준 면이 있다.

道之不一이 **久矣**라 **人善其所見**하고 **以爲教於天下**하야 **而傳之後世**라 **後世學者**는 **或徇乎身之所然**하고 **或誘乎世之所趨**하고 **或得乎心之所好**하니 **於是**에 **聖人之大體**가 **分裂而爲八九**라 **博聞該見有志之士 補苴調胹**하야 **冀以就完**이나 **而力不足**하고 **又無可爲之地**라 **故終不得**하니라

道가 統一되지 않은 지가 오래되었다. 사람들이 자기의 主觀的 見解만을 善으로 여기고, 이를 천하에 가르쳐서 후세에 전하고자 하며, 후세의 학자들도 자신이 옳다고 여기는 바를 따르면서 혹 世態가 지향하는 바에 誘惑되기도 하고, 혹 마음으로 좋아하는 바를 이루기도 하니, 이 때문에 聖人의 큰 綱領이 갈라지고 찢겨져서 여덟 아홉으로 나누어지게 되었다.

널리 배우고 廣範한 知識을 가진 뜻있는 선비가 이 학설들을 折衷 調和시켜서 이를

완전하게 하기를 기도해 보았지만 그럴 만한 능력이 모자라고, 또한 이를 추진할 만한 처지에 있지도 않으므로 끝내 이를 이룰 수가 없게 되었다.

蓋有見於無思無爲하고 **退藏於密**하야 **寂然不動者**는 **中國之老莊**과 **西域之佛也**라 **既以此**로 **爲教於天下而傳後世**라 **故爲其徒者 多寬平而不忮**하고 **質靜而無求**하니 **不忮**는 **似仁**이요 **無求**는 **似義**니라 **當士之夸漫盜奪**하야 **有己而無物者 多於世**면 **則超然高蹈**하야 **其爲有似乎吾之仁義者**하니 **豈非所謂賢於彼**하야 **而可與言者邪**아 **若通之瑞新**과 **閩之懷璉**은 **皆今之爲佛而超然**하니 **吾所謂賢而與之遊者也**니라 **此二人者**는 **既以其所學**으로 **自脫於世之淫濁**하고 **而又皆有聰明辯智之材**라 **故吾樂以其所得者間語焉**하야 **與之遊**에 **忘日月之多也**호라

대체로 無思 無爲를 眞理로 여기는 識見을 지니고, 山林에 隱居하며 활동을 멈추고 고요히 지낸 사람은 中國의 老子, 莊子와 西域의 佛陀이다. 이미 이런 사상을 天下에 가르쳐서 後世에 전하였으므로, 그 信徒가 된 사람들이 너그럽고 평안하게 지내고 남을 미워하거나 원망하지 않고 질박하고 고요하게 지내며 私的으로 希求하는 것이 없게 되었으니, 미워하고 원망함이 없는 것은 儒家의 仁과 같고 사사로이 希求함이 없는 것은 儒家의 義와 같다.

벼슬아치들인 士 계층 가운데 傲慢自大하고 私益을 위해 훔치고 빼앗아 자기 利益만 추구하고 남을 무시하는 사람이 세상에 넘쳐나는 때를 당하여, 이들은 超然하게 高邁한 뜻을 지니고 隱遁生活을 하고 있고, 그 행위가 우리 儒家들이 추구하는 仁과 義에 類似함이 있는 사람들이니 어찌 이른바 저들보다 賢明하여 더불어 대화를 할 만한 사람들이 아니겠는가.

通州의 스님 瑞信과 閩州의 스님 懷璉이 모두 이 시대의 스님들로서 世俗에 超然한 분들이어서, 이들이 바로 내가 이른바 함께 노닐 만한 사람들인 것이다. 이 두 분은 그들이 지금까지 배운 것으로써 어지럽고 混濁한 俗世에서 스스로 超脫하였고, 또한 모두 聰明하며 智慧롭게 說法을 잘하는 재능을 가지고 있으므로, 나는 그들이 터득한 眞理에 대하여 개인적으로 대화하는 일이 즐거워서, 그들과 交遊하는 동안은 세월이 얼마나 많이 흘러갔는지를 잊을 정도였다.

璉嘗謂余曰 吾徒有善因者하야 得屋於漣水之城中하고 而得吾所謂經者五千四十八卷於京師하야 歸市甎而藏諸屋하고 將求能文者하야 爲之書其經藏者之歲時요 而以子之愛我也라 故使其徒來屬하리니 能爲我强記之乎아 善因者 蓋嘗爲屋於漣水之城中하고 而因瑞新하야 以求予記其歲時어늘 予辭而不許者也라 於是에 問其藏經之日하니 某年月日也라 夫以二人者는 與余遊하고 而善因屬我之勤하니 豈有他哉리요 其不可以終辭하야 乃爲之書하고 而幷告之所以書之意하야 使鑱諸石하노라

懷璉이 일찍이 나에게 말하기를, "우리 佛徒 가운데 善業을 닦아 善果를 얻은 사람이 있어서 漣水의 城中에 건물을 얻었고, 우리 佛徒들이 말하는 經(즉 佛經) 5048卷을 首都에서 구하여 얻은 후 시장에서 구입한 책상자에 收藏하여 그 건물에 보관하고, 장차 글 잘 짓는 사람을 구하여 佛經을 收藏하게 된 經緯와 時期를 기록해 놓으려 하고 있습니다. 그리고 그대가 나를 아껴주고 계시니, 그 무리로 하여금 찾아가 부탁하게 하고자 하는데, 우리들을 위해 힘써 記述해 주실 수 있겠습니까?" 하였다.

善因善果를 얻은 사람이 이미 漣水의 城中에 건물을 지었고, 瑞信 스님을 통하여 나에게 그 經緯와 歲時를 기록한 記를 지어 주도록 청하기에, 내가 사양했지만 사양이 허락되지 않았다. 이에 그 經傳을 收藏한 시기를 물어보니 某年 某月 某日이라 하였다. 대저 두 스님은 나와 교유하는 분들이고, 善因善果를 얻은 분이 나에게 부지런히 부탁을 하고 있으니 어찌 다른 방도가 있으리오! 이에 끝까지 사절할 수가 없어서 그들을 위해 글을 지으면서 아울러 이를 기록하게 된 意義까지 알려주어 이를 돌에 새기도록 하였다.

譯者 略歷

申用浩

충북 청원 출생
淸州師範卒
韓國放通大 및 明知大 行政學科卒
高麗大 大學院 國文科 漢文學專攻 文學博士
公州大學校 師範大學 漢文教育科 教授
公州大學校 名譽教授(現)
傳統文化研究會 國譯委員(現)

論著 및 譯書

≪李奎報의 意識世界와 文學論研究≫
≪先賢들의 字와 號≫ ≪한시형식론≫
≪고등학교 한문교육과정해설≫(共著)
≪保閑齋全書≫(共譯) 등 다수

許鎬九

경남 진주 출생
家親 晦山公으로부터 漢文 修學
秋淵 權龍鉉 先生 師事
民族文化推進會 國譯研修院 修了
檀國大 東洋學研究所 漢韓大辭典編纂室 수석팀장
한국고전번역원 강사(現)
傳統文化研究會 國譯委員(現)

論著 및 譯書

≪退溪全書≫ ≪菊潭集≫ ≪別洞集≫
≪茶山集≫ ≪雙槐堂遺稿≫ ≪拓齋文集≫
≪宣祖實錄≫ ≪正祖實錄≫ ≪國語≫(共譯)
≪朱注孟子≫ ≪朱注論語≫ 등 다수

東洋古典譯註叢書 50
譯註 唐宋八大家文抄 王安石 1

2008년 12월 30일 초판 발행
2010년 9월 10일 초판 2쇄

譯 註 申用浩·許鎬九
編 輯 古典國譯編輯委員會
發行人 李啓晃
發行處 社團法人 傳統文化研究會
서울시 종로구 낙원동 284-6 낙원빌딩 411호
전화 : (02)762-8401 전송 : (02)747-0083
전자우편 : juntong@juntong.or.kr
홈페이지 : juntong.or.kr
사이버書堂 : cyberseodang.or.kr
등록 : 1989. 7. 3. 제1-936호

인쇄처 한국법령정보주식회사(02-462-3860)

ISBN 978-89-91720-46-6 94820
89-85395-71-8(세트)

정가 20,000원